应用型高校教学导引

卢胜利◎编著

中国铁道出版社有限公司
CHINA RAILWAY PUBLISHING HOUSE CO., LTD.

内容简介

应用型高校系指以培养应用型（含技能型）人才为主的高等院校（含高职本专科）。本书在阐述应用型人才培养若干问题、高校社会职能与教学理念以及应用型高校教师素养的基础上，全面系统地阐述应用型高校各个教学环节以及应用型高校教师需要面对的各项教学工作。内容涵盖培养方案、教学准备（备课）、课堂教学、实践教学、毕业设计、教学考核、教学文档、教学模式、教学督导、课程思政、第二课堂、课程建设以及教学研究。

本书由应用型高校资深教学督导编著，具有很强的针对性、指导性和实践性，不仅适合作为应用型高校新入职教师的岗前培训教材，也可作为应用型高校教师的教学参考手册，还可作为有意愿成为应用型高校教师的应往届毕业研究生（博士或硕士）和企业工程技术人员的参考读物。

图书在版编目（CIP）数据

应用型高校教学导引/卢胜利编著. —北京：中国铁道出版社有限公司，2023.3
ISBN 978-7-113-29980-4

Ⅰ.①应… Ⅱ.①卢… Ⅲ.①高等学校 - 教学管理 - 研究
Ⅳ.①G647.3

中国国家版本馆 CIP 数据核字（2023）第 029516 号

书　　名：应用型高校教学导引
作　　者：卢胜利

策　　划：祁　云　　　　**编辑部电话：**（010）63549458
责任编辑：祁　云　徐盼欣
封面设计：刘　颖
责任校对：安海燕
责任印制：樊启鹏

出版发行：中国铁道出版社有限公司（100054，北京市西城区右安门西街 8 号）
网　　址：http://www.tdpress.com/51eds/
印　　刷：河北宝昌佳彩印刷有限公司
版　　次：2023 年 3 月第 1 版　2023 年 3 月第 1 次印刷
开　　本：787 mm×1 092 mm　1/16　**印张：**17　**字数：**414 千
书　　号：ISBN 978-7-113-29980-4
定　　价：48.00 元

序一

我和卢胜利教授都是1977年恢复高考之后的第一届大学生（七七级）。2005年天津职业技术师范大学（天职师大）“迎评促建”期间，卢胜利教授作为正高级职称专业教师被引进。他先后在自动化与电气工程学院、电子工程学院和工程实训中心（国家级实验教学示范中心）三个教学单位从事教学科研工作，曾担任天职师大电子工程学院院长和工程实践教育研究所常务副所长，2014年至今受聘担任天职师大校级教学督导，2017年退休之后又受邀担任天津中德应用技术大学（天津中德）校级督导专家。

卢胜利教授长期从事高校专业教学、专业建设、教学研究以及教学督导工作，对应用型高校教学工作非常熟悉（尤其本科层次），并积累了宝贵的经验。连续多年担任天职师大和天津中德两所典型高校教学督导的经历，使他对应用型高校的办学定位及办学特色有深刻的认识，对应用型高校教学工作及其存在的问题有全面的了解。

本书从一名资深高校教学督导专家的角度，对应用型高校教学做了系统性阐述，对各环节存在的问题进行了深入分析。不仅论述了应用型人才培养的重要意义，还阐述了应用型高校的先进教学理念以及应用型高校教师的综合素养；不仅介绍了应用型高校教师必须经历的教学环节（课堂教学、实践教学、毕业设计等），还介绍了应用型高校教师必须面对的教学工作（备课、考核、文档、思政、第二课堂等）；不仅阐述了适于应用型高校的先进教学模式和教学督导体系，还阐述了应用型高校教师应该承担的专业建设、课程建设以及教学研究任务，并结合自己的亲身经历和感悟向应用型高校教师提出诚恳建议。

随着应用型高校规模扩张和办学层次提升，越来越多的应往届毕业博士（硕士）和相关行业高级专业人才进入应用型高校，为应用型高校师资队伍注入了新鲜血液。但应用型高校新入职教师基本都没有教师教育经历，对高校（尤其应用型高校）教学工作缺乏全面深入了解，缺乏实际教学经验，更缺少对现阶段普及化高等教育及特点的认识。本书的出版不仅可以帮助应用型高校教师（尤其新入职教师）了解应用型高校各方面、各环节教学工作的内容、流程及规范，还能帮助他们熟悉应用型高校对教师素养和能力的要求与企盼。本书内容体系适于作为教学工作指导手册，应用型高校教师在教学工作中遇到问题可查阅相关内容，从而获得相应的指导和帮助。

天津职业技术师范大学原党委书记

应用技术大学（学院）联盟理事长

孟庆国 教授

2022 年 12 月

序二

天津中德应用技术大学（天津中德）是教育部2015年11月批准成立的国内第一所应用技术大学。借鉴德国应用科学大学、双元制大学的教学模式，秉承“崇实 求精 致良知”的校训和“海纳百川 敬业乐群”的中德精神，致力于培养“政治过硬、技能精湛、诚实守信、理性平和”的高级技师、一线工程师、大国工匠。

2016年，为建设“中国特色、世界一流”应用技术大学，形成可复制可推广的应用型技术技能型人才系统培养机制，学校启动实施“银发计划”，遴选专业造诣深且熟悉本科专业建设和本科教学工作的高校退休教授担任天津中德新建本科专业兼职带头人。卢胜利教授作为学校“银发计划”的首批专家，被聘为机械电子工程专业兼职带头人，2018年组建天津中德新一届教学督导组时，又被聘为校级教学督导专家。

卢胜利教授曾主持完成两项国家自然科学基金面上项目，曾主持完成天津市教育教学研究项目、教育部产学合作协同育人项目和天津职业技术师范大学（天职师大）专业教学改革重大项目，从事过高中职示范校建设指导，还多次担任省部级赛项的裁判长和仲裁长；退休前曾担任天职师大电子工程学院院长，又在天职师大工程实训中心专门从事工程实践教育研究，还连续多年担任天职师大校级教学督导。他涉足领域广泛，扮演角色多样，无论对待科学研究还是专业教学，无论从事教学研究还是质量监督，都非常认真、非常敬业，他勤于学习、善于发现、善于分析、善于总结、注重交流的良好习惯给大家留下了深刻印象。

在天津中德工作期间，卢胜利教授勤勤恳恳、兢兢业业地战斗在教育教学第一线，凭借工程实践教育方面的丰富经验，对连续三届本科毕业设计指导教师进行系统培训，助力学校形成“早介入、出精品、真题实做”的毕业设计特色。卢胜利教授学识渊博却平易近人，儒雅谦和却不乏激情。他循循善诱、示范引领，指导机械学院青年教师快速成长并取得天津市教学创新能力大赛一、二等奖等优异成绩。他砥砺深耕，不断创新，帮助建立了《天津中德应用技术大学教学质量保障体系》。

手执薪火，方得始终。本书是卢胜利教授长期从事应用型高校一线专业教学、教学研究和教学督导工作的经验总结及切身感悟，书中不仅对应用型高校（本科 / 高职）日常教学工作做了全面系统梳理，还涉及教学理念、教师素养、教学模式、教学督导、课程思政、第二课堂、课程建设、教学研究等丰富内容，对应用型高校教师(尤其新入职教师)有很强的指导和帮助作用。认真阅读本书，有助于全面了解应用型高校各方面、各环节教学工作的内容、流程及规范，有助于加深对应用型人才培养重要性以及应用型高校优势与特色的认识，有助于全面提升教学能力与教学水平。

天津中德应用技术大学党委书记

张兴会 教授

2022 年 12 月

前 言

我国目前已建成世界上规模最大的高等教育体系。《2021 年全国教育事业发展统计公报》显示，全国共有普通高校 2 688 所。其中，本科院校 1 265 所（含高职本科），高职（专科）院校 1 423 所，高等教育在学人数达到 4 002 万，毛入学率达到 51.6%，已达到普及化程度，标志着我国高等教育发展到了全新的阶段。党的二十大报告强调“实施科教兴国战略，强化现代化建设人才支撑”，强调“落实立德树人根本任务，培养德智体美劳全面发展的社会主义建设者和接班人”，为我国新时代高等教育发展指明了方向。

从全球范围来看，高等教育迈入大众化阶段必然要经历战略调整与培养类型分化，少数高水平研究型大学继续培养高层次学术型人才，大多数高校则着重培养社会发展所需的应用型人才。我国高校自 1999 年全面实施扩招以来，高水平研究型高校研究生招生规模扩张明显，而本科生招生规模并没有明显增长，本专科扩招生源绝大多数都流向了应用型高校（含高职本专科院校）。应用型高校为适应在校生规模快速增长，使师资队伍规模和结构能够适应培养应用型人才的需要，近年来大量引进应往届毕业博士、硕士以及企业技术人员，师资队伍规模不断扩大，结构也逐步得以优化。

然而，新引进教师虽然拥有高学历（博士研究生）或拥有丰富的实际工作经验（企业工程师），却普遍没有经历过师范教育，也未受过系统的教学技能训练，对应用型高校教学工作缺乏了解，对应用型高校教学规范不够熟悉，仅靠自身在教学实践中摸索锻炼，教学能力提升速度较慢，难以满足应用型高校教学要求。近年来，各高校普遍建立了教师发展中心，专门从事新引进教师岗前培训。但应用型高校教学环节多、课程类型多、管理规范多、生源状况复杂，仅凭短期岗前培训很难解决所有问题。针对以上情况，本书在系统阐述高等教育社会职责、高校教学理念以及高校教师素养要求的基础上，全面介绍应用型高校教学工作及其规范，专题讨论应用型高校教师面临的课程思政、第二课堂、课程建设以及教学研究等问题，力图帮助应用型高校教师（尤其新入职教师）尽快熟悉应用型高校各方面、各环节教学工作，引导应用型高校教师按照相应规范履行职责，沿着应用型高校教师职业成长路径，顺利成长为一名符合新时代要求的应用型高校教师。

本书共 16 篇。第 1 篇阐述应用型人才培养相关问题；第 2 篇阐述新时代高等教育的社会职责以及高等教育教学理念；第 3 篇阐述应用型高校教师素养（政治素养、道德素养、能力素养、人文素养和心理健康素养）以及 IBSTPI 教师能力标准；第 4 篇至第 10 篇全面阐述应用型高校教学工作，涉及人才培养方案、教学准备（备课）、课堂教学、实践教学、毕业设计（论文）、教学考核以及教学文档七方面内容；第 11 篇至第 16 篇为专题讨论，其中，第 11 篇专题讨论教学模式，着重介绍适于应用型高校的若干现代教学模式，第 12 篇专题讨论应用型高校教学质量监督体系（教学督导）以及教师评价（评教），第 13 篇专题讨论应用型高校课程思政建设，第 14 篇专题讨论应用型高校第二课堂及其作用，第 15 篇专题讨论应用型高校课程建设，第 16 篇专题讨论应用型高校教学研究，涉及凝练教学研究选题、申报各级各类教育教学研究项目、实施教育教学研究等实际问题。

本书特点主要体现在以下五方面：

其一，本书专门阐述应用型高校教师面临的教学工作，专门阐述应用型高校教师素养要求、岗位职责以及职业发展，内容覆盖面广，针对性强。

其二，本书引用案例源自两所典型应用型高校，具有较强的示范作用。其中，天津职业技术师范大学为应用技术大学（学院）联盟秘书处所在学校，天津中德应用技术大学为全国首所应用技术大学。

其三，本书作者在应用型高校多个教学部门从事教学、教学管理以及教学研究工作，且担任以上两所典型应用型高校教学督导多年，对应用型高校教学工作内容、规范以及评价标准较为熟悉。各篇案例及常见问题归纳分析均源自作者亲身经历及感悟，对应用型高校教师提升教学能力与水平有一定的参考借鉴价值。

其四，本书不仅阐述应用型高校教学工作，也关注应用型高校教学质量提升以及应用型高校教师进阶发展，所提建议对应用型高校改进教学工作及应用型高校教师职业发展均有一定参考价值。

其五，本书各篇内容相对独立，方便读者遇到问题及时查阅。

感谢我的老领导孟庆国教授和张兴会教授为本书作序，感谢天津职业技术师范大学教务处及工程实训中心（国家级实验教学示范中心）、天津中德应用技术大学教务处和教学质量监控与评估中心以及机械工程学院为本书编写提供各种资料，感谢所有参考文献的作者们，感谢众多亲人、朋友、同事的大力支持、鼓励与帮助！

本人学识和能力有限，不妥之处希望广大读者给予批评指正！

编著者

2022 年 12 月

目　录

第 1 篇　应用型人才培养 1

1.1　高等教育分型发展的必然性 1

1.2　我国高等教育人才培养金字塔 3

1.3　我国高等教育发展战略调整 5

1.4　我国应用型高等教育整体布局 7

第 2 篇　教学理念 10

2.1　高等教育的社会职能 10

2.2　高等教育的核心理念 11

2.3　高校教学的基本原则 15

2.4　我国高等教育的新理念、新机制和新要求 20

第 3 篇　教师素养 26

3.1　教师的四大核心素养和八大能力 26

3.2　高校教师的政治素养 28

3.3　高校教师的道德素养 30

3.4　高校教师的能力素养 33

3.5　高校教师的人文素养 42

3.6　高校教师的心理健康素养 46

3.7　IBSTPI 教师能力标准 51

第 4 篇　培养方案 55

4.1　专业人才培养方案概要 55

4.2　专业人才培养方案制（修）订 57

4.3　专业人才培养方案分析解读 61

第 5 篇　教学准备 71

5.1　教学准备及其意义 71

5.2　教学准备的主要内容及要求 77

5.3　教学准备成果呈现（教案） 83

第 6 篇　课堂教学 86
6.1　课堂教学及其意义 86
6.2　应用型高校课堂教学 90
6.3　课堂教学的科学性与艺术性 95
6.4　应用型高校课堂教学评价 97
6.5　关于高校课堂革命 100
第 7 篇　实践教学 103
7.1　高校实践教学及其重要性 103
7.2　实验教学及其规范 105
7.3　实训课程及其教学规范 107
7.4　实习课程及其教学规范 113
7.5　课程设计及其教学规范 117
7.6　理实一体化课程及其教学规范 119
7.7　天职师大“三层次五阶段”工程实训体系 122
7.8　中天工匠涵养班启示 124
第 8 篇　毕业设计 127
8.1　毕业设计（论文）的作用及特点 127
8.2　毕业设计（论文）工作 129
8.3　毕业设计（论文）管理规范 134
8.4　毕业设计（论文）指导教师 137
8.5　毕业设计（论文）常见问题 142
第 9 篇　教学考核 147
9.1　课程教学考核评价意义 147
9.2　课程教学考核评价方式 148
9.3　课程考核方案与试卷质量 149
9.4　课程教学考核成绩分析 153
9.5　课程考核评价常见问题 155
第 10 篇　教学文档 157
10.1　教学文档及其分类 157
10.2　教学指导类文档 159
10.3　教学运行类文档 161

10.4 教学考核类文档 163
10.5 教学反思类文档 166
10.6 班级课程教学档案 167
10.7 教学文档常见问题 168

第 11 篇 教学模式 171

11.1 教学模式及其意义 171
11.2 讲授式教学模式 173
11.3 翻转课堂教学模式 176
11.4 混合式教学模式 179
11.5 项目式教学模式 183
11.6 理实一体化教学模式 188
11.7 EPIP 教学模式 191

第 12 篇 教学督导 194

12.1 教育教学督导制度 194
12.2 教学督导职责与作用 197
12.3 应用型高校教学督导内容 199
12.4 正确对待教师评价（评教） 204

第 13 篇 课程思政 207

13.1 课程思政概述 207
13.2 课程思政指导纲要解读 210
13.3 应用型高校课程思政建设概要 212
13.4 课程思政常见问题 218

第 14 篇 第二课堂 221

14.1 第二课堂及其作用 221
14.2 学生社团活动 224
14.3 应用型高校学生科技实践活动 227
14.4 大学生创新创业训练计划 229
14.5 应用型高校学科（专业）技能竞赛 232

第 15 篇 课程建设 237

15.1 高校课程建设概要 237
15.2 应用型高校课程建设特色 242

15.3 提升课程建设能力与水平 245

第 16 篇 教学研究 249

16.1 教学研究及其作用 249

16.2 教学研究项目及其申报 250

16.3 教学研究项目实施过程 253

16.4 善于抓机遇、勇于迎挑战 255

参考文献 258

第1篇

应用型人才培养

党的二十大报告强调深入实施人才强国战略，坚持教育优先发展，建设教育强国、科技强国、人才强国。我国高等教育已经迈入普及化阶段。培养大批高素质的应用型人才成为高等院校必须履行的社会职责、必须承担的重要任务、必须接受的重大挑战。在阐述应用型高校教学之前，有必要首先谈谈应用型人才培养，包括高等教育分型发展的必然性、我国高等教育人才培养金字塔、我国高等教育发展战略调整、我国应用型高等教育整体布局四项内容，旨在使应用型高校教师（尤其新入职教师）充分认识高等教育分型发展的必然性和紧迫性，深刻认识应用型人才的社会价值，全面了解我国应用型高等教育发展战略与整体布局，从而增强作为一名应用型高校教师的责任感、使命感和荣誉感。

1.1 高等教育分型发展的必然性

从全球范围来看，高等教育进入大众化乃至普及化阶段，必然要进行发展战略调整和人才培养分型。大力发展与经济社会发展相适应的应用型高等教育，几乎成为世界各国高等教育进入大众化乃至普及化阶段的必然选择。高等教育较早进入大众化阶段的美国、英国、德国、日本等国家，以及我国香港、台湾等地区都是如此。

1. 国外的应用型高等教育

（1）美国的应用型高等教育

美国的应用型高等教育不仅历史悠久，而且较为发达。19 世纪后期，美国联邦政府按照《莫里尔赠地法案》、《哈奇法案》和《第二莫里尔法案》，创建了大批“赠地大学”，主要培养农业和机械工程等方面的应用型人才。威斯康星大学（“赠地大学”之一）提出的“威斯康星思想”不仅使应用型人才培养在美国高等教育占据了重要地位，而且为高等教育服务社会职能奠定了基础。

20 世纪初，美国对工程师、教师和会计师等高层次专业化人才需求不断增加，促使应用型高等教育大规模扩张；20 世纪末，受经济全球化和信息技术迅猛发展影响，应用型人才培养更受重视。由此可见，美国应用型人才培养与高等教育大众化、普及化和多样化的结合非常紧密。有关研究表明，美国的应用型高等教育主要培养“技术工程师”。他们掌握有关维护和改良生产设备、生产过程、加工方法及程序的知识与技能，擅长将工程原理应用于工程实践，并组织生产人员进行生产准备和现场操作。

（2）英国的应用型高等教育

英国的高等教育历史比美国还悠久，但传统大学过分强调学术教育，过分偏重于学术型人才培养。18 世纪工业革命之后，经济社会发展急需大量应用型人才，于是从 19 世纪 20 年代后期开始，掀起了兴办近代大学运动，揭开了应用型人才培养的序幕。1963 年英国高等教育委员会发表的《高等教育报告》开启了英国应用型人才培养的快速发展时期。1969 年至 1973 年间，共创立了 30 所多科技术学院（高职层次），英国高等教育步入二元制时代。

1992 年，根据英国议会通过的《继续教育与高等教育法》，将 34 所多科技术学院全部升格为大学，运行多年的高等教育二元体制宣告结束。此后，越来越多的高校加入了应用型人才培养，与产业界的联系也得到进一步加强，课程设置紧密联系社会需求，以满足多样化、个性化要求，培养计划更具有职业针对性，师资队伍建设强调“双师型”，应用型人才培养模式特点愈加突出。

（3）德国的应用型高等教育

德国在高等教育发展史上最有影响的是 1810 年成立的柏林大学，这所大学的创始人威廉·冯·洪堡的教育思想，为科学研究成为高等教育重要社会职能奠定了基础。但德国传统高校由于偏重科学研究，无法满足工业社会对高素质专业人才的需要，也缺乏对普通年轻人的吸引力。加之当时德国受过高等教育的人数远远少于美国、日本等工业发达国家，为满足德国民众接受高等教育的旺盛需求，同时解决缺少应用型人才的矛盾，20 世纪 70 年代德国高等教育规模快速扩张，大学数量迅速增加。作为德国第二大高校类型的应用科学大学（四年制本科 / 学士学位）应运而生，并逐渐形成从培养计划、课程体系、教学环节、教学内容到教学模式等完善且成熟的应用型人才培养体系。与此同时，德国还开办了大量作为第三级教育机构的职业学院（相当于高职专科），创立了著名的 “双元制”职业教育模式，培养了大批社会急需的实用型职业技术人才。

（4）日本的应用型高等教育

日本的高等教育始于 19 世纪 80 年代设立的“帝国大学”，主要培养引领国家现代化建设的领导人才和各界精英。与此同时，日本政府在全国各地开设了工业、商业、教育等实业学校，以培养社会发展所需的应用型人才。第二次世界大战之后，各地实业学校相继合并，升格为“地方国立大学”（应用型本科）。日本的应用型高等教育突出实践和创新能力培养，突出行业与地方特色，强化服务行业与地方经济社会发展，注重提高学生就业能力，注重培养学生的综合素质和创造能力。

2. 我国香港地区的应用型高等教育

香港地区回归祖国之后，高等教育入学率逐步增至 30%，急速迈进大众化阶段。大学配合特区政府出台的产业政策办学，积极促进本地区社会、经济发展，大大促进了应用型高等教育发展。香港城市大学和香港理工大学等高校明确定位为应用型大学，被香港企业界视为毕业生“首选之地”。香港应用型人才培养模式最具特色的是基于工业中心的实践教学。这种综合性工程实践训练，不仅可以使学生学习设备操作和加工技术，还能够使学生感受非常接近真实的企业氛围，培养学生创新思维和获取新科技的能力。

我国内地高校借鉴香港地区应用型人才培养模式，普遍建立了工业训练中心（如清华大学基础工业训练中心）或工程实训中心（如天津职业技术师范大学工程实训中心），在培养学生工程实践能力、创新实践能力等方面发挥着不可替代的重要作用。

【推荐阅读】王立人，顾建民.国际视野中的本科应用型人才培养[M].杭州：浙江大学出版社，2008.

1.2　我国高等教育人才培养金字塔

《国家中长期人才发展规划纲要（2010—2020）》明确指出："人才是指具有一定的专业知识或专门技能，进行创造性劳动并对社会作出贡献的人，是人力资源中能力和素质较高的劳动者。人才是我国经济社会发展的第一资源。"无论是从人才培养规律考量，还是从适应社会实际需求考虑，人才培养都应该呈"金字塔"结构，即层次越高、人数越少。"金字塔"结构既体现了教育体系的特征，也反映了社会对人才实际需求的特点。

早在 2003 年，我国高等教育学创始人潘懋元教授就提出建议，参照联合国教科文组织（UNESCO）的国际教育分类标准（1997 版），把中国高等学校分为"少量的综合性、研究型大学"、"大量的专业性、应用型大学"和"更大量的职业性、技能型高职院校"。2011 年，联合国教科文组织对《国际教育标准分类法》（1997 版）进行了全面修订，正式发布《国际教育标准分类法》（ISCED，2011 版）。应该依据新版国际教育标准分类，结合我国新时代教育改革与发展实际，构建体现我国新时代教育体系结构特征，反映我国新时代经济社会发展对各类、各层次人才实际需求的高等教育人才培养金字塔。具体阐述如下：

1. 《国际教育标准分类法》（2011版）

根据《国际教育标准分类法》（2011 版），高等教育包括通常所理解的学术教育，还包括高级职业或专业教育。具体分为四个级别（5、6、7、8）。其中第 5 级为短线高等教育（相当于普通专科或高职专科），第 6 级为学士或同等水平（相当于本科），第 7 级为硕士或同等水平（硕士研究生），第 8 级为博士或同等水平（博士研究生）。

依照《国际教育标准分类法》（2011 版），自初中（第 2 级）开始就分为"初级中等普通教育"（24）和"初级中等职业教育"（25），高中（第 3 级）至短线高等教育（第 5 级）都延续"普通教育（general education）"和"职业教育（vocational education）"类型划分，而高等教育自本科（第 6 级）开始，划分为"学术教育（academic education）"和"专业教育（professional education）"两种类型。自第 6 级（本科）开始，在整体上强调理论基础（theoretically-based）的前提下，学术教育偏向于理论的、学术的知识和能力培养（学术型人才），专业教育偏向于实践类的、应用的知识和能力培养（应用型人才）。

【推荐阅读】联合国教科文组织统计研究所.国际教育标准分类法[Z].2011.

2. 我国高等教育双金字塔结构

在高等教育精英化阶段，高等教育体系呈现单金字塔结构，而在大众化乃至普及化阶段，高等教育既要培养少数学术型人才，更要培养大批经济社会发展所需要的应用型和技能型人才。单金字塔结构只反映了高等教育体系的分层特征，而没有体现高等教育的类型特征。

按照《国际教育标准分类法》（2011 版），高等教育的最低层次为短线高等教育（以高职专科为主）。大量的高职院校也是我国普通高等学校（高校）的重要组成部分。沿着经济社会“科学→技术→生产”发展路径考察，在科学探索、发现规律、创新知识、转化应用、实际生产的过程中，“学术型”人才主要承担科学探索、发现规律、创新知识的任务；而“应用型”和“技能型”人才则担负工程设计、转化应用、生产推广的任务，将“学术型”人才发现的规律和发明创造的知识（理论）转换为具体的工程方案或产品构型，将理论应用于实践。从各类人才对经济社会发展所起作用的角度考量，“应用型人才”和“技能型人才”（本科及专科层次）都在扮演“转化应用和生产推广”的角色，因此可将培养这两类人才的高等教育统一称为应用型高等教育。

如此，我国高等教育体系可以简单地划分为“研究型”和“应用型（含技能型）”两大类。根据我国现代职业教育体系发展规划和新时代高等教育发展构想，我国高等教育体系应该呈现如图 1.1 所示的“双金字塔”结构。

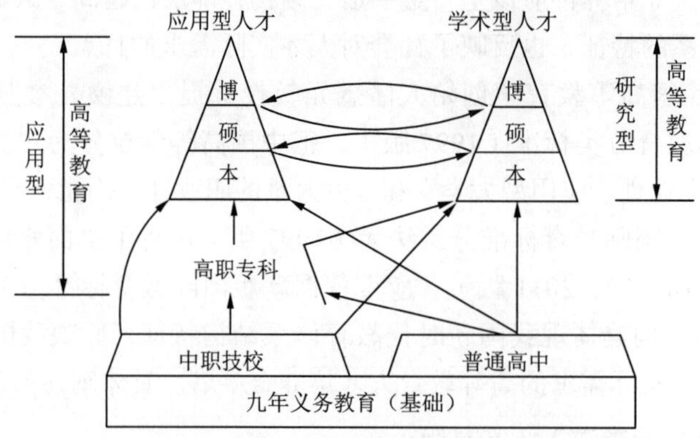

图 1.1　我国高等教育双金字塔结构

具体说明如下。

① 无论培养“学术型”人才还是培养“应用型（含技能型）”人才，都须以九年义务教育（小学、初中）为基础。

② 九年义务教育完成之后（初中毕业），开始实行按类型培养（分型），适合发展为学术型人才的学生进入普通高中学习，适合发展为应用型人才的学生进入中职技校学习。然而，现实情况却是在完成九年义务教育之后，几乎所有学生都首先选择进入普通高中（参加中考）。只有在未被普通高中录取的情况下（中考失利），才无奈地选择中职技校，进入应用型人才培养通道。

③ 本科为高等教育学术型人才筑底（学术型人才最低层次为本科学历）；专科（高职专科）为应用型人才筑底（应用型人才最低层次为专科学历）。

④ 普通高中毕业生通过全国高考，可以选择进入“学术性”人才培养通道（研究型高等教育），或者进入“应用型”人才培养通道（含高职本专科）。然而，现实情况却是，大部分普通高中毕业生都首先选择进入学术性人才培养通道，其次选择应用型本科院校，无奈之下才会选择高职本科学校（职业技术大学）或高职专科学校（职业技术学院）。

⑤ 着力打通中职技校毕业生进入高等教育阶段的通道。其一，通过自主招生考试（如教育部、人力资源和社会保障部授权天职师大单独招收中职技校毕业生）直接进入应用型本科阶段培养；其二，通过高职与中职技校联合培养（3+2）进入高职专科阶段培养；其三，允许中职技校毕业生参加高考，进入应用型本科或高职本科学校，也允许改变成长路径，选择进

入学术型人才培养通道。

⑥ 高职专科毕业生可以通过“专升本”考试，进入应用型本科人才培养通道；也可以选择改变成长路径，进入学术型人才培养通道（随着高水平大学普遍停止专升本招生，这种机会越来越少）。

⑦ 无论处在学术型人才培养通道，还是处在应用型人才培养通道，本科毕业之后都可以通过研究生考试，选择进入学科硕士（学硕）或专业硕士（专硕）研究生阶段继续深造。

⑧ 无论处在学术型人才培养通道，还是处在应用型人才培养通道，硕士研究生毕业之后都可以通过考核选拔，进入学科博士（学博）或专业博士（专博）研究生阶段继续深造，成为相应类型的顶尖人才。

受诸多落后传统观念影响，“重普轻职”（普通教育）和“重学术轻应用”（高等教育）思想在我国根深蒂固。建立适应我国新时代经济社会发展的教育体系有利于破除传统观念对新时代高等教育发展的束缚与阻碍。构建我国高等教育人才培养金字塔就是要向全社会明确表明：其一，国家经济社会发展需要“学术型”和“应用型”两类人才，这两类人才同样重要、同样宝贵，都应该受到全社会的尊重；其二，“学术型”和“应用型”两类人才各自都有成为更高层次人才乃至顶尖人才的上升通道，只有类型不同，绝无高低贵贱之分；其三，培养“学术型”人才的通道和培养“应用型”人才的通道互联互通，人才类型并非一成不变。必要时，应用型人才可以换道进入学术型人才培养通道发展，学术型人才也可以换道进入应用型人才培养通道发展。

1.3　我国高等教育发展战略调整

我国高等教育历经几十年发展，学术型人才培养体系（金字塔）已经比较完善。而应用型人才培养体系（金字塔），尤其是硕博层次高级应用型人才培养体系，尚处在构建和优化之中。因而，我国高等教育发展战略调整的重点自然就指向构建应用型人才培养体系（金字塔），以满足经济社会发展对各层次应用型人才的需要。这些战略举措主要体现在以下九个方面。

1. 大力发展应用型本科教育

教育部强调“以本为本”。本科居于应用型高等教育系统的中间层次，起着承上启下的重要作用。所谓“承上”，是指应用型本科毕业生是专业硕士研究生乃至专业博士研究生的主要生源，应用型本科教育教学质量直接关系到高层次应用型人才培养质量；所谓“启下”，是指应用型本科教育（含高职本科）对高等职业教育具有很强的引领带动作用。这一点，在天津中德应用技术大学（天津中德）体现尤为明显。该校升格为本科高校之后，长期保留众多优势特色高职专科专业（数控技术等），形成“高职—本—硕”多层次办学（机械工程学科专业硕士点已获批准），基层教学组织（系）也按本科专业设立，从而为应用型本科引领带动高职专科发展奠定了组织架构基础。

2. 大力发展高职本科教育

在强化高职专科学生职业技能、提升综合职业素养的同时，教育部还将一批办学水平高、发展潜力大的职业技术学院升格为职业技术大学，并引导众多民办独立学院与职业院校合并转型为职业技术大学。2019年以来，全国已有32所高职本科高校（南京工业职业技术大学、河北工业职业技术大学等）。

3. 完善高层次应用型人才培养体系

教育部在《专业学位研究生教育发展方案（2020—2025）》中提出，今后硕士生培养将以应用型人才（专业硕士）为主。到2025年，专业硕士研究生招生规模将扩大到硕士研究生招生总规模的2/3左右。与此同时，专业博士研究生（专博）招生规模也在逐渐扩大。这些部署都指向培养高层次应用型人才，指向逐步构建和完善应用型人才培养体系（高职专科→高职本科/应用型本科→专硕→专博）。

4. 鼓励高校多样化发展，形成鲜明办学特色

我国高等教育长期存在趋同化和同质化发展倾向，易导致“千校一面”。高等教育的学科发展必须尊重个性和特色目前已成为教育界的共识，有专家明确把高校特色化发展视为当前高等教育的十大主流意识之一。应用型高等教育为满足广泛的社会需求，更应该呈现多样化发展格局，形成鲜明的办学特色。以应用型人才培养为办学定位的高校（应用型高校）的优势就是特色，其竞争力也在于特色。

5. 实行分类型评价，分类型创建一流

按照高等教育分类型、分层次发展的逻辑，各个高校都应该合理定位，办出特色，并在各自类型和层次中争创一流。国家目前已经启动并正在大力推进面向普通高校的“双一流”（一流水平大学/一流水平学科）建设工程，同时也启动了中国特色高水平高职学校和专业建设计划（简称“双高计划”）。一系列分类型建设举措以及分类型评价标准的推出，都指向终结“一把尺子”衡量所有高校，都指向鼓励各类型高校走多样化发展道路，办出特色、办出水平；都指向高等教育要适应经济社会发展这一“硬道理”。

6. 产教融合、协同育人

应用型人才培养离不开行业企业（事业单位）的支持。国家推出了多种“产教融合、协同育人”战略举措。例如通过税收减免、贷款扶持、土地支持等优惠政策，引导有条件的企业积极建立产教融合实践教学基地，并将高校学生实践作为基地主要考核指标。这些战略举措有利于调动行业企业参与应用型人才培养的积极性和主动性，从而为应用型人才培养提供良好的企业实践条件，把校企协同育人落到实处。

7. 义务教育实行“双减”

2021年7月，中共中央办公厅、国务院办公厅印发《关于进一步减轻义务教育阶段学生作业负担和校外培训负担的意见》，在全社会产生了巨大反响。这场义务教育领域的变革，表面上减的是作业负担和校外培训负担，本质上却是包括基础教育在内的整个学校教育体系的重建。实施“双减”会终结忽视教育规律的“内卷式”恶性竞争，促使全社会教育观念转变，让教育回归自然，使教育生态得到优化，为学生营造轻松自由的环境，使他们的个性与天性得到充分发展。对学生进行德育和智育的同时，加强体育、美育和劳动教育，提升综合素质。

2021年，中共中央和国务院《关于推动现代职业教育高质量发展的意见》首次提出“在普通中小学实施职业启蒙教育，培养掌握技能的兴趣爱好和职业生涯规划的意识能力”。义

务教育是高等教育的基础，义务教育领域的这场变革有利于扭转轻视“应用型”和“技能型”人才的观念，从而为应用型高等教育发展营造宽松的社会环境，奠定良好的社会基础。

8. 中考分流向职教倾斜

高中教育包括普通高中教育（普通高中）和中等职业教育（中职技校），所谓“中考分流”就是学生在初中毕业之后，通过招生考试分别接受普通高中教育或中等职业教育。教育部2021年发布《关于做好2021年中等职业学校招生工作的通知》，要求高中阶段保持职教与普教比例大体相当，推动普通高中和中等职业教育协调发展。“中考分流”向中等职业教育倾斜，中等职业教育占比不断加大，使更多的学生进入应用型人才培养通道，可有效扭转技能型、技术型、应用型人才短缺态势，为保持我国制造业大国地位，并实现向制造业强国转变提供人力资源支撑。

9. 高中教育实行“双高考”

“双高考”系指在全国普通高等院校招生考试（普通高考）之外，增加高职教育招生考试（职教高考），实行应用型人才和学术型人才分类型选拔。“双高考”对于构建并完善应用型人才培养的金字塔无疑十分利好。2014年，国务院印发《关于深化考试招生制度改革的实施意见》，明确“高职院校考试招生与普通高校相对分开，实行‘文化素质＋职业技能’评价方式”。由此拉开了“双高考”序幕。2019年，国务院印发《国家职业教育改革实施方案》，再次提出建立“职教高考”制度，完善“文化素质＋职业技能”考试招生办法，为学生接受高等职业教育提供多种入学方式。山东、江西等省率先进行“职教高考”探索。2020年，教育部等九部委联合印发《职业教育提质培优行动计划（2020—2023年）》，进一步提出“建立健全省级统筹的高职分类考试招生制度，完善高职教育招生计划分配和考试招生办法”，每年春季省级教育行政部门统一组织开展以高职院校招生为主的分类考试（职教高考），所录取的学生不再参加普通高考。保留高职学校通过普通高考招生渠道，畅通分类考试招生为高职学校输送生源的主渠道。2021年，中共中央办公厅、国务院办公厅印发《关于推动现代职业教育高质量发展的意见》，再次强调加快建立“职教高考”制度，完善“文化素质＋职业技能”考试招生办法，加强省级统筹，确保公平公正。自2019年开始，省级统筹“职教高考”稳步推进，制度不断完善，实现全国统一“双高考”也值得期待。

1.4 我国应用型高等教育整体布局

1. 应用型高校概念

应用型高等教育就是《国际教育标准分类法》（2011版）短线高等教育（第5级）中的职业教育类型（我国的高职专科）和高等教育（第6、7、8级）中的专业教育类型（我国的应用型本科、专业硕士、专业博士）。我国新设置的高职本科属于职业教育类型的本科层次，当然也应该归于应用型高等教育类型。

应用型高校自然指培养应用型人才（含高层次技能型人才）的高校。主要包括我国现阶段明确定位于培养应用型人才的普通本科高校、高职本科高校（职业技术大学）和众多高职专科高校（职业技术学院）。然而，我国承担应用型人才培养任务的高校远不止以上三类。不少普通本科高校虽未明确定位于培养应用型人才，但也强调工程能力、实践能力和应用能力培养，也注重产教融合、校企协同育人；还有更多的普通本科高校同时培养“学术型”和“应用型”两类人才，尤其拥有硕士研究生培养资格的众多高校（包括中国科学院大学这样的高层次研究型大学）都同时培养学科硕士和专业硕士，而专业博士（应用型人才最高层次）培养目前必须依靠高水平高校（清华、北大、上交、西交、天大等）。因此，应用型高校的边界具有一定的模糊性。

本书聚焦于应用型高校教学，涉及本科和专科两个层次（国际标准第 5 级和第 6 级），且以本科为主（以本为本）。

2. 应用型人才培养布局

如果把专科层次技能型人才（国际标准第 5 级）归属到应用型（应用型最低层次），那么我国完整的应用型人才体系可以表示为：高职专科 → 高职本科 / 应用型本科（国际标准第 6 级专业类）→专硕（国际标准第 7 级专业类）→专博（国际标准第 8 级专业类）。我国目前各层次应用型人才培养整体布局如下：

① 明确定位于培养应用型人才的普通高校（含高职院校）全力培养本科层次应用型人才和本专科层次的技能型人才。

② 未明确定位于培养应用型人才或学术性人才，人才培养方案兼顾两种类型人才培养，学生根据自己的实际情况（发展定位及兴趣爱好等）选择发展为学术性人才（国际标准第 6 级学术型）或应用型人才（国际标准第 6 级专业型），这类高校通常都拥有学科硕士（国际标准第 7 级学术型）和专业硕士（国际标准第 7 级专业型）学位点。这类高校在我国不在少数。

③ 我国现阶段只有清华大学、北京大学、上海交大、浙江大学、中国科学技术大学、天津大学、西安交大、国防科大、西北工业大学等 25 所高水平大学有资格培养专业博士（工程博士），且限于“先进制造”、“电子信息”、“生物制药”和“能源与环保”四个领域。因此，最高层次的应用型人才（国际标准第 8 级专业型）培养只能依托高水平研究型高校培养。

综上所述，培养我国经济社会发展所需要的各层次应用型人才，不仅需要应用型高校做出努力，也需要其他普通高校，尤其需要培养专业硕士培养的普通高校以及培养专业博士的高水平大学协同努力，以形成不同类型、不同层次高校协同培养各层次应用型人才的大格局。

3. 应用型本科与普通本科的区别

本科教育是近代高等教育最早形成的一个层次，已有 800 多年历史。应用型本科（国际标准第 6 级专业类）与普通本科（国际标准第 6 级学术类）二者是平行发展的关系，只是类型不同，而没有层次差别，无论应用型本科还是普通本科，都必须按照《普通高等学校本科专业目录》设置专业，都必须遵循《普通高等学校本科专业类教学质量国家标准》。

应用型本科和普通本科是在“专业型”和“学术型”分类框架下产生的分类结果（同属国际教育标准分类的第 6 级）。普通本科定位于理论型、研究型或学术型，着重培养理论基础比较宽厚且有所专长的学科型、学术型或研究类人才；应用型本科定位于培养专业型或技术类人才，即适应生产、建设、管理、服务第一线需要的应用型人才。为此，以技术应用能力为主线设计学生的知识、能力和素质结构，以“应用”为主旨和特征构建课程体系和教学内容体系，注重拓展“产教融合、校企协同”人才培养途径，注重“岗位能力”和“创业能力”培养，具有鲜明的技术应用特征。

4. 应用型本科与高职本专科的区别

19 世纪初，本科教育向上发展形成了研究生教育；20 世纪初，本科教育向下延伸产生了专科教育，并逐渐演变为高等职业教育。因此，高等职业教育既是应用型高等教育的最低层级，更是应用型高等教育的重要组成部分。近几年出现的高职本科则可以视为高等职业教育的升级版或高端版。2021 年，教育部在《本科层次职业学校设置标准（试行）》中明确要求本科层次职业学校要“坚定职业教育定位、属性和特色，培养国家和区域经济社会发展需要的高层次技术技能人才”。

应用型人才根据岗位职责，可以细分为“工程型”（工程师）、“技术型”和“技能型”。工程师又细分为研发工程师、设计工程师、运行工程师、维修工程师、管理工程师、销售工程师等。其中的研发工程师和设计工程师偏向于工程科学端，而运行工程师、维修工程师、管理工程师、销售工程师则偏向于工程技术端；技术型人才比工程师更专注于解决工程设计方案实现的技术问题，专业性和实践性更强；技能型人才则擅长相关职业岗位操作（运行维护）技能。

根据以上岗位职责划分，处于工程科学端的研发工程师和设计工程师岗位工作，一般由专业硕士乃至专业博士承担；应用型本科人才主要面向工程技术岗位（运行工程师、维修工程师、管理工程师、销售工程师）和技术岗位工作，专注于解决实施阶段的工程技术问题。要求掌握较为扎实宽广的技术理论知识，具有较强的专业技术能力，能够应用技术理论分析问题、解决问题；高职本专科人才主要面向实际操作岗位工作，尤其需要面对要求具有高级职业技能的复杂工作，要求掌握够用管用的技术理论知识，具有从事特定职业岗位或岗位群工作的专项职业技能（操作、运行、维护、营销等）。

社会对人才的需求是多样化的。人类教育的 70/30 法则告诉人们，假设花费同样的精力和时间，若用在人不擅长或劣势之处（所谓补短板），顶多能得到 30% 提升；而用在擅长或优势之处，则能得到 70% 的收获。在人才培养方面，要根据各自的长处或优势选择适合的教育类型，选择合适的专业方向，选择合适的职业道路。

5. 营造尊重应用型技能型人才氛围

社会发展对人才的需求是多元的，既需要少数学术型人才进行科学探索和规律发现，更需要大量的应用型和技能型人才从事工程技术实践和各项社会服务。即使在很多高科技领域，也需要不同类型、不同层次的人才分工协作。比如人工智能领域，大数据分析属于高科技，算法工程师须拥有高深的理论知识，只有学术型或研究型人才方能胜任，是该领域的稀缺人才。但诸如数据标注师、数据分层师等工作，则是新科技领域的“蓝领岗位”；互联网领域同样如此，互联网运营属于“蓝领岗位”，需要踏实认真、有耐心、有热情，而培养这些品质恰恰是职业教育所擅长的。因此，只有营造尊重应用型技能型人才的良好社会氛围，才有利于应用型技能型人才健康成长，从而为经济社会发展提供各类人才保障。

第2篇 教学理念

人类从哺育幼儿到教幼童牙牙学语，再到带领小孩认识世界万物，陪伴儿童逐渐长大成人……教育的作用无处不在，无时不有，如影随形。人类早期的教育活动主要是生存和生活经验的口耳传递，具有隐含性和自发性。文字的发明与推广，为人类经验提供了长久保存的物质载体；体力劳动和脑力劳动分工，催生了专门从事教学活动的教师职业，也使教育具有了专门性、目的性、计划性和组织性。

由此可见，教学是教育发展到一定阶段的高级形态，是人类传承自身文明成果的一种特殊的社会实践活动，是由教师的“教”和学生的“学”共同组成的一种特有的意义建构活动。通过这种活动，教师有目的、有计划、有组织地引导学生积极主动学习并有效掌握科学文化知识和技能，养成良好的人格，实现身心健康和谐发展。

人类教育分为幼儿（幼儿园）、小学、初中、高中、大学几个阶段。高等教育是人类教育的高级（端）阶段。本篇依次阐述高等教育的社会职能，高等教育的核心理念，高校教学的基本原则以及我国高等教育的新理念、新机制和新要求。这些都是高校教师应该知晓并深刻领悟的，因为只有知道高等教育从哪里来，知道高等教育肩负着怎样的社会职责，明确高等教育的理念，熟悉高校教学的基本准则，才能够找准位置，明确方向，稳步前行。

2.1 高等教育的社会职能

高等教育的社会职能从最早的“人才培养（教学）”单一职能演变为“教学与科研并重”，又发展为“教学、科研、服务社会三大职能”，再扩展为“教学、科研、服务社会、文化传承与创新四项职能”，随着社会发展而不断扩展，持续演进。

1. 人才培养单一社会职能

成立于1088年的意大利博洛尼亚大学（University of Bologna）是人类第一所现代大学，距今已有900多年历史了。这所大学为中世纪社会培养了大批法学、医学、哲学高级人才，开创了高等教育为社会培养人才的先河。随后成立的巴黎大学（巴黎西岱大学，1150年）、牛津大学（1167年）、剑桥大学（1209年）、海德堡大学（1386年）、哥本哈根大学（1479年）等，在相当长的岁月里都以人才培养（教学）为单一社会职能，直到1810年创办了柏林大学（柏林洪堡大学），这种状况才得以改变。

2. 教学与科研并重时代

洪堡倡导“科研与教学相融合”，强调“科研立校、科研强校”，柏林大学在漫长的年代里造就了一大批享誉世界的学术巨擘（包括多位诺贝尔奖得主），爱因斯坦、普朗克、赫兹、黑格尔、海涅等一大批学界大师都曾在柏林大学任教，马克思和恩格斯也曾在柏林大学学习，为马克思主义的产生奠定了雄厚的思想基础。欧洲高等教育的发展归功于注重科学研究，注重知识创造，科学研究也理所当然地被确立为高等教育的第二项社会职能，世界各国的高等教育由此发展到了“教学与科研并重”的新阶段。

3. 扩展社会服务新职能

美国现代大学起源于欧洲，最早成立的哈佛大学（1636 年）就是仿照英国大学模式创建的。随后成立的耶鲁大学、普林斯顿大学、布朗大学、哥伦比亚大学等，都延续了欧洲大学教学与科研并重的传统。1861 年美国国会通过的《莫里尔法》极大地促进了美国高等教育的发展。该法案鼓励联邦政府向各州提供土地（赠地），资助各州建立农业和机械工艺教育学院，在美国高等教育领域掀起了一场“赠地学院运动”，孕育了在世界高等教育史上具有里程碑意义的“康奈尔计划”和“威斯康星思想”。从而使大学由人才培养和科学研究，走向直接为社会服务的新阶段，将服务社会拓展为高等教育的第三项社会职能。

《莫里尔法》催生了很多“赠地大学”（普渡大学、加州大学、伊利诺伊大学、威斯康星大学等），这些大学密切结合本州工农业生产需要，在促进美国中西部开发方面发挥了重要作用。美国高等教育持续蓬勃发展，在人才培养、科学研究和服务社会三个方面都取得了成就，逐渐发展成为世界高等教育较为发达的国家。

如今，高等教育（大学）“人才培养、科学研究、社会服务”三项社会职能已达成全球共识，我国《高等教育法》第三十一条明确规定：高等学校应当以培养人才为中心，开展教学、科学研究和社会服务，保证教育教学质量达到国家规定的标准。

4. 赋予文化传承与创新职能

随着社会进步和发展，高校的社会职能也在不断演进。我国新时期高等教育除“人才培养、科学研究、社会服务”之外，还应该承担“文化传承与创新”职能。之所以赋予高等教育文化传承与创新社会职能，是因为高等教育是优秀文化传承的重要载体，是优秀文化创新的重要源泉，应该在继承和发扬优秀传统文化，吸纳和融合国外先进文化，培育民族精神、增强中国文化软实力和中华文化影响力、促进全人类文明进步方面发挥应有的作用。

2.2 高等教育的核心理念

教育理念指教育主体在教学实践及教育思维活动中形成的对“教育应然”的理性认识和主观要求，包括教育宗旨、教育使命、教育目的、教育理想、教育目标、教育要求、教育原则等内容。教育理念建立在科学理论基础之上，是对教育理论集中的、生动的表达。教育理念作为一定历史时期人们对教育发展的理性认识，体现了教育的价值取向和理想追求，是教育改革发展的重要价值引领和实践导向。进入新时代以来，我国在教育强国建设之路上取得了历史性进步。

1. 推进中国教育现代化的八大基本理念

教育理念的更新和发展带有深刻的时代烙印。中共中央、国务院 2019 年 2 月印发的《中国教育现代化 2035》提出了推进中国教育现代化的八大基本理念。每一位教育工作者（幼教、普教、职教、高教）都应该认真学习并积极践行。八大基本理念围绕建设教育现代化强国，发展“更高质量、更加公平、更具个性的教育”，首先指向受教育者发展素质和能力（培养目标），提出“以德为先、全面发展、知行合一”；其次指向对教育的要求（原则和标准），提出“面向人人、终身学习、因材施教”，进而指向发展教育的途径，提出“融合发展、共建共享”。八大基本理念面面相连，环环相扣，层层深入。具体说明如下：

（1）更加注重以德为先

教育现代化的核心是人的现代化，根本任务是培养德智体美劳全面发展的社会主义建设者和接班人。把“以德为先”置为八大理念之首，就是要求全面落实立德树人根本任务，以树人为核心，立德为根本，将立德树人的成效作为检验学校一切工作的根本标准。

（2）更加注重全面发展

“全面发展”体现在德智体美劳五方面的协调发展，体现在学生意志品质、思维能力、创新精神等综合素质的全面发展，身心健康的全面发展。

（3）更加注重面向人人

“面向人人”重在彰显教育公平，是最能体现教育情怀和温度的理念。应把“保障每个人平等受教育的权利”“使教育选择更多样、成长道路更宽广”“让人人都有人生出彩的机会”作为教育现代化的崇高使命和艰巨任务。

（4）更加注重因材施教

“因材施教”是中国传统教育理念，在新时代被赋予了新的内涵。首先要满足学习者个性化、多样化学习和发展要求；其次要完善教育体系，创新教育体制机制，改进培养模式，使之在整个教育系统得以贯彻，而不仅仅作为一种教育教学行为。最后要努力使不同性格禀赋、不同兴趣特长、不同素质潜力的学生都能接受符合自己成长需要的教育，促进学习者自主学习、主动学习、释放潜能，增强能力。

（5）更加注重知行合一

“知行合一”既是对学生素质的要求，也是发展学生素质的重要途径；既是培养目标理念，也是培养方法理念。应该在德育为先的基础上，强调“能力为重”，包括动手能力、实践能力、适应能力、创新能力、创业能力等。

（6）更加注重终身学习

“终身学习”作为全球普遍重视的教育理念，既集中体现了社会教育力和国民可持续学习力，也充分体现了社会制度和教育制度的竞争力，是设计整个国民教育体系的一项重要原则。

（7）更加注重融合发展

“融合发展”理念指教育与经济社会发展深度融合，实现教育与国家整体发展布局的协同发展。要实行开放办学，构建学校、社会、家庭大教育格局，形成教育合力；要打通教育与科技、产业，进而与经济社会融通，在深度融合中发展教育。

（8）更加注重共建共享

“共建共享”理念指把教育作为关乎全民利益的公益事业，实现全社会共同参与建设、共同参与治理、共同分享成果的教育发展新格局。"共建共享"是社会主义的制度优势，也是教育现代化成果造福人民的必然要求。

八大基本理念的核心是"以人为本"。因为没有人的现代化，就没有教育的现代化，也就不可能有国家的现代化。然而，实现人的现代化绝不能仅仅依靠增大教育投入、增添现代化教育教学设备，而必须进行艰难的观念转变、文化认同以及精神心理转化。

2. 高等教育的十大核心理念

现代大学历经 900 多年发展，人们对高等教育发展规律的认识逐步深化。高等教育十大核心理念（也称主流意识），既是对高等教育发展规律的高度概括，也是对高等院校办学经验的深刻总结。逐项说明如下：

（1）高等教育的根本任务是培养人

培养人才是高等教育的首要使命，也是区别于其他行业的本质特征。高等院校必须以人才培养为第一要务，教学工作是高等院校的中心工作，也是每一位高校教师的首要任务。唐代文学家韩愈《师说》中的名言"师者，所以传道授业解惑也"是对教师职业特点的经典诠释，高校是传授科学知识、传播思想文化的场所，身为高校教师，必须潜心教学，对教书育人持敬畏之心与热爱之情。

著名物理学家、诺贝尔奖得主杨振宁先生 2003 年底从美国归来，定居清华园，82 岁那年为清华物理系 120 多名新生上基础物理课，有力地推动了清华"名师上讲堂"，至今仍被传为佳话。杨振宁先生百岁寿诞时，当年给杨振宁先生做助教的两位青年教师撰文，披露杨振宁先生教书育人的细节，感佩一代物理学巨擘的治学精神与为师风范。杨振宁先生不仅讲授物理学知识，还讲授物理学思维方法，传授物理学研究经验，对启迪学生的创新思维、培养学生的科学精神起到了独特的作用。

为扭转普遍存在的"重科研轻教学"现象，助力大学回归育人之本，突出教学（尤其本科教学）的重要地位，教育部三令五申要求教授必须为本科生上课，2019 年 10 月发布的《关于一流本科课程建设的实施意见》，再次强调严格执行教授为本科生授课制度，连续三年不承担本科课程的，将转出教师系列。

（2）教学科研是大学不变的中心工作

德国思想家和教育改革家威廉 · 冯 · 洪堡被誉为"现代大学之父"，他对人类里程碑式的贡献就是把科研引到高等教育之中，将教学和科研确立为大学的两项中心工作，实现了教学与科研并重，奠定了现代大学发展的根基。虽然随着社会发展，高等教育的职能不断演进，但教学和科研都是高等教育始终不变的中心工作。高校教师肩负教学和科研两副重担，"两手都要抓，两手都要硬"，要妥善处理好两者关系，相互支撑，相互促进，力争实现双丰收。

（3）提高教育教学质量是大学永恒的主题

高等教育坚持内涵式发展，而非规模扩张等外延式发展。高校应提高教育教学质量，努力办出特色、办出水平。"提高教育教学质量是永恒的主题"应该理解为，扩大高等教育规模是有限度的，而提升教育教学质量却是无极限的（只有更好，没有最好）。针对本科教育教学，教育部颁布了《本科专业教学国家质量标准》，启动了一流本科专业和一流本科课程建设工程（国家级、省市级、校级），建立了高校教学质量评估机制；针对高等职业教育，教育部启动了"双高"（高水平学校、高水平专业）建设工程，高校还普遍建立了院校二级教学质量督导体系（学院督导和校级督导），设立了教学质量监控与评估中心，使教学质量监控、教学质量评价及反馈常态化。这一切都是为了保障和提高教育教学质量。

（4）学科建设始终是大学的龙头工作

我国 2015 年启动了“双一流”（世界一流大学、世界一流学科）建设工程。世界一流高校的首要特征必定是一流学科。学科建设是大学的牛鼻子，抓住学科就等于抓住了龙头。

学科有一级学科和二级学科之分，二级学科称专业。通常认为，基础教育是使人成其为人的教育（学会做公民），职业教育是使人成其为匠的教育（拥有专项技能），高等教育是使人成为才的教育。而高等教育进入到研究生教育层次（第二层次），则是使才成为器的教育，即经过学科的熏陶和培养使人成为该学科领域的高层次人才。我国应用型高校学科偏弱（很多学校尚未开展研究生教育），现阶段应该注重专业建设，高职本专科院校更应该始终坚持专业建设立校、专业建设强校。

（5）大学的主体工程始终是师资队伍建设

近现代著名教育家梅贻琦先生 1931 年出任清华大学校长，他在就职演讲中的名言“所谓大学者，非谓有大楼之谓也，有大师之谓也”告诉人们，办大学的关键不是物质条件（大楼），而是高素质的师资队伍（大师）。师资队伍水平代表着一所高校的水平，因此建设高素质高水平的师资队伍始终是高校建设的主体工程。高校教师一般分为三个层次：第三层次教师教知识和技能，一所高校需要大量教知识和技能的教师，把知识和技能系统完整地传授给学生，并让学生能够运用；第二层次教师教方法，即在教学过程中，不仅传授知识和技能，而且传授学习知识和技能的方法，即所谓“授人以鱼不如授人以渔”；第一层次教师教境界，几句话就能让学生茅塞顿开，灵感迸发，受益终生，这样的高校教师不仅自己功底深厚，成果丰硕，而且能把学生带到学科和技术的前沿。

（6）学术自由和学术追求是大学的最高价值

高校教师从事科学（技术）研究（科研）的动机分如下三种：第一种，带着功利目的做科研，把科研当作实现功利目的的工具或途径，因而不能够持之以恒；第二种，因为某种规则压迫（如完成聘期考核任务）做科研，一旦压力解除，科研便会被遗忘在角落；第三种，既不为功利目的，也不因为任何规则压迫，完全以学术追求作为自己的价值选择，科研完全由兴趣和使命所驱动，这样的学术追求才具有最高价值。国家和地方科研主管部门以及高校管理者在引导教师将个人兴趣与国家需求相结合的同时（发布选题指南），应注意从体制上保障自由选择研究选题、自由选择研究方法、自由发表科研成果、自由开展学术交流和学术批判，给富于创造力的高校教师提供学术自由的环境和空间。国家自然科学基金等项目申报及评审制度就是这一理念的具体体现。

（7）创新是大学的生命力所在

高校作为各种创新要素汇聚之地，创新力最强，创新范围最广。仅就自然科学而言，最高水平的创新是创新知识（规律、概念、定理等科学发现）。新知识一旦产生，便会成为人类共同的财富。其次为工程技术创新（新方法、新工艺、新手段等技术发明）。相应地，社会科学最高水平的创新是创新思想（理论）；人文学科（文史哲艺）最高水平的创新是创新文化。总而言之，创新是大学动力之源，大学的发展必须依靠创新。

（8）大学管理的目的在于服务

大学（高校）管理主要涉及三个领域：首先要把握发展方向和办学定位；其次要提供有利

于大学发展的制度环境和运行秩序；最后是提供条件和保障，为教学科研乃至生活提供物质条件。在所有这些领域所实施的管理，其目的都在于为广大教师和学生提供服务，为教学科研工作提供保障。

（9）特色是大学的魅力所在

社会需求日益多样化决定了高等教育发展必须尊重个性。办学特色是高校的优势所在、竞争力所在，已成为人们的共识。高校办学特色可分为“软特色”和“硬特色”。“软特色”也称“隐性特色”，主要指高校的传统文化、办学理念和办学模式；“硬特色”也称“显性特色”，主要指高校的学科（专业）优势及特点。高校特色越鲜明，其魅力越大，存在的价值也越大。

（10）大学对待知识是它态度的全部

大学是知识的共同体（思想、文化、科学、工程、技术等），大学的所有活动都在围绕知识进行，大学教师则是一群为知识而工作的人，所以对待知识就是大学的全部态度。这种态度细化为以下五种。

第一种是收藏——大学要建图书馆和信息中心，社会上找不到的知识，可以到大学去找。历史越悠久的大学，知识收藏越丰富。

第二种是传播——人才培养的过程就是知识传播的过程，就是人类文明成果传承的过程。现代大学都是开放性大学，意味着知识还要向社会传播。

第三种是运用——知识运用其实就是为社会服务，就是为社会解决难题。

第四种是创新或创造——知识创新或创造最能体现大学价值态度，也是大学应该承担的社会责任和历史责任。

第五种是交流——包括国际交流、国内交流、校际交流等。

2.3　高校教学的基本原则

虽然高等教育的社会职能会随着社会发展不断扩展和演进，但人才培养是高等教育的首要社会职能，教学是高校的中心工作，这一点任何时候都不会改变，也不能改变。无论世界一流大学还是普通大学，无论研究型高校还是应用型高校，概莫能外。因此，高校教师必须首先承担起教书育人神圣职责与使命担当。做好高校教学工作，必须用先进的教育思想武装头脑，认识并遵循教育规律，秉持先进的教学理念，贯彻科学的教学原则。高校的教学原则是高校教学过程客观规律的反映，是高校教学经验的结晶，贯彻这些原则，不仅有助于高校教师完成教学任务、提升教学能力与水平，也可以使教学质量得到有效保障。

1. 教育学之八大教学原则

教育学之八大教学原则是基于教学过程规律的认识而制定的，是从人们的教学实践中总结出来的。这八大教学原则现已成为教师资格考试的重点内容。教育行业的从业者，无论从事基础教育、普通教育、职业教育还是高等教育，都应该铭记于心并自觉遵守。具体内容如下：

（1）科学性与教育性统一原则

即教学过程中既要传授先进科学知识和基本技能，同时还要结合知识和技能蕴含的德育因素，对学生进行政治思想教育和道德品质教育，坚定教书育人初心、践行立德树人使命。课程思政就是基于这项原则提出来的。

（2）理论联系实际原则

即在教学活动中要把书本知识与实际知识结合起来，让学生从理论与实际的联系中去理解知识，引导学生运用所学的知识去分析问题、解决问题。只有让学生把知识的学习与生动的实践相结合，把学习知识与运用知识相结合，才能处理好教学活动中间接经验与直接经验、理性认识与感性认识、动脑与动手的辩证关系。根据这一原则，教师要切实加强基础知识教学，把理论知识讲透、讲活，同时要联系实际，不仅要让学生学懂、学会，还要能够应用于实际，并为学生提供实践机会，发展他们的实践能力和技能技巧。

（3）直观性原则

即教学中学生运用各种感官的观察以及教师语言的形象描述，获得直接经验，丰富他们的感官认识，从而使他们能够正确理解书本知识和发展认识能力。夸美纽斯的“让学生去看看、摸摸、听听、闻闻等”和乌申斯基的“儿童是依靠形式、颜色、声音和感觉来进行思维的”就是直观性原则的体现。直观手段种类繁多，一般分为实物直观、模象直观和语言直观三大类。现代教育技术的发展，尤其网络和多媒体技术的发展，为教学直观性提供了强大的技术支撑（尤其模象直观）。教师可以利用图片、视频、动画、仿真等多种教学资源和手段直观地呈现教学内容，尽可能让学生获得感性认识，帮助学生理解教学内容。

（4）启发性原则

即教学中教师要承认学生的主体地位（以学生为中心），注意充分调动学生的主动性，引导他们独立思考、主动探索、生动活泼地学习，自觉地掌握科学知识和技能，提高他们分析问题、解决问题的能力。同时，教师要善于建立平等的师生关系和生生关系，创造和谐的教学气氛。中外教育家都很重视启发教学，最著名的就是孔子的名言“不愤不启、不悱不发”。

（5）循序渐进原则

即教学要按照学科的逻辑顺序和学生认识发展的顺序进行，使学生系统地掌握基础知识、基本技能，形成严密的逻辑思维能力，促进学生智力和认知能力的发展。学生的认识活动是一个由简单到复杂、由低级到高级的逐步发展过程。循序渐进原则反映了科学知识本身的特点和学生智力发展的规律。坚持循序渐进原则，就应当按照学科知识的系统性进行教学，注意各学科之间的联系，按照学生认识活动的顺序进行教学，由浅入深、由简到繁。我国古代著名教育家朱熹的名言“循序而渐进，熟读而精思”就是循序渐进原则的体现。

（6）巩固性原则

即教学中要引导学生在理解的基础上巩固知识，教师要重视组织各种复习，使知识长久地保存在记忆中，在需要时可以迅速再现出来，以利于知识和技能的运用。孔子的名言“学而时习之”和“温故而知新”对巩固性原则做了很好的诠释，高校课堂活动中的复习（回顾）、练习、提问、讨论、作业乃至测验，都是巩固性原则的体现。

（7）可接受原则

即教学的内容、方法、份量和进度要适合学生的发展水平，是他们能接受的，同时又要有一定的难度，需要经过努力才能掌握。我国古代职业教育家墨子的名言“夫智者必量其力所能至而从事焉”就是可接受原则的体现。贯彻可接受原则，要求教师对学生现有知识结构和思维特点（知识和能力水平）等进行科学评估，摸清学生的“底牌”，以增强教学的针对性和有效性。

（8）因材施教原则

即教师要从学生的实际情况、个别差异出发，有的放矢地进行有差别的教学，使每个学生都能扬长避短、获得最佳的发展。我国孔子善于根据学生的不同特点，有针对性地进行教学，使他们发挥各自的专长，后来被朱熹概括为“孔子施教，各因其材”。贯彻因材施教原则，教师须深入了解学生的发展特点和能力水平（学情分析），采用集体教学和个别指导（答疑）相结合的方式，使每位学生都有收获，都有进步。

2. 我国高校的十项教学原则

我国高校的教学原则，是根据我国的教育方针、高等教育的任务和高校的教学规律，在批判继承古今中外高等教育遗产，特别是总结我国高校教学实践经验的基础上提出的，对我国高校教学实践具有很强的指导作用。这些教学原则既是高等教育教学规律的反映，又是高校教学内容、教学组织、教学方法、考试考查以及教学工具运用等一系列活动的准则。

高校教学是人类教学活动的高级阶段，我国高校的教学原则可以视为教育学之八大基本原则针对高校教学特殊性的完善与拓展。当前，在我国高校教学工作中具有广泛指导意义，被广泛认同，并体现时代性的教学原则主要有以下 10 条：

（1）科学性与思想性相结合原则

这项原则与教育学之八大教学原则中的第 1 条原则（科学性与教育性统一）基本相同，思想性和教育性都强调育人，不再赘述。

（2）理论联系实际原则

这项原则与教育学之八大教学原则中的第 2 条原则（理论联系实际）完全相同，不再赘述。

（3）系统性与循序渐进的原则

这项原则是对教育学之八大教学原则中第 5 条原则（循序渐进）的完善与拓展。具体指教学过程中要把知识发生发展的系统性与个体认识发展的逻辑顺序结合起来，既保持知识的系统性，又符合学生身心发展规律，从而有效促进学生认知能力发展。每一学科知识自身有其内在规律，不同学科所构成的课程体系也有其逻辑性，同时学生自身也有一种认知的逻辑性和顺序性（认知规律），这三种不同的逻辑未必是完全相合的，系统性和循序渐进相结合的原则，就是强调实现三者的和谐统一。高校教师贯彻此项原则应注意以下三点：

① 处理好公共基础课、专业基础课和专业课三类课程的关系；

② 根据学科的基本知识结构和学生的认知结构特征组织教学；

③ 防止学生产生好高骛远、不求甚解的心理倾向，引导学生树立认真踏实的良好学风。

（4）因材施教和统一要求相结合原则

这项原则是对教育学之八大教学原则中第 8 条原则（因材施教）的完善与拓展。学生既有个性差异，又有同龄和相同学力所拥有的共同之处，针对教学班学生存在的共性与不同学生之间的差异，既要强调在高校教学过程的共性中注重个性，又要强调个性发展离不开共性支持。高校教师贯彻这项原则应注意以下两点：

① 充分了解全体学生的实际情况，有针对性地进行班级（共性）教学；

② 在班级（共性）教学的支持下，尊重、保护、引导个性良性发展。

（5）启发性与创新性相结合原则

这项原则是对教育学之八大教学原则中第 4 条原则（启发性）的完善与拓展。强调在教学中注重调动学生的学习主动性和积极性，鼓励学生积极思考、敢于质疑，创新思维，注重培养创新意识、创新精神和创新能力。高校教师贯彻这项原则应注意以下三点：

① 注重调动学生的学习动机。学习动机是学习的内在动力，是学生学习主体作用发挥的首要条件。同时，针对部分学生学习目的不明确和责任感不强的问题，教师应对学生的学习目的、态度等方面进行启发引导，增强学生的责任感和使命感。

② 激发学生的创新思维。启发学生的关键在于创设一种问题情境，既要有一定困难（需要学生寻找解决问题的途径），也要力所能及（学生通过学习能够解决）。学生的积极思维和创新思维常常是由问题情境而引发的。教师要根据课程教学内容特点和学生实际，考虑在各个教学环节如何基于教学重点和难点创设问题情境，以激发学生积极思考。

③ 在创新型国家建设的过程中，每一所高校都要开展创新教育，每一位高校教师都要投身于创新教育之中，在教学中注重培养学生的创新意识，注重激发学生的好奇心、注重培养学生的批判精神和质疑态度，为创新型人才成长营造氛围，奠定基础。

（6）发挥学生主体性与创造性原则

这项原则是对教育学之八大教学原则的完善与拓展（新原则）。具体指高等学校的教学活动中，要切实突出学生的主体地位（以学生为中心），善于激发和保护学生的创造性。教师要习惯于扮演教学活动组织者或主持人角色，主要职责是激发学生的学习动机，培养学生独立学习、探索研究、创新创造的能力。高校教师贯彻这项原则须注意以下三点：

① 注重启发式教学，充分调动学生学习的积极性和主动性；

② 注重传授正确的学习方法；

③ 维持良好的教学秩序，营造活跃的教学气氛。

（7）知识积累与智能发展相结合原则

这项原则也是对教育学之八大教学原则的完善与拓展（新原则）。具体指在教学过程中既要向学生传授系统的科学知识（基础知识和专业知识），还要使学生的智力和能力得到良好发展，并在教学过程中实现二者的有机结合。高校教师贯彻这项原则应做到以下四点：

① 不仅要明确知识学习目标，更要明确智能（智力和能力）培养目标；

② 理论教学应选择智力价值较高的教学内容，注重发掘知识的智力价值；

③ 注重专业能力和专业技能培养；

④ 注意选择与运用有利于学生智力发展的教学模式和教学方法。

（8）专业性与综合性相结合原则

这项原则是专门针对高校教学提出的，是一项反映高等教育特性的教学原则。高等教育注重专业教育，高校的教学过程主要围绕专业展开，并且随着学生年级增长，专业理论知识传授和专业技能训练所占比重越来越大。与此同时，科学发展的高度综合和社会分工的整合趋势，又对高校人才培养提出了综合化要求。因此，要求高校教学必须实现专业性和综合性相结合，为社会培养专业知识扎实、综合素质高、实践能力强的高级专门人才。高校教师贯彻这项原则应做到以下三点：

① 注重课程思政建设——将专业教育与思政教育有机结合起来，实现育才与育人相统一。

② 扎实开展专业教育——无论本科还是专科（高职），都要按照专业人才培养标准制订人才培养方案（教学计划）、实施各门专业课程教学，确保专业教育质量。确保毕业生具有

必需的基础理论和专业技术知识，掌握本专业必要的基本技能和方法，具有从事本专业实际工作的初步能力。

③ 有效加强综合教育——高校综合教育主要通过通识课程教学活动体现。因此，低年级的通识课程教学要为专业学习打好基础；贯穿于整个学业的通识课程（公共选修课）教学要着重培养学生的人文、科学（科技）等方面的综合素质；按学科大类进行的综合教育，则要为复合型人才培养发挥有效作用。

（9）教学和科研、生产相结合原则

这项原则是专门针对高校教学提出的。“双一流”高校、普通本科高校和高职本专科院校，虽然人才培养类型和层次存在明显区别，但科学研究都必须与人才培养有机结合，产教融合也是对所有高校的一致要求。高校教师贯彻这项原则应做到如下三点：

① 科研反哺教学——将科学研究的内容、方法、成果等体现于各个教学环节之中，为教学提供新鲜血液，提供值得探索的问题和真实的实践项目。这一点对课程设计、毕业设计等教学环节非常重要。

② 引导学生参与科研——及早引导学生参与科学研究活动，有利于培养科研能力及科学精神，拓展知识面、提高创新能力，为学生自主发展奠定基础。

③ 教研相长——教师坚持不懈地做好科研工作，才能不断将研究成果引入教学，从而提高教学水平；教师有了足够的科研经验，才能更好地指导学生的科研活动和创新实践活动。

（10）少而精原则

这项教学原则是我国高等教育著名专家潘懋元教授在专著《高等教育学讲座》中专门针对高校教学提出的，既是对教学过程中学生接受知识的数量与质量的对立统一规律的整体反映，更是教学过程中教与学二者之重心转换的具体体现。所谓“少”，是指教师在教学过程中讲授的内容及所用时间要少，让学生有充裕的学习与思考时间和余地，进而充分发挥学生学习的积极性、主动性和创造性；所谓“精”，则是指教师在教学过程中要精讲教学重点、难点、疑点和关键，启迪学生思维，引导学生探究。这项教学原则既适合学术型（研究型）高校教学，更适合应用型高校教学。之所以这样说是因为，其一，高校的教学对象是思维活跃、有积极进取心、与经济社会发展息息相关的时代青年；其二，高校的教学任务不应只是系统知识的灌输，而应注重学生自学能力培养；其三，高校的教学不应当以知识传授为主，而应当主要体现为探究和实践。贯彻这项教学原则可以有效落实学生在学习过程中的主体地位、使教学紧紧围绕培养学生的自主学习能力而展开，从而有效达成教学目标。高校教师贯彻这项原则应注意以下五点：

① 要充分发挥教的指导性和学的主动性，即按照教学目标要求，唤醒学生的自觉意识，发挥学生的能动作用，组织和引导学生进行主动性学习，从而发展能力，培养个性。

② 不应成为知识的灌输者，而应成为新视角的提出者、新问题的发现者、新思维的探索者，在教学活动中注重培养学生反省、批判、怀疑、提问、探索的能力。

③ 不仅要让学生学会，更要让学生会学。学会学习是新时代大学生生存和发展的基石，也是大学生学习素质的集中体现。

④ 要真正把学生视为教学主体，为实现学生的全面发展进行教学设计，帮助学生习得知识、形成能力，使学生善于发现、处理、分析、解决实践中遇到的各类问题。

⑤ 要祛除外表的威严，注重塑造以渊博知识和高尚师德为核心的亲和力很强的人格形象，建立资源分享的伙伴型师生关系，营造宽松自由的学习氛围。

2.4 我国高等教育的新理念、新机制和新要求

教育部2018年9月发布的《关于加快建设高水平本科教育全面提高人才培养能力的意见》被称为“新时代高教40条”。其中明确提出，要在2035年形成中国特色、世界一流高水平本科教育目标，为建设高等教育强国、加快实现教育现代化提供有力支撑。新时代中国特色社会主义对高等教育提出了更高要求，也催生了很多适应新时代高等教育发展的新理念和新机制。以下仅介绍与应用型高校教学及教师发展关系密切的若干新理念、新机制和新要求。

1.“学生中心、产出导向、持续改进”三大核心理念

2016年6月2日，中国工程教育专业认证协会成为目前国际上极具权威性和影响力的工程教育本科学位互认协议——《华盛顿协议》的正式会员。该协议所秉持的“学生中心、产出导向、持续改进”三大核心理念被公认为世界高等教育发展最先进的理念。

这三大核心理念首先在我国工程教育认证标准中得以体现，随后又成为制定《普通高等学校本科专业类教学质量国家标准》（简称《国标》）的三大原则。不仅如此，在国家级和省部级一流专业建设项目和一流课程建设项目评审标准中，都将“学生中心、产出导向、持续改进”三大核心理念摆在突出位置。因此，应用型高校各专业（尤其工程技术类）应该将这三大核心理念贯穿于应用型人才培养体系建设全过程，应用型高校教师则必须用这三大核心理念武装头脑，并在专业建设、课程建设乃至日常教学中自觉践行这三大核心理念。实现从学科导向向目标导向的转变，从教师中心向学生中心的转变以及从教学质量监控向教学质量持续改进转变。“学生中心、产出导向、持续改进”三大核心理念是相互关联的有机整体。其中，学生中心是宗旨，成果导向是要求，持续改进是机制。具体说明如下：

（1）学生中心（Student Centering,SC）

“学生中心”是世界高等教育的共同认知，也是工程教育专业认证的宗旨。在工程教育认证通用标准的七项指标中，学生是首要指标，其余六项指标（培养目标、毕业要求、持续改进、课程体系、师资队伍、支撑条件）都围绕着让学生达成毕业要求、实现培养目标依次设置，从中可以看出学生在教学过程中的“中心位置”。

“学生中心”理念可以用“一切为了学生、为了学生的一切”来概括，具体内涵为“尊重学生、方便学生、发展学生”。尊重学生强调充分考虑学生年龄和就业方向，尊重学生的学习需要与学习特点；方便学生强调课程教学活动以及支持服务充分考虑学习者的学习环境、学习方式、学习风格等特点，为学生学习提供便利；发展学生强调学生的主体地位，以促进学生发展为根本宗旨。

“学生中心”（以学生为中心）理念的对立面是“教师中心”（以教师为中心）。秉持教师中心理念的教学，会忽视学生的主体地位，往往采用满堂灌方式进行教学，教师往往以完成教的任务为目标。秉持学生中心理念的教学，才会突出学生的主体地位，才会强调教的目标只有通过学的行为才能达成，从而自觉采取协作式、个别化、小组讨论等灵活多样且富有成效的教学方式。

秉持“学生中心”理念并不意味着教师的作用被忽视、被弱化，而是强调教师角色的转变。从知识的传授者、主动施教者转变为学习的指导者、帮助者和促进者，从教学活动的表演者转变为教学活动的组织者或主持人。从而更加强调教师在引导、促进、督导学生学习方面的重要作用，更加强调教学活动的设计与组织要着眼于最大限度地促进和帮助学生自主学习，更加强调透彻地了解学生现有知识结构、思维特点和学习习惯，为教育教学活动建立一个科学合理的起点。

“学生中心”理念的理论基础是人本主义和建构主义。其中，人本主义强调个体起点的差异（起点多样性），建构主义强调目标的非准确性（结果多样性）。突出学生中心，应注重激发学生的学习兴趣和潜能，创新形式、改革教法、强化实践，推动从“教得好”向“学得好”转变。

（2）产出导向教育（Outcomes-Based Education,OBE）

产出导向教育（简称产出导向），也称结果导向教育、目标导向教育或需求导向教育，是当前高等教育改革的主流思想。产出或结果既不是某个阶段（某学年或某门课）的学习结果，也不是学生完成所有课程达到的最终结果，而是期望学生在完成学业（毕业）时所能取得的学习成果。相对于传统的学科导向（重视知识输入），产出导向更关注学生毕业时所具有的各项能力。在专业人才培养方案制（修）订和课程建设以及教学设计中，具体体现为图2.1所示的“反向设计 - 正向实施”策略。

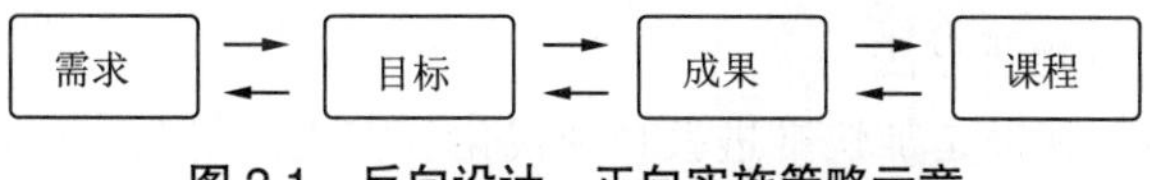

图2.1　反向设计 – 正向实施策略示意

具体说明如下：

传统专业人才培养方案制（修）订秉持“学科导向”理念，采用“正向设计 - 正向实施”策略，按学科循规蹈矩地设置课程，教师与学生围绕既定的、线性的、静止的、封闭的学科知识开展教学活动，忽略了学生发展的需要，忽视了社会对毕业生能力的需要。秉持产出导向教育理念制（修）订人才培养方案则紧紧围绕学生发展，将毕业生能力素质达成置于专业人才培养方案的最前端。从“学生学习结果”反向开展专业人才培养方案设计，从学生发展和社会需求出发，确定专业人才培养目标、毕业要求，建构课程体系，以充分体现以学生为中心，力促学生能力达成。

突出产出导向，就是要主动对接经济社会发展需求，科学合理设定人才培养目标，完善人才培养方案，优化课程设置，更新教学内容，切实提高人才培养的目标达成度、社会适应度、条件保障度、质保有效度和结果满意度。职业院校教师熟悉的“基于工作过程导向的课程设计”和“典型工作任务分析”其实就是产出导向教育理念在职业教育领域课程建设中的具体体现。

（3）持续改进（Continuous Quality Improvement,CQI）

“持续改进”是质量保障永恒的要求，也是高等教育质量保障体系的核心。工程教育认证所要求的“持续改进”，就是建立具有“评价 - 反馈 - 改进”反复循环特征的持续改进机制。一个完善的持续改进机制要求具有“123”特征，即1个目标（保障人才培养质量）、2条主线（培养目标的达成度、毕业要求的符合度）和3个改进（培养目标的持续改进、毕业要求的持续改进、教学活动的持续改进），而且功能齐全，效果明显。其中，持续地改进培养目标是为了保障其始终与社会需求相适应；持续地改进毕业要求是为了保障其始终与培养目标相吻合；持续地改进教学活动则是为了保障其始终与毕业要求相符合。

突出持续改进，强调建立学校质量保障体系，把常态监测与定期评估有机结合，及时评价、及时反馈、持续改进，推动人才培养质量不断提升。持续改进机制既适于专业人才培养方案制（修）订，也适用于课程建设、教学设计乃至教学实施的方方面面。高校教师应该养成持续改进的习惯，在实际教学过程中，通过各种反馈环节（课后反思、作业批改、随堂测验、结课考核）及时发现问题并采取有效措施持续改进，在不断提高教学质量的同时，使自己的教学能力和水平得以持续提升。

2.“四新”建设引领我国高等教育发展

为主动应对新一轮科技革命与产业变革，支撑服务创新驱动发展，2017 年以来，教育部积极推进新工科建设。2017 年 2 月教育部在复旦大学召开高等工程教育发展战略研讨会，与会高校共同探讨了新工科的内涵特征、新工科建设与发展的路径选择，并达成了一系列共识（复旦共识）；2017 年 4 月教育部在天津大学召开新工科建设研讨会，60 余所高校共商新工科建设的愿景与行动方案（天大行动）；2017 年 6 月教育部在北京召开新工科研究与实践专家组成立暨第一次工作会议，审议通过《新工科研究与实践项目指南》（北京指南）。

2018 年 3 月，教育部下发《关于公布首批“新工科”研究与实践项目的通知》，后来项目逐渐扩容为“四新”（新工科、新医科、新农科、新文科）。并提出新工科与新医科、新农科交织交融、交互发展；新文科为新工科、新医科、新农科注入新元素；新工科、新医科、新农科为新文科提出新命题新方法。

国家主导的“四新”建设是加快推进教育现代化、实现高等教育内涵式发展的重要举措，对我国高等教育发展起着越来越重要的引导作用。在“四新”建设背景下，全国各类型、各层次高校及广大专业教师，正在新专业规划建设和传统专业提升和改造两个方向进行着积极探索和认真实践。以下简要说明“四新”建设的具体内容：

（1）新工科

新工科是我国主动应对新一轮科技革命与产业变革提出来的新概念，分为高校和社会两条线。对高校来说，新工科首先指新兴工科专业，如人工智能、智能制造、机器人、云计算等；其次指传统工科专业升级改造，目标是实现更新的理念、更好的模式、更高的质量。对社会来说，新工科强调新结构和新体系。新结构指与产业发展相匹配，既面向当前急需，又考虑未来发展。新体系则指促进学校教育与社会教育有机结合，既要服务于高校传统工科升级，又要服务于社会已运行新兴产业发展。

（2）新医科

提出从治疗为主到兼具预防治疗、康养的生命健康全周期医学新理念，开设精准医学、转化医学、智能医学等新专业，实现医学从“生物医学科学为主要支撑的医学教育模式”向以“医文、医工、医理、医 X 交叉学科支撑的医学教育新模式”转变，打造中国特色的新医科教育体系，培养适应人工智能为代表的新一代技术革命和合成生物学为代表的生命科学变革，能运用交叉学科知识解决未来医学领域前沿问题的高层次医学创新人才。

（3）新农科

为更加有效地保障粮食安全，更加有效地服务乡村治理和乡村文化建设，更加有效地保证人民群众的营养健康，更加有效地促进人与自然和谐共生，着力培养农业现代化的领跑者、乡村振兴的引领者、美丽中国的建设者，并为世界高等农林教育发展贡献“中国方案”。

（4）新文科

相对于传统文科，要进行学科重组和文理交叉，即把新技术融入哲学、文学、语言等诸如此类的课程中，促进学生综合性、跨学科地学习，旨在培养超越现有专业局限与学科局限，专业素养高、学术能力精、综合实力强、有创造视野的新文科人才，培养具有新时代中国特色、中国风格、中国气派的先进文化，培养优秀的社会科学家。

3.“三全育人”与课程思政

“三全育人”与课程思政既是培养德智体美劳全面发展的社会主义建设者和接班人的新理念和新要求，也是落实立德树人根本任务的战略举措，对我国高等教育发展具有重大而深远的意义。

（1）“三全育人”教育理念

2017 年 2 月，中共中央、国务院在《关于加强和改进新形势下高校思想政治工作的意见》中提出加强和改进高校思想政治工作的五项基本原则，“坚持全员全过程全方位育人”为其中的第三项，简称“三全育人”。

“三全育人”的出发点是培养德智体美劳全面发展的社会主义建设者和接班人。要求学生价值观端正、知识丰富、能力全面；要求高校成为坚持党的领导的坚强阵地，有效地开展大学生理想信念教育，培育和践行社会主义核心价值观，塑造学生健全的人格、向善的人性和高尚的人品，让他们用智慧和能力服务于国家、民族和人民，成为担当民族复兴大任的时代新人。

“三全育人”的中心在于“育”，要求高校从“教”走向“育”，构建育人新模式，营造育人新生态，全面提升人才培养水平；“三全育人”的重心在于“全”，要求高校建立健全人才培养体制机制，构建“三全育人”大格局。

其中，“全员育人”就是以学生为中心、所有高校教职员工都要履行思政教育职责，人人都要参与到立德树人过程之中，不能有旁观者。“全方位育人”就是以思政教育为主题，实现思政教育第一课堂、第二课堂和第三课堂全覆盖。其中，第一课堂指教学进程表内的各种课程教学活动；第二课堂指学生课外参加的主题教育、实践锻炼、志愿服务等活动；第三课堂指近些年发展起来的空间无限大的网络课堂。“全过程育人”是学生从入校到毕业整个受教育过程，并实现入学教育、在校教育和毕业教育三个阶段的紧密衔接。

（2）课程思政教育理念

课程思政是一种全新的教育理念，该理念强调全面落实立德树人根本任务，要求将思政元素融入各学科（专业）课程教学之中，以实现育人与育才的统一。2020 年 5 月，教育部发布《高等学校课程思政建设指导纲要》，对全国各高校课程思政建设起到重要指导作用。随后还会成立课程思政教学指导委员会，研究制定针对高校各专业的课程思政指南。目前，课程思政已成为高校课程建设的重要内容，成为高校课程教学质量评价的重要观测点和评价指标，也成为高校专业教师教学基本功的重要组成部分。鉴于课程思政意义重大，内涵丰富，本书专设课程思政篇（第 13 篇）详细阐述。

4. 产教融合、协同育人

顾名思义，产教融合、协同育人就是生产与教学相融合，高校与行业企业协同育人。即高校和相关行业企业各自拿出一部分资源合作共用，在为企业带来价值的同时，支持学生开展实践教学，以达到资源互补、发展共赢之目的。“产教融合、协同育人”不仅是新教育理念，也是一种新机制，一种新要求，更是应用型高校由规模扩张向内涵发展转变的必由之路。

（1）校企合作的升级版

2015 年 7 月教育部在《关于深化职业教育教学改革全面提高人才培养质量的若干意见》中首次提出“产教融合”。“产教融合”由职业教育“校企合作”发展而来，是校企合作的高级阶段或“升级版”。实现“产教融合、协同育人”的关键是找到校企合作的利益共同点，建立校企共赢模式，从而将学校单方主动转变为校企双方自觉，使校企合作具有较高的交融性和稳定性。此外，还要将按特定企业要求制定教学标准转变为对接产业或行业统一要求（产业或行业标准），实现校企资源共享，校企协同育人。产教融合不久便扩展到高等教育领域，尤其应用型高校。“产教融合、协同育人”经过多年实践，积累了丰富经验，取得了辉煌的成就，正逐步走向深水区。2017 年 12 月国务院发布《关于深化产教融合的若干意见》，要求深化产教融合，促进教育链、人才链与产业链、创新链有机衔接。

（2）产教融合的主要举措

“产教融合、协同育人”实行政府主导，企业和高校共同参与、密切配合，多种举措同时发力，协同向前推动。目前采取的举措主要有以下三种：

其一，国家和地方政府通过制定财税和土地支持政策，引导有条件的企业积极建立产教融合实践教学基地，一般由企业向政府主管部门提出建设产教融合型企业申请（国家级、省级、地市级），政府采取先建设后认定的办法，对通过认定的产教融合型企业给予投融资、土地和税收减免政策支持，并实行动态考核（以接受高校学生实践人数为重要考核指标）。天津是首批国家产教融合型试点城市，2020 年 4 月天津市发改委和教委联合公布首批天津市产教融合型试点企业名单（中科曙光等 72 家企业入选），2021 年 7 月国家发改委和教育部联合公布国家产教融合型企业名单，共有 63 家企业入选（包括天津汽车模具股份有限公司和天津天堰科技股份有限公司 2 家企业）。

其二，在政府主导下，由高校和合作企业共同创建产业学院，既作为企业的人才培训中心和技术研发中心，同时也是高校的产业研究基地、学生实践 / 实习基地以及大学生创新创业基地。

其三，2014 年，教育部正式启动产学合作协同育人项目，鼓励国内外知名企业通过自主立项（发布指南征集项目并组织评审遴选）并提供专项资金，资助高校开展专业综合改革、课程改革、师资培训、大学生创新创业训练计划等，共同推动人才培养模式改革，促进产学合作协同育人，着力培养适应产业发展需要的应用型、复合型、创新型人才。

教育部产学合作协同育人项目设立以来，国内外知名企业和我国各类本科高校（含高职本科院校）积极响应、广泛参与。微软、英特尔、百度、阿里巴巴、腾讯、贝加莱、中软国际、天煌教仪、亚龙教仪等一大批国内外知名企业每年发布两次项目指南（6 月、10 月），面向全国高校征集项目，自主评审遴选合作项目，由教育部每年分两批发布，对推动产学合作协同育人起到了越来越大的作用。

5. 淘汰“水课”、打造“金课”

“水课”和“金课”分别是高校劣质课程和优质课程的统称。人才培养质量是关系国家和民族命运的大事，课程是人才培养的核心要素，淘汰“水课”、打造“金课”是新时代高等教育（尤其本科教育）的责任与使命，也是保障高等教育质量的重要举措，对应用型高校同样非常重要。

（1）“水课”和“金课”的特征

“水课”的第一种表现是目标和内容上的“水”，即教学目标不清晰，教学内容贫乏，学生几乎没有什么收益；“水课”的第二种表现是教学态度和教学效果上的“水”，即教师不用心备课，照本宣科，教学方法不科学，不能够激发学生的兴趣，不能够吸引学生，造成学生经常逃课、睡觉、看书、玩手机、打游戏等现象。一般认为，“水课”主要呈现低阶、灌输、封闭、重知轻行、重学轻思五个特征；而“金课”则主要呈现高阶、对话、开放、知行合一、学思结合五个特征。具体说明如下：

① 低阶与高阶——“水课”的低阶特征指教师传授的内容是低阶的、陈旧的，学生的思维和发展同样也呈现低阶；而“金课”的高阶特征则表现为高层次的课程教学，即内容高阶，思维和发展高阶，方式方法灵活生动。

② 灌输与对话——“水课”的灌输特征指教师对着多媒体课件（PPT）念，学生被动地接受，师生之间缺少互动交流，没有产生思想和情感的共鸣；而“金课”的对话特征则表现为教师在教学过程中注重与学生互动交流，让学生的思维随着教学而动，让学生自由表达自己的观点。

③ 封闭与开放——“水课”的封闭特征指课程教学内容受限于教材，教学活动封闭在教室，与社会实践严重脱离；而“金课”的开放特征则表现为教学在时间、空间和内容上实现开放，课堂教学由课内向课外延伸，知识从教材向参考资料与实验室双向发展。

④ 重知轻行与知行合一——“水课”的重知轻行特征指注重理论、轻视实践，理论脱离实际；而“金课”的知行合一特征则表现为注重理论联系实际，注重知识传授与能力培养相统一。

⑤ 重学轻思与学思结合——“水课”的重学轻思特征指让学生死读书（死记硬背），不给予思考和探索的余地；而“金课”的学思结合特征则表现为注重学习与思考紧密结合，强调边学习边思考。

（2）“金课”标准与建设计划

“金课”标准被概括为“两性一度”。具体说明如下：

①“两性”——指高阶性和创新性。高阶性要求知识、能力、素质三方面课程教学目标有机融合，要求培养学生解决复杂问题的综合能力和高级思维；创新性要求课程内容反映前沿性和时代性，教学形式呈现先进性和互动性，学习结果具有探究性和个性化。

②“一度”——指挑战度。即要求课程有一定难度，学生必须“跳一跳”才能够得着。

打造“金课”有利于高校规范教学方式、提升教学质量，有利于加强高校学风建设，提升学生的自律性，切实提高学生的学业水平。在此过程中，高校教师应该在业务能力“熟”和“精”的基础之上，将创新融入教学，熟练掌握专业的前沿知识，更加合理地设计课程教学。给予学生多方面的关注，让学习困难学生有更多的空间和时间去适应学习环境。

为推动高校打造“金课”（一流课程），2019 年教育部发布《关于一流本科课程建设的实施意见》，明确提出，经过三年左右时间，建成万门左右国家级和万门左右省级一流本科课程（简称“双万”计划）。具体分为“线上”、“线下”、“线上线下混合式”和“虚拟仿真实验教学”四大类。由于课程建设对于应用型高校教师非常重要，且内容十分丰富。本书专设课程建设篇（第 15 篇）详细阐述。

第3篇 教师素养

教师素养特指从事教师职业所应具备的素质与修养。教师是人类文化科学知识的继承者和传播者，又是学生智力的开发者和个性的塑造者，因此被称为“人类灵魂工程师”。教师素养关系到国民素质乃至国家兴衰。这一篇专门谈谈教师素养，包括教师的四大核心素养和八大能力、高校教师的政治素养、高校教师的道德素养、高校教师的能力素养、高校教师的人文素养、高校教师的心理健康素养以及 IBSTPI 教师能力标准七项内容，旨在使应用型高校教师（尤其新入职教师）全面了解高校教师素养及其要求，注重提升自身各方面素养，以适应立德树人和教书育人之要求。

3.1 教师的四大核心素养和八大能力

国家和社会对教师职业素养有怎样的期望和要求呢？中国教师资格网提出的“四大核心素养和八大能力”给出了较为权威的答案。具体阐述如下：

1. 教师的四大核心素养

中国教师资格网提出的四大核心素养为“执着的教育情怀”、“扎实过硬的专业素养”、“娴熟的教育艺术素养”和“与时俱进的创新素养”。

（1）执着的教育情怀

所谓执着的教育情怀，就是对教育事业怀有一种深沉、持久、难以割舍的感情，就是对教育事业发自内心的热爱与忠诚。爱是教育的前提，教师有了爱才会对教育事业充满激情。我国20世纪伟大的人民教育家陶行知先生的名言“捧着一颗心来，不带半根草去”对教育情怀做了最好的诠释，体现了教师把爱撒向学生，不带任何功利的奉献精神。陶行知先生为办教育倾其所有，丝毫不图回报，为广大教师树立了榜样。

教师职业的特殊性就在于，教育对象是具有个性特点的活生生的人。教育工作关乎学生身心健康与成长成才，关乎亿万家庭的幸福，关乎国家的前途和命运，作为“传道授业解惑”的教师，必须有大爱情怀。教师心中有爱，就会把每个学生都视为“璞玉”，帮助他们树立正确的“三观”（世界观、人生观、价值观），悉心向他们传授知识和技能，耐心启迪、精心雕琢、因材施教，使他们个个都成为国家建设和发展的有用之才。

（2）扎实过硬的专业素养

扎实过硬的专业素养是成为一名合格教师的必备条件，也是教师获得学生爱戴和欢迎的看家本领。绝大多数教师虽然在接受大学教育期间（专科、本科、硕士、博士）打下了专业素养基础，但丝毫不能放松在教育教学实践中不断锤炼，不断完善，不断提升。社会在发展，科学技术在进步，教师不能停下学习的脚步，唯有树立终身学习理念，不断学习新知识、新技术，不断提升技术技能水平，才能胜任新时代教书育人岗位工作。

（3）娴熟的教育艺术素养

教育的对象是一个个具有个性特点的鲜活的人。教育教学既是一门科学（教育科学），也是一门艺术（教育艺术），一名合格的教师既要掌握教育科学，也要在教育实践中不断提升教育艺术素养。教育科学是教育艺术的基础，教育艺术是教育科学达到更高境界的具体体现。教育科学讲究求真，具有共性和普遍性，从事教育工作首先要自觉遵循教育教学规律、遵循人的身心发展规律，遵循人的认知规律，遵循知识内在逻辑，遵循人才培养规律，确保教育教学建立在科学的基础之上。所谓教育艺术，就是遵循教育教学法则和美学尺度要求，灵活运用语言、表情、动作、图像、音视频、互动交流、心理活动等手段，充分发挥教育情感作用，为取得最佳效果而施行的一套独具风格的创造性教育教学方法。教育艺术讲究创新，具有个性和特殊性。深厚的教育艺术素养，有助于营造轻松和谐的教育氛围，增强对学生的吸引力和感召力，从而提高教育教学的适应性和有效性。

（4）与时俱进的创新素养

学校是培育学生创新意识，培养学生创新精神，培养创新型人才的重要场所，教师的创新素养，既要体现在教学理念、教学方法、教学手段、教学内容等诸多方面与时俱进，革新与创造，还应体现在对学生创新精神的呵护和培养。教师在日常的教育教学活动中，不仅要保护并支持学生的奇思妙想、异想天开，还应该鼓励学生质疑，展开对话交流，支持学生的创新实践活动，使教师成为学生潜能的开发者，创新思维的启迪者，发明创造的助推器。此外，教师固守一本书、一支笔、一张嘴、一块黑板的传统教学方式，难以适应新时代教育教学工作，唯有不断汲取新知识，尽快掌握信息技术手段，快速适应“互联网 +”背景下的新教育教学模式，不断创新教学方法，才能跟上时代发展的步伐。

《学记》云“亲其师才能信其道，信其道才愿受其教”，一名教师拥有执着的教育情怀、扎实过硬的专业素养、娴熟的教育艺术素养和与时俱进的创新素养，必然会深受学生的欢迎和爱戴，当好学生发展的引路人，也一定会享受到“桃李芬芳、桃李满园”的喜悦和幸福，这是教师职业所独有的喜悦和幸福，是对教师辛勤付出的最大回报和最高奖赏。

2. 教师的八大能力

中国教师资格网提出的“八大能力”分别是理想力、思想力、创新力、学习力、精进力、艺术力、表达力和发展力，可视为对教师“四大核心素养”的细化和补充。

（1）理想力

理想力是教师成长的原动力。有理想有目标才会不断增强教书育人的责任心和使命感，才能持续进步，不断创造佳绩。

（2）思想力

思想力指人的思想对客观事物的作用力，是经过历练（磨难与熏陶）、顿悟（通过思考而豁然开朗）和升华（精炼和提高）之后获得的思维活动能力，是经过成功和失败洗礼之后而形成的经验和教训的结晶体。思想力既是教师完成各项工作的内驱力，也能使教师客观评价自己的教学行为（教学反思），还能使教师勤于思考，善于总结，勇于创新。

（3）创新力

新颖性和适应性是创新力的两大特征（两者相辅相成），新颖性指对旧有教学方法的改良或重组，适应性指创造性教学活动必须符合教育教学规律和学生发展规律，对新颖性起着规范作用。创新力彰显着教师的智慧与魅力。

（4）学习力

学习力是教师获取知识、分享知识、使用知识和创造知识的能力，具有自主性、能动性和终身性三大特征。其中，能动性是学习力的最高表现形式。

（5）精进力

“精进”指教师在教学工作中不畏挫折，孜孜不倦，精益求精，不断进取。

（6）艺术力

艺术力指教学过程灵动、美好、雅致，富有诗意，使学生在愉悦的心境中学会知识、启迪智慧、陶冶情操、增强能力。

（7）表达力

表达力是教师从事教学活动的基本能力。良好的表达能力是教师传授知识、技术技能和教育学生的重要保障。教师表达力的核心是语言表达能力。一般从清晰性、形象性、情感性、启迪性和严谨性五个方面进行评价。

（8）发展力

发展力主要指教师的专业发展能力，即不断提升专业层次，适应时代发展变化的能力。教师在提升专业层次、适应发展变化的过程中，不仅实现了自身价值，也影响和带动着学校的学科（专业）发展和学生发展。

中国教师资格网提出的“四大核心素养和八大能力”是对所有教师（幼教、普教、职教、高教、成教等）提出的期望和要求。每一位教师（包括有志于教师职业者），无论从事哪一种教育教学工作，都应该努力提升“四大核心素养”和“八大能力”。然而，教育对象不同，所承担的教育任务不同，办学定位和发展目标不同，对教师素养及能力的期待和要求必然也会有所差别，有所侧重。因此，有必要专门探讨高校教师（尤其应用型高校教师）的素养问题。主要包括政治、道德、能力、人文和心理健康五个方面。

3.2 高校教师的政治素养

政治素养是指人在政治立场、政治品质以及政治参与能力等方面的修养。人具有社会属性，人类的社会生活由经济生活、文化生活与政治生活共同构成。因此，社会人在参与包括政治生活在内的社会生活中，必然会形成自己的世界观、人生观、价值观（三观），也必然会在三观指导下，对各种社会现象的是非善恶做出判断并做出相应的反应。教师作为“人类灵魂工程师”，其政治素养不仅关乎自身的职业发展、还会对学生的思想政治倾向产生深远影响。因而，政治素养理所当然地成为新时代教师的核心素养之一。我国高校教师应该成为共产党领导的坚定支持者、先进思想文化的传播者，学生健康成长的指导者和引路人，对高校教师的政治素养的期望和要求主要是“坚定政治信念”、“站稳政治立场”、“提升政治能力”和“涵养政治操守”。

1. 坚定政治信念

坚定政治信念是高校教师提升政治素养的首要任务，也是高校教师从事教书育人工作、落实立德树人根本任务的政治保证。在当今社会，高校俨然成为意识形态重要领域和前沿阵地。高校教师必须有清醒的政治意识、明确的责任意识、坚定的阵地意识和清晰的底线意识。只有这样才不会在各种噪声中迷失方向，才不会沦为敌对势力的“应声虫”和“吹鼓手”。

政治信念源自政治理论学习。因此，我国高校的每一位教师都应该系统学习马克思主义理论，掌握辩证唯物主义和历史唯物主义的思想方法，系统学习中国近代史、中共党史，学习中国特色社会主义理论，坚持学而信、学而思、学而行，把政治理论学习成果转化为不可撼动的政治信念，转化为正确的世界观、人生观、价值观，转化为坚不可摧的精神力量。

2. 站稳政治立场

站稳政治立场是高校教师提升政治素养的根本要求。教师应该站在什么立场上教育和引导学生？在教育教学过程中应该传播什么样的思想观念和政治观点？这些都是新时代高校教师必须思考和面对的问题。我国高校的每一位教师，不仅自己要始终站在党和人民的立场上讲话，在政治上与党中央保持高度一致，而且要认真落实立德树人根本任务，教育引导学生坚定共产主义理想信念，厚植爱国情怀，培育并践行社会主义核心价值观，教育引导学生为建设中国特色社会主义事业，为中华民族伟大复兴努力学习知识，不断提高能力。

3. 提升政治能力

政治能力就是从政治上看问题、把方向、作斗争的能力，提升政治能力是高校教师提升政治素养的坚实基础。高校是宣传党的理论路线方针政策的重要阵地，高校教师政治能力强不强，直接关系到人才培养质量，直接关系到新时代中国特色社会主义事业的兴衰，直接关系到祖国未来、民族命运。高校教师应着重从以下三方面提升政治能力：

（1）提高政治鉴别力

面对意识形态领域错综复杂的形势，保持高度的政治敏锐性和警惕性，能够正确辨别、做出正确判断。

（2）增强政治战斗力

面对意识形态领域尖锐复杂的斗争形势，敢于发声、勇于亮剑，旗帜鲜明、毫不动摇地与各种错误思想作斗争，帮助广大青年学生划清是非界限、澄清模糊认识。

（3）强化政治引导力

及时发现大学生中带有普遍性、倾向性、苗头性的问题，正确回应热点问题，科学解读焦点问题，有效解答难点问题，当好学生健康成长的政治领路人。

4. 涵养政治操守

涵养政治操守是高校教师提升政治素养的重要内容和坚强保障。高校教师涵养政治操守，首先要锤炼忠于党和人民教育事业的精神品格。把党的教育方针贯彻到教育教学全过程，当好学生锤炼品格、学习知识、创新思维、奉献祖国的引路人；其次要严守政治纪律和规矩。在事关政治方向和根本原则的问题上，旗帜鲜明、立场坚定，知敬畏、存戒惧、守底线；还要培养高尚的道德情操。以德立身，有热爱教育的定力、淡泊名利的坚守，禁得起各种诱惑和考验；以德立学，严格遵守职业道德和学术规范；以德施教，坚持教书和育人相统一、言传和身教相统一，用自身的学识魅力教育和感染学生。

为切实保证高校教师在课程教学（尤其课堂教学）中守好意识形态阵地，全国很多高校都提出了明确的政治纪律要求。例如，天津职业技术师范大学2017年颁布的《教师课堂教学基本要求》，第一条就是“严守政治纪律”。每一位高校教师应该清醒地认识到，我国各级教育主管部门以及各学校规定的政治纪律，是教师在教育教学中不能突破的政治底线。

3.3 高校教师的道德素养

道德素养属于社会意识形态范畴，主要指人们的行为规范和准则。教育大计，教师为本，教师大计，师德为魂。作为人类灵魂的工程师、社会文明的传播者、学生成长的引路人，道德素养是教师最重要的素养，高尚的师德被视为教师之灵魂。孔子曾说：其身正，不令而行；其身不正，虽令不从。在学生心中，教师的言行举止都是其模仿的对象。高校教师应该具备教师职业所应具有的美德，严格遵循职业道德规范，为学生树立道德榜样，让学生“亲其师，信其道”。教书育人是崇高的职业，高校教师应该心怀敬畏。高校教师对自己道德素养的要求可以归纳为：“学习榜样、追求卓越”、“畏惧底线、绝不踩踏”、“严格遵守行为准则”和“杜绝一切教学事故”。具体说明如下：

1. 学习榜样、追求卓越

在我国教育战线涌现的一大批优秀教师，为全国教师树立了光辉榜样。新时代高校教师应该向教师行业的模范人物看齐，立志成为一名深受学生爱戴、为教育事业毕生奉献的优秀教师。本书选出三位全国人民熟知的优秀教师，简要重温他们的感人事迹。

（1）于漪老师

于漪，上海市杨浦高级中学名誉校长，我国第一批语文特级教师，全国教书育人楷模，从事教师行业60余年，被誉为“育人一代师表，教改一面旗帜”。于漪老师把教书育人当作崇高的事业，一辈子在中学语文教学上默默耕耘、持续探索、不断改进、追求极致，她献身教育事业的精神值得全国广大教师学习。

（2）张桂梅老师

张桂梅，时代楷模、“七一勋章”获得者。扎根贫困地区40余年，默默耕耘、无私奉献，创办了全国第一所全免费女子高中，十几年一直住学生宿舍，身患20多种疾病，每天陪伴学生晨读、上课、晚自习……帮助1 800多名贫困山区女孩考入大学，用教育阻断贫困代际传递，用爱心和智慧点亮万千乡村女孩的人生梦想。她的事迹被写进《中华人民共和国简史》。张桂梅老师不仅具有广大山村教师艰苦奋斗、吃苦耐劳、关爱学生、默默奉献的优秀品格，而且克服重重困难为贫困山区成千上万的女孩子创造读书成才的条件，帮助她们靠教育摆脱贫困、改变命运。这种为学生前途命运着想的大爱情怀，为全国广大教师树立了光辉榜样。

（3）黄大年老师

黄大年，全国优秀教师（教育部追授）、杰出科学家（中国科协、科技部追授）、时代楷模（中宣部追授），我国著名地球物理学家。2009 年，黄大年老师毅然回国效力，担任吉林大学地球探测科学与技术学院教授、博士生导师。他刻苦钻研、勇于创新，取得了一系列重大科技成果，填补了多项国内技术空白，2017 年因病去世，年仅 58 岁，荣膺感动中国 2017 年度人物。黄大年老师不仅全身心投入科研攻关，同时也十分热心于人才培养。当吉林大学开启“名师班主任计划”时，他毫不犹豫地接过“李四光试验班”首届班主任的重担，自费给全班 24 名学生每人购买一台笔记本电脑，经常走进学生宿舍与学生聊天，介绍学科背景，帮助制订学习计划，规划设计发展方向；出差时也会通过视频给学生们开会，检查学习任务，过问课题进展，帮助解决问题……在他的精心培育之下，“李四光试验班”获得长春市“十佳班级”称号，还有学生获得李四光奖学金和刘光鼎地球物理青年科学技术奖，很多学生毕业后成为相关领域的佼佼者。

2018 年教育部正式启动“全国高校黄大年式教师团队”创建活动，引导全国广大高校教师向黄大年学习，推动师德师风、教育教学、科研创新、社会服务、团队建设创先争优。黄大年老师俨然成为全国高校教师的一面旗帜。团队形象标识以三片翠绿的竹叶为核心元素，寓意“立身端直，处事谦卑，高雅纯洁”，以展现黄大年“心有大我、至诚报国，立德树人、教书育人，敢为人先、开拓创新”的时代楷模形象。这项活动得到了全国高校教师积极响应，在首批认定的全国高校黄大年式教师团队中，十多位两院院士担任团队负责人，其中包括共和国勋章获得者钟南山院士（广州医科大学呼吸学科教师团队）。天津中德应用技术大学（天津中德）“智能制造教师团队”也是首批认定的全国高校黄大年式教师团队之一。

2. 畏惧底线、绝不踩踏

为全面提高我国高校教师道德素养水平，教育部和中国教科文卫体工会全国委员会于 2011 年 12 月 30 联合下发《高等学校教师职业道德规范》（简称《道德规范》）。从爱国守法、敬业爱生、教书育人、严谨治学、服务社会、为人师表六个方面，规定了“倡导性道德理想”“规范性道德原则”和“禁止性道德准则”。其中，倡导性道德理想引领高校教师美德培养，具有价值引领特点；规范性道德原则规定高校教师进行道德修养的途径和方法，具有合约性特点；而禁止性道德准则被视为高校教师的道德底线。新时代高校教师和有志于成为高校教师的人士，对倡导性道德理想须满怀敬意，视为自身道德素养提升的目标；对规范性道德原则应切实遵守；对禁止性道德准则须心怀畏惧。

《道德规范》中的禁止性道德准则共有七项，为高校教师划出了七条不能突破的道德底线（红线）：

第一条　不得有损害国家利益、损害学生和学校合法权益的行为。

第二条　不得在教育教学活动中有违背党的路线方针政策的言行。

第三条　不得在科研工作中弄虚作假、抄袭剽窃、篡改侵吞他人学术成果、违规使用科研经费以及滥用学术资源和学术影响。

第四条　不得有影响正常教育教学工作的兼职兼薪行为。

第五条　不得在招生、考试、学生推优、保研等工作中徇私舞弊。

第六条　不得索要或收受学生及家长的礼品、礼金、有价证券、支付凭证等财物。

第七条　不得对学生实施性骚扰或与学生发生不正当关系。

3. 严格遵守行为准则

教育部颁布的《新时代高校教师职业行为十项准则》（简称《十项准则》），对高校教师的职业行为提出了更加明确的要求并划出了 10 条“红线”。

第一条　坚定政治方向。不得在教育教学活动中及其他场合有损害党中央权威、违背党的路线方针政策的言行。

第二条　自觉爱国守法。不得损害国家利益、社会公共利益，或违背社会公序良俗。

第三条　传播优秀文化。不得通过课堂、论坛、讲座、信息网络及其他渠道发表、转发错误观点，或编造散布虚假信息、不良信息。

第四条　潜心教书育人。不得违反教学纪律，敷衍教学，或擅自从事影响教育教学本职工作的兼职兼薪行为。

第五条　关心爱护学生。不得要求学生从事与教学、科研、社会服务无关的事宜。

第六条　坚持言行雅正。不得与学生发生任何不正当关系，严禁任何形式的猥亵、性骚扰行为。

第七条　遵守学术规范。不得抄袭剽窃、篡改侵吞他人学术成果，或滥用学术资源和学术影响。

第八条　秉持公平诚信。不得在招生、考试、推优、保研、就业及绩效考核、岗位聘用、职称评聘、评优评奖等工作中徇私舞弊、弄虚作假。

第九条　坚守廉洁自律。不得参加由学生及家长付费的宴请、旅游、娱乐休闲等活动，或利用家长资源谋取私利。

第十条　积极奉献社会。不得假公济私，擅自利用学校名义或校名、校徽、专利、场所等资源谋取个人利益。

在颁布《十项准则》的同时，教育部还要求坚决查处师德违规行为，严格落实学校主体责任，建立师德建设责任追究机制。目前各高校在职称晋升和评奖评优中普遍实行的“师德一票否决制”，就是发挥师德准则刚性约束和震慑作用的重要举措。2019 年 11 月，教育部和中央组织部等七部门发布《关于加强和改进新时代师德师风建设的意见》，进一步明确新时代师德师风建设的指导思想、基本原则、工作目标及任务举措，提出经过五年左右努力，基本建立起完备的师德师风建设制度体系和有效的师德师风建设长效机制。

4. 杜绝一切教学事故

为维持正常教学秩序，严格教学纪律，提高教育教学质量，各高校都制定了《教学责任事故认定和处理规定》。高校教师应该提高责任意识，杜绝一切教学事故发生，特别要防止因疏忽造成的教学责任事故。表 3.1 所示为天津某高校教学事故类别与等级（教学类）。其中加黑部分容易疏忽，须注意防范。教学责任事故一般分为三级（Ⅰ/Ⅱ/Ⅲ）。具体说明如下：

（1）Ⅰ级教学事故

Ⅰ级教学事故为“重大教学责任事故”，指人为因素造成的、影响恶劣的严重不良行为或事件。Ⅰ级教学事故的责任人在全校通报批评，年度考核不合格，取消其任课资格，调离现工作岗位，情节特别严重的将被解聘。

（2）Ⅱ级教学事故

Ⅱ级教学事故为“严重教学责任事故”，指由于未认真履行职责造成的、有严重不良后果的行为或事件。Ⅱ级教学事故的责任人除在全校通报批评、扣罚一定比例的绩效工资之外，还给予延缓两年晋升专业技术职务处罚。

（3）Ⅲ级教学事故

Ⅲ级教学事故为“一般教学责任事故”，指由于失误或其他因素造成的不良行为或事件。Ⅲ级教学事故的责任人除在教学单位（二级学院）内部通报批评，扣罚一定比例的绩效工资，还给予延缓一年晋升专业技术职务处罚。

表 3.1　天津某高校教学事故类别与等级（教学类）

序号	事　项	等级
1	在各项教学过程及教学组织管理中，传播违背党的路线、方针、政策的内容或言论；或传播宗教思想；或传播危害社会和学校稳定、发展以及学校声誉的言论；或传播有损学生健康成长的言论	I
2	语言侮辱或体罚学生，使学生身心受到伤害，造成严重后果	I
3	由于教学及教学相关人员错误指导、擅离岗位及其他人为原因，造成学生在教学、实验实训或其他等环节中受到严重伤害或造成重大财产损失/受到较重伤害或较大财产损失/受到伤害或造成财产损失	I/II/III
4	无故未按规定程序办理审批手续，擅自停课或缺课	II
5	未经批准，擅自变更主讲教师或找人代课/擅自变更课程表安排的上课时间或地点	III
6	未经批准，擅自舍弃课程内容（或迟滞教学进度）达1/4及以上	II
7	疏于课堂教学秩序管理，未如实记载考勤记录；对学生迟到、早退、随意出入教室等干扰教学的行为，未及时制止并进行批评教育，对情节严重者未及时反馈给学生所在学院管理部门	III
8	教师或实验人员未按要求提前做好准备，导致教学工作无法正常进行，造成严重后果/影响教学	II/III
9	实训、实验人员对在正常使用年限内的教学仪器设备缺少维护或对无法自行维修的仪器设备未及时报请维修，致使实训、实验无法正常进行	III
10	在实训、实验过程中，指导教师无故擅离岗位	III
11	每学期，3次及以上上课迟到或提前下课10分钟及以上	II
12	每学期，3次及以上上课迟到或提前下课5分钟及以上	III
13	在指导毕业设计（论文）过程中疏于管理和指导，对学生的学术不端行为未予批评、制止，致使所指导学生的毕业设计（论文）存在严重/较严重学术不端行为	II/III
14	在指导毕业设计（论文）或其他实践环节教学过程中，不负责任，放任自流，造成较大不良影响/不良影响	II/III
15	在毕业设计（论文）指导与答辩过程中，不按规定程序和要求进行，造成严重后果/不良影响	II/III
16	以获利为目的，擅自向学生直接出售教材或引导学生购买自编教材	III
17	其他对教学造成严重不良影响/较大不良影响/不良影响	I/II/III

3.4　高校教师的能力素养

俗话说：铁打的营盘流水的兵。如果把学校比作“营盘”，那么教师就是这个营盘的核心，著名教育家梅贻琦先生“所谓大学者，非谓有大楼之谓也，有大师之谓也”的含义就在于此。高校教师的能力素养直接关系到高校学科建设和专业建设水平、直接关系到人才培养质量，提升高校教师能力素养既是高校事业发展的必然要求，也是高校教师个人职业发展的必经途径。高校教师的能力素养主要包括学科专业能力、教学能力、教育技术能力以及整合技术的学科教学知识与能力（TPACK）。逐项阐述如下：

1. 高校教师的学科专业能力

学科专业能力既体现了高等教育的专业特征，也体现了高校专业教师的核心价值。从高校本专科教学角度看，高校教师的专业能力主要包括专业知识与能力结构、专业通观能力和专业自我效能感三个方面，三者之间彼此关联、互为支撑、协同作用。具体说明如下：

（1）专业知识与能力结构

高校教师的专业知识与能力结构是专业通观能力和专业自我效能感的基础和前提。首先应该明确，高校教师的专业知识与能力结构，不是针对高校教师自己的学科专业或专业领域，而是针对所从事专业教学（普通本科或高职本专科）的专业。目前高校新入职教师几乎都具有研究生学历（硕士\博士），自己的知识与能力结构基本按学科体系建构，与所从事专业教学所要求的专业知识与能力结构或多或少存在一定差异。因此，高校教师（尤其新入职教师）需要在自己的知识与能力结构基础上，专门建构一套适应专业教学的专业知识与能力结构，形成两套知识与能力结构并存的格局，保持自己的知识与能力结构（专而深）得以适应科学技术或工程技术研究（科研）；而新建构的专业知识与能力结构（宽而广）则适于专业教学及人才培养。

【提醒】建构适于专业教学及人才培养的专业知识与能力结构，首先应该认真研读专业人才培养方案，通过其中的人才培养目标、毕业要求、核心课程、主要实践环节，课程逻辑拓扑图和教学进程表，可以获得本专业知识与能力结构的基本框架。其次要围绕自己承担的专业教学任务，认真研读所承担课程以及相关课程（先修关联课程、后续关联课程）的教学大纲，熟悉其中的专业知识，熟练掌握其中的专业能力和专业技能；随后要将这些知识和能力运用于专业教学实践之中，逐步达到娴熟和运用自如。此外，要密切关注专业发展动态，及时补充更新知识和技能，让专业知识与能力结构与时俱进、永葆青春。

（2）专业通观能力

专业通观能力是指高校教师对所从事专业的整体通观和还原能力。具体包括本专业的概念术语、知识体系、能力体系、衍生发展的内外逻辑、生命周期、发展动力、发展历史、研究方法，所从事专业在整个专业门类和科学发展中的地位、功能和价值以及发展动向等。按照现代教学观，专业课程教学不仅要反映知识的结果（是什么），而且要反映这些知识的形成和发展（为什么），还要反映其中所蕴含的思维活动过程、科学发展价值、实践价值和育人价值。因此，高校教师不仅要从整体上掌握所从事专业的知识结构、核心概念体系，而且能将每个知识点进行分解、还原，追溯到知识的源头和逻辑起点，弄清每个知识点在整个专业知识链中的地位和作用，并根据知识进化的内在规律和社会历史原因对其演进方向和发展趋势进行合理推测。

【提醒】专业通观能力培养不能仅靠研读书本和文献，而要注重现场考察和亲身体验。例如，电气工程及其自动化专业教师，去发电厂和供电所考察和体验一次，不仅可以很快弄清并深刻理解该专业的相关概念术语、专业知识和专业能力，还可以积累很多宝贵的工程案例和教学素材。高校教师的专业通观能力是改善专业教学效果、提高专业教学质量的重要保障。

（3）专业自我效能感

自我效能感是美国著名心理学家班杜拉20世纪80年代在《思想和行动的社会基础——社会认知论》中提出的概念，定义为“人们对自身能否利用所拥有的技能去完成某项工作行为的自信程度”。自我效能感其实就是人们常说的自信心，专业自我效能感就是教师从事专业教学的自信心，是教师对自己所从事专业教学的价值的自我意识和自豪感，对自己的专业教学能力的自信，对自己专业教学效果的自信，对自己专业教学育人价值和社会价值的自信。

【提醒】高校教师的自我效能感是从事专业教学的基本条件。有些新入职教师备课很认真，表达也很清楚，但讲课过程中眼神总处在漂游状态，不敢把目光投向学生，更不用说与学生进行眼神交流。这其实就是专业自我效能感低、缺乏专业自信的表现。当然，高校教师的专业自我效能感必须建立在拥有丰富的专业知识储备，具有较强的专业能力和专业技能，具有较强的专业通观能力的基础之上。否则，专业自我效能感就是虚假的、不可靠的、经不起教学实践检验。

（4）提升高校教师学科专业能力的建议

高校教师学科专业能力的形成不仅需要深厚的学科专业知识基础，需要持之以恒、坚持不懈的教学实践，而且需要不断进行教学反思和教学改革。具体建议如下：

① 善于从发展史视角理解专业教学内容——关注学科发展史，从中了解学科专业知识进化过程及演进规律，感受为本学科专业发展做出重要贡献的科学家、课程研究专家以及优秀教师的思维方式、人格特征及典型案例，并在专业教学中借鉴与发扬。

② 善于从专业视角观察与发现问题——从所教专业视角观察生活、观察社会、观察相关生产实践活动，做生活中的有心人。从中发现问题并运用专业知识和能力解决问题，且逐步上升为实践智慧，具体表现为对知识传授的超越，对自我完善的不懈追求和教学机智（面临复杂教学情况所表现出来的一种敏感、迅速、准确的判断能力）。

③ 注重对学科知识内在价值的领悟和展现——在教学过程中不仅要关注专业知识的逻辑结构、概念体系，而且要领悟其中的真善美。所谓“真”主要指概念体系的严谨性、独特性，衍生逻辑的合理性、生成性，实验的科学性、有效性，实践的有效性和易传授性等；所谓“善”主要指科学家的善良愿望、精神追求、道德良知以及对人类命运的关注；所谓“美”是指从美学的视角看待专业知识，例如物理学中的和谐美、简单美、对称美和新奇美，从对美感的追求中产生顿悟，从而发挥专业教学的育人功能和实践功能。

④ 加强与专业同行的交流——除通过教学传播专业知识之外，还要与专业同行（学科专家、专业学者、专业实践者）进行广泛交流（学术会议、学术沙龙、专题座谈会、专题调研等），加强专业同行之间的感情联系，分享学科专业发展的基本动向以及实践效果，保持对学科前沿的警觉性，增强学科专业责任感和自豪感。

⑤ 加强职业生涯发展规划——目前多数高校教师都接受过研究生教育，拥有深厚的学科专业理论基础，经历过系统的学科专业思维训练，为高校专业教师职业发展奠定了很好的基础。进入高校之后，应该制定科学合理、切实可行的职业生涯发展规划，确定每个阶段的目标，从承担一门专业课程（专业基础课、专业课、理论课、实践课）教学任务开始（主讲教师），发展到建设一门课程（课程教学团队负责人），再发展到建设一个专业（专业带头人）。不断提升专业教学能力与水平，适时进阶到更广阔的平台展现才能、发挥作用，从而实现职业

生涯各阶段发展目标。

2. 高校教师的教学能力

高校教师的教学能力是指在一定的教学情境之中，依靠一定的教学知识和教学技能，顺利达成教学目标，促进学生发展所表现出的个性心理特征，是科学性与艺术性的统一。教学能力是高校教师职业能力的主要方面。我国高校教师，包括应用型高校教师，绝大多数没有系统学习过高等教育理论，也没有接受过系统性教育教学技能训练。因此，高校教师应该努力学习教育科学知识，掌握教育教学规律，不断提升教育科学素养，同时应注重提升自己的教育艺术素养，在教育教学实践中勇于创新、善于创造，逐渐形成独有的教学风格，尽快成为一名优秀的、受学生欢迎和爱戴的高校教师。应用型高校教师的教学能力应该体现在以下八个方面：

（1）教学认知能力

教学认知能力指认识、理解和把握教学活动的能力，可细分为理解专业目标及课程、了解教学对象、分析与处理教材三项能力。具体说明如下：

① 理解专业目标及课程能力——理解专业目标包括理解专业目标表述形式、专业目标作用以及专业目标与课程目标之间的关系；理解课程则包括理解课程概念、课程体系和课程实施。课程是人才培养的核心要素，因其定义至今尚未统一，可以直观地理解为人才培养方案“教学进程表”中所列教学活动。课程体系指科学编排某专业所有课程并使之形成特定的结构，课程实施则主要包括课程教学与课程评价两项内容。

② 了解教学对象能力——指教师了解学生的基本情况、身心发展水平等多方面情况的能力，目的在于为因材施教做好心理和方法准备。

③ 分析处理教材能力——指准确分析教材、合理取舍教材内容的能力。广义的教材包括教科书、教学参考资料、阅读资料、实践指导书、教学音像资料和教学图表等。狭义的教材仅指教科书。当然，如果课程教学大纲没有指定教材（教科书），还需要具备选择教材的能力。

（2）教学设计能力

教学设计能力可细分为设计教学目标，突出重点、化解难点，选择教学策略和教学方法以及编写教案四项能力。具体说明如下：

① 设计教学目标——教师设计的教学目标是指课程教学的具体目标。需要熟悉课程教学目标设计依据，熟悉课程教学目标陈述方法，知晓课程教学目标设计要求。

② 突出重点、化解难点——教师应具有分析确定整门课程重点和难点，分析确定课程每个章节（单元或项目）重点和难点的能力，以达成突出重点和化解难点的教学目标。教学重点指整门课程或其中某章节（单元或项目）最基本、最重要的内容（应知应会）；难点则指学生感到难以理解或接受有困难，同时又在课程中起关键性作用的知识点（必须突破）。教学重点通过研读课程教学大纲和教科书可以知晓，而教学难点则需要结合学生实际情况（知识结构、思维特点、学习能力等），通过认真分析才能确定。

③ 选择教学策略和教学方法——遵照学生中心理念，学生是教学活动的主体，选择正确的教学策略和适用的教学方法，才能调动学生的积极性和主动性，以利于课程教学目标达成。教学策略是指在教学过程中，为完成特定的目标，依据教学主客观条件，特别是学生实际，对教学顺序、教学活动程序、教学组织形式、教学方法以及教学媒体的总体考虑，选择正确的教学策略是高校教师教学能力的集中体现。俗话说“教学有法，但无定法，贵在得法”。

可见正确选择教学策略和方法多么重要。高校教师选择教学策略和方法的能力具体体现为“四个依据”，即依据教学目标要求、依据教学对象特点、依据教学内容特点、依据教师自身条件。

④ 编写教案——教案是教师备课成果的集中体现。因此，高校教师编写教案的能力其实就是备课能力，主要体现在“五个能够”，即能够准确设计教学目标、能够合理设计教学程序、能够恰当处理教学内容、能够选择合适的教学方法、能够掌握教案写作规范。

（3）教学调控能力

教学调控能力主要体现在课程教学实施阶段，细分为反馈教学信息、调控教学进程和课堂管理三项能力。具体说明如下：

① 反馈教学信息——主要体现在观察学生情绪与态度（眼神交流）、问答等互动交流（提问或讨论）、作业布置与批改、微信或 QQ 联络等方面。要求及时准确地获取来自学生的反馈信息，对教学效果进行正确评估，为调整教学策略和方法提供依据。

② 调控教学进程——要求做到“三个能够”，即能够适时地调整教学内容、能够适当地变动教学程序、能够合理地变换教学手段。

③ 课堂管理——指能够从教学需要出发，根据教学对象的特点，采取有效的措施，维持正常教学秩序的能力。要求能够恰当运用纪律（如考勤）、善于营造健康美好的课堂环境、能够建立和谐师生关系三个方面。其中，建立和谐师生关系属于柔性管理，是备受推崇的课堂管理方式。

（4）教学评价能力

教学评价能力细分为学生学习成绩评价能力和教学自我评价能力两项。具体说明如下：

① 学习成绩评价——要求能够正确判断学生学习是否达到教学目标要求。该项能力主要体现在正确选择评价方式和熟练运用各种评价方法两个方面。评价方式选择主要是确定考核类型（考查 / 考试、过程 / 结果）和考核方式（口试 / 笔试 / 操作），运用评价方法主要指确定考查方式，设计试题试卷，拟定评分标准，进行试卷分析、成绩分析、教学总结等内容。

② 教学自我评价——高校教师专业的独立性、自主性较强，自我评价应当提倡并受到重视。教学自我评价是指教师依照相关标准对自身教学过程以及教学效果进行客观评判，对高校教师教学自我评价能力的要求是“真实、客观，对改进教学有价值、有意义”。教师的自我评价能力其实就是自我反思能力，具体体现为“六个反思”，即反思教学目标、反思教学观念、反思教学态度、反思教学内容、反思教学方法、反思教学效果。

（5）教学语言运用能力

语言表达能力是高校教师必须具备的，也是最基本的教学能力。教学语言分为口头语言、书面语言和体态语言三种类型，因此教学语言运用能力也细分为口头语言表达、书面语言表达和体态语言表达三项能力。具体说明如下：

① 口头语言表达——口头语言是最基本的语言形式，对高校教师口头语言表达能力的要求是“发音标准（普通话）、吐字清晰”“表述简明、逻辑性强”“抑扬顿挫、富有节奏”“风趣生动、通俗易懂”“寓意深刻、启迪思考”。

② 书面语言表达——主要指板书能力和撰写能力。板书是主要教学媒介之一，在记录教学过程和随机表达（公式推导、解释说明）等方面具有明显优势，与多媒体课件（PPT）合理配合可以实现优势互补。对高校教师板书能力（含徒手绘图绘画能力）的要求是“布局合理、

规范美观”“系统完整、简明扼要”“书写擦拭适时有序”。高校教师需要撰写很多教学文档材料（如课程小结），填写很多表格（如授课计划），还要编写教案、教材、指导书、教学大纲等，撰写能力的重要性不言而喻。

③ 体态语言表达——体态语言也称身体语言，是指借助表情、体态、动作等身体条件传递信息的无声语言，对口头语言起辅助、深化和补充作用。对高校教师体态语言表达能力的要求是“表情丰富，情绪饱满，姿势恰当，准确适度，自然得体、传情达意”。体态语言中最重要的是“目光语”，即运用眼睛的动作和眼神来传递信息和感情的体态语言。“眼睛是心灵的窗户”这句话就是强调眼睛有其特殊的表现力和感染力，教师在教学过程中应始终把目光投向学生，自觉运用目光语向学生示意，把学生的目光和注意力吸引过来，善于与学生进行眼神交流。“目光语”运用得好，必能大大增强教学的艺术效果。

（6）教学技术手段运用能力

教学技术手段分为常规和现代两类。常规教学手段主要是指直观教具（图表、实物、标本、模型等）和教辅用具（粉笔、黑板、教鞭等）；现代化教学手段则指利用现代科学技术传递教学信息的各种教学工具（计算机、投影仪、录音录像设备、各种工具软件等）。现代化教学手段可以提供更丰富的多媒体信息，展示内容更为形象、更为生动，有助于增强学生的感性认知和间接体验。关于运用现代教学技术手段能力，下面将以“高校教师的教育技术能力”为题专门阐述。

（7）实践教学能力

应用型高校要求专业教师具有“双师”素质，既能承担理论教学任务，也能胜任实践教学任务。同时还设有专门从事实践教学的岗位（实验实训教师）。因此，实践教学能力对于应用型高校教师非常重要。除毕业设计和企业实习（社会实践）之外，应用型高校的实践教学主要包括实验、课程设计和技能训练（实训）。教学环节可以用“讲、演、练、导、评”五个字概括。因此，对高校教师的实践教学能力的要求就是能够适应这五个教学环节。具体说明如下：

① 讲授——围绕项目讲授知识点，讲解设备结构与功能特性，布置具体任务并提出要求，进行安全教育等。要求讲清楚，讲明白，讲透彻。

② 演示——针对项目进行演示示范。要求操作（动作）正确、规范、到位，让学生看清楚、看明白。

③ 练习——组织学生开展项目练习（实验、设计、操作、制作等）。要求任务明确（通常要求有任务书或任务工单）、分组及设备配置合理、工具量具齐备、材料发放到位、安全防范措施有效。

④ 指导——进行巡回指导和集中指导。要求巡回指导及时发现问题，随时给予指导，针对巡回指导中发现的共性问题或带有普遍性的问题适时安排集中指导。

⑤ 评价——按照预先确定的评价标准（如专项能力考核标准），考核评价每位学生的实践效果并评定成绩，还要对实践教学效果进行评价，对实践教学过程进行反思。对学生的评价应做到客观公正、成绩核算依据充分；对实践教学效果的评价应该客观，反思要认真细致，改进措施应该切实有效。

（8）教学反思能力

“教学实践+教学反思”是中外众多教育家和心理学专家给出的教师成长模式，教学反思能力的重要性由此可见一斑。高校教师应该正确理解教学反思的内涵和重要意义，做到思想上重视，行动上自觉，逐步养成反思习惯。具体说明如下：

① 教学反思概念——教学反思是指教师对自己教学前、教学中或教学后的行为加以审视、分析、批判和调整，并改进自己的教学，以期达到更好的教学效果，进而促进自身专业成长的过程。

② 教学反思方式——主要有“自省式反思”、“同行团体式反思”和“专家引领式反思”三种方式。其中，自省式反思是最根本、最重要的反思方式。这种反思方式比较灵活，运用比较方便，但经验的成分较多。为提高其科学性与有效性，一要对教学过程进行准确客观回顾，其中需包含尽可能丰富的教学信息；二要挖掘这些教学信息的深层意蕴，不为表面现象所迷惑；三要有很强的针对性与有效性，能够切实解决教学中存在的问题，以获得有价值的教学经验；四要伴随教学进程持续反思，以达到改进教学行为、积累教学经验、提升教学能力之目的。

③ 提升教学反思能力——教学反思应遵循循序渐进原则，先从最基本的课后反思做起，再向课前和课中拓展。课后反思属于总结性反思，主要从“所得、所失、所疑、所难、所创”五个方面和“教育观、教学行为、教学效果”三个层面进行。此外，还要学会综合运用“批判思维”“发散思维”“证伪思维”“序变思维”等现代思维方式进行反思，学会按照“计划—应用—观察—反思—改进”路径进行反思，逐步提升教学反思能力与水平。教学反思虽然主要是教师对自己教学过程的“自省”，但按照内因通过外因起作用的哲学原理，学校、二级学院和基层教学单位（系 / 教研室）应通过“说课—听课—评课”、集体备课、教学竞赛、经验交流、示范教学、观摩教学等活动，为教学反思搭建平台，营造良好的外部环境，助力高校教师有效提升教学反思能力。

3. 高校教师的教育技术能力

全国高校教育技术协作委员会于 2010 年 9 月发布的《国家高校教师教育技术能力指南》（试用版）指出：教育技术能力也是信息化时代高校教师必须具备的基本能力之一。培养和发展高校教师的教育技术能力，可以有效促进教育教学理念转变，有效提升教学效率和教学质量。该指南对高校教师的教育技术能力结构提出了一个参考模型。此模型包括意识与责任、知识与技能、设计与实施、教学评价、科研与发展五个部分，共 17 个一级指标、54 个二级指标。具体说明如下：

（1）意识与责任（包含以下 3 个一级指标）

① 能够意识到教育技术对高校教学的重要性。

② 具有应用教育技术促进自身专业发展的意识。

③ 能够遵守与教育技术使用相关的法律法规和社会道德。

（2）知识与技能（包含以下 4 个一级指标）

① 了解教育技术的基本理论方法——了解教育技术的定义、内涵及其在高校教学、科研和管理等方面的主要作用；了解教与学的基本理论观点以及最新进展；了解教育技术在学科应用中的主要研究方法（开展教育技术及其应用研究）；了解教学过程、教学资源、学生绩效与媒体应用的一般评价模式与方法。

② 掌握教学系统设计的一般模式和方法——了解教学系统设计的基本概念、一般过程和作用；掌握主要的教学系统设计模式方法；掌握教学系统设计的基本环节和设计流程并能应用于自身教学。

③ 掌握数字化教学的特点、模式与方法——了解数字化教学资源的基本类型、多媒体认知的特征及其开发工具与方法；掌握计算机网络应用于教学的一般特点和方法，并能借助网络工具与平台开展教学（如作业系统、答疑系统、网络互动教学平台等）；了解高校中常见的数字化教学环境并能开展相应的教学活动；掌握不同环境下数字化教学模式与方法（探究式、PBL 学习、小组协作式学习、混合式学习等）；了解国家质量工程中有关课程建设的理念、基本结构、主要特点、建设规范、评价标准及其应用模式。

④ 掌握基本的信息技术工具与方法——掌握常见通用技术（Office 等）并能应用于教学；掌握教学信息与教学资源检索、分类、管理的一般方法，能够进行简单教学资源的设计与开发；掌握各种常见的教学管理软件与工具（如教务管理系统、毕设管理系统等）；掌握与所从事专业教学相关的教学媒体、工具软件，能利用技术促进专业教学。

（3）设计与实施（包含以下 4 个一级指标）

① 能够确定合理的教学目标，选择有效的教学内容——能够结合学生和专业特点，确定明确有效的教学目标；能够为学生提供丰富的、情景化的教学内容，促进学生将抽象的知识与生活实际相联系；能够运用技术工具不断更新与丰富教学内容，保证教学内容的实效性与前沿性。

② 能够设计并实施有效的教学活动——能够结合学生的专业特点，为不同教学条件下的传统面授课堂（线下）和网络教学（线上）设计并实施有效的教学活动；能够利用技术工具为教学活动提供必要的教学辅助和支持；能够借助技术工具（如网络教学平台、教学监控软件、网络教学过程质量监测系统等）对教学过程进行有效的管理和监控，及时发现教学中存在的问题，并及时有效地改进。

③ 能够为教学提供恰当的媒体资源和工具，创设有效的学习环境——能够针对教学内容和教学活动特点，设计、组织与提供恰当的教学资源，并能够对资源进行有效的管理和应用；能够熟练运用网络平台和各种技术工具，能够为学生创设利于协作、交流、互动的，以学生为中心的学习环境。

④ 能够与同行和管理人员等就教学问题进行有效交流。

（4）教学评价（包含以下 3 个一级指标）

① 熟悉基本评价理念，掌握常见评价方法。

② 能够对教学活动过程进行合理的评价，反思与调整——能够借助技术手段（如网络教学过程的监控系统、在线学生问卷调查、在线投票、讨论区等）收集数据，对教学活动过程进行评价；能够根据教学活动评价结果，对教学进行深入的分析和反思，并不断调整和优化教学过程。

③ 能够选择合适的评价方法，全面评价学生的学习绩效——能够根据评价目的，选择合适的评价方法和工具，并能够对获取的评价数据进行合理解释、说明；能够熟练使用常见的学生绩效评价技术和评估系统（如电子档案袋、学生发展性评估、过程性评价表等）；能够设计合理的作业、考试、任务、项目性评价等，并能够应用信息化工具（如考试系统、在线作业系统等）组织与实施相关评价。

（5）科研与创新（包含以下 3 个一级指标）

① 能够关注新技术和方法并应用其改进教学。

② 能够借助技术手段开展广泛的学术研究、合作与交流。

③ 能够利用教育技术提高科研项目的管理水平和研究团队的工作效率。

提升教育技术能力是高校教师的一项长期的任务。一般要经过“学习模仿”“困惑徘徊”“整合应用” “创新发展” 四个阶段。高校教师应首先认识到教育技术对高校教学的重要性，坚定利用教育技术改进教学的意愿，树立终身学习的理念，从学习模仿起步，通过刻苦学习、虚心求教、努力实践，逐步提高能力与水平。

中国大学 MOOC 等慕课平台以及腾讯课堂 / 会议等在线交互平台的广泛应用，极大地促进了教育技术的进步，也促使高校教师教育技术能力与水平得到快速提升。有专家预言，随着互联网技术和教育技术的进步，若干年之后，慕课（MOOC）将完全取代线下授课，绝大多数高校教师将不再上讲台授课，转而从事面对面（线下）辅导答疑、线下实践、以及考核评价等工作，传统教学方式将因此发生颠覆性的变化。

4. 高校教师的TPACK知识与能力

20 世纪 80 年代，美国斯坦福大学舒尔曼教授（Lee S.Shulman）提出将学科内容知识（Content Knowledge，CK）与教学法知识（Pedagogical Knowledge，PK）紧密结合为学科教学法知识（Pedagogical Content Knowledge，PCK）概念。PCK 的核心是通过学科（专业）知识与教育教学知识整合，将学科（专业）知识转化为容易被学生理解和接受的教学内容。PCK 一经提出便得到广泛的响应与认可。天职师大作为培养职教师资的高等院校，被誉为“工匠之师的摇篮” 。天职师大各学院开设的“学科教学法”课程，其实就是按照 PCK 概念或框架，传授学科教学法知识，并通过微格教学手段（把 5 ～ 10 min 讲课过程录下来仔细分析），培养学科（专业）教学能力，为学生构建适于职业技术教育的知识结构和能力结构。

随着现代教育技术逐渐成为教育环境中十分显著而活跃的要素，美国密西根州立大学米什拉（Punya Mishra）和科勒（Matthew J Koehler）沿着 PCK 思路，于 2006 年提出将教育技术整合到 PCK 中，形成“整合技术的学科教学法知识（Technological PCK，TPCK）。据说因为 TPCK 不好发音，随后在中间添加元音 A，变成了 TPACK，成为组织有效教学活动的理论基础，也是高校专业教师在实际教学情境中组织教学活动应该具备的知识和能力。具体阐述如下：

（1）TPACK 是有效教学的支配性知识

TPACK 包含具体教学情景中教育技术、学科专业及教学方法之间真实且复杂的关系，包括教师对教育技术的理解，对自己原有教学观念和教学方法的审视与反思，拥有 TPACK 知识可促使高校教师在专业教学中不断寻求变化、积极开展创新。

（2）TPACK 的核心是三要素的动态平衡

教育技术、学科专业和教学方法三要素中任何一个要素发生变化，都会引起其他两个要素的变化，从而打破三要素原有平衡，而通过三要素之间的相互制约、相互建构，又会达到新的平衡。信息时代的教学情景处在不断建构和发展之中，高校专业教师应与时俱进，根据实际情况开展整合教育技术的专业课程教学。

（3）TPACK 是全新知识结构框架

TPACK 为教育信息化背景下提升专业教师职业能力提供了理论基础和实践指导。在信息时代，建构系统完善的 TPACK 知识框架是实施信息化教学的前提和保障，也是对高校专业教师职业发展的新要求。

（4）TPACK 注重实践

TPACK 既是知识，也是能力。高校专业教师必须置身于真实情景之中，在教育技术与学科专业教学内容以及教育教学方法之间相互制约、相互影响的复杂关系之中权衡利弊，并对教学方案进行循环往复的尝试、修改与优化。只有通过亲身体验，才能深刻理解三者之间相互制约、相互影响的关系，从而使自己的 TPACK 知识不断丰富，使 TPAC 能力得到不断提升。

TPACK 为在信息化时代重构高校教师知识框架、设计专业教学新模式提供了新的视角。有研究者分析，自 2013 年开始，TPACK 研究和实践进入繁荣深化阶段，不断有研究者提出改良框架，如 TPACK-W（针对网络教学）、AI-TPACK（人工智能 TPACK）等。其中，AI-TPACK 框架为 TPACK 注入了新的内涵。AI 与 TPACK 的新融合，为人工智能时代高校专业教师的教学能力发展奠定了新的理论基础，同时也提出了新的要求。

3.5 高校教师的人文素养

人文是文化、艺术、美学、教育、哲学、历史等学科的总称。《辞海》将人文解释为“人类社会的各种文化现象”。广义的人文包含人类创造出来的各种文化，这些文化是原始的、天然的，既包含各种先进的、科学的、健康的、优秀的文化，也包含各种落后的、愚昧的、不健康的、低俗的文化。因此，人文应该指人类文化中先进的、科学的、健康的、优秀的部分，其核心是先进的价值观，其主要内容是先进的规范，集中体现在重视人、尊重人、关心人、爱护人。就社会整体而言，人文指先进的法律和制度规范；就社会成员而言，人文指先进的道德和习惯规范。

“人文素养”指通过对知识的学习和运用培养的能力和精神两方面的品质和内涵，是人的内在品质，是以人为对象、以人为中心的精神，其核心内容是对人类生存意义和价值的关怀。人文素养可以帮助人们构建高尚的人格，树立正确的人生目标，了解人存在的价值，提升人对世界和人生的认知水平，让人有更高的人生境界和更广的胸怀，拓展生命的深度和广度，从而体会到生命之厚重，体会到生活的充实感和幸福感。

1. 提升教师人文素养的重要意义

科学追求的是真，给人以理性，使人理智；人文追求的是善与美，给人以悟性和感性，使人虔诚对待信仰，让人富有激情；科学强调客观规律，人文既有深刻的理性思考，又有深厚的情感魅力；人的精神世界不能没有科学，也不能没有人文。教师的人文素养所包含的是教师自身人文知识与人文精神所体现出的气质与修养，是教师在学习相关专业知识和社会文化知识过程中所呈现的精神状态，是教师在教学过程中所体现的正确的学生观和教育责任感；教师的科学素养则主要指教师拥有的科学知识，对科学知识以及规律概念等的理解能力，以及所拥有的专业技能等。对应用型高校教师（尤其理工科教师）而言，缺少科学素养，就不能完成专业知识传授和专业技能培养任务；而缺少人文素养，就无法理解教育的真谛，因而也无法履行教书育人的神圣职责。提升高校教师人文素养的意义主要体现在以下两个方面：

（1）在人文素质教育过程中发挥言传身教示范作用

人文素质教育的核心是“传道”，重点是传中华民族传统美德之道，传中华民族精神之道，传爱国主义、社会主义、集体主义之道，传社会公德、职业道德、家庭美德之道，传社会主义核心价值观之道。在一切教学活动之中，教师不仅要传授科学和人文知识，传授专业技能，更要引导学生进行人文思考，使其能够正确选择人文价值，树立起对社会的责任感，对国家的使命感。教师是学生的引路人，“以身作则”“为人师表”自古以来就是社会对教师个人品德的要求，身教对于学生人文素质培养非常重要。因此，教师人文素质优良、师德风范高尚，将对学生起到示范作用，对学生健康成长起到促进作用；反之，教师人文素质欠缺、道德失范，必将影响学生健康成长。

（2）促进素质结构完善、师德修养水平提升、人格魅力和教学风格形成

高校教师要适应立德树人、培根铸魂、“三全教育”、课程思政、德智体美劳全面发展等新时代人才培养和教育教学新要求，必须不断完善自身的素质结构、不断提高师德修养水平、努力形成独特的人格魅力和鲜明的教学风格，而这一切都有赖于高校教师人文素养的提升。高校教师具有良好人文素养才能够深刻理解并自觉贯彻先进的教育教学理念，现代的师生观、人才观和质量观；才能够培育起高尚的师德、培育起爱岗敬业、甘于奉献的道德风范，培育起优良的思想品质和开拓创新精神；才能够形成独特的人格魅力，形成幽默风趣、风采各异的教学风格，从而对学生产生潜移默化的影响，取得良好的教育教学效果。

2. 老一辈科学家人文艺术素养启示

中外众多伟大的科学家都有很深的文学艺术修养，不仅在自然科学方面成就辉煌，而且在文学、历史、音乐、美术等方面也有很高造诣。爱因斯坦喜欢小提琴、钢琴，他与普朗克经常演奏钢琴小提琴二重奏；竺可桢、苏步青、李四光、杨振宁、李政道等都有很深的文学艺术修养。“杂交水稻之父”袁隆平在稻田里拉小提琴被传为佳话，中国首位诺贝尔科学奖获得者屠呦呦则是钢琴爱好者。“中国航天之父和导弹之父”钱学森、“中国近代力学之父”钱伟长、“中国原子弹之父”钱三强都是享誉全球的顶尖科学家，被周恩来总理称为中国科技界的“三钱”。他们的研究领域虽然不同，但都出生在人文氛围浓郁的家庭，都受过良好的人文教育，都有着非常好的人文素养，都有着深厚的爱国情怀，都在各自领域做出了杰出贡献。下面就以“三钱”为例，谈谈老一辈科学家在人文艺术素养方面给予高校教师的启示。

（1）钱学森出奇的文艺情怀

钱学森是我国航天事业的奠基者。20世纪50年代（新中国成立不久），他冲破美国种种阻挠辗转回国报效，为新中国“两弹一星”事业做出了卓越贡献。钱学森献身祖国航天事业的事迹人们耳熟能详，关于他的文艺情怀以及他在文艺理论方面的贡献人们却知之不多。钱学森生于1911年，其父曾学习教育、历史、地理，博学多才，尤其喜欢古典文学、诗书、绘画，还做过中学校长。其母知书达理、聪颖过人。钱学森很小便在母亲指导下背诵唐诗宋词，培养了最初的文学修养。1914年，钱学森全家迁至北京，他先后就读于北京师范大学附属小学、附属中学。这些学校不仅重视传授知识，还重视美育，在诗词、书法、美术和音乐等方面为他打下了坚实基础。1929年，钱学森考入上海交通大学机械工程系，不仅是学校乐队的次中音号手，还经常省吃俭用去听音乐会，同时广泛阅读文艺理论书籍。1935年，他在《浙江青年》第四期发表文章《音乐和音乐的内容》，论点清晰、论证严谨、文风朴实。科学与人文在钱学森身上实现了完美结合。钱学森生前坦言：“艺术上的修养不仅加深了我对艺术作品中那些诗情画意和人生哲理的深刻理解，也学会了艺术上大跨度的宏观形象思维，这些东西对启迪一个人在科学上的创新是很重要的。科学上的创新光靠严密的逻辑思维不行，创新的思想

往往始于形象思维，从大跨度的联想中得到启迪，然后再用严密的逻辑加以验证。”

（2）钱伟长弃文从理传奇经历

中国近代力学之父，世界著名科学家、教育家钱伟长是中国现代大儒钱穆先生的侄子，从小接受了良好的传统经典教育。1931 年被清华等五所名牌大学同时录取，按照叔父钱穆提议进入清华大学历史系。清华入学语文题目为《梦游清华园记》，他仅用 45 分钟便写成一篇赋，得了满分。历史考二十四史的名字、作者、卷数、解释人等，他从小已能熟练背诵，故而也得了满分。而数理化、英文加起来却只考了 25 分（物理 5 分、英文未学过得 0 分）。就是这样一位严重偏文科的学霸，在强烈爱国心的驱使下，下定决心转学到清华物理系。经过不懈努力，不仅成为清华物理系那一届顺利毕业的八人之一，而且在物理学领域取得了惊人成绩。钱伟长弃文从理的故事告诉人们，人文学科基础对人的成长非常重要，对于理工科学生而言，良好的人文素养不仅有利于培育科学精神、铸就坚毅品格，也有助于在学术道路上取得辉煌成就。钱伟长生前指出：“我们培养的学生首先应该是一个全面的人，是爱国者，是一个辩证唯物主义者，是一个有文化艺术修养、道德品质高尚、心灵美好的人，其次才是一个拥有学科专业知识的人，一个未来的工程师、专门家”。

（3）钱三强优良家风的传承

在央视《谢谢了，我的家》某期节目中，“中国原子弹之父”钱三强之子钱思进与观众分享了优良家风传承故事。钱三强，1913 年出生于一个书香世家，其父钱玄同是中国近代著名的语言文字学家，新文化运动的倡导者，进步刊物《新青年》的积极支持者。在一个充满进步思想的家庭里成长起来的钱三强，对知识充满了无限渴望。他七岁便进入由蔡元培等进步人士创办的孔德学校学习，1929 年临近中学毕业时，由于阅读了孙中山的《三民主义》和《建国方略》等进步书籍，感到有责任为祖国美好的蓝图而奋斗，从而立志学理工科。在父亲的鼓励下，钱三强努力克服英语困难（孔德学校教授法语），终于顺利考取清华大学物理系。为表示祝贺，钱玄同题写了“从牛到爱”四个大字，希望钱三强发扬那股子“牛劲”（属牛），向牛顿和爱因斯坦学习。钱三强把这四个字当作座右铭，也让这四个字铸就了独特的家风精神。钱三强清华物理系毕业之后留学法国巴黎大学，师从约里奥·居里夫妇，从事核物理研究并获得博士学位，1947 年成为法国国家科学研究中心研究导师。1948 年 6 月，携同为物理学家的妻子何泽慧毅然回到阔别已久的祖国，投身于核物理事业，为新中国的原子弹研制做出了开创性贡献。钱三强之子钱思进（北京大学理学院教授）也在“从牛到爱”家风精神的激励下，跟随父亲脚步走上了粒子物理研究之路，2012 年与他的团队发现了希格斯玻色子。

不仅老一辈科学家有着深厚的人文情怀，当代众多理工科人才的人文艺术素养也很值得颂扬。

3. 高校教师人文素养体系构建

高校教师不仅要有扎实的专业基础知识和精湛的教学技艺，还应该具有深厚的人文素养，才能担负起人文素质教育、立德树人、培根铸魂的重任，才能胜任“三全育人”，担负课程思政重任。因此，高校教师应该加强自身人文修养，努力构建完善的人文素养体系。高校教师的人文素养体系主要由人文知识、人文精神和人文方法三方面构成。这三个方面相互联系，构成一个有机统一的整体。具体说明如下：

（1）人文知识是人文素养体系的基础

人文知识在人文素养体系中起着基础性作用，是人文精神和人文方法赖以形成的基础。然而，人文知识浩如烟海，涉及哲学、政治、科学、技术、文学、艺术、历史、天文、地理、环境、社会等众多领域。高校教师应该从教学实际需要出发，选择性地学习，逐渐积累，不断丰富。马克思主义理论是人类优秀文化成果的结晶，是中国特色社会主义的指导思想。人文社会科学各门具体学科离不开马克思主义理论指导，否则就会迷失方向。因此，高校教师首先应该学习和掌握马克思主义原理（辩证唯物主义和历史唯物主义、政治经济学、科学社会主义）。其次，应结合所属学科专业教学，结合学生综合素质教育、课程思政建设以及自己的爱好，学习具体人文学科知识（文学、历史、政治、经济、社会、哲学、心理、伦理、美学、音乐、绘画、舞蹈、戏剧、曲艺、影视、民俗、雕塑等），使自己的人文科学知识宝库不断丰富起来。比如，开展爱国主义教育，必须了解中国传统文化，需要熟悉唐诗宋词等文学经典，需要熟悉古代科技发明等灿烂文化，需要有一定的中国古代史、中国近现代史知识积累；宣扬科学思想和科学精神，需要熟悉本学科专业的中外历史名人，熟悉本学科专业以及所属行业领域发明创造的故事；弘扬工匠精神，需要熟悉本专业及所属行业领域的经典工程案例和著名工匠的故事；等等。总之，高校教师，尤其理工科专业教师，应努力拓宽知识面，不断丰富人文知识，扩展兴趣爱好，不仅能向学生展示自己良好的文化修养，还要能向学生展示广泛的人类文明成果，从多方面启迪和陶冶学生，促进学生全面发展。身处信息化社会，人们获取人文知识的渠道很广泛，阅读人文书籍是系统学习人文知识的主渠道，通过广播、电视、微信，可以随时了解国际局势变化，了解国家发展规划，行业发展政策，知晓国内外新闻。正所谓“处处留心皆学问”“三人行，必有我师焉”。从新闻媒介以及与人交谈中获取的碎片化知识，对于丰富高校教师的人文知识宝库也非常重要。需要强调的是，应该把人文知识内化为人文素养，变为自己的意识、思想、情感乃至行动，才能体现出知识孕育精神的真实意义，才能显示出人文知识的真正价值。

（2）人文精神是人文素养体系的核心

人文精神与品质主要指世界观、人生观、价值观（三观）以及建立在“三观”基础上的行为规范；主要指在社会生产和生活中理解和应用人文的意识和态度，对人文的情感和动机等。这些精神和品质在人文素养体系中占据核心地位，直接决定着人文素养的方向。高校教师的人文精神主要包括“强烈的教育使命感和责任心”、“对教育理想的不断追求”、“以学生生存和发展为本”和“以宽容之心善待学生”四个方面。高校教师应该怀着一份荣幸、怀着一份庄重、怀着对教师职业敬畏之心，担负起培养德智体美劳全面发展的社会主义建设者和可靠接班人的历史重任；高校教师应该经常思考教育的真谛、教育的源头、教育的最高境界、教育的途径与远景等重大问题，不断追求教育理想；高校教师要牢固树立“一切为了学生，为了学生一切，为了一切学生”的理念，充分调动学生的潜能，坚信“没有教不出的学生，只有不成功的教育”，想方设法激起学习欲望，鼓足学习动力，为学生扬起前进的风帆，引领学生驶向成功的彼岸；高校教师要把自己放在学生的位置上，感受他们在学习中遇到的困难、期待及沮丧时的心情，体验他们在成长过程中经历的挫折与渴求，滋润学生的心田，包容学生的过失，化解学生的不良情绪，帮助学生走出困境、踏上通向成功的坦途。

（3）人文方法是人文素养实现的手段

人文方法指分析和解决人与人、人与社会、人与自然之间问题的方法，主要包括“直觉”、“体验”和“内省”三方面内容。“直觉”是意识的本能反应，而不是理性思考的结果。世界的本质是意识或生命，理性不能认识它，只有直觉能够把握它。相比理性认识来说，直觉是一种截然不同的认识方式，需要人们由心灵出发，达到与对象本质融合的程度，进而认识对象本质。高校教师的“直觉”是指对学生状况和教学情境的观察、判断，凭借经验能准确地发现并解决问题的能力。依靠直觉，高校教师可以快捷、流畅和灵活地解决所遇到的各种问题。“体验”指通过亲身实践所获得的经验，指查核或考察。体验到的东西使人感到真实、现实，能够在大脑记忆中留下深刻印象。“体验”分为感觉体验、视觉体验、动手体验、情感体验、成功体验、挫折体验等。高校教师一方面要从教的角度体会、品味、觉察自己的职业意义和价值，一方面要抛开教师的心理角色，从学生的视角观察，以学生的心态感受，体验学生的学习与成长过程，从而提高教育教学的针对性和有效性。“内省”就是内化和反省，“内”指内化于心外化于行，“省”指“吾日三省吾身”。高校教师的内省是指自我观察、自我分析、自我认识、自我矫正、自我完善、自我提升的过程。教学反思就是按照内省方法总结经验、吸取教训、思考改进的过程。

3.6 高校教师的心理健康素养

心理健康素养概念由澳大利亚学者 Jorm 于 1997 年正式提出。教师心理健康素养界定为教师为保证自身和学生心理健康全面发展所展现出来的一种综合素质，既包含一般心理健康素养之共性，也体现出教师职业之特性。教师心理健康素养包含教师自助心理健康素养（自身心理健康维护、自身心理状况认知，自身心理健康调节）、促进学生心理健康素养（关注学生心理健康、学生心理疾病认知，学生心理健康维护）和构建健康的教育活动环境（教学环境和人际环境）素养三部分内容。提升高校教师心理健康素养水平对于维护和促进自身和学生身心健康、提高人才培养质量具有重要意义。

1. 高校教师入职前心理测试

高校选聘教师先前注重考核应聘者的学术水平和科研能力，通过试讲对其教学能力或潜质进行考察评估，同时对其心理健康素养水平进行初步考察。鉴于个别心理健康素养较差的应聘者入职后难以适应高校教学科研工作压力，甚至患上心理疾病，对高校正常工作造成严重影响甚至危害，现在越来越多的高校都增加了入职前心理测试环节，以增强高校挑选教师的有效性。高校教师心理测评强调六大心理结构要素。这六大结构要素及其排序是“认知能力—责任感—亲和性（亲和力）—自我调节—韧性—外向性”。具体说明如下：

（1）认知能力

认知能力指人的脑力或脑力技能。认知能力测试包括数字能力（完成数学问题和数字处理）、语言能力（用语言推理解决问题和理解信息）和抽象能力（抽象思维）三方面内容。认知能力强的人在此三方面通常都具有良好表现。

（2）外向性、亲和性和责任感

外向性、亲和性和责任感为个体性格三个方面的表现。外向性强的人适宜从事社交活动，具备充沛的精力、自信和阳光等特质。亲和性（亲和力）通常表现为具有较强的同情心、易与他人合作等特点。具有高度责任感的人通常组织性和原则性较强，通常具有忠诚和勤奋等特征。

（3）韧性

韧性是个体应对挑战并克服逆境的能力。韧性强的人通常具有乐观的心态，能够快速地从具有高压性的工作中恢复状态，或能够采取行动维护和改善其状态。

（4）自我调节

自我调节是个体选择和控制自我思想、感受和行为的能力。自我调节能力强的人通常会设定切实可行的目标、会控制不良情绪、会自我反省并知晓如何改进、会在必要时为他人提供帮助等。

2. 高校教师心理健康评价标准

心理健康是一种良好而持续的心理状态与过程，表现为个人具有生命的活力、积极的内心体验、良好的社会适应，并能有效地发挥个人的身心潜力和积极的社会功能。不同国家和不同时期，教师心理健康标准都不相同。我国心理学专家俞国良教授（中国人民大学教育学院博士生导师）从我国国情出发，提出五条教师心理健康评价标准（面向所有教师）。在此基础上，我国心理学研究者针对高校教师心理健康特点，提出了以下六条高校教师心理健康评价标准：

① 正确了解自己并乐于接受自己。

② 有良好的教育认知水平。能够客观了解学生的能力，能很好地破译学生的心理感受，并能够创造性地进行教育教学科研活动。

③ 热爱教师职业，热爱学生。能从爱的教育中获得自我满足与自我实现，从有成效的教育教学中得到成就感。

④ 具有稳定而积极的教育心境。

⑤ 人际关系和谐。

⑥ 具有较强的现代感，既能适应教育（学校）环境又能适应千变万化的社会。

3. 高校教师主要心理健康问题

高校教师的心理健康问题不仅影响到高校教师的教学态度、教学行为和教学观念，而且会波及学生的心理健康，会严重影响高校教学质量。所以，高校教师心理健康问题不只是教师个人的问题，而是高校的问题，甚至是社会的问题。据调查，高校教师的心理健康问题主要表现在以下四个方面：

（1）角色适应不良

任何一个社会角色的形成都要经历“角色认知→角色认同→角色信念”的过程。新入职教师需要对高校教师角色有清晰、准确的认识，明确该角色承担的使命，认同该角色的定位，愉悦地接受该角色，进而才能形成高校教师职业特有的自尊心、荣誉感，从而自觉为高校教育事业付出心血。部分新入职教师，甚至入职较长时间的教师，由于对高校教师职业认识不深刻、不全面，心理准备不足等，出现职业理想角色与现实角色之间的冲突，产生失落感、悲观情绪。此外，高校教师必须承担教书育人、科学研究、社会服务、企业实践等任务，扮演教育者、研究者、服务者、实践者等多种角色。角色转换能力较弱的高校教师常容易出现角色混淆、角色模糊现象，不能兼顾教学、高标准科研以及社会服务等多重角色的任务。

（2）情绪管理失调

进入大众化乃至普及化阶段之后，应用型高校招生规模不断扩张，对高校教师教学工作、科研业绩等都提出了更高要求。繁重的教学任务，高标准的科研要求，以及职称评聘、专业发展及学历提升各方面的压力加大，经济负担和家庭负担加重等，导致部分高校教师出现紧张、焦虑、抑郁、疲惫、无助等不良情绪。这些不良情绪不仅会对教学工作有影响，也对学生的身心健康造成负面影响，还会影响师生关系、同事关系等。任其发展下去，还会使他们对教学失去耐心，对学生失去爱心，对人生失去信心。

（3）人际交往障碍

高校教师职业具有“独立作战”的特点，“走班制”又造成工作环境相对独立、相对封闭，人际交往范围相对偏小，容易使高校教师产生认识偏差，出现情感孤独。如何在这种环境下处理好同事之间的关系，建立和谐的师生关系，是对高校教师心理健康的严峻考验。部分高校教师因自身存在不利于人际交往的个性特征，如缺乏交往意识和欲望，待人缺乏热情，自我封闭，过于自负，一意孤行，对人苛刻等，便会出现人际交往障碍，久而久之便会陷入抑郁，甚至形成自我封闭的不良状态。

（4）教师职业倦怠

职业倦怠（Burnout）概念最早由美国精神分析学家费登伯格 (Freudenberger) 于 1974 年提出，特指个体在工作重压之下产生身心疲劳与耗竭的状态。研究表明，高校教师是职业倦怠的高发群体。职业倦怠最容易发生在职业生涯早期，即新入职阶段。高校教师是同龄人中的佼佼者，成才欲望高，成就需求强烈，迫切希望得到社会的认可。然而，教育教学效果、绩效考核结果、科研业绩、职称晋升、工资待遇等各方面不如意，会直接影响到高校教师职业心态和职业行为，种种职业压力让心理健康素养较低的高校教师出现心理疲劳、畏难情绪、职业无助感，进而怀疑自己的价值，对工作失去热情，职业成就感降低，产生消极心理，出现职业倦怠。

4. 提升高校教师心理健康素养的对策

维护并促进高校教师心理健康，需要社会、学校和教师个人三方面协同努力，综合施策。就社会而言，应该营造尊重知识、尊重人才的良好社会氛围，提高教师社会地位，持续改善教师待遇，切实帮助解决教师（尤其中青年教师）的家庭困难，让高校教师心无旁骛地教书育人。就高校而言，应该合理安排高校教师的教学科研工作任务，完善绩效考评机制，构建合理公平的竞争机制，既要激励优秀人才脱颖而出，也要营造良好的心理环境，尊重高校教师的个性特征，注重发挥每位教师的专长，为他们搭建充分施展才华的舞台，让每一位教师都能产生自我效能感，从而获得事业上的成就感与满足感。此外，高校还应该健全心理教育和干预机制，通过建立“心理健康咨询室”、开设“心理卫生沙龙”和“心理健康讲座”等方式，向高校教师普及心理疾病预防知识，提高高校教师心理保健意识，及时疏导和排遣高校教师的心理压力。然而，按照“外因是条件，内因才是根本”的哲学逻辑，提升高校教师的心理健康素养才是解决问题的关键。应该采取的主要对策如下：

（1）加强自我修养，摒弃心理误区

所谓自我心理修养是指个体在自我意识的基础上，为形成良好的心理品质、维护心理健康、提高心理机能、发挥心理潜能而自觉地进行心理把握和行为控制的活动。高校教师应加强自我心理调节，养成健康向上的心理素质，学会调适和解决自己的心理问题，提高自我评价、自我调控的能力。要通过自我帮助或相互协助，形成符合实际、开阔和合理的人生态度。

（2）正确认识自己，合理调节情绪

心理健康的高校教师应具有正确的自我认识、良好的心境、适度的情感反应、和谐的人际关系、健全的意志品质、统一完整的人格、良好的社会适应等。高校教师面对心理压力与困扰时，要注重自我修养，增强健康意识，提高自我保健能力，同时要学会合理调节情绪，使不愉快的情绪体验，如焦虑、紧张、沮丧等得到有效控制，防止其蔓延开来，影响身心健康。心理学实验证明，以下三种情绪调控方法很有效。一是遗忘调控，即当某种事情引起消极情绪时，尽快把它忘掉；二是转移调控，即当自己情绪激动时，为使其不至于立即爆发，有意识地通过转移话题或做其他事情分散注意力，使紧张的情绪松弛下来；三是音乐调控，即在面临压力时，通过听一些轻松的音乐来调节情绪。由于每首乐曲的节奏、速度和音调不尽相同，从而可以表现出不同的情绪调控效果。心理科学研究的成果已经证明，无论认知因素、情感因素还是意志因素，都可能致病，其中情绪因素致病最为明显。马克思曾说过："一种美好的心情比十副良药更能解除心理上的疲劳和痛苦，愉悦的心境是增进心理健康的灵丹妙药。"因此合理调节情绪，保持积极心境是心理健康的基础。

（3）培养兴趣爱好，形成压力免疫

良好的兴趣爱好，可以陶冶情操，消除疲劳，解除苦闷，有利于保持良好情绪，防止消极情绪产生，对心理健康大有裨益。高校教师应利用双休日、假期及茶余饭后走出家门、校门，走向社会、走向大自然，培养属于自己的兴趣爱好，使自己在紧张的工作之余，释放心理负荷。工作生活中存在压力及挫折情绪不是因为自身个性的弱点，也不是因为能力欠缺，而是人人都会体验到的正常心理现象。只要采取积极的态度就会找到解决问题的方法，找到排遣内心郁闷的途径，从而保持心理健康，形成压力免疫。其次，生理健康与心理健康关系密切，坚持锻炼，增强体质，预防疾病对于维护心理健康也非常重要。

5. 高校教师的性格

性格（Character）是指人对客观现实的稳定态度和在行为方式中经常表现出来的稳定倾向，是个性中最重要和显著的心理特征，是人对现实比较稳固的态度以及习惯化的行为方式。个人性格与职业匹配度往往决定着职业发展以及事业的成功程度。简单地说，如果你是一位典型的性格内向的人，选择营销工作很难取得好的业绩；如果你的情绪易激动，控制力较弱，就最好不要投资股票。每个人都有其特定的优势，如果一个人所从事的职业与他的性格相适应（匹配度高）并有能力相支撑，工作起来就会得心应手，心情舒畅，不仅提高了自身工作满意度，也更容易取得成功。如果性格与职业不适应（匹配度低），性格就会阻碍工作顺利进行，从业者会感到被动，缺乏兴趣，力不从心，精神紧张，给自身发展和工作都造成不良影响。

高校教师要用知识启迪学生，用情感陶冶学生，用行为影响学生。因此，必须培养自己乐观向上、活泼开朗、热情奔放的职业性格（教师性格）。具有优良的性格特征是当好教师的重要条件之一。有人做过实验，三种性格的老师各带一组学生。结果显示，教师性格和善、办事民主，所带学生性格比较稳定、积极，待人态度友好；教师性格严厉、遇事专制，所带学生的情绪则比较紧张，不是冷淡就是带有攻击性；而教师性格冷漠、教育放任，所带学生的情绪也变得漫不经心，言行常常处于放任状态。充分说明教师性格对学生性格会带来莫大的影响。高校教师在进行职业选择之前，应该对自己的性格与高校教师职业的匹配度进行客观评估。若自己的性格与高校教师职业匹配度高，则应该坚定信心，在教学工作实践中发挥自己的性格优势，努力实现自己的职业理想；如果自己的性格与高校教师职业匹配度很低，则需要认真考虑教师职业是否适合自己。

当然，人的性格具有一定的可塑性，受社会生活环境影响，通过后期的实践活动，人的性格可以随着职业的需求进行适当调整甚至改变。所以，一方面要讲究“人职匹配”和“先天优势”，同时也要强调人的“职业适应性”。在性格与职业选择错位的情况下，关键看有没有决心和毅力为自己的职业理想做出性格上的调整与改变。性格内向型教师，应该从教师职业需要出发，通过积极参加社会实践，努力锻炼交际能力，实现自己的性格由“内向、封闭”向“外向、开放”的调整与转变。在高校教师队伍中，有很多成功调整和改变入职前性格，不断提高个人性格与教师职业匹配度，快速适应高校教师职业的案例。

6. 高校教师习惯

所谓教师习惯，就是教师在长期教学实践中养成的一种比较稳定的，带有自觉性和潜意识特征的教学行为，是教师在特定教学活动中形成的一种教学上的自动倾向。良好的教师习惯是指对教学起积极作用，对学生发展具有正向价值的习惯。在教学活动中，欣赏与赞美学生，尊重与关怀学生，引导学生开展合作探究、亲身体验、创新实践等学习活动，多读书、勤思考、善积累、重反思，这些无疑都是良好的教师习惯。不良的教师习惯则是指对教学起消极作用，对学生发展具有负向价值的习惯。关于教师习惯，有10种之说，有50种之说，还有100种之说。以下优秀教师的10种好习惯值得高校教师参考借鉴。

（1）练字习惯

高校教师的要养成练字的良好习惯。写一手好字（主要指粉笔字和钢笔字）是教师必备的技能。虽然人们现在习惯于使用计算机和手机，教室也普遍配置了投影设施，可采用多媒体课件教学，但高校目前普遍主张多媒体课件与板书合理配合，板书仍然是课堂教学的基本手段之一。

（2）反思习惯

高校教师要养成反思的良好习惯，让自己在不断反思中快速成长。

（3）总结习惯

高校教师要养成总结的良好习惯，善于总结，不断改进，持续进步。

（4）学习习惯

高校教师要养成学习的良好习惯，不断学习，终身学习。不仅要学习知识，还要学习技能，不仅要向书本学习，还要向他人学习，在生活中学习，在实践中学习。

（5）自律习惯

高校教师要养成自律的良好习惯。俗话说：“亲其师，信其道。”高校教师只有自觉规范言行，展示高尚的情操和优良的品格，才能让学生信服，才能承担起教师育人的重任。习惯是自律的立足点，只有在习惯的基础上建立的自律才会持之以恒。

（6）求实习惯

高校教师要养成求实的良好习惯。高校教师在传授知识的同时还要为学生解答疑惑，必须秉持求实的态度，必须养成不唯书、只唯实的良好习惯。

（7）公正习惯

高校教师要养成公正的良好习惯，平等公正地对待每一位学生。教师是学生模仿的榜样，教师的行为潜移默化地影响学生的身心发展，若戴着“有色眼镜”看待学生，学生就可能养成偏见、歧视的不良习惯。教师要为人师表，而做人公正是为人师表的前提。

（8）微笑习惯

高校教师要养成微笑的良好习惯。教师需要与学生、与同事、与领导、与企业等社会人士进行交际，教师微笑既是礼貌，也会营造良好交流气氛，并使教师自己受到鼓励。相反，如果把不良情绪带到课堂上，教师没有了微笑，那样的课堂肯定是压抑的，不仅教师讲课没有激情，学生听课也没有心情，其教学自然不会有良好效果。所以，养成微笑的习惯，不把不良情绪带到工作（尤其教学）之中，对于教师而言是非常重要的。

（9）规划习惯

高校教师要养成规划的良好习惯。预先制定合理的教学工作规划（教学方案、授课计划、练习作业等），教学思路便会更加清晰，教学活动便会井然有序，教学效果自然会更胜一筹。

（10）管理习惯

高校教师要养成管理的良好习惯。管理习惯体现在学生管理和自我管理两个方面。俗话说“严师出高徒”，学生管理表面上显示着老师的威严，本质上却体现了教师对学生深切的爱，体现了教师教书育人的责任心；自我管理则体现为教师自我约束、以身作则、率先垂范的良好习惯。

3.7 IBSTPI 教师能力标准

国内外教育学和心理学专家针对教师能力结构进行了大量研究，制定了若干有重要参考价值的教师能力标准。其中，国际培训、绩效、教学标准委员会（IBSTPI）的教师能力标准影响力最大，并被世界各国广泛接受。该标准包括五个维度的18项能力（共98条绩效指标），适用于面授（线下）、线上以及混合（线下＋线上）三种教学方式。罗列如下，以供参考。

1. **专业基础维度**（含第1～4项，共21条绩效指标）

第1项：交流沟通之能力（含5条绩效指标）

① 根据受众、情境及文化背景，采取合适的语言；

② 使用合适的语言及非语言符号；

③ 寻求并吸收多样观点；

④ 根据情景采用有效倾听技巧；

⑤ 运用适当技巧进行交流。

第2项：更新和提高专业知识和技能之能力（含5条绩效指标）

① 拓展学习原理和教学策略知识；

② 不断更新技术知识和技能；

③ 建立并保持专业联系；

④ 参加专业发展活动；

⑤ 建立个人工作文档备用。

第3项：遵守道德和法律条文之能力（含6条绩效指标）

① 认识潜在的道德法律问题；

② 遵循组织和职业道德规范；

③ 确保公平对待所有学生；

④ 尊重保密及匿名请求；
⑤ 避免冲突；
⑥ 尊重包括版权在内的知识产权。
第 4 项：树立和维护职业声誉之能力（含 5 条绩效指标）
① 示范职业操守；
② 尊重他人的价值观和见解；
③ 拥有学科专业知识；
④ 对变革和改进持开放态度；
⑤ 将教学与组织背景及目标相联系。

2. **设计与准备维度**（含第5、6项，共12条绩效指标）

第 5 项：设计教学方法和教学内容之能力（含 6 条绩效指标）
① 确定学习者，其他参与人员和教学环境的相关特征；
② 设计或修改教学活动以适应学习者、教学环境和呈现方式；
③ 明确教学目标、任务及次序；
④ 选择合适的教学方法、策略和呈现技巧；
⑤ 设计课程内容、教师手册、评估工具和支持材料；
⑥ 根据需要创建或修改基于技术的资源。
第 6 项：教学准备之能力（含 6 条绩效指标）
① 对学习者的困难和问题进行预测并做好准备；
② 进行学习者分析；
③ 确定关键知识点、相关案例及其他补充材料；
④ 确定支持教学的物质保障；
⑤ 确保学习者都能获取所需教学资源；
⑥ 确定设备、技术和工具准备就绪。

3. **教学方法与策略维度**（含第7 ~ 14项，共45条绩效指标）

第 7 项：激发并维持学习者学习动机和学习投入之能力（含 6 条绩效指标）
① 吸引并保持学习者的注意力；
② 保证学习目标清晰明确；
③ 培养良好的学习态度；
④ 建立提高学习动机的策略；
⑤ 帮助学习者设定合理的期望值；
⑥ 为学生提供参与学习并获得成功的机会。
第 8 项：表现出有效表达技巧之能力（含 5 条绩效指标）
① 根据学习情境采用合适的表达方式；
② 采用多种方式表述关键概念；
③ 利用案例阐明含义；
④ 让学习者参与表达过程；
⑤ 采用适于学习者的表达方式。

第 9 项：表现出有效促学技巧之能力（含 6 条绩效指标）
① 利用所有参与者的知识和经验；
② 为全体学习者指明努力方向；
③ 使学习活动高度聚焦；
④ 鼓励和支持合作；
⑤ 引领学习活动及时终止；
⑥ 监控、评估和适应动态变化情境。
第 10 项：表现出有效提问技能之能力（含 6 条绩效指标）
① 提出清晰和恰当的问题；
② 有效跟进学习者所提问题；
③ 使用多样的问题类型和不同层次的问题；
④ 提出并引导到促进学习的问题；
⑤ 用问题激发和引导讨论；
⑥ 以回答问题来连接教学活动。
第 11 项：提供阐释和反馈之能力（含 6 条绩效指标）
① 为学习者提供阐释机会；
② 使用多样的阐释和反馈策略；
③ 提供清晰、及时、中肯、具体的反馈意见；
④ 提供和接受学生反馈时保证开放与公平；
⑤ 为学习者提供反馈机会；
⑥ 帮助学习者提供和接受反馈。
第 12 项：促使知识和技能巩固之能力（含 5 条绩效指标）
① 将学习活动与已有知识联系起来；
② 鼓励学习者对概念和思想观点进行细化；
③ 提供综合和整合新知识的机会；
④ 提供实践新学技能的机会；
⑤ 提供反思和回顾的机会。
第 13 项：促进知识和技能迁移之能力（含 6 条绩效指标）
① 提供与知识技能、运用环境相关活动及安全；
② 示范知识和技能在真实情境中运用；
③ 提供在真实情境中实践的机会；
④ 提供为未来的运用做出规划的机会；
⑤ 与学习者探究促进或阻碍知识和技能迁移的情形；
⑥ 提供自主学习的机会。
第 14 项：使用教学媒体和技术加强学习、改进绩效之能力（含 5 条绩效指标）
① 认识教学媒体和技术的潜能与局限；
② 运用教学媒体和技术开展最佳实践；
③ 以多样的方式呈现内容；
④ 为提供教学媒体和技术做好准备；

⑤ 发现并解决小的技术故障。

4. **评估与评价维度**（含第15、16项，共10条绩效指标）

第 15 项：评估学习和绩效之能力（含 5 条绩效指标）

① 针对评估标准进行交流；

② 监测个人和小组绩效；

③ 评估学习者的态度情感和反应；

④ 评估学习结果；

⑤ 提供自我评估的机会。

第 16 项：评估教学效果之能力（含 5 条绩效指标）

① 评价教学材料；

② 评价教学方法和学习活动；

③ 评价教学绩效；

④ 评价教学环境和设备的影响；

⑤ 记录与公布评价数据。

5. **教学管理维度**（含第17、18项，共10条绩效指标）

第 17 项：管理促进学习与改进绩效环境之能力（含 6 条绩效指标）

① 预测并处理可能影响学习和绩效的情形；

② 确保学习者能够获得所需资源；

③ 与学习者共同制定基本规章和学习期望；

④ 在教学中运用时间管理原则；

⑤ 采取合适的方式方法，及时阻止不良行为举止；

⑥ 及时公正地解决冲突和问题。

第 18 项：适当地使用技术管理教学过程之能力（含 4 条绩效指标）

① 使用技术支持教学管理功能；

② 使用技术查找和共享信息；

③ 使用技术储存和重复利用教学资源；

④ 使用技术维护学习者个人信息的安全及隐私。

【推荐阅读】克莱因.教师能力标准：面对面、在线及混合情境[M].顾小青，译.上海：华东师范大学出版社，2007.

第4篇 培养方案

高校人才培养方案是实施专业人才培养的纲领性文件，是高校达成专业人才培养目标的具体方案，是组织教学和教学管理的主要依据，是教育教学质量监控与评价的基础性文件，也是高校办学理念和办学特色的集中体现。本篇专门谈谈应用型高校专业人才培养方案，包括专业人才培养方案概要、专业人才培养方案制（修）订和专业人才培养方案分析解读三项内容，旨在加深应用型高校教师（尤其新入职教师）对人才培养方案的认识，熟悉人才培养方案制（修）订过程，熟悉人才培养方案各项主要内容，提高执行人才培养方案的自觉性。

4.1 专业人才培养方案概要

高校按专业（专业大类）招生，按专业实施人才培养。因而，高校人才培养方案是分专业的，准确地应称之为"某某专业人才培养方案"。应用型高校教师应该熟悉本专业人才培养方案，对本专业人才培养规格、培养目标、课程体系、教学进程以及学时分配等内容了然于胸。为加深对高校人才培养方案重要作用的认识，应用型高校教师还须熟悉应用型高校人才培养方案的四个要点：

1. 应体现高等教育双重属性

高等教育的首要社会职能就是培养人才。然而，高等教育注重培养"通才"（通识教育）还是注重培养"专才"（专业教育），不同时期有着不同的答案。早在20世纪40年代，著名教育家梅贻琦先生指出："通识，一般生活之准备也，专识，特种事业之准备也；通识之用，不止润身而已，亦所以自通于人也。"在梅贻琦主政的清华大学和西南联大，以及同期其他大学，"通识为本，而专识为末"的通才教育理念不同程度地得到贯彻，并取得了显著的育人成效，培养出杨振宁、李政道、邓稼先等杰出人才。新中国成立之后，照搬苏联高等教育模式（专业教育），转向培养适应经济社会发展需要的各类专门人才，对我国工业化进程起到了极大的推动作用。改革开放之后，潘懋元等高等教育专家在强调高等教育专业性特征的同时，呼吁转变教育思想，推动专业教育改革，提倡"在通的基础上有所专"。逐渐形成了高等教育具有"专业性"和"通识性"双重属性的共识。

因此，高等教育既是专业教育，亦是通识教育。其"专业性"是指具有专业教育或专门教育特性，以培养某一学科专业领域专门人才为目标，与知识分类、职业取向密切相连；其"通识性”则强调同时具有通识教育特性，所有学科专业都必须注重人格养成和心智培育。高等教育的“通识性”与“专业性”相互依存，前者寓于后者之中。专业教育与通识教育在育人功能上虽存在明显差异，但两者密切协同，共同作用，才能全面达成人才培养目标。实现我国新时代培养德智体美劳全面发展的社会主义建设者和接班人的总目标，更需要通识教育和专业教育协同作用。本书第 13 篇所述课程思政就是按照这种逻辑做出的战略决策。因此，高校人才培养方案必须体现“通识教育”与“专业教育”双重属性，坚持育人与育才相统一。

2. 须与人才培养模式相匹配

人才培养模式是人才培养目标、培养规格以及实现人才培养目标的方法或手段之总和。高校人才培养模式从根本上规定了人才特征，是体现一定教育教学理论（理念），较为稳定的人才培养结构框架和活动程序。目前普通本科高校主要采用“专业人才培养模式”（按专业招生），除此之外，还有“宽口径培养模式”（按大类招生）、“学科基础培养模式”（如基础实验班）、“创新人才培养模式”（如卓越工程师班等）、“中外合作培养模式（2+2/3+1）”以及“本 - 硕（博）连读培养模式”等；目前高职本专科学校主要采用“工学结合培养模式”（将知识学习、能力训练与工作经历相结合，即学习的内容是工作，通过工作实现学习），除此之外，还有“现代学徒制培养模式”、“德国双元制培养模式”、“英国三明治培养模式”、“订单式培养模式”(用人单位与学校达成人才培养合作协议，与学校协同培养学生，毕业之后直接到用人单位就业)、“中外合作培养模式”和“3+2 培养模式”（中高职衔接，中职 3 年 / 高职 2 年）等。

人才培养模式不同，生源质量、培养目标、课程体系、教学计划（学程安排）、师资队伍、教学资源等，都有很大差异。因而，人才培养方案必须与人才培养模式相匹配，换句话说，采用哪一种人才培养模式，就应该制订与之相匹配的人才培养方案。

3. 应体现应用型人才特质

应用型高校着重培养区域经济社会发展所需各类高级应用型人才。因此，培养方案必须体现应用型人才特质，以适应行业岗位工作对实践能力、操作技能和职业素养的要求。为此，必须建立产教融合、校企协同育人机制，合作开发基于行业工作过程的专业课程；此外，还要通过创新意味浓郁的多样化课程模块，使课程内容具有前沿性和时代性，使教学形式呈现先进性、互动性和多样性，使学习过程具有启发性和探究性。同时，还要将创新创业教育嵌入专业课程体系中，实现创新创业教育与专业教育深度融合，从而有效提升学生的核心竞争力和可持续发展动力。

此外，应用型本科和高职本科人才培养方案还应该充分体现“本科属性”。就应用型本科而言，虽然具有明显的职业取向，但毕竟是建立在学科基础上的专业教育，必须兼顾学科基础培养，应该要求专业理论知识有一定的深度和宽度，以适应能力迁移和学历提升需要；就高职本科而言，虽坚持职业教育属性，但毕竟属于本科层次，学生毕业之后要承担较为复杂的技术技能工作，高职专科“理论知识以够用为度”的提法对高职本科不完全适用。应该要求技术理论知识有一定的深度和宽度，以适应复杂技术工作和学历提升之需要。凡此种种都必须在人才培养方案中得以体现。

4. 相关方应协同贯彻实施

简单讲，人才培养方案就是高校人才培养的“规划图”、“路径图”和“施工图”。高水平人才培养有赖于高质量的人才培养方案，而高质量人才培养方案的制（修）订及贯彻实施，有赖于各相关方协同努力、共同推进。高校各级领导，各专业负责人（带头人），每一位专业教师，每一位学生，相关合作企业（单位）乃至相关政府管理部门，都要肩负起自己的职责，凝聚起培养高质量人才的强烈共识与强大合力。

人才培养方案重在有效实施。因此，高校人才培养方案制（修）订完成之后，一定不能束之高阁，必须让它在人才培养各个环节，尤其课程建设方面，发挥基础性、纲领性、指导性作用。课程教学团队负责人或主讲教师在主持某门课程教学设计时，应该认真研读人才培养方案，从中了解该课程的性质、该课程在课程体系中的地位和作用，从而明确该课程教学对于人才培养的重要性（明确课程教学责任），还应该从人才培养方案（教学进程表）中了解该课程的教学安排（学期）、总学时数（学分）等信息，这是课程教学设计（编写课程教学大纲）之前必做之功课；若只是承担其中某一门或某几门课程的教学工作，则应该从人才培养方案（教学进程表）中了解该课程的先修课程和后续课程，从而弄清学生先前的认知结构，明确该课程对后续课程的支撑作用（教学责任），这是任课教师在教学准备（备课）期间必做之功课。

实施人才培养方案关键在于把握“时间、资源、方法、评价”四要素。所谓“时间”就是要保证人才培养方案所确定的各门课程的学时数不能“短斤少两”；所谓“资源”就是要充分调动学校、企业和社会多方面资源（师资队伍、实验实训设备、场地、耗材、校外实习基地等），以确保人才培养方案确定的课程体系能够有序、协调、整体实施；所谓“方法”就是要创新教学模式与教学方法，激发教师教学的创造力、学生学习的主动性，努力提高每门课程的教学质量与教学效率；所谓“评价”就是要组织学生、教师、教学管理和质量监督部门对课程教学效果进行公正客观评价，还要组织行业企业、社会、学校、应往届毕业生对人才培养方案实施效果进行评价（人才培养质量多元评价），寻找问题、持续改进。

4.2　专业人才培养方案制（修）订

科学合理地制订人才培养方案是应用型高校有效开展人才培养工作的前提与基础。在精英化阶段，各高校按照教育部规定制订专业人才培养方案，人才培养目标、课程体系、考核方式等基本相同；迈入大众化阶段之后，经济社会发展对人才培养提出了多元化要求，学校办学各具特色，人才培养目标和课程体系差异化越来越明显，教育部只能给予宏观指导，由高校根据教育部的指导意见，结合社会需求和学校办学定位以及自身条件等，自行制订各专业人才培养方案。既要符合各专业人才培养规律，保持人才培养方案的稳定性，也要根据社会、经济和科学技术的新发展，适时地进行调整和修订。新时代高等教育呼唤高质量的专业人才培养方案，应用型高校必须遵照“学生中心、产出（成果）导向、持续改进”三大理念，开展专业人才培养方案制（修）订工作。具体说明如下：

1. 制订人才培养方案应该坚持的原则

应用型高校制订专业人才培养方案须坚持以下四项原则：

① 充分体现高等教育双重属性——高等教育既具有通识属性，更具有专业属性，专业人才培养方案必须体现高等教育的双重属性，处理好“通识教育”与“专业教育”两者之间的关系是制定专业人才培养方案的基本要求。

② 切实贯彻“学生中心”理念——以学生为中心是高等教育的核心理念，在应用型高校人

才培养方案中，人才培养目标的确定、课程体系的构建、资源条件的配置、教学计划（课程学程）的安排、学时学分分配等，都要从培养德智体美劳全面发展的社会主义建设者和接班人这一总目标出发，从有利于学生身心健康和能力发展出发，从有利于学生就业和职业发展出发，进行科学论证和精心安排。

③ 坚持“产出导向”理念引领——人才培养方案制定必须在产出导向或结果导向（OBE）理念引领下进行，切实按照“逆向设计、正向实施”路径，把专业人才培养方案的制定过程当作人才培养方案的研制过程和专业建设的核心环节。在弄清经济社会和科学技术发展（尤其行业企业转型发展）以及对学生毕业能力要求的基础上，确定课程体系以及各门课程的教学目标和教学内容。课程是人才培养方案的核心单元或核心要素，只有每门课程教学目标和教学内容都对毕业能力形成有效支撑，人才培养目标达成才有保证。

④ 遵循和贯彻国家质量标准——专业人才培养必须遵循“质量为王、标准先行”基本方针。就应用型本科而言，人才培养方案制定必须遵循和贯彻相关国家标准。一要按照教育部颁布的《普通高等学校本科专业设置管理规定》和《普通高等学校本科专业目录》，进行专业设置和调整，确定人才培养方案中的专业名称和专业代码；二要贯彻教育部 2018 年颁布的《普通高等学校本科专业类教学质量国家标准》（简称《国标》），并结合学校办学特色和资源条件等，构建课程体系、配置教学资源；就高职本专科而言，则应按照教育部颁布的“职业教育国家教学标准体系”（由专业目录、专业教学标准、课程教学标准、顶岗实习标准、专业教学仪器设备装备规范五部分构成）进行专业设置或调整，确定人才培养方案中的专业名称和专业代码，构建课程体系、配置教学资源、开展校企合作等。

2. 专业人才培养方案制订程序

教育部 2019 年 6 月颁布的《职业院校专业人才培养方案制订与实施工作指导意见》提出人才培养方案的制（修）订按照“规划与设计”、“调研与分析”、“起草与审定”和“发布与更新”四个步骤进行。

（1）规划与设计

学校应当统筹规划，确定专业人才培养方案制（修）订的具体工作方案。成立由行业企业专家、教科研人员、一线教师和学生（毕业生）代表组成的专业建设委员会，共同做好专业人才培养方案制（修）订工作。

（2）调研与分析

各专业建设委员会要做好行业企业调研、毕业生跟踪调研和在校生学情调研，分析产业发展趋势和行业企业人才需求，明确本专业面向的职业岗位（群）所需要的知识、能力、素质，形成专业人才培养调研报告。

（3）起草与审定

结合实际落实专业教学标准，准确定位专业人才培养目标与培养规格，合理构建课程体系、安排教学进程，明确教学内容、教学方法、教学资源、教学条件保障等要求。学校组织行业企业、教研机构、校内外一线教师和学生代表等参加的论证会，对专业人才培养方案进行论证后，提交学校审定。

（4）发布与更新

审定通过的专业人才培养方案，学校按程序发布执行，报上级教育行政部门备案，并通过学校网站等主动向社会公开，接受全社会监督。学校应建立健全专业人才培养方案实施情况的评价、反馈与改进机制，根据经济社会发展需求、技术发展趋势和教育教学改革实际，及时优化调整。

应用型本科高校专业人才培养方案制订程序基本相同，一般由学校制定指导意见（原则），由所属二级学院和系（部）或教研室根据学校的指导意见组织实施制（修）订各项具体工作。

3. 学校人才培养方案指导意见

高校专业人才培养方案制（修）订通常全校统一进行，由二级学院组织各专业（系）按照学校颁布的指导意见（原则意见）组织实施。因此，制订专业人才培养方案之前，应认真学习本校指导意见，熟悉学校各项要求，确保所制订的人才培养方案符合学校指导意见要求。高校各专业制订人才培养方案必须有明确的指导思想、必须坚持学校确定的基本原则，必须按照学校的统一部署组织实施，人才培养方案的主要内容、课程设置及学分等都必须符合学校统一要求，既要突出时代特点，又要体现学校办学特色。下面以天津中德应用技术大学（天津中德）《2022 版本科专业人才培养方案的原则性意见》为例说明如下：

（1）指导思想

以习近平新时代中国特色社会主义思想为引领，全面贯彻党的教育方针，落实立德树人根本任务，加强本科人才培养的内涵式发展，健全全员、全过程、全方位“三全育人”的体制机制，以学生为中心、以行业需求为导向，借鉴德国应用科学大学、双元制大学模式和理念，以与行业企业深度合作为基本途径，创新人才培养模式，突出专业特色，为区域经济转型、产业升级、技术创新培养更多的德智体美劳全面发展、政治过硬、技能精湛、诚实守信、理性平和的高素质应用型社会主义建设者和接班人。

（2）基本原则

① 坚持立德树人，建立大思政育人机制。

② 突出成果导向，明确培养目标和毕业要求。

③ 优化课程体系，精用课内占堂学时。

④ 坚持实践导向，突出实践教学特色。

⑤ 夯实知识技能，坚持理论与实践并重。

⑥ 探索产教融合，深化校企合作育人新模式、新机制。

⑦ 深化国际合作，探索人才培养国际合作新路径。

⑧ 强化复合能力，提升学生综合素质。

⑨ 坚持五育并举，深化体美劳教学改革。

（3）课程设置及学分要求

本科各专业课程体系分为公共基础课程、专业基础课程、专业课程、集中实践课程和公共选修课程等五大部分。五部分具体课程及其要求如下：

① 公共基础课程——主要包括思想政治理论课、大学英语、高等数学、大学物理、计算机基础、素质修养与心理健康、创新创业基础、体育、大学美育等课程。具体开课学期、学时学分、开课单位由教务处统筹安排。在此部分中，特别提出增加“高等数学”课程学时，且不同生源学时学分有所差别，以充分体现生源特点及培养目标差异化；还提出增加“大学物理”课程学时，分专业分层分类选择（104/84）且要求物理实验不少于 56 学时。此外，还单独开设“数学实验”

和“物理实验”课程。

② 专业基础课程——专业基础课程系指与专业知识、技能直接联系的基础课程。主要包括《普通高等学校本科专业类教学质量国家标准》（简称《国标》）规定的学科（专业）基础理论课程以及专业概论和本专业主要基础技术课程等。要求原则上设定为考试课，而且鼓励设置实验学时，同时还要求分学科（专业）开设习近平新时代中国特色社会主义思想专业必修课（工科类开设“习近平总书记关于科技创新的重要论述”，艺术类开设“习近平总书记关于社会主义文化建设的重要论述”），此课程在马克思主义学院思政教师指导下，由各学院党总支书记担任课程负责人，整体推进课程实施。

③ 专业课程——专业课程系指与专业定位密切关联的课程。要求参考《国标》基本要求，充分对接产业需求和行业标准，体现学校办学优势和本专业人才培养特色。该部分课程分为专业综合、专业方向和专业选修三个模块，专业综合课程主要为《国标》规定的专业课程以及进阶性课程（含“专业劳动教育”课程）；专业方向课程为所设各方向的专业课程。在专业课程中，特别要求每个专业开设 3 ~ 6 门理实一体化课程。

④ 集中实践课程——实践环节是理论联系实际、培养学生实践能力，体现校企双元培养的重要途径。要求各专业构建贯穿于教学全过程的实践教学体系，坚持“四年不断线”（中德传统）。主要包括入学教育与军训、专业认知实习、工程基础实训与劳动教育、课程设计、专业综合训练、专业创新训练、企业实习、毕业实习、毕业设计（论文）和第二课堂等。第二课堂设置 6 学分，须根据第二课堂相关实施办法进行认定。特别要求工科类专业至少开设 2 门独立设置的课程设计类课程（2 ~ 4 周），要求专业创新训练课程必须校企合作开发，还要求各专业根据行业、企业要求分别列出 1+X 职业技能等级证书、本专业职业资格证书和跨专业职业技能（资格）证书 1 ~ 3 项，学生必须取得一个及以上相应职业资格证书方能达到毕业要求。

⑤ 公共选修课程——公共选修课分六个模块（思想政治、人文历史、美学艺术、工程技术、能力素质、专题教育）。要求前五个模块每个模块必选一门课程（共 7 学分）。

要求各专业四年总学分依据《国标》确定，原则上比《国标》规定的上限少 5 ~ 10 学分（如机械类上限为 190 学分）。各类课程教学学时与学分换算关系为：理论教学和实验教学每 16 学时 1 学分；实践教学每 32 学时 1 学分；集中实践课程以周（W）为单位。其中，专业认知实习、企业实习（校外）、毕业实习（校外）、毕业设计（论文）每周 0.5 学分，其余集中实践课程每周 1 学分。

（4）主要内容

要求各专业人才培养方案包含以下 10 项内容：

① 专业基本情况；

② 培养目标；

③ 毕业要求及实现矩阵；

④ 课程体系拓扑图；

⑤ 专业核心课程；

⑥ 主要实践环节；

⑦ 毕业和学位条件；

⑧ 教学进程表；

⑨ 教学周次安排表；

⑩ 方案制订者和审核人。

（5）组织实施（制订程序）

各二级学院在总结近几年教育教学改革成果、经验的基础上，聘请行业、企业专家，以及应用型高校教师组成专家组论证培养方案，经学院教学工作指导委员会讨论审议通过，由院长签字后报教务处。经学校教学工作指导委员会审议，主管校长审核签字后下发执行。

人才培养方案制订之后，各二级学院要组织制订（修订）与之配套的课程教学大纲等人才培养基本文件。各专业人才培养方案原则上适用四年。在执行过程中可根据人才培养需要，按照学校规定程序做适度微调。如无特殊情况，不应进行大幅度修改。

4. 专业人才培养方案修订制度

高校专业人才培养方案应保持稳定，同时也要贯彻持续改进的理念，适时进行调整或修订。高校一般都会建立人才培养方案修订制度，通常实行定期修订和临时修订两种方式相结合。定期修订本科一般每四年（运行一轮）一次；临时修订在遇到特殊情况时启动。如 2018 年教育部颁布《国标》，全国高校普遍启动临时修订程序，遵照国家教学质量标准对本科人才培养方案进行全面修订。

应用型高校修订人才培养方案同样必须贯彻“学生中心”理念，同样必须坚持“产出导向”理念引领，同样必须采取“反向设计、正向实施”策略。重点审视现行人才培养方案是否符合国家教学质量标准（专业培养目标、培养规格、人才培养基本要求、师资队伍、教学条件、质量保障体系、专业类知识体系、专业类核心课程、总学分等）；重点审视人才培养目标定位是否准确、科学、合理；重点审视毕业能力和素质要求是否符合行业企业发展和学生身心发展要求；重点审视当前课程体系能否对 12 项毕业要求形成全面有效支撑。总之，就是以“培养什么人、怎样培养人、为谁培养人”为题，对现有人才培养方案进行一次全面审视和测验，找出存在的问题，研究改进的对策。

应用型高校人才培养方案修订，必须坚持问题导向和目标导向，集全校师生之智、举全校之力而为之，绝不只是教务部门和院系教学部门的事情，惟有如此，方能真正达到修订人才培养方案的目的。人才培养方案的修订程序与制订程序基本相同，也需要经过“规划与设计”、“调研与分析”、“起草与审定”和“发布与更新”四个步骤。相比人才培养方案制订和修订，人才培养方案调整属于局部的，具体程序将根据调整内容确定，但调整之后的人才培养方案必须提交给教务处，经主管校长批准方能生效。

4.3 专业人才培养方案分析解读

以天津中德机械电子工程专业人才培养方案（2022 版）为案例，对应用型高校专业人才培养方案分析解读如下：

1. 专业基本情况

主要内容包括：专业名称、专业代码、所属学科门类（专业大类）及专业类、生源类型和标准学制。其中，专业名称和专业代码须根据教育部颁布的《专业目录》填写。

应用型本科的专业名称及代码与普通本科完全相同，都应根据《普通高等学校本科专业目录（2020 年）》（简称《普通本科专业目录》）确定。2020 版《普通本科专业目录》在

2012年版的基础上，增补了很多新专业。并用后缀“T”表示特设专业（如新能源汽车工程080216T），用后缀“K”表示国家控制布点专业（如飞行技术081805K）。

高职本专科的专业名称及代码则应根据《职业教育专业目录（2021年）》（简称《目录》）确定。由于职业教育统一采用“专业大类”“专业类”“专业”三级分类，一体化设计中等职业教育、高等职业教育专科、高等职业教育本科不同层次专业，共设置19个专业大类、97个专业类、1 349个专业。其中，中职358个专业、高职专科744个专业、高职本科247个专业。故而，高职专科须按照《目录》中的“高等职业教育专科专业”确定，高职本科须按照《目录》中的“高等职业教育本科专业”确定。

【示例】天津中德本科“机械电子工程”和高职专科“数控技术”两专业基本信息如下：

（1）应用型本科“机械电子工程”

专业名称：机械电子工程；　　　　　专业代码：080204

学科门类及专业类：工学、机械类

生源类型：普通高考　　　　　　　　标准学制：4年

（2）高职专科“数控技术”

专业名称：数控技术　　　　　　　　专业代码：460103

专业大类及专业类：装备制造大类、机械设计制造类

生源类型：普通高考　　　　　　　　标准学制：3年

【注】高职本科“数控技术”专业代码为260103（专业大类及专业类相同）

2. 培养目标

应该包括培养目标定位和专业（职业）能力两方面内容。既要阐明为哪个领域培养人才（服务和就业行业领域），还要阐明所培养的人才（毕业生）应该拥有的专业技术知识，应该具备的专业能力（职业技能）。还须按照《国标》要求，列出毕业生（毕业五年左右）应该达到的具体目标。

【示例】天津中德“机械电子工程”专业培养目标表述如下：

机械电子工程专业立足天津，服务京津冀，面向全国，聚焦机电装备设计、制造、升级改造，紧跟产业发展，培养具备良好思想素质、人文社会科学素养和职业道德，具有较强的实践能力和创新精神，掌握机械电子工程专业所需的多学科综合理论知识和能力（技能），能够在机械电子工程领域从事科学研究、系统设计、技术开发与应用、企业生产管理与决策等方面的工作（主要就业岗位），也能从事技术改造、应用转化等工作（次要就业岗位）的应用型高级专门人才。为区域经济转型、产业升级、技术创新培养德、智、体、美、劳全面发展，政治可靠、技能精湛、诚实守信、理性平和的高素质社会主义建设者和接班人。培养的毕业生经过五年左右，通过个人努力及工作锻炼能够达成以下五方面培养目标：

目标1——熟悉机械电子工程领域的发展现状及动态，掌握机械电子工程专业所需的机、电、液、气、控等多学科综合知识，能够跟随科技发展掌握新知识、新技术，能够应用数理、工程基础与机械电子工程系统知识解决机械电子工程相关领域的复杂工程问题。

目标2——能够选择和使用恰当的技术、资源、现代工程技术工具以及信息技术工具，综合运用控制工程领域专业知识，进行机电系统设计、装置开发、产品升级改造、节能减排及生产管理。

目标 3——具备工程师的专业基本素质和社会责任感，坚守职业道德规范。在工程实践中能坚持公众利益优先，综合考虑法律、环境与可持续性发展等因素。

目标 4——具备健康的身心和良好的人文素养，拥有团队协作精神、有效沟通与表达能力，能够作为技术骨干在企业的生产及管理中发挥有效作用。

目标 5——拥有终身学习和自我完善的能力，具有一定的国际化视野。能够通过工程实践及继续教育等方式，持续提高专业素养和自身素质。

3. 专业课程体系

课程是人才培养的基本单元和核心要素，课程体系是实现培养目标的具体方案。高校各专业的课程体系由通识课程体系和专业课程体系两部分构成。以天津中德为例，通识课程体系主要由“通识基础固定”、“通识基础动态”、“通识核心课程”和“通识选修课程（第二课堂）”四大模块构成。通识课程体系由学校统一构建，其中动态模块（高等数学、大学物理、线性代数、概率论与数理统计等）依据专业类别和生源类型确定。因此，各二级学院及所属各专业须重点构建专业课程体系。

构建专业课程体系，首先要参照《国标》（专业类）在培养规格中提出的八项业务方面的基本要求（八项业务要求），还要认真参考《国标》附录中提出的“专业知识体系”、“核心课程体系”和“人才培养多样化”建议。并应体现自身办学定位和办学特色。适用于机械电子工程专业的《国标》（机械类）中提出的八项业务要求以及专业知识体系、核心课程体系和人才培养多样化建议如下：

（1）八项业务基本要求

① 具有数学、自然科学和机械工程科学知识的应用能力；

② 具有制定实验方案、进行实验、分析和解释数据的能力；

③ 具有设计机械系统、部件和过程的能力；

④ 具有对于机械工程问题进行系统表达、建立模型、分析求解和论证的能力；

⑤ 具有在机械工程实践中选择和运用相应技术、资源和现代工程工具和信息技术工具的能力；

⑥ 具有在多学科团队中发挥作用的能力和人际交流能力；

⑦ 能够理解和评价机械工程实践对世界和社会的影响，具有可持续发展的意识；

⑧ 具有终身学习的意识和适应发展的能力。

（2）专业类知识体系建议

由专业知识体系和主要实践环节两部分构成。其中，专业知识体系由“通识类知识”（人文社科类、数学和自然科学类）、“学科基础知识”（工程图学、材料力学和理论力学、热流体、电工电子学、材料科学基础等）和“专业知识”（机械设计基础、机械制造基础、控制理论与技术、机电系统与设计等）三部分构成；主要实践环节包括工程训练（工程实训）、实验课程、课程设计、生产实习、科技创新活动和毕业设计（论文）等。

（3）专业类核心课程建议

核心课程是实现专业人才培养目标的关键，各高校应根据人才培养目标，将核心知识领域的内容组合成核心课程，应适时增加体现本校特色的教学内容，将这些核心课程根据学科内在的逻辑和学生知识、素质、能力形成规律进行编排，构建专业核心课程体系，核心课程的名称、学分学时和教学要求以及课程顺序等由高校自主确定，不做统一规定。

（4）人才培养多样化建议

高校应根据自身办学定位和人才培养目标，以适应社会对多样化人才培养的需要和满足学生继续深造和就业的不同需求为导向，建立多样化的人才培养模式和与之相适应的课程体系和教学内容、教学方法，设计优质特色课程，结合学科发展和职业需要，提高选修课的比例，由学生根据个人兴趣和发展进行选修。

天津中德机械电子工程专业遵照《国标》提出的12项要求和3方面建议，为构建符合区域和行业要求，能适应现代制造业转型发展的专业课程体系（通识课程由学校统一安排），广泛开展了行业企业调研（发放企业调查问卷、召开企业专家座谈会等）以及毕业生和在校生调研（问卷调查、线上访谈，专题座谈会等），并多次邀请行业专家以及合作单位技术负责人（总工程师、总工艺师、总设计师等）共同研讨（线上线下研讨会或征求意见会），在弄清楚区域和行业对机电类人才知识体系以及岗位技能的实际需求的基础上，结合学校办学定位和办学特色，研究确定机械电子工程专业的专业课程体系。

应用型高校专业课程体系一般由“专业基础课程”、“专业综合课程”、“专业方向课程”以及“集中实践课程（环节）”四大模块构成。结合天津中德机械电子工程专业的专业课程体系具体说明如下：

（1）专业基础课程

专业基础课程是为学习专业课程（专业综合和专业方向）奠定必要基础的课程模块。天津中德机械电子工程专业确定的专业基础课程共12门。分别是“工程图学”、“工程力学”、“电工电子基础（电工基础和电子技术）”、“化学与工程材料”、“机械设计基础”、“控制工程基础”、“机电工程项目管理”、“热工基础”、“互换性与测量技术”、“机械电子工程专业概论”、“人工智能概论”和“习近平总书记关于科技创新的重要论述”。

（2）专业综合课程

专业综合课程是课程体系中体现专业基本原貌，掌握专业知识体系，培养专业综合能力，形成专业综合素养的课程模块。天津中德机械电子工程专业确定的专业综合课程共8门。分别是“专业劳动教育”、“机械制造基础”、“传感器与检测技术”、“电机拖动与控制技术”、“流体力学-液压与气压技术A”、“单片机原理及应用”、“电气控制与PLC”和“专业英语与文献检索”。

（3）专业方向课程

若需要设置若干（至少两个）专业方向以适应不同行业和岗位工作要求，则应设置与各专业方向相适应的专业方向课程（每个方向课程数目和学时数相同），构成所谓专业方向课程模块。每位学生只能选择修读其中某个专业方向的课程模块。天津中德机械电子工程专业目前设置“数字化制造”和“机器人”两个专业方向。每个专业方向设置两门专业方向必修课。其中，数字化制造方向的两门必修课为“数控技术及应用”和“CAM技术”；机器人方向的两门必修课为“机器人技术”和“数字孪生虚拟调试”。此外还为每个专业方向开设4门选修课程（4选2），具体课程名称不再赘述。

（4）集中实践课程（环节）

集中实践课程（环节）是指没有其他教学活动安排，学生全部时间和精力都集中于实践课程（环节）教学活动。这类课程非常有利于增强学生的社会认知及行业认知，非常有利于培养学生的综合实践能力和创新能力，是体现应用型高校办学定位和办学特色的课程类型。这类课程以周为学时单位安排，以确保实践过程不受干扰。天津中德机械电子工程专业确定的集中实践课程（环节）较为丰富（军训、实习、实训、课程设计、毕业设计等）。充分体现了天津中德企业实践“四年不断线”，注重实践能力培养，注重产学融合协同育人，主动适应产业转型升级等办学特色。具体实践课程（环节）为“入学教育与军训”、“专业认知实习（校外）”、“工程基础训练与劳动教育”、“机械设计基础课程设计”、“机电传动系统课程设计”、“工程创新训练”、“专业实习Ⅰ&Ⅱ”、“毕业实习（校外）”、“毕业设计（论文）”以及“第二课堂”。此外，还分专业方向设置了集中实践课程。其中，数字化制造方向开设的集中实践课程为“数控系统结构及应用”和“数控加工实践”；机器人方向开设的集中实践课程为“机器人创新实践”和“机电综合技术训练”。

4. 专业核心课程

专业核心课程是专业课程体系中的核心知识体系，是培养核心专业能力，形成核心专业素养的课程。专业核心课程既包括专业基础课程，也包括专业综合课程和专业方向课程。在专业人才培养方案中，必须明确列出每个专业的专业核心课程并给予必要说明（主要内容以及所起作用），并重点进行建设。

天津中德机械电子工程专业确定的 8 门专业核心课程分别是“机械设计基础”、“控制工程基础”、“机械制造基础”、“传感器与检测技术”、“电机拖动与控制技术”、“电气控制与 PLC”、“数控技术及应用”和“机器人技术”。仅将其中“机械设计基础”、“电机拖动与控制技术”、“数控技术及应用”和“机器人技术”4 门课程说明摘录如下（其他 4 门课程说明省略）：

①“机械设计基础”（专业基础课程）——主要包括常用机构的工作原理、应用和运动设计方法，机械传动的工作原理、标准规范和设计计算方法；通用零件如轴系零部件、机械联接的设计原理、方法和机械设计的一般规律以及典型机构设计实验研究与分析等。使学生具有设计机械传动装置和简单机械的能力。

②“电机拖动与控制技术”（专业综合课程）——主要包括“电机学”及“电力拖动基础”两部分的基本理论知识，同时也联系到科学实验与生产实际的内容，主要使学生掌握直流电机、变压器、常用交流电机及控制电机的基本结构与工作原理以及电力拖动系统的运行性能、分析计算、电机选择与实验方法。

③“数控技术及应用”（数字化制造方向课程）——以数字控制技术及数控加工技术为核心，学习数控技术基本理论、数控机床结构、工作原理，基本指令、编程方法；掌握数控机床在先进机械加工中的应用；掌握典型数控车削零件和数控铣削零件的数控编程及仿真加工等实验方法。

④“机器人技术”（机器人方向课程）——结合新工科专业背景，详细阐述机器人机构学、运动学、动力学、机器人控制、轨迹规划、机器人操作系统等知识，围绕课程的重点内容，设计了包括机器人运动学、动力学、驱动系统、位姿轨迹控制、力控制、智能控制以及基于 MATLAB 的仿真等内容，初步建立并形成具有自身特色的课程知识体系架构。

5. 毕业要求及实现矩阵

应用型高校工程类专业应该按照工程教育认证标准进行专业建设，并把通过工程教育认证作为专业建设的努力方向之一。为此在制订专业人才培养方案的过程中，应该认真研究工程教育认证通用标准（中国工程教育专业认证协会）提出的12项毕业要求，并通过建立实现矩阵，明确本专业所开设的各类课程及培养环节（如毕业设计）对实现12项毕业要求（12项一级指标）所起的支撑作用。

（1）12项毕业要求

《工程教育认证通用标准》中提出的12项毕业要求如下：

第1项 工程知识——能够将数学、自然科学、工程基础和专业知识用于解决复杂工程问题。

第2项 问题分析——能够应用数学、自然科学和工程科学的基本原理，识别、表达、并通过文献研究分析复杂工程问题，以获得有效结论。

第3项 设计/开发解决方案——能够设计针对复杂工程问题的解决方案，设计满足特定需求的系统、单元（部件）或工艺流程，并能够在设计环节中体现创新意识，考虑社会、健康、安全、法律、文化以及环境等因素。

第4项 研究——能够基于科学原理并采用科学方法对复杂工程问题进行研究，包括设计实验、分析与解释数据、并通过信息综合得到合理有效的结论。

第5项 使用现代工具——能够针对复杂工程问题，开发、选择与使用恰当的技术、资源、现代工程工具和信息技术工具，包括对复杂工程问题的预测与模拟，并能够理解其局限性。

第6项 工程与社会——能够基于工程相关背景知识进行合理分析，评价专业工程实践和复杂工程问题解决方案对社会、健康、安全、法律以及文化的影响，并理解应承担的责任。

第7项 环境和可持续发展——能够理解和评价针对复杂工程问题的工程实践对环境、社会可持续发展的影响。

第8项 职业规范——具有人文社会科学素养、社会责任感，能够在工程实践中理解并遵守工程职业道德和规范，履行责任。

第9项 个人和团队——能够在多学科背景下的团队中承担个体、团队成员以及负责人的角色。

第10项 沟通——能够就复杂工程问题与业界同行及社会公众进行有效沟通和交流，包括撰写报告和设计文稿、陈述发言、清晰表达或回应指令，并具备一定的国际视野，能够在跨文化背景下进行沟通和交流。

第11项 项目管理——理解并掌握工程管理原理与经济决策方法，并能在多学科环境中应用。

第12项 终身学习——具有自主学习和终身学习的意识，有不断学习和适应发展的能力。

（2）建立实现矩阵

建立实现矩阵就是采用矩阵（表格）形式明确表达每一条毕业要求主要通过课程体系中哪些课程教学或培养环节予以实现，或者主要与哪些课程或培养环节建立关联和支撑关系。

【示例】天津中德机械电子工程专业“毕业要求与实现矩阵”共12项内容（每条毕业要求对应其中1项内容）。其中：

第1条毕业要求（工程知识）主要通过“高等数学”、“大学物理”、“线性代数”、“概率论与数理统计”、“电工电子基础”和“工程力学”等课程教学实现。

第3条毕业要求（设计/开发解决方案）主要通过“机械电子工程专业概论”、“机械设计基础”、“机械设计基础课程设计”、“机电传动系统设计”、“数控技术及应用”和“工程创新训练”等课程教学实现。

第 5 条毕业要求（使用现代工具）主要通过“计算机基础”、“程序设计基础 C++”、“机电工程项目管理”、“电气控制与 PLC”、“数字孪生虚拟调试”、“机器人技术”课程教学和“毕业设计（论文）”环节实现。

第 8 条毕业要求（沟通）主要通过“大学英语”、“专业英语与文献检索”课程教学以及“机器人创新实践”、“机电综合技术训练”、“数控加工实践”等集中实践课程以及“毕业设计（论文）”环节实现。

第 12 条毕业要求（终身学习）主要通过“习近平总书记关于科技创新的重要论述”、“素质修养与心理健康”、“大学生职业发展与就业指导”、“形势与政策”、“习近平新时代中国特色社会主义思想概论”课程教学以及“毕业设计（论文）”环节实现。

其余各条毕业要求也都必须明确主要通过哪些课程教学以实现，此处不再赘述。通过建立实现矩阵，能够清晰地表达 12 条毕业要求与所开设课程及培养环节之间的关系，可对相关课程教学大纲（课程标准）编制起到较强的指导作用。

需要说明的是，天津中德机械电子工程专业人才培养方案中的实现矩阵尚不完全符合工程教育认证要求。按照工程教育认证要求，在制定特定专业人才培养方案时，应该结合特定专业实际情况对 12 条毕业要求进行具体描述和细化，形成针对特定专业毕业要求的一级指标（共 12 项）和二级指标（每项若干条）。并采用矩阵（表格）形式，清晰表达课程体系中每门课程及培养环节（如毕业设计）对 12 条毕业要求（一级指标）及其细化内容（二级指标）的关联关系（关联矩阵）以及支撑强度（H_ 强，M_ 中，L_ 弱）。照此建立的关联（支撑）矩阵虽然庞大而复杂，但每门课程对 12 条毕业要求及其细化内容的支撑作用非常明确，非常具体，对编制课程教学大纲（课程标准）具有更强的指导作用。若有意深入了解这方面的情况，可参考已经通过工程教育认证的高校及专业（如常熟理工学院机械电子工程专业）的人才培养方案。

6. 主要实践环节

主要实践环节是指课程体系中对学生专业能力、岗位（职业）技能和综合素质培养起主要作用的专业实践课程和专业实践环节。需要从专业核心课、专业必修课以及集中实践课程（环节）中筛选确定。

【示例】天津中德机械电子工程专业主要实践环节如下：

（1）课内实验

“电工电子基础”课程实验、“化学与工程材料”课程实验、“工程力学”课程实验、“互换性与测量技术”课程实验、“机械制造基础”课程实验、“传感器与检测技术”课程实验、“电机拖动与控制”课程实验、“电气控制与 PLC”课程实验等。

（2）实训课程（独立）

“工程基础训练与劳动教育”、“数控加工实践”、“机电综合技术训练”和“数字孪生虚拟调试”等集中实践课程。

（3）课程设计（独立）

“机械设计基础课程设计”和“机电传动系统课程设计”等。

（4）主要专业实习（校外）

“专业认知”（第 1 学年）、“专业实践Ⅰ”（第 2 学年）、“专业实践Ⅱ”（第 3 学年）、“毕业实习”（第 4 学年）。形成“四年不断线”的企业实践办学特色。

（5）毕业设计（论文）

所有课程修读完成之后进行的综合性集中实践环节，对学生专业综合能力进行全面培养和检验。

7. 毕业与学位要求

专业人才培养方案应该明确本专业学生的毕业条件（标准）以及所授学位（本科）。

【示例】天津中德机械电子工程专业学生毕业条件及学位授予如下：

（1）毕业条件（标准）

① 具备良好的思想和身体素质，符合学校规定的德育和体育标准。

② 完成培养计划所规定的全部教学环节且通过考核。

③ 毕业设计（论文）成绩达到及格或及格以上。

④ 至少获得所列职业资格证或行业技能证之一（列出所认可的证书名称、级别以及颁发部门）。天津中德要求机械电子工程专业列出的主要证书包括“多工序数控机床操作调整工（高级）”、“车工或数控车工（高级）”和“机床装调维修工（高级）”。

（2）授予学位：工学学士

8. 教学进程表

教学进程表也被称为教学计划表，明确表示课程体系中所有课程的课程类型（模块）、序化关系（第几学期开设）、考核类型（考试 / 考查）以及学时学分匹配（总学时 / 学分、理论学时、实验 / 实践学时）。教学进程表是课程教学（编写教案、课程教学、考核评价等）与课程教学管理（排课表等）的直接依据。

【示例】天津中德机械电子工程专业教学进程表（部分课程）见表 4.1。

表 4.1 天津中德机械电子工程专业教学进程表（示意）

课程名称（中英文）	课程代码	学分	总学时	理论学时	实验学时	实践学时	考核	各学期学时分布								备注
								1	2	3	4	5	6	7	8	
专业劳动教育 Professional Labor Education	00B102003	1	32	0	0	32	考查				32					
工程图学 1 Engineering Graphics I	39B103001	2	32	32	0	0	考试	32								
电工基础 Fundamentals of Electricians	46B103004	4	64	48	16	0	考试		64							
机械设计基础 1 Foundation of Machine Design I	39B103017	3	48	40	8	0	考试			48						
工程力学 II Engineering Mechanics II	39B103013	3	48	44	4	0	考试			48						
控制工程基础 Fundamentals of Control Engineering	39B121015	2.5	40	40	0	0	考试				40					

9. 课程体系拓扑图

课程体系拓扑图也称课程体系拓扑结构图，是表示课程体系逻辑结构的图形。通常以学期分段（4 年制本科从第一学期至第八学期共分 8 段），列出每个学期所安排的课程（每门课程 1 个方框），然后用线条（→）把相关课程连接起来，表示课程序化（教学顺序）以及课程之间的逻辑关联。课程体系拓扑图不仅可以清晰地展示课程体系全貌，呈现课程序化结果以及之间的逻辑关系（顺序递进、支撑衔接、协同协作），也使课程教学进程一目了然（四年 8 个学期）。

【示例】天津中德机械电子工程专业课程体系拓扑图（2022 版）如图 4.1 所示。

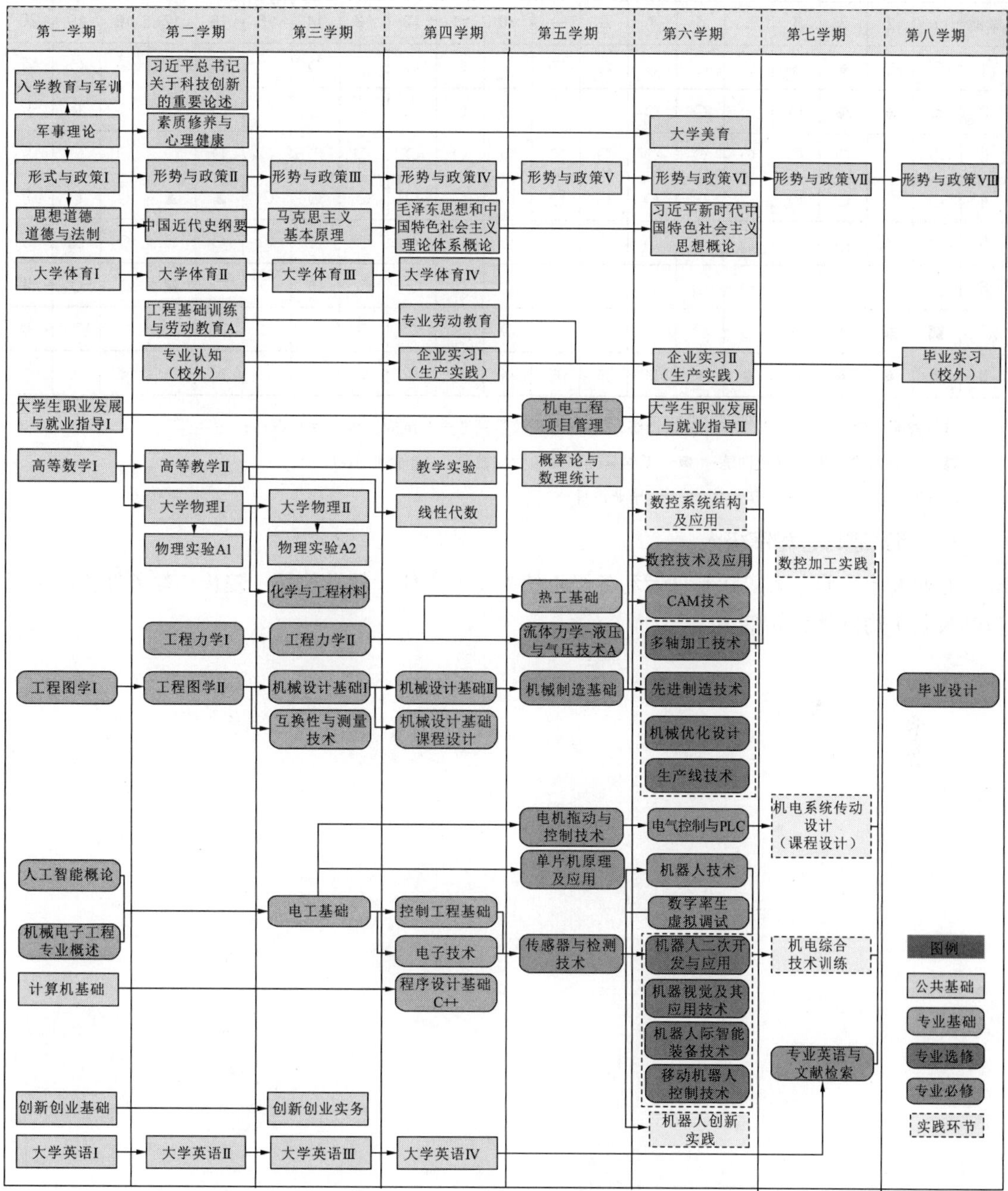

图 4.1　天津中德机械电子工程专业课程体系拓扑图（2022 版）

10. 教学周次安排表

高校的教学活动均以教学周安排。教学周次安排表可以清晰地表示课程教学活动在第几学期的第几周进行以及持续几周时间。对于以周为时间单位的集中实践环节（校内外实习、实训、课程设计、毕业设计等）更为必要。

【示例】天津中德机械电子工程专业教学周安排见表 4.2（每学期固定 20 教学周）。

表 4.2　天津中德机械电子工程专业教学周次安排

	周次																			
学期	1	2	3	4	5	6	7	8	9	10	11	12	13	14	15	16	17	18	19	20
1	⊙	⊙	★	★	○	○	○	○	○	○	○	○	○	○	○	○	○	○	○	考
2	●	●	●	○	○	○	○	○	○	○	○	○	○	○	○	○	○	○	R	考
3	○	○	○	○	○	○	○	○	○	○	○	○	○	○	○	○	○	○	○	考
4	○	○	○	○	○	○	○	○	○	○	○	○	○	○	○	▲	▲	Q	Q	考
5	○	○	○	○	○	○	○	○	○	○	○	○	○	○	○	○	○	○	■	考
6	○	○	○	○	○	○	○	○	○	○	○	○	○	○	○	○	■	Q	Q	考
7	■	■	▲	▲	○	○	○	○	○	○	○	○	○	○	○	○	○	○	○	考
8	◆	◆	◆	◆	◆	◆	※	※	※	※	※	※	※	※	※	※	※	※		

符号说明：⊙—入学教育；★—军事训练；○—课程教学；考—考试周；▲—课程设计；

■—专业综合或专业创新训练；●—工程基础训练与劳动教育；Q—企业实习；

R—专业认知实习；◆—毕业实习；※ 毕业设计

11. 方案制订者和审核人

专业人才培养方案实际制订者和各级审核人（系主任、教学院长、院长、教务处长、主管教学校长）均需署名并签字。

第 5 篇 教学准备

教学准备（备课）是课程教学的首要环节，教师只有备好课才能上好课。这一篇专门谈谈应用型高校教学准备，包括教学准备及其意义、教学准备的主要内容及要求和教学准备成果呈现（教案）三项内容，旨在使应用型高校教师（尤其新入职教师）加深对教学准备及其重要性的认识，熟悉教学准备的主要内容、方式方法及质量要求，注重提升教学设计能力与水平。

5.1 教学准备及其意义

教学准备就是上课之前为课程教学所做的各项准备工作，人们通常称之为备课。按照课程与教学论的观点，教学准备属于中观层面和微观层面的教学设计，是在人才培养方案和教学大纲（课程标准）确定之后，针对某一门课程、某一章节（项目）甚至某一次课程教学活动（微观层面）所进行的规划设计活动。因此，教学准备（备课）带有研究性和设计性，是教师发挥主观能动性、充分展示创造性的重要环节。既然教学准备属于中微观教学设计，应用型高校教师就应该了解教学设计相关知识，在教学设计理论指导下开展教学准备工作。

1. 教学设计及其特征

（1）教学设计起源与发展

教学设计是 20 世纪 50 年代诞生于美国的新兴学科。20 世纪 80 年代中期，教学设计被正式引入我国。自 90 年代以来，国际教学设计领域经历了两个引人注目的变化。其一是教学设计与认识论和学习心理学深度整合；其二是多媒体技术、互联网技术和虚拟现实（VR）技术等应用于教学设计。“跨学科研究和跨领域应用”及“信息技术与教育理念整合”成为教学设计两大发展趋势。

（2）教学设计概念

教学设计指教师运用系统方法，依据教学理论、学习理论和传播理论，对教学内容、教学目标、学生学情、学习目标、学习特征，学习环境等进行分析，并选择适当的教学媒体、教学策略、制定教学流程和考核评价方案等，以达到课堂教学预案最优化的过程。具体可从以下六个方面认识和理解：

① 以提高教学效率和质量为目的——教学设计是为了使学生在单位时间内能够学到更多的知识，为了更大幅度地提高学生各方面的能力，从而使学生获得良好的发展。教学设计既

要提高教学效率，更要提高教学质量。

② 强调运用系统方法进行设计——教学设计首先要确定学生的学习需要和教学的目的，解决“为什么学”的问题;接着要确定通过学习哪些内容才能达到教学目的,解决“学什么”的问题;然后要确定采用何种教学策略和教学方式实现教学目标，解决“如何学”的问题；最后要对教学的效果进行全面评价,根据评价的结果(反馈)对以上各环节进行调整优化,以促进学生学习,全面获得教学成功。

③ 强调把学情作为设计出发点——在教学活动中，学生是主体，学生的学习是一个依据原有知识和能力（认知结构），对新知识进行积极主动建构的过程。无论何种教学形式，学习结果最终要体现在学生认知结构的变化。因此，教学设计应注重创造有利的学习环境，以激发、促进、帮助每一位学生进行有效学习。

④ 以学习理论和教学理论为依据——教学设计是以人类学习的基本规律为依据，探索教学规律，从而建立合理的、科学的教学目标、教学内容、教学程序、教学媒体及方法策略的体系。因此，必须以研究“学”之基本规律的学习理论和研究“教”之基本规律的教学理论作为教学设计的理论基础和决策依据。

⑤ 教学设计是解决问题的过程——教学设计以学生学习所面临的问题为出发点，寻找存在的问题，确定问题的性质，研究解决问题的办法。因此，教学设计必须以问题为导向，寻求解决问题的方法，从而使教学工作更具有针对性和有效性。

⑥ 教学设计十分重视评价——在教学设计的各个环节上，都要不断地收集反馈信息，并对教学设计整个过程及其结果进行科学评价，为不断改进教学方法、调整教学策略、改善教学效果提供依据。

（3）教学设计的特征

教学设计具有“系统性”、“操作性”、“创造性”、“动态性”和“改进性”五个主要特征。具体说明如下：

① 系统性特征——将教学视为学习者、教学目标、教学内容、教学方法、教学资源(多媒体)、教学策略、教学评价等多种要素构成的复杂系统。教学设计研究和探讨该系统中教与学各要素之间，各要素与整体之间的联系，通过对学习过程和学习环境的系统规划，创设有效的教学系统，以促进和帮助学习者进行有效学习。

② 操作性特征——教学设计的落脚点在于教学实施，因此必须具有可操作性。只有具有可操作性的规划设计方案，才可以成为教师组织教学的依据。

③ 创造性特征——教学本身具有复杂性，面对不同教学情境和问题，面对不同学习主体和需要，应该创设有针对性的、有意义的、切实有效的解决方案和实施策略，以满足学习者学习和发展的需要。

④ 动态性特征——仅靠教学开始之前进行的系统规划（预设性）将会使教学设计变成教条僵硬的行动步骤。因此，在预设性设计作为先导之外，还应有动态生成性设计作为补充，以便根据教学情境进行相应调控。

⑤ 改进性特征——教学设计需要在教学实施中经受检验，并根据教学过程的反馈进行改进，使之不断完善、持续优化。教学设计的改进性特征在高校课程教学中表现尤为明显。

（4）教学设计标准

德国著名教学法专家希尔伯特·迈尔在《备课指南》中提出了“原创性”、“和谐性”、

“开放性”和“正确性”四条教学设计的质量标准。

① 原创性标准——教学设计方案要适合任课教师本人，并且是独立的、创造性的，而不是抄袭而来的。如果教师备课就是抄教案，那就失去了教学设计的意义和价值。每个班级的学生不一样，教师的知识储备和教学理解不一样，教学设计方案必须是个性化的、原创的、有很强针对性的。

② 和谐性标准——教学设计是一种预设，预设和生成之间肯定会有差距，当预设和生成发生矛盾时教师必须调整教学策略和教学方法。教学目标是一种预设，最后呈现的结果是否和预设相契合，就属于教学设计和谐性问题。目标决策和内容决策与方法决策相互协调吗？计划的教学过程与方法可靠吗？检验学习成果涉及课程重点吗？……都是对教学设计和谐性的拷问。

③ 开放性标准——教学是师生共同走向教学目标的过程。教学设计的开放性标准是指学生有机会在教学中表现出兴趣，并能够运用他们的经验和能力。以学生为主体是教学的基本原则，著名教育家叶圣陶的名言“教是为了不教”告诉我们，“教”是前提，是手段，“不教”才是目的。所谓“教”，重点不仅是传授知识，更是启发、引导，培养能力。所谓“不教”，是在教师的引导和训练之下，学生拥有了自主学习能力，能独立探索实践、解决问题。其实也就达到了“教”的目的。教学设计的开放性标准要求教师研究学生现有知识结构，了解学生的已知，从而合理设置目标，以呵护学生的兴趣、培养学生的能力。

④ 正确性标准——教学方案（教案）不应有任何专业上的错误，必须保证专业正确性。教育教学有其自身规律性，强调基于课程教学大纲（课程标准）进行教学设计，就是为了保障教学设计的专业正确性。

【推荐阅读】迈尔.备课指南[M].夏利群，译.上海：华东师范大学出版社，2011.

2. 教学准备的意义与作用

关于教学准备的意义与作用，应该从课程教学和教师成长两个方面进行考量。

（1）对于课程教学的意义与作用

课程教学活动是复杂而有序的，一般认为教师的课程教学工作包含备课、上课、作业批改与反馈、课外辅导（答疑）和考核评价（成绩评定）五个基本环节。教学准备（备课）是课程教学的首要环节。古人云：“凡事预则立，不预则废。”无论要完成什么工作，都需要做好充分准备，否则会事倍功半、收效甚微，课程教学亦然。一般认为，备好课是讲好课的基础与前提，是提高教育教学质量的重要保证。有经验的教师都有共同的感悟：备好课不一定能上好课，备不好课则肯定上不好课。由此可见，教学准备充分是实现有效教学（上好课）的关键。对新入职教师而言，教学生涯不是从上课开始，而应该从备课开始。要学会教学（上课），必须先学会备课；要过“教学关”，必须先过“备课关”。

（2）对于教师成长的意义与作用

教学准备（备课）对于教师成长具有多方面的意义与作用。具体阐述如下：

① 备课是衡量教师职业道德的重要指标——备课属于教师的工作职责，对待备课采取什么样的态度，是衡量一个教师职业道德水平和敬业精神的重要指标。鉴于备课对于课程教学的重要意义与作用，加之科学技术突飞猛进、知识更新日益加快、教学改革日趋深化，新时代高校教师更应该认真备课，一丝不苟、精益求精、坚持不懈，教学不停、备课不止。

② 备课是衡量教师能力水平的重要指标——现代学校制度建立以来，备课就是教师的一项

重要业务技能。虽然教无定法，但有规律可循。虽说教学是一门艺术，但必须遵循教育基本规律进行创造。能否进行原创性的、切实有效的备课，是衡量教师能否胜任教学工作的一个重要判据，备课质量更是评价教师能力水平的一项重要指标。

③ 备课是提高教师能力水平的重要途径——教师深厚的专业底蕴、娴熟的教学技能，对学生增长知识、开拓视野、发展能力、陶冶情操，都具有十分重要的作用。要给学生一杯水，教师必须有一桶水，还必须是活水。这些要求都必须通过坚持不懈的备课才能达到。教师不仅要认真通读教科书和参考书，认真编写教案，做好直接备课的各项工作，还要重视间接备课，包括阅读专业期刊、专业书籍，浏览网站，实地考察、参观展览等，从而开阔眼界、启迪思想、搜集信息、拓宽知识领域、丰富知识储备，以充实课堂教学内容。

④ 备课是教学经验交流的基础与前提——俗话说："教学有法，但无定法。"由于教学异常复杂，相同的教学内容面对不同的教学对象，需要采用适切的教学策略和方法，仅靠个人经验积累既不充分，也不现实。因此，教师之间（尤其教授同一门课程或同一个班级）开展教学经验交流非常必要。教师只有备好课，才能与其他教师（同行）就教学内容和教学方法进行深入探讨，才能与同行分享成功经验和失败教训，从而快速提升教学能力与水平。此外，教师还应该积极参加集体备课和教学研讨和经验交流活动，主动征求其他教师对自己教案的意见和建议。同时，还应该采用说课和课后反思等方式不断改进教学、积累经验。

3. 教学准备的十种意识

意识指导行动，意识决定行动。因此，建议应用型高校教师在课程教学准备工作之中牢固树立以下十种意识。

（1）大纲（课标）意识

课程教学大纲（课程标准）是课程教学的纲领性文件，教师在开展课程教学准备工作过程中，应该认真贯彻执行。尤其要熟悉其中的课程教学目标、各章节（项目）教学要求以及学时分配、考核评价办法等重要内容。只有教学大纲（课程标准）烂熟于心，才能保证教学准备不走样，为达成课程教学目标奠定基础。

（2）教材分析意识

教学大纲（课程标准）中的选用教材或指定教材往往规定课程教学内容。因此，教师的教学准备工作应该从认真通读教材和分析教材入手，了解教材的编排意图，弄清教材各章节（项目）的地位和作用，把握新旧知识的联接点和学生认知结构的生长点。只有这样才能驾驭教材（驾驭课程教学内容），才能使课程教学过程顺畅。

（3）广泛交流意识

合作学习方式不仅适合于学生，更适合于教师。教师在教学准备过程中经常会遇到仅凭个人知识与智慧难以克服的困难，应该通过与同行交流加以解决。面对问题冥思苦想之时，不要忘了身边还有同事，他们的一句话也许就会令你眼前一亮、茅塞顿开。另外，网络备课不失为信息化背景下的一条新路子。可以通过网络和全国各地的同行网友对话，就自己的教学设计思路及备课中遇到的困惑进行交流。

（4）名师求教意识

各级优秀教师（名师）和优秀主讲教师拥有丰富的教学经验，是教学准备可资借鉴的宝贵资源。这些名师的课程教学往往都有其独到之处（新课引入、情境创设、方法选择、练习设计、考核评价等），参考名师的教学设计或观看他们的教学录像，对于开阔自己的教学思路大有裨益。

（5）熟悉学情意识

按照建构主义学习理论，学习过程是以已有知识和经验为基础的知识建构过程。学习者并不会空着脑袋进入学习情境之中，教学不能忽视学生已有知识和经验，应当把学习者原有的知识和经验作为新知识的生长点，把学生现有状态作为课程教学活动的出发点，引导学习者从原有的知识和经验中生长出新的知识和经验。学生是学习的主体，而学情是教学的出发点。只有熟悉学情（备学生），才能做到有的放矢，因材施教，从而提高教学效率。

（6）学生主体意识

教学准备过程中要树立学生主体意识。一要找准学生学习知识和能力的起点，遵照维果斯基的“最近发展区理论”，将教学起点落在学生“最近发展区”之内；二要从学生实际出发，按照学生认知规律以及年龄和思维特点，把课程教学内容转化为学生能够参与的教学活动；三要尽可能给学生多一点思考时间，多一点表现机会，多一点成功体验。尽最大可能使学生感到学习过程是快乐的、有趣的、充实的。

（7）动态生成意识

课程教学将会有很多的“不确定性”，因而教学准备应该是课前“精心预设”和课中“动态生成”的辩证统一。为追求教学的动态生成，应该把教学预案尽可能设计成模块结构，大体勾画出一节课的教学思路，教学中要提哪些问题，对于这些问题学生可能怎么回答，课前也应做到心中有数。在教学预案中还应该提出一些思考性问题，并留出足够教学空间，开展师生对话交流，根据教学过程中获取的反馈信息，及时调整教学内容、教学策略和教学方法（动态生成）。

（8）质量效率意识

保障课程教学质量、提高教学效率是教学准备目的之所在。质量效率意识应体现在教学准备的方方面面。所设计的教学目标应具体化而不是空洞的口号，要具有可操作性而不能流于形式；实现教学目标要及时而不能延误；教学目标设计要具有灵活性而不能呆板教条；教学方法选择要注意优化组合，注意发挥各种教学方法的优势，以利于课程教学目标达成。此外，练习是使学生掌握（巩固）知识、形成技能、发展智力的重要手段，也是教学过程的重要环节，应该精心准备、妥善组织。

（9）资源开发意识

除有效地挖掘利用教材资源之外，还要注意创造性地开发和利用其他教学资源，尤其是网络资源、科研资源和企业资源。在网络化时代、信息化社会，应该注重从网上收集与教学相关的题材来丰富、拓展课程教学内容，尤其是一些图片、视频、动画素材和真实应用案例，让课程教学内容更加生动、形象、直观，以利于吸引学生注意力，帮助学生理解教学内容。高校教师更应该充分发挥自身科研优势，将相关科技前沿动态以及相关领域的新知识、新技术、新成果及时介绍给学生（尤其专业课程），实现科研反哺教学；对于应用型高校而言，开发利用行业企业资源可以让学生及时了解行业企业的新技术、新装备、新工艺，对于学生应用能力培养至关重要。

（10）TPACK 意识

整合技术的学科教学法知识（TPACK）为高校专业教师提供了知识结构框架。在信息化时代，教师建构系统完善的 TPACK 知识，提升自身 TPACK 能力应该从教学准备开始。认真思索如何以恰当的方式把教育技术整合到学科（专业）教学之中，从而提高教学效率和教学质量。

4. 教学准备的三个时机

理论上讲，教学准备应该坚持不懈地进行，即所谓“常备不懈、常备常新”。但必须把握好以下三个课程准备最佳时间点。也就是说，至少要在以下三个时间段（点）认真开展教学准备工作。

（1）假期备课

假期备课是指在新学期开始之前，通过钻研课程教学大纲（课程标准）、通读教材和教学参考书，制订新学期完整课程教学计划，编写或补充完善所承担课程教案的过程。假期备课的重点，一是明确新学期课程教学目标、熟悉教学重点和难点，进行实践环节（实验实训）条件准备等；二是安排整个学期的课程教学进度，规划各章节（项目）教学内容及课时分配。以便当新学期课程安排表（教师课表）公布之后，立即填写授课计划表。

（2）课前备课

课前备课是指课程教案编写完成之后，上课前熟悉教案（讲稿），使教学计划得以充分落实的过程。课前备课的重点，一是再次揣摩教学内容及教学要求；二是继续熟悉教案，尤其本次课的教学内容，达到融会贯通、熟练运用；三是定神思考如何做到语言精练，表述生动形象，能够引起学生兴趣，帮助学生正确地理解和掌握教学内容，达成本次课程的教学目标；四是细致考虑所选择的教学方法如何实施，如“讲练结合”，就要思考讲什么，怎样把讲授内容与练习活动结合起来；五是充分估计课程教学活动中可能出现的问题，想好应对之策。此外，还要思考如何激发学习兴趣，调动学习积极性，思考学生可能提出哪些问题，应该如何作答等。

（3）课后备课

课后备课，是指教师在上完一次课之后进行教学反思，总结成功经验，汲取失败教训，明确改进方向。预期教学目标达成度如何？教学方法在教学中实际效果如何？哪些是正确可行的？哪些是不妥当需要改进的？只有经过教学实践才能得到检验。如果不进行或不重视课后备课，不及时进行教学反思，教学效果就无法得到改善，教师的教学能力和水平也无法得到提升。课后备课的具体做法，一是在每次上完课之后撰写“课后记”（天津中德教案模板专门设置此栏目），并在教案相应之处进行眉批或侧批（标注修改）；二是在该课程教学和成绩考核均告完成之后，撰写“课程教学总结”，全面进行课程教学反思，为改进下一轮课程教学做好准备。

5. 个人备课与集体备课相结合

个人备课指承担某门课程教学任务的教师独自进行课程教学准备（备课），而集体备课则指承担某门课程的所有教师集体进行课程教学准备（备课）。集体备课通常针对多个教学班同时开设相同课程（如公共课、专业基础课、专业平台课等），且采用统一的课程教学大纲（课程标准），选用相同的教材。对于符合上述条件的课程，应该提倡个人备课与集体备课相结合的备课方法。实行集体备课，一般采取“先个人、后集体、再个人”的备课流程。“先个人”指每名教师应该先熟悉教学大纲（课程标准）、熟悉教材（教学内容）和教学对象（学情分析）并独自完成课程教学准备，为集体讨论交流做好准备；“后集体”指在个人备课的基础上集中进行讨论交流、互相启发、相互补充、共享资源，就教学重点、教学难点以及考核办法和考核标准等达成共识、形成统一标准；“再个人”则指教师个人根据集体备课达成的共识、形成的统一标准，独自编写个性化教案，既贯彻集体备课确定的标准，又不失自己的教学风格和教学特点。

6. 既要会备课还要能说课

教学准备（备课）既是课程教学的首要环节，也是教师成长的重要途径。为提升备课能力，教师必须经常与同行交流、向名师专家请教，同时还要接受各级教学管理部门（学校、学院、系或教研室）的检查。说课正是教师之间相互交流的有效形式，说课能力也是教师必备的教学能力。应用型高校教师不仅要会备课，还要会说课，说好课。目前很多高校晋升技术职务（职称）都实行教学“一票否决制”，天津职业技术师范大学（天职师大）已将说课列为申请晋升高级技术职务教师教学能力评价考核项目之一（听课评价考核＋说课评价考核）。

（1）关于说课的概念

说课就是教师在备课的基础上，面对同行阐述自己的教学设计及实施过程，然后由听者评说，达到互相交流、共同提高之目的。针对尚未上过的课程，说说打算怎么教，为什么要这样教；针对已经上过的课程，说说是怎样教的，为什么这样教，这样教的效果如何，今后如何改进。

（2）关于说课的类型

从同行交流以及说课能力考核角度，通常分为“课程说课”，“单元说课”和“课次说课”三种类型。所谓“课程说课”就是针对某门课程所有教学内容及教学过程进行说课；所谓“单元说课”就是针对某门课程中的某一单元（某章 / 某项目）教学内容及教学过程进行说课；所谓“课次说课”则仅针对某一次课的教学内容及教学过程进行说课。

（3）关于说课的内容

既然说课是在备课基础上进行的，那么所有备课的内容都应该成为说课的内容。即备什么就说什么，怎样备就怎样说，怎样教就怎样说。一般而言，说课的内容包括教学目标（说目标）、选用教材（说教材）、教学对象（说学情）、教学过程（说过程）、教学重点难点（说重难点）、学时分配（说学时）、教学方法（说教法）、练习作业（说习题）、实验实训（说实践）、教学资源（说资源）、板书设计（说板书）、教学效果（说效果）、教学反思（说反思）。然而，说课的场合不同，说课的目的不同，说课的要求不同，说课的内容和侧重点也应该有所差别。例如，上同一门课程的教师之间进行交流，则教学对象（学情）、选用教材、学时分配等就不必说或者不必作为重点来说，侧重点应该放在说过程、说教法、说重难点，说反思；如果是针对说课能力考核，则无论要求针对整门课程、某单元还是某次课，各个方面都应该说到、说全，都应该说得出彩，以充分展示自己的说课能力与说课水平。

5.2 教学准备的主要内容及要求

教学准备涉及哪些项目及内容？怎样进行这些项目及内容的准备？怎样才算备课充分？怎样才算达到备课要求？对于上述问题，应用型高校教师必须弄清楚、搞明白。

1. 教学准备项目及内容

既然教学准备（备课）如此重要，具体涉及哪些项目及内容呢？不同时期，备课的项目及内容有所不同。总体而言，随着教学内容不断丰富，教学手段日益多样化、数字化、网络化，教学准备的项目及内容在不断增加。从早期（传统）的“老三备”，即备教学大纲或课程标准（备大纲）、备选用教材（备教材）和备教学对象（备学生），逐步拓展为现在的“新十备”，增加了备重点难点、备教学过程、备教学方法、备练习作业、备板书设计、备教学资源、备课程思政七个备课项目。具体说明如下：

（1）备教学大纲或课程标准（备大纲）

教学大纲或课程标准是课程教学必须遵循的。因此，教学准备（备课）首先应该阅读并熟悉之。备大纲首先要明确课程教学目标，了解该课程的基本信息（总学时 / 学分、课堂教学学时和实验实训学时及其分配）；备大纲要了解课程所针对的教学对象（专业 / 年级）以及先修课程，弄清楚课程在整个课程体系（查阅人才培养方案）中的地位和作用；备大纲要明确课程的教学内容，尤其要明确重点内容（教学重点），通常从教学大纲或课程标准所列教学要求的程度词加以判断，要求“熟悉”和“掌握”的内容通常就是重点内容；备大纲要弄清课程考核类型（考试 / 考查），明确考核方式（尤其考查课）和成绩评定办法；备大纲还要明确课程指定教材、参考资料以及实践环节（实验实训）指导书等。

（2）备选用教材（备教材）

任课教师应该首先选用教学大纲（课程标准）指定教材，若认为指定教材不合适可以更换选用教材，但必须提出充足理由并办理相关审批手续（按照学校教学管理相关规定）。备教材首先要通读和研习选用教材，充分理解选用教材所体现的教学理念，认真分析教学大纲或课程标准规定教学内容与选用教材内容之间的差异，根据教学大纲（课程标准）对教材内容进行合理取舍和适当补充（尤其反映科学技术发展的新概念、新技术、新成果）。应用型高校的课程教学内容应该“源于教材又高于教材”，以引导学生探究问题、拓展应用能力。备教材还应进一步明确教学重点，明确内容体系所决定的教学难点，并针对教学对象实际情况，确定个性化施教方案。

（3）备教学对象（备学生）

备学生就是进行有效的学情分析。表面看学情分析并不复杂，从教学班级名称即可获得年级和专业信息。然而，仅仅知道年级和专业是远远不够的。因为按照著名心理学家皮亚杰（Jean Piaget）认知发展观，人类认知是在“平衡—失衡—新平衡—再失衡—重新平衡……”循环往复的过程中螺旋式发展的。教学就是要通过导入新知识、新技术与新技能、打破学生原有认知结构的平衡状态，造成学生心理失衡（紧迫感及学习兴趣），使其产生自我调节认知结构的内驱动力（学习积极性），通过吸收新知识、新技术与新技能，使认知结构调整到新的平衡状态。每一次失衡到新的平衡，学生的认知结构都会产生一次跃升，从而容纳越来越多的新知识、新技术与新技能。因此，认识学生现有认知结构，了解学生的思维特点和学习习惯才是备学生（学情分析）之重点。应用型高校生源较为复杂，例如，天职师大有高本生源（普通高中毕业）和技本生源（中职技校毕业），天津中德有本科、专升本、普通高职、高职（3+2）等生源，认真进行学情分析，找准学生的起点（知识和技能），熟悉各类学生的思维特点和学习习惯，对于上好课非常重要。应用型高校教师应该牢记：有的放矢是成功施教的基础，因材施教是教育教学的灵魂。备学生需要做深入细致的工作，通常需要从“评估特点”、“分析能力”、“调研爱好”和“观察习惯”几方面进行。不仅要在课前做足功课，还要在课程进行中不断加深与矫正。

（4）备教学重点和难点（备重难点）

突出教学重点和突破教学难点是课程教学的两项重要任务，也是备课的重要项目和重点内容。虽然习惯上把备重点和备难点放在一个项目之内，其实这是两件不同性质的备课工作。分别说明如下：

① 备教学重点——任课教师通过备大纲和备教材，一般既能够确定整门课程、每个单元（章或项目）以及每次课的教学重点。备教学重点就是在此基础上，研究设计教学过程中突出教学重点的途径和方法（学时安排、教学方法、教学手段、练习作业、测验考核等），只有让学生掌握了课程重点内容，才能够有效达成课程教学目标。

② 备教学难点——教学难点是指课程教学内容中难以理解的概念、定理、公式以及难以掌握的方法或技能等。一类课程教学难点是课程内容体系自身所决定的，即在整门课程、每个单元以及每次课的教学内容之中，有些教学内容本身较难理解和掌握（针对任何教学对象）；另一类教学难点则是因教学对象而决定的，即由于教学对象缺乏理解和掌握这些教学内容相关基础（知识和技能），或者不擅长理解和掌握这些教学内容（思维方式使然），造成理解和掌握困难（仅针对特定教学对象）。一般而言，中职技校毕业生基础知识相对薄弱，学习陈述性或描述性知识（概念、定理、原理等）相对困难，但擅长于过程性或程序性知识（操作方法、工艺流程等）学习；普通高中毕业生则正好相反。备教学难点就是在备大纲、备教材和备学生的基础之上，确定整门课程、每个单元以及每次课的教学难点，从教学内容体系和教学对象两个方面分析造成困难的缘由，研究设计课程教学过程中突破教学难点的途径和具体办法，制定帮助学生克服课程学习困难的预案，力求使所有学生都顺利达成课程学习目标。

（5）备教学过程（备过程）

备课须以课次为单元进行。高校课堂教学和实验教学每课次2学时，集中实践环节（课程设计、工程训练等）课次划分较为复杂，每课次学时数不尽相同，也不便统一。就课堂教学而言，每次课教学过程通常由“复习”、“导入”、“讲授”、“互动”、“练习”和“作业”六个环节构成。备过程就是对这六个教学环节的形式和内容进行预设，具体说明如下：

① 复习——就是对上次课教学内容进行简要回顾，以达到巩固和接续（温故知新）的作用。

② 导入——就是通过有效的方法引出所要讲授的新内容（导入新知）。俗话说：“良好的开端是成功的一半。”导入是否精彩，能否吸引学生注意力，激发学习兴趣，调动学习积极性，对于课程教学至关重要。就应用型高校教学而言，案例（故事）、问题（提问）和演示（游戏）三种导入方法效果比较好。备过程时，一定要针对教学内容和学生实际认真寻找、精心挑选适切的案例（故事）、问题和演示（游戏）项目，并采用有效的方式（图片、视频、动画）予以呈现，不仅要有导入效果预设，还要有导入动态生成预案（灵活机动）。

③ 讲授——就是对新教学内容（新概念、新定理、新公式、新技术、新方法、新技能……）进行有效讲解。讲授环节最考验教师功力。同样的教学内容，有的教师讲得脉络清晰、层次分明、声情并茂、幽默风趣、引人入胜；有的教师却讲得缺乏层次、平淡如水、寡然无味，甚至出现专业错误。备过程时，首先要吃透所讲授内容，力求达到“内容娴熟、运用自如”，绝对不允许出现专业错误；其次要对所讲授内容进行认真梳理，厘清脉络，分清层次，突出重点，并善于运用学情分析结果，在启发引导和突破难点方面进行预设，力求教学内容讲授顺畅、生动、有趣、有效。

④ 互动——就是对教学过程中必不可少的师生互动交流活动（设问、提问、讨论等）进

行预设。无论什么课程，教学过程中都必须进行师生互动交流。人们常说，课程教学不是教师的独角戏，而是师生共同演奏的交响曲。学生是教学活动中的主角，教师是教学活动的导演和组织者，应该对每个教学时段的教学活动做到心中有数。因此，备过程时，一定要对师生互动交流的形式和内容进行认真规划、精心安排，并对互动交流过程中可能出现的状况制定预案，力求互动交流活动起到沟通心灵、反馈效果、活跃气氛等作用。

⑤ 练习——就是对教学过程中的课上练习进行规划安排。一是为了促进学生巩固和消化课程教学内容；二是为了及时检验教学效果（反馈）。由于课上练习占用时间有限，备过程时，一定要对课上练习的形式、内容以及时机作出妥善安排，力求简短、高效、针对性强。

⑥ 作业——就是在对一次课或一个单元（章 / 项目）教学结束之后的课下（课后）作业进行布置。一般而言，每次课都应该布置课下作业，除了计划安排的习题（含思考题）之外，还应该包括下次课的预习任务等内容。布置作业不仅要列写习题或教材上的页码及题号，还要对布置习题的意图以及完成作业的要求进行简要说明，对预习内容更应如此。

关于一次课教学过程的时间分配提出建议如下。

针对教师讲授为主教学模式（传统课堂）：

- 复习和导入占 10%；
- 内容讲授占 55%；
- 互动交流占 20%；
- 课上练习占 10%；
- 布置作业占 5%。

针对学生讲述为主教学模式（翻转课堂）：

- 学生讲述及讨论占 50%；
- 教师点评及讲解占 30%；
- 课后布置（本次课作业及下次课预习和讲述安排等）占 10%；
- 机动时间（课堂组织管理等）占 10%。

（6）备教学方法（备教法）

课程教学效果的优劣，很大程度上取决于教学方法是否适切。课程教学既要讲究科学性，也要讲究艺术性，应该尽可能达到科学性和艺术性的完美统一。对于课堂教学而言，清晰的讲解是最基本也是最重要的教学方法，所以应该把讲授法作为基本方法，辅以其他适切的教学方法，以达到有利于激发学习兴趣、调动学习热情（积极性）、增加直观感受、帮助破解教学难点、增进师生互动交流、引导学生思考和质疑等效果。备教学方法时，既要注重教学方法的灵活多样，更要注重教学方法的妥当适切，教学的目的是让学生获取知识和能力，而不是为了表演和炫技。选用何种教学方法要根据课程性质和教学内容而定。对于应用型高校而言，启发式教学、案例教学、问题导向教学、演示示范教学、任务驱动教学（实践教学）都被证明行之有效，应该结合课程和学生实际选择采用，并在形式和内容上不断创新。此外，还提倡采用探究式教学方法，鼓励学生（尤其本科生）自己发现问题、自主研究问题、解决问题，以利于培养创新意识和创新能力。

（7）备课上练习和课下作业（备习题）

“备习题”最省事也最费脑筋。因为教材上的习题和网络上的习题很多，直接摘选为课上练习题和课下作业题即可轻松完成备习题工作（有些教材还附有习题答案或配套的教学指导书）。但这些习题都不是为所教学生专门设计的，有些适合，有些并不适合。所以，任课教师至少应该依据所教学生实际情况认真挑选（筛选）习题，如果能够针对课程教学内容和学生实际设计习题（原创性习题）更佳，但原创习题最费脑筋，也很耗费时间，因此，缺少原创习题成为目前高校教学的薄弱之处。一般而言，测试学生记忆的练习题应尽量少，应侧重于激发学生思考、激发学生兴趣、锻炼（考察）学生分析问题和解决问题能力的习题（课上练习和课后作业）。对应用型高校而言，应该多选（多设计）与实验室环境结合、与工程应用结合、与社会需求结合的习题，以培养锻炼学生的实际应用能力。

（8）备板书设计（备板书）

黑板和粉笔是最基本的教学工具，板书是教师的门面，也是教师树立威信的基础之一。教师的板书应该追求“工整流利、字体美观、布局合理”，不仅要练好粉笔字和徒手绘图（教学基本功之一），还要注重板书布局设计（备课项目之一）。面对一整块黑板（白板），哪个区域记录教学过程（书写标题和要点）应始终保持？哪个区域随意书写解释说明可随写随擦？必须认真规划并在教案中予以标注。应该认识到，即使在有条件使用多媒体课件（PPT）教学的场合（配备计算机和投影设备），板书依然在以下两方面具有明显优势。一是板书可以让学生了解本次课教学内容的完整体系和思路（呈现教学过程）；二是板书便于强调教学重点、并随时解释和说明问题（公式推导过程等）。对于大多数课程而言，教师精心制作 PPT 很有必要，但为了清晰完整地呈现重点教学内容和教学思路，启发学生思考，便于学生回忆，教师也应该热爱板书、善用板书，PPT 与板书合理配合、优势互补方为最佳。

（9）备教学资源（备资源）

准备哪些教学资源（素材）并没有标准答案，也很难框定范围。凡是有助于教学活动，有利于达成教学目标的素材，都应该列入备资源之列。主要教学资源如下：

① 选用教材以及相关参考资料（熟悉教学内容、了解前沿状况、指导学生自学）；

② 教师科研积累（实现科研反哺教学）；

③ 学生背景情况（摸清学生起点和特点，了解学生实际需求）；

④ 实践指导书（熟悉相关实验实训过程及实验数据）；

⑤ 教具和实际样品（增强直观认识，助于记忆理解）；

⑥ 网络资源（扩展资源，开阔眼界、增长知识）；

⑦ 动画、视频片段（增强教学趣味性、增强感性认识）

……

备教学资源没有止境，即所谓“没有最多，只有更多，没有最好，只有更好”。需要任课教师长期坚持，不断积累，持续优化。俗话说，教师要有“一桶水”，才能给学生“一碗水”。从这个意义上讲，备资源的过程也是教师自我充电、自我丰富、自我提升的过程。当今“信息大爆炸”和“知识更新快”，教师更要在有“活水”（新鲜水）上下功夫，绝对不能有“吃老本”的想法。此外，备资源不能仅限于搜集、阅读、熟悉教学资源（素材），还应该围绕“怎样给好学生一碗水”，即如何吸引学生注意力、如何调动学生积极性、如何增强课程教学的有效性、如何高质量地达成课程教学目标，对教学资源进行合理编排和科学利用，使各种教学资源在课程教学中发挥独特作用。即是说，不仅要备好、备充足、更要用好、用充分。

（10）备课程思政（备思政）

按照立德树人和“三全育人”要求，所有非思政课程教学必须融入思政元素，寓思政教育于专业教学之中。备思政就是对非思政课程教学（专业教育）融入哪些思政元素最为贴切（元素挖掘）、以怎样的方式融入最为合理（融入方式）、在教学进行到哪里融入最为有效（融入时机）、进行认真研究和精心预设。详见本书课程思政篇（第 13 篇），此处不再赘述。

2. 怎样才算做到了有效备课

美国知名教育咨询专家詹尼斯·斯考隆在《教师备课指南：有效教学设计》一书中，对有效备课做了阐述。参照中外教育专家给出的教学设计（备课）标准，结合应用型高校教学特点，建议应用型高校教师以下述“七个点”是否备到位，对是否做到了有效备课进行自我检验。

（1）起点备到位

所谓起点，就是新知识在原有知识基础上的生长点。起点合适，才有利于促进知识迁移，学生才能学，才肯学。起点过低，学生没兴趣，不愿学；起点过高，学生听不懂，学不会。

（2）重点备到位

重点既是教学内容的主体部分，也是进一步学习的起点。突出重点首先要在时间上保证重点内容重点讲（分配充足学时），并紧紧围绕重点，引导启发学生加强对重点内容的理解，做到心中有重点，教案显重点，讲授出重点，使教学重点成为整门课程、每个单元以及每次课的灵魂。

（3）难点备到位

所谓难点，即大多数学生不易理解和掌握的知识点，备课时应根据教学内容的广度、深度和学生实际情况（学情分析结果）确定难点，并认真分析缘由，认真研究有效突破的方法和途径，切实帮助学生理解接受、消化吸收、化难为易。

（4）交点备到位

交点指新旧知识的连接点。任何课程都有其自身的知识体系，各单元（章节 / 项目）之间有着密切的联系，先修课程对课程内容也起着重要的支撑，只有真正弄清楚新旧知识的交点，才能沟通知识之间的纵横联系，从而达到启发有效、融会贯通、运用自如。

（5）疑点备到位

疑点指学生易混、易错的知识点。只有在备课时充分了解学生的知识基础、能力基础、思维特点和学习习惯，才能准确把握哪些知识点属于“疑点”，并通过有意识地设置悬念，启发引导学生积极思考、分析判断、大胆质疑，帮助学生弄清楚这些疑点，有效达成课程教学目标。

（6）练点备到位

课程教学不仅要引导学生记忆理解课程中的知识点，而且要通过课上练习提高学生思维能力和应用能力。因此，教学中强调讲练结合。对应用型高校教学而言，更要在备例题、练习题或训练项目上下功夫。不仅要规划好讲哪些、怎样讲、由谁讲（教师 / 学生），还要规划好课上练习题和训练项目以及测验题（考核项目）等，确定哪些由教师演示示范，哪些供学生练习训练。努力做到“讲练结合有序、巩固成效及时”。

（7）思政点备到位

课程思政既不能被忽略，也不能生硬地融入专业教育，出现专业教育与思政教育“两张皮”现象。课程思政（思政点）准备是否充分而有效，可以从思政元素适切性（适于教学内容和教学对象）、课程思政元素融入方式和融入时机的合理性（寓思政教育于课程教学之中）加以判断。

5.3　教学准备成果呈现（教案）

教学准备（备课）的成果集中体现在任课教师编写的教案之中。下面以天津中德教案模板为例，逐项说明教案各部分内容及其编写规范。

1. 课程教案封面与课程信息

天津中德要求任课教师统一采用教务处制作的课程教案参考模板进行教案编写。一份完整的课程教案由封面、课程基本信息页和若干课次教案（教案内容）构成。教案封面模板如图 5.1 所示。要求填写课程教学层次（本科、高职、技工、其他）、课程代码（教务处统一编制，一课一码）、课程名称、开课部门（负责部门）、授课教师姓名及职称 / 学位以及开课时间（学年、学期）。课程基本信息页模板如图 5.2 所示。要求填写该课程的基本信息。

① 课程代码、课程名称、开课部门。

② 授课班级 / 人数（具体教学对象）、课程学分、考核方式（考试、考查）。

③ 开设情况（新开课程 / 已有课程，勾选）、课程类型（理论课程、实训课程、理实一体化课程，勾选）。

④ 课程类别：分为本科课程和高职 / 技工课程两大类。高职 / 技工课程又细分为“职业基础课程”、“职业能力课程”、“职业拓展课程”、“职业技能实训课程”和“其他课程”五类（勾选）。

⑤ 课程总学时以及理论学时和实践学时分配、实践教学场地（名称、地点）。

⑥ 授课教师和教辅人员信息（姓名、职称、学历 / 学位、所在部门）以及是否新教师（勾选），本校教师还是外聘教师（勾选）。

⑦ 学生年龄特征和学习特点（概要说明学情分析结果）。

⑧ 选用教材和参考资料情况：选用教材类型包括统编教材、非统编教材、自编教材或讲义、其他（勾选），列出选用教材和参考资料明细（名称、作者、出版社、出版时间）。

2. 课次教案内容及规范

课程教案以课次为单位编写。天津中德课程教案参考模板正是按照这一要求设计制作的。课次教案内容模板如图 5.3 所示，由课次信息页和课次教案内容两部分构成。

（1）课次信息页

课次信息共有以下 10 项内容。

① 备课时间（时段）、备课教师（一般应该为任课教师本人）。

② 教学时间、教学地点、周次（第几周）、课时数（本次课课时数）。

③ 教学内容（填写教材章节名称及编号或项目模块 / 单元名称及编号）。

④ 教学目标和要求（简要阐述本次课教学目标和要求）。

⑤ 教学重点（列出本次课教学重点）和教学难点（列出本次课教学难点）。

⑥ 教学方法（规范填写本次课所采用的教学方法，一般按主次依次列出）。

⑦ 使用媒体资源（可勾选多项，其他资源需加以说明）。

⑧ 使用教具和设备设施等（没有可不填，实验实训课程应详细填写）。

⑨ 作业练习（分别填写课上练习题和课下作业题，如选用教材习题，则列出页码和题号即可）。

⑩ 课后记（本次课程教学完成之后填写，记录本次课有价值的事件，教学反思不可或缺）。

天津中德应用技术大学

课程教案

（参考模板）

教学层次：□本科 □高职 □技工 □其他

课程代码：

课程名称：

开课部门：

授课教师：

职称/学位：

开课时间：

天津中德应用技术大学教务处制

图 5.1 天津中德教案封面模板

课程基本信息

课程代码		课程名称			
开课部门			授课班级/人数		
课程学分		考核方式			
开设情况	□新开课程 □已有课程	课程类型	□理论课程 □实训课程 □理实一体化课程		
课程类别 本科					
课程类别 高职/技工	□ 职业基础课程 □ 职业能力课程 □ 职业拓展课程 □ 职业技能实训课程 □ 其他课程				
课程总学时		理论学时 实践学时		实践教学场地	
授课教师		职称		学历/学位	
是否新教师	□ 是 □ 否	来源	□ 本校 □ 外聘	所在部门	
教辅人员		职称		学历/学位	
是否新教师	□ 是 □ 否	来源	□ 本校 □ 外聘	所在部门	
学生年龄特征和学习特点					
教材类型	□ 统编教材 □ 非统编教材 □ 自编教材或讲义 □ 其他：				
选用教材	名称	作者	出版社	出版时间	
参考资料					

图 5.2 天津中德基本课程信息页模板

（2）课次教案内容

教案内容（图 5.3 课后记以下）与传统“教案纸”类似，左侧书写教学内容（宽），右侧书写相应标记（窄）。课次教案内容不能简单复制教材或课件相关内容（此问题较为普遍），而应该全面呈现备课成果。具体要求如下：

① 课次教案包含教学过程所有环节（复习、导入、讲授、互动、练习、作业），符合完整性要求。

② 右侧标注的“教学步骤、方法及教学活动安排”和“时间分配”与左侧书写的“教学内容”严格对应，符合对应性要求。

③ 左侧书写的“教学内容”主题鲜明，条理清晰，重点突出，内容简练，突破难点的措施具体适切，问题（设问、提问、讨论）针对性强，课上练习题清晰有效，课下作业明确具体。

④ 右侧标注的教学步骤清晰规范，教学方法合理，教学活动适切，时间安排精准科学。

教案是任课教师开展课程教学的实施方案，既要符合规范化要求，也要充分体现个性化。教案所书写的应该是经过任课教师认真梳理、消化和编排的教学内容，所精心安排的教学步骤、科学匹配的教学方法，所设计的教学活动应该充分体现任课教师的风格特点，彰显任课教师的魅力和风采。

第____次课程教学方案

<table>
<tr><td>备课时间</td><td colspan="3">—</td><td colspan="2">备课教师</td><td colspan="2"></td></tr>
<tr><td>教学时间</td><td></td><td>教学地点</td><td></td><td>周次</td><td></td><td>课时数</td><td></td></tr>
<tr><td>教学内容（章节、模块/单元）</td><td colspan="7"></td></tr>
<tr><td>教学目标和要求</td><td colspan="7"></td></tr>
<tr><td>教学重点</td><td colspan="7"></td></tr>
<tr><td>教学难点</td><td colspan="7"></td></tr>
<tr><td>教学方法</td><td colspan="7"></td></tr>
<tr><td>使用媒体资源</td><td colspan="7">□ 纸质材料　□ 多媒体课件　□ 网络资源　□ 其他资源：________</td></tr>
<tr><td>使用教具和设备设施等</td><td colspan="7"></td></tr>
<tr><td>作业练习</td><td colspan="7"></td></tr>
<tr><td>课后记</td><td colspan="7"></td></tr>
<tr><td colspan="4">教学内容</td><td colspan="2">教学步骤、方法及教学活动安排</td><td colspan="2">时间分配</td></tr>
<tr><td colspan="4"></td><td colspan="2"></td><td colspan="2"></td></tr>
</table>

图 5.3　天津中德课次教案内容模板

任课教师课上的精彩讲演和有效教学，离不开课下的精心准备和辛勤付出。应用型高校新入职教师对教学的热爱，对教学的敬畏，应该从对备课的热爱、对备课的敬畏开始。即使有了一定的教学经验，也不能轻视备课，敷衍备课，要让备课永远在路上！

第6篇 课堂教学

课堂教学是传授知识和技能的主渠道，也是高校课程教学最常见的形式。本篇专门谈谈课堂教学，包括课堂教学及其意义、应用型高校课堂教学、课堂教学的科学性与艺术性、应用型高校课堂教学评价以及关于高校课堂革命五项内容，旨在使应用型高校教师（尤其新入职教师）加深对课堂教学及其重要性的认识，熟悉应用型高校课堂教学规范，熟悉课堂教学科学性和艺术性及其要求，熟悉课程教学质量标准，了解课堂革命及其意义，从而有利于提升课堂教学能力与水平。基于天津职业技术师范大学（天职师大）和天津中德应用技术大学（天津中德）两所应用型高校听课评价梳理的常见问题，供老师们参考。

6.1 课堂教学及其意义

1. 课堂教学概念与缘起

课堂教学是学校教育教学普遍采用的一种形式，是在课堂这一特定情境（通常为教室）中教师的“教”与学生的“学”共同构成的双边活动，是教师向学生传授知识和技能的全过程。鉴于课堂教学的教学对象不再是单个学生或几个学生，而是一个或几个班级的全体学生，课堂教学也称“班级上课制或班级授课制”。因此，课堂教学准确的定义应该是：把年龄和知识（能力）程度相同或相近的固定数目的学生编为班级集体（教学班），针对培养方案（教学计划）中各门课程教学大纲（课程标准）规定的内容和学时（以课程为教学活动单元），按照统一授课顺序和教学时间表（课表），向全班甚至多个班级所有学生进行授课的教学组织形式。

班级授课制起源于16世纪欧洲的各类学校，而直到17世纪（1632年），捷克教育家J.A.夸美纽斯在其所著的《大教学论》中对班级授课制进行了系统论述，才奠定了班级授课制的理论基础。此后，班级授课制在欧洲许多国家的学校逐步推广。中国班级授课制的雏形是同治元年（1862年）清政府开办的京师同文馆，20世纪初废科举、兴学校之后，全国各地才普遍采用班级授课的教学组织形式。

2. 班级授课制的优势和局限

班级授课制是中外教育史上的重大进步，其优势或优越性可归纳为以下六条：

① 教师可以同时对几十名（甚至百余名）学生进行教学，扩大了学校教育受众面，加快

了教学进度，提高了教学效率，也降低了教学成本。

② 相同或相近年龄和知识程度的学生可以互相观摩、启发、切磋、砥砺，可以在生生之间开展互动交流，以增加信息来源和教育影响力，实现共同进步。

③ 以“课”为教学活动单元，可以保证学习活动循序渐进，有利于学生习得系统的知识和技能。

④ 针对相同内容，按照统一要求，有计划、有组织地进行教学，有利于合理安排各科学习内容及进度，有利于加强教学管理，提高教学质量。

⑤ 各门学科（课程）教学可轮流交替进行，既能扩大知识领域，又可提高学习兴趣和教学效果，减轻学习疲劳感。

⑥ 有利于思政（含课程思政）教育，有利于学生德智体美劳全面发展。

正因为班级授课制优越性非常明显，才被人们普遍接受，成为全世界各类学校的基本教学组织形式。然而，事物都有两面性，班级授课制也是如此。应用型高校教师在了解班级授课制优越性的同时，也必须对班级授课制存在的局限性有清醒的认识。这些局限性可归纳为以下六个方面：

其一，教学活动多由教师做主，学生学习的主动性和独立性受到一定程度的限制。

其二，学生主要接受现成的知识成果，不利于培养创新意识和创新能力，不利于发挥探索性和创造性。

其三，时间、内容和进程固定化、形式化，不利于容纳和适应更多的教学内容和方法。

其四，为适应以“课”为教学单元要求，将某些完整的教学内容和教学活动进行人为分割，破坏了教学内容的完整性和教学活动的连贯性。

其五，强调全班统一学习进度，齐步向前走，难以照顾学生的个别差异，难以照顾每个学生的兴趣、爱好和特长，不利于因材施教。

其六，学生动手实践时间不够充裕，不利于实践教学，不利于培养实践能力。

针对班级教学存在的局限性，应用型高校教学管理部门和任课教师必须采取有效措施加以克服。例如，实践环节（尤其培养设计能力、操作技能的实践类课程）以教学周集中安排；将教学班划分为若干教学小组，以利于开展讨论交流等教学活动；注重课堂提问和课下作业批改，加强教学反馈，及时了解班级整体和学生个体学习状况（效果）；注意安排辅导答疑时间，以便开展个别辅导、因材施教等。

3. 高效课堂及其六大特征

高效课堂系指在完成教学任务并达成教学目标的前提之下，实现了教学效率高、教学效果好、社会效益佳三重目标的有效课堂教学。构建高效课堂是所有学校的重要任务，也是各级各类学校课堂教学所追求的目标。高效课堂所具有的特征可归纳为以下六个方面（六大特征）：

（1）教学目标合理且能高效实现

合理设计教学目标是有效教学的前提。考察课堂教学目标的合理性，一看是否适合教学内容以及现有教学资源；二看是否能在教学中转换为学生的学习目标（符合学生实际状况）；三看能否具有一定的弹性，即是否可根据教学实际进展和学生实际表现（反应）动态调整；四看是否有利于促进学生终身学习及发展。除考察课堂教学目标设计的合理性之外，还要考察课堂教学目标的达成度，考察达到所设定的教学目标所花费的时间和资源，既要考察效果，也要考察效率，还要考察效益。研究和实践均表明，教师在课堂教学中，简要地告诉学生课堂教学目标很有必要。

（2）教学方法选择规范而适切

俗话说："教学有法，教无定法，贵在得法。"教学策略与方法很多，每一种都有其适用的条件、场合及范围。选择课堂教学策略与方法，一要坚持规范性，即所选教学策略与方法能够体现现代教学理念，符合学校教育教学规范；二要符合适切性，即所选择的教学策略与方法适合课程类型及教学内容，适合所教学生实际，适合所准备的教学资源，适合所创设的教学情境等。此外，还要注意教学策略与方法的多样性及合理搭配，避免长时间采用一种教学策略或一种教学方法使学生感到乏味和疲惫。

（3）学生投入状态调整到最佳

学生的投入状态可以从学习意向和参与程度两方面进行考量。学生在课堂教学中的学习意向包括起始阶段的学习兴趣与进行阶段继续学习的愿望。学习意向越明确、越强烈、越持久，课堂教学效果越好，教学效率和效益越高。因此，让学生明确学习目标，有效激发学生的学习兴趣，充分调动学生的积极性，对于有效课堂教学至关重要。根据实际参与水平与实际掌握程度，分为深度参与学习和表层参与学习。深度参与学习要求在教学过程中积极思维并能够进行知识的概括、归类、比较、综合与分析，产生新旧知识及能力的联系，形成完整的知识及能力体系，学会知识及能力的应用和迁移。如果只是表层参与，课堂教学的有效性必然大打折扣。因此，教师要善于引导学生深度参与，勤于思考，善于交流，勇于质疑，不断积累，持续进步。

（4）师生互动交流充分且活跃

有效课堂教学中，师生互动交流应该做到渠道通畅，关系和谐。首先要建立平等友好的师生关系（亦师亦友），使学生愿意并敢于发表看法，提出质疑，即使想法很幼稚，也不担心被嘲笑，更不担心被歧视；其次要营造有利于师生互动交流的气氛，激发学生参与互动交流的积极性；其三要注重提升师生互动交流的技能。作为教学活动的导演和组织者的教师应该以达成教学目标为出发点，创设有效的互动交流活动（提问、讨论、辩论……），营造热烈的互动交流氛围，进行有效的铺垫、启发、评价和反馈，同时应该拥有互动交流所需的提问技巧、候答技巧（充分思考）、导答技巧（循循善诱）、评价技巧、强化技巧；作为教学活动主体和参与者的学生则应该主动思考问题，敏锐地发现问题，能够对学习效果进行自我反省，对教师教学进行积极的、明确的、合理的回应。

（5）课堂管理方法恰当而有效

恰当而有效的课堂管理指教师能紧凑而富有节奏的安排课堂学习活动，促进学生参与课堂教学，能够采取有效措施排除对课堂教学的各种干扰，维持正常的课堂秩序，确保课堂教学的时效性。教师实施课堂管理（如考勤）要简短而有效，尽可能减少对教学进程的干扰。课堂管理目前正在从消极被动的应对性管理（出现问题之后）向积极主动的预防性管理（出现问题之前）转变，尤其提倡民主管理和自我管理。因此，建立良好的班级制度，发挥班干部的积极性，培养学生自我管理的意识与自律能力非常重要。

（6）课堂教学环境与氛围适宜

课堂教学环境包括自然环境和心理环境。自然环境包括教室的形状、大小，座位摆设，设施配置和环境布置等，适宜的自然环境有助于增进学生良好的情感体验（安全感、归属感、舒适感等）；心理环境主要指课堂教学氛围与班级学习风尚，教学氛围应该是安全的、鼓舞人心的、适度竞争的；班级学习风尚应该是积极向上的、友好合作的、互帮互助的。教师应该帮助学生之间建立紧密联系，营造轻松愉悦的气氛，为学生提供表现自我的机会和舞台，使课堂对学习者有吸引力，让课堂成为学习者充满激情、充满自信、有获得感、有满足感的学习场所。

4. 构建高效课堂的重要意义

构建高效课堂的重要意义主要体现在以下六个方面：

（1）构建高效课堂为学生高水平学习奠定基础

构建高效课堂，使课堂教学取得良好效果，实现高效率和高效益，就意味着课堂教学有效激发了学生的学习兴趣（乐学），所选择的教学策略及方法适切，突破教学难点的措施有效，让学生不仅能够学会（授之以鱼）而且做到会用（知识迁移），还让学生掌握了有效的学习方法，做到了会学（授之以渔），从而产生满满的获得感、成功感和幸福感，达成促进学生全面发展、健康发展的目标。

（2）构建高效课堂有利于三维教学目标达成

构建高效课堂，教师不仅能够关注学生的专业成长，而且能够关注学生的情感体验和人格养成，从而有利于达成课堂教学三维目标（知识与技能、过程与方法、情感态度与价值观）。

（3）构建高效课堂有利于建立新型师生关系

构建高效课堂，使学生成为教学活动的主体（主角），教师成为教学活动的组织者（导演）和学生学习的促进者，教学过程成为师生积极互动、充分交流、共同发展的双向过程。教师尊重每一位学生，赏识每一位学生，师生关系平等、和谐、友好、亦师亦友，教师更加注重帮助与引导学生，更加注重自我反思；学生自主学习能力得以提升，自我管理意识和能力得到增强，尊师爱学蔚然成风。

（4）构建高效课堂有利于自主学习和终身学习

构建高效课堂，不仅让教学过程成为学生发现问题、提出问题、分析问题、解决问题的过程，而且注重自主学习能力培养，为学生终身学习，乃至终身发展奠定坚实基础。

（5）构建高效课堂有利于教师能力快速提升

高效课堂教学是教学工作质量的高层次标准，既是教师实现课堂教学目标的理想追求，也是对教师教学能力和水平的检验。在构建高效课堂的过程中，教师必须研究课堂中的学生（教学对象），研究课堂中的知识（教学内容），研究课堂中的人际关系（师生、生生），研究课堂中的教学策略及方法，在此过程中，教师的专业素养会得到极大提升，教学能力会得到显著增强，教学经验会得到快速积累。

（6）构建高效课堂有利于教学研究和教学管理

作为高效课堂教学活动的组织者（导演），教师必须认真学习现代教育教学理论，更新教育教学理念，积极参加教师培训，积极参与听课、评课、说课、专题研讨、集体备课、反思交流等教研活动，在课堂教学中勇于探索和实践，逐步形成独特的高效教学模式，全面提升教学能力和水平。因此，构建高效课堂对教学研究具有极大的推动作用。此外，教学管理部门以构建高效课堂为抓手，进行教学管理制度的改革与创新，不仅能够有力促进高效课堂构建进程，也可以使学校教学管理制度不断完善，教育教学质量持续提升。

6.2 应用型高校课堂教学

1. 课程类型及其适应性

应用型高校人才培养方案中确定的课程分为“理论课”、“实践课”和“理实一体课”三种类型。从教学场地和教学设备条件适应性、适于创设教学情境、适于以课次为单元开展教学活动等方面，对各类型课程的特点以及课堂教学适应性分析说明如下：

（1）理论课

理论课主要学习理论知识、技术知识及方法，一般通过讲授讲解、互动交流、巩固练习三个环节完成教学任务，达成教学目标。理论课适合在普通教室进行教学，也适合按课次组织教学（通常以 2 学时为时间单位），所以应用型高校的课堂教学主要指理论课教学（含相关实验）。如不特意说明，课堂教学就指理论课教学（理论教学）。理论课学时（学分）占比最大，即便应用型高校注重实践，理论课占比也高于（或接近）50%。因此，人们习惯上把教室与课堂划等号，将在教室进行的教学活动视为课堂教学（传统意义的课堂教学）。

（2）实践课

实践课主要学习和训练专业（职业）技能（操作技能、装调技能、维修技能、制作技能等），获得行业企业认知，经受实际锻炼。一般通过讲授讲解、演示示范、训练指导三个环节完成教学任务，达成教学目标。实践课教学需要与教学内容相适应的设备和场地，需要创设适于实践能力培养锻炼的教学情境，通常无法在普通教室进行，也不适合按课次组织教学（通常以教学周为时间单位），所以传统意义的课堂教学不包含实践课教学。当然，按照现代课堂教学理念，课堂包括所有教学场所，各种类型的课程都可纳入课堂教学。

（3）理实一体课

理实一体课是应用型高校的一种特殊课程类型，设置这一类型课程的目的是使理论与实践能够紧密结合，充分体现“做中学”和“学中做”特色，培养学生理论联系实际的意识和习惯，培养和锻炼学生运用理论（技术）知识解决实际问题的能力。虽然理实一体课也需要设备和场地，也需要创设相应的教学情境，通常也无法在普通教室进行，但却适合按课次组织教学（通常也以 2 学时为时间单位），所以，应用型高校的课堂教学应该包含理实一体课教学，只是教学场所不是教室，而是实验室、实训室、机房、教师工作室等。受场地和设备等条件限制，理实一体课程教学一般只适合单班甚至分组教学，不适合合班（多班）教学。

2. 课堂教学的基本方法

讲授法（俗称讲课）是课堂教学最基本的教学方法，课堂也是讲授法运用最为广泛、最为集中的场合。据统计，讲授时间在课堂教学中占比高达 80% 以上。因此，课堂教学在各类学校教学中都占据着重要地位，对应用型高校教学的重要性也不言而喻。讲授能力（讲课）是教师最基本的教学能力，也最能够展现教师的教学风格，因而课堂讲授也成为各级各类教学基本功竞赛的主要形式。应用型高校新入职教师要过教学关，最重要的就是过课堂教学关，应用型高校所有在岗教师都必须为提高课堂教学能力与水平长期努力，在课堂教学实践中经受锻炼，向更好、更高、更强的目标不断前行。

所谓讲授，就是运用语言这种人类特有的交往工具或手段传递知识、沟通信息、表达思想、交流感情。教师在课堂教学中运用的语言被称为“教学语言”，规范而恰当地、灵活而自如地运用教学语言，可取得生动、形象、幽默、机智的效果，令学生如见其形，如临其境，如闻其声，对于达成课堂教学目标、保证课堂教学质量至关重要。

教学语言由口头语言、体态语言和书面语言三方面构成。在课堂教学中，要求教师正确熟练地运用口头语言、正确恰当地运用体态语言、规范灵活地使用书面语言。具体说明如下：

（1）正确熟练地运用口头语言

口头语言是音和义结合的有声语言，是教学过程中的主导语言。正确运用口头语言不仅能让学生从中获取知识，受到教育和启迪，而且能得到美的享受。正确运用口头语言应努力做到以下几点：

① 发音准确、吐字清晰、富于变化——口头语言以普通话为标准，要做到发音准确（标准普通话）而且清晰可辨（不能含混不清）。在此基础上，语音语调还要随讲授内容而富于变化（抑扬顿挫），悦耳动听，生动形象，有感染力、有亲和力。

② 条理性强、层次分明、逻辑清晰——学生从教师口头语言传递的信息中获取知识，接受教育。因此，教师的口头语言所表达的内容不仅要准确清晰，而且要有条理、有层次，讲究逻辑，尽可能做到简明扼要、言简意赅。不仅在教学准备（备课）阶段要认真梳理教学内容，精心设计口头表达内容，而且要注重日常口头语言表达能力训练，提升口头语言表达能力与水平。

③ 善用激励语言启发引导学生——心理学研究表明，学生受到肯定、赞许、鼓舞和激励，便会产生愉悦的情感体验，焕发出积极性和主动性。因此，教师在课堂教学中，应善于用激励赞美之辞，引起学生良好的心理反应，产生积极向上的情感体验，从而以百倍的信心和饱满的热情参与教学活动。

④ 善用幽默语言活跃教学气氛——幽默指有趣且意味深长。在课堂教学中，善用幽默语言既能融洽师生关系，又能加深学生记忆，提高学习兴趣，还能以幽默陶冶学生使之成为有高尚情操之人。

（2）正确恰当地运用体态语言

体态指人身体的姿态，体态语言是人际交往中一种传情达意的无声语言。当口头语言不足以表达思想感情时，正确恰当地运用体态语言将会对教学活动起到良好的促进作用。教学中的体态语言主要有“服饰”、“表情”、“眼神”和“手势”四种：

① 服饰——教师服饰得体、简洁大方，可以展示良好的精神面貌和内在素质，向学生传递积极向上的信息。若教师不修边幅或着装怪异，不仅很难被学生所接受，还会对课堂教学产生负面影响。

② 表情——表情是内心活动的一面镜子。在大多数情况下，教师应该保持微笑，以带给学生亲切感（亲和力），起到融洽师生关系、营造和谐气氛的积极作用。当出现听课不安心、思想不集中等情况时，可做出凝视皱眉等表情提醒学生；必要时也可以默不作声（静默）来制止违反课堂纪律，促使学生养成认真听课的良好习惯。

③ 眼神——眼睛被比喻为“心灵之窗”，人的心理和思维必然要通过眼神反映出来。在课堂教学中，教师不仅要学会用眼神传递信息，而且要能读懂学生眼神所表达的信息，善于与学生进行眼神交流。学生也会从教师眼神里体察和领悟到信任、激励、提醒……，从而端正学习态度，积极参与教学活动。

④ 手势——手势是一种动作语言，具有意思鲜明、形象感强等特点，既能示意肯定，也能表示否定和警示，还能表示节奏和力度。在课堂上正确得体地运用手势，可有效弥补口头语言之不足，增强吸引力和说服力，使课堂教学更具艺术魅力。

【推荐阅读】李振村.教师的体态语言[M].北京：教育科学出版社，2011.

（3）规范灵活地运用书面语言

书面语言是课堂教学不可忽视的重要组成部分。无论制作多媒体课件（PPT）还是书写板书，都需要规范运用书面语言，努力做到"工整规范、有形有意"。所谓工整规范，是指书面语言应该将教学内容准确清晰地呈现在学生眼前，要求PPT文字正确，字体字号搭配合理，公式图形表格规范，图片清晰、图文并茂，富有美感；要求板书布局合理，字迹工整，图形规范。所谓有形有意，是指教师要使教学内容按照自己预设的方式呈现在学生面前，在内容选择、版面设计、字体字号搭配等方面充分展示出自己的创意和风格，以引起学生注意，加深学生印象，启示学生抓住重点，化解难点。

教师的讲授（讲课）能力涉及面广，不仅基础性、综合性和技巧性很强，而且与教师个人的性格和习惯关系密切。因此，提升讲授能力与水平的目标不是一朝一夕能够实现的，需要刻苦努力、持之以恒，不光要勤练、苦练加巧练，还要注重感悟、勤于反思，善于学习交流。

3. 应用型高校课堂教学基本过程

应用型高校的课堂教学过程一般指理论课教学过程。具体由"复习巩固、导入新课、讲授新知、互动交流、课堂练习、归纳总结、布置作业、课后答疑"八个环节构成。具体说明如下：

（1）复习巩固

《论语》名言"学而时习之"和"温故而知新"强调复习的重要性。"学习"一词拆开来，"学"指获取新知识，"习"指复习旧知识。心理学实验表明，刚记住的东西，1小时之后能保持44%，1天之后还能记住33%，2天之后所记住的只剩28%，充分表明及时复习对于巩固记忆十分必要。因此，课堂教学在一般情况下都应安排复习环节，不仅要帮助学生复习巩固上次课或上个单元已学内容，而且要促进学生养成及时复习的良好习惯，掌握归纳总结的有效方法。此外，复习还是一种常用的导入方法（复习导入），利用复习（旧内容）导入（新内容），对于认识和强化知识（能力）体系内在联系非常有效。

（2）导入新课

在学习（讲授）新内容之前的导入环节关系到整堂课教学效果，必须认真对待、巧妙设计，力求达到科学性与艺术性的完美统一。应用型高校课堂教学常用的导入方法有"直接导入"、"启发导入"、"案例导入"、"演示导入"、"悬念（问题）导入"、"复习导入"和"提问导入"等。导入新课应该起到以下三方面作用：

① 集中注意力、激发热情——学习需要专注，兴趣是最好的老师。通过导入吸引学生的注意力，激发学生的学习的热情，教学便能很自然地进行并不断深入。相反，如果学生刚开始就不能集中注意力，就缺乏学习兴趣和参与热情，则课堂教学很难取得预期效果。

② 承上启下、做好铺垫——承上启下包括知识（技能）和心理两个方面。为实现知识（技能）的承上启下，导入环节应阐明先前内容与本次课内容的关系，明确本次课的教学目标、教学重点和教学难点；为实现心理的承上启下，导入环节要注重"热身"，使学生的思维、记忆、想象、情绪等进入状态，让学生的眼、耳、手、口等器官活动开来，为迎接新内容学习做好知识（技

能）以及心理铺垫。

③ 融洽关系、营造氛围——建立和谐融洽的师生关系，营造良好的课堂氛围，不仅能吸引学生注意力、提高学习积极性，还能消除学生对学习新知识（技能）的畏惧心理，增强学习的自信心和主动性。和谐融洽的师生关系对学生学习状态的影响可以用“亲其师而信其道”诠释和概括，建立这样的师生关系不是一次课导入所能完成的，需要教师秉持学生中心理念，养成关爱学生、热心教学的职业品格，通过课上课下持续努力而实现。充满个性魅力和艺术情趣的导入根植于科学的教育理念、深厚的科学文化底蕴、扎实的教学功底。营造良好的课堂氛围对激活学生思维，开启学生心智将会起到很好的作用。

总之，导入环节要在有限的时间内（通常不超过5分钟），简要揭示本次课的教学主题和教学目标，有效激发学生对新内容的学习兴趣和求知欲望，帮助克服对新内容的畏惧心理，增强学习的自信心、积极性和主动性，把学生带入课堂教学情境之中，并帮助学生做好参与课堂教学的知识（能力）准备和心理准备。

（3）讲授新知、传授新技

传授新知识和新技能是课堂教学的重要任务，为此，教师需要在一定的时间之内，采用适切的教学方法，借助适宜的教学工具（黑板、投影、教具、计算机等）和教学资源（图片、视频、动画、仿真），对教学内容进行阐述、说明、解释、推理、论证，帮助学生在规定时间之内达成学习目标。在课堂教学中，教师讲授应坚持“系统性”、“科学性”、“适宜性”和“艺术性”四项原则。

① 系统性原则——讲授新内容时，要体现对知识体系的整体把握，注意新旧知识与技能之间的内在联系，使所讲授内容组织合理、条理清晰、层次分明、重点突出，便于学生理解和记忆。同时，要切实遵循认知规律，结合学生现有基础（起点）和思维特点，对重点和难点进行细致分析和有效讲解，帮助学生循序渐进地建构新的认知结构。

② 科学性原则——讲授新内容时，须保证所授知识是准确的、经得起推敲和验证的。做到概念讲解准确，原理论证合理，逻辑推理严密。同时，要采用符合学生认知水平和思维特点的讲授方式，深入浅出，由此及彼，由表及里，由易到难、由简至繁，抽丝剥笋，逐层深入。

③ 适宜性原则——讲授新知识时，应从学生能够接受出发（符合学生认知水平），调节授课进度及节奏。语速不应过快也不宜过慢，声音要抑扬顿挫、富有变化，必要时可停顿下来让学生思考。对重难点内容讲解时，既要细致入微，也要饱含激情，给学生以深刻印象。把深奥的知识讲得浅显易懂，把抽象的内容讲得形象生动，才能发挥出教师在课堂教学中对学生的引领、启发和帮助作用，才能充分显示课堂教学的有效性。

④ 艺术性原则——讲授的艺术性是指能够灵活运用各种讲授技巧，并达到自如、自然状态，艺术性是每一位教师都应该努力追求的更高的教学境界。讲授中熟练地运用多种讲授技巧，可以使语言富有感染力、启发性、趣味性，如春风化雨般滋润学生的心田，使学生在轻松的环境下，陶冶情操，获取知识，发展能力。

总之，教师不仅要注意讲授内容的系统性，保证知识之间逻辑关系的正确性和整体性。还要注意讲授的科学性，所讲授的知识必须符合事实，经得起验证和推敲。同时也要注意授课的时间、节奏、语调等细节，教师平时也要注意授课技巧的学习和运用，不断增强课堂教学的艺术性，力求课堂教学有效率、有效果、有趣味。

（4）互动交流

互动交流是课堂教学必不可少的环节，否则课堂教学就变成了教师的独角戏，变成了教师的“一言堂”和“满堂灌”。互动交流应该是教师精心设计并发动的教学活动，这种教学活动具有互促互补性、全员参与性。互动交流要围绕教学目标进行，并充分调动学生参与的积极性。无论采用提问、设问还是讨论的形式进行互动交流，问题设计都很重要，只有能够引发学生思考，激发学生探索，调动学生积极性的问题，才会形成有效的互动，才能把学习引向深入，不仅使学生获得知识，而且能培养探索和质疑的优良品格。

（5）课堂练习

课堂练习是课堂教学的重要组成部分，恰到好处的课堂练习题不仅能巩固刚刚习得的知识，促进技能形成，而且能启发思维，培养应用能力。因此，教师要精心设计每次课的课堂练习，充分调动学生的积极性，激发学生的兴趣，吸引学生的注意力。对教师而言，要通过课堂练习及时了解学生对本次课内容（尤其重难点内容）的掌握情况，及时评估本次课教学目标达成度，及时总结教学成功的经验或失败的教训；对学生而言，要通过课堂练习及时了解自己是否达到了学习要求，及时暴露尚存在的问题，注重教师的引导和点拨。由于对刚学的内容记忆清晰，热情尚存，教师应该趁热打铁，及时引导学生进行针对性强化训练，以便及时消化教学内容，巩固教学效果。适宜的课堂练习还有助于发挥学生的主观能动性，实现学生由“要我学”到“我要学”、由“学会”到“会学”的转变。

（6）归纳总结

归纳总结是指对本次课主要内容进行梳理。不仅可以帮助学生理清知识脉络，明确重点难点内容，增强学以致用意识，而且能够培养学生的归纳总结能力和自主探究精神。巧妙的归纳总结能够起到“画龙点睛”的作用，并为新课埋下伏笔。归纳总结分配时间短（一般 2 分钟），语言和文字都必须简明扼要，具有高度的概括性，若能用图表（如思维导图）辅助则效果更佳。

（7）布置作业

每次课布置预先设计或选定的课后作业是不可缺少的环节。对学生而言，通过作业可以进行充分练习，以巩固所学内容。同时还可以培养知识拓展和应用能力，即所谓“举一反三”的能力（课上所授为举一，作业拓展是反三）。对教师而言，通过作业（批改），可以检验学习效果，发现教学中存在的共性问题和个性问题，以便改进教学方法，为落实因材施教做好必要准备。

（8）课后答疑

课后答疑不占课堂教学时间，可视为课堂教学的延伸。课后答疑不仅与课堂教学联系紧密，而且是因材施教的重要环节。任课教师第一次上课即应该向全体学生公布自己的联系方式，公布面对面答疑的时间和地点。同时应该组织建立班级课程群（微信 /QQ），以便与学生保持线上联系，随时解答问题。

就整门课程教学而论，课堂教学可细分为“授新课”、“习题课”和“复习课”三种性质。以上八个教学环节是针对“授新课”设置的，而“习题课”和“复习课”也有符合各自特点的教学规范。

其中，“习题课”必须建立在认真批改课后作业的基础之上，针对特定阶段课后作业中发现的优秀作品（思路新颖、方法独特、格式规范、计算简便等）和暴露出来的共性问题（普遍性问题）进行讲评和点拨。挑选若干代表性习题，先请学生在黑板上呈现完成过程（步骤），然后给予分析点评，指出值得其他学生学习借鉴之处，指出问题并分析产生问题的原因。习题课主要进行讲评，并解决共性问题，而个性问题则需要通过答疑环节解决（辅导/点拨）。

"复习课"通常安排在课程结束之后（考试之前）。其作用不仅是帮助学生对整门课内容进行全面回顾，帮助学生归纳梳理知识点，加深对重要概念、定理、公式的理解并学会运用，确切掌握重点内容，切实突破难点内容，而且要培养学生归纳概括能力、养成归纳总结习惯。一般情况下，任课教师向学生提供一份参考复习提纲可以起到很好的作用。如果把复习课与随后安排的集中答疑环节密切结合起来，效果则更佳。

6.3 课堂教学的科学性与艺术性

课堂教学既要具有科学性，也要讲究艺术性，课堂教学的最高境界是实现科学性和艺术性的完美统一。具体阐述如下：

1. 课堂教学的科学性

课堂教学首先必须具有科学性，失去科学性的课堂非但无法达成教学目标，还会误人子弟。关于课堂教学的科学性应该从"内容"、"目标"、"过程"和"方法"四个方面进行考量。

（1）课堂教学目标的科学性

课堂教学目标的科学性，首先指教学目标符合教学大纲（课程标准）和选用教材的要求，实现知识与技能，过程与方法，情感态度与价值观全面和谐发展；其次要求教学目标的内容具体、边界清晰，便于考核；再者要求教学目标符合学生实际，能够起到科学引领作用，学生经过努力可以达到，即通常所说"跳一跳够得着"。

（2）课堂教学内容的科学性

课堂教学所传授的知识（教学内容）必须具有科学性。简言之，向学生传授的知识与技能必须是正确的，经得起严格检验和科学论证的，概念原理、公式定理、应用举例、功能作用、性能指标、工艺流程、步骤方法，都必须阐述正确，论证严谨，逻辑缜密，规范有序。此外，学科知识具有系统性强、逻辑严谨等特点，课程与课程之间、课内各单元之间，相互支撑、相互关联。因此，课堂教学内容必须反映知识结构整体性，让学生获取的知识全面而非片面，整体而非局部，关联而非孤立。再者，课堂教学内容应该与学生的认知水平和能力相适应，与学生生活以及发展相联系，使课堂成为学生成长与发展的精神家园。

（3）课堂教学过程的科学性

课堂教学过程的科学性要求针对不同类型的课程（理论课、实践课、理实一体课）和不同性质的课程（授新课、习题课、复习课、实验课）科学匹配（设置）适切的教学环节。既不能生搬硬套，也不能随意而为，只有按照科学规范才能保证各类课程的教学质量。

（4）课堂教学方法的科学性

课堂教学方法的科学性可从任课教师对教学方法认识的科学性和教学方法选择的科学性两方面考量。任课教师首先应该对教学方法科学性的重要意义有明确的认识，从而提高学习和掌握科学教学方法的积极性和主动性；其次，任课教师要加强对教育学、教育心理学、学科教学法的学习，了解各种教学方法所基于的科学原理，深化对各种教学方法科学性的认识，熟悉各种教学方法的适用场合。只有在对各种教学方法科学认知的基础上，才能针对不同教学内容、不同教学情境、不同教学对象选择最为适宜、最为有效的教学方法，从而提高课堂教学的有效性。

2. 课堂教学的艺术性

所谓教学艺术，就是教师遵循教学规律，针对教学对象，灵活运用方法，善于启发诱导，激励学习热情，创造性地组织教学过程，完成教学任务并取得最佳教学效果的一整套教学技巧的总和。鉴于课堂教学能够充分体现教师的教学艺术，故教学艺术主要指课堂教学艺术（上课的艺术）。教学艺术具有一般艺术所蕴含的美学色彩，但与其他艺术形式（表演、绘画、影视、服饰……）相比，课堂教学艺术又有三种本质特征。

（1）活动双边性

从事教学艺术实践的主体为教师和学生，教学艺术是通过师生双方的默契配合与协作，思维的共振和情感的共鸣呈现出来的“艺术作品”，而不是教师独自的创作，与其他艺术创作的单边性有着本质区别。

（2）协调统一性

高效达成教学目标是教学艺术实践之目的。为此必须根据教学内容，结合教师和学生实际，灵活选择多种适切的教学方法和手段，合理匹配多种教学资源（素材），由此呈现优化整合之美、协调统一之美。

（3）审美功利性

审美是艺术的主要功能，纯艺术的审美没有功利性，以便让艺术家将美发挥到极致。而对教学艺术而言，审美却只是手段，是为达成教学目标、提高教学效率和效益服务的。

教学有法，教无定法。若过分强调教学的科学性，所制定的操作规范（流程）过细过严，使教学千篇一律，就违背了教学的初衷，教育教学目标也难以有效达成。既然承认教学是一门艺术，所建立的科学框架（教学规范）就应该（也一定会）有“留白”，让教师在相同的框架（教学规范）下，从有效达成教学目标出发，按照自己对教学的认识和理解，尽情发挥自己的专长，充分展示自己的技巧，彰显自己独特的教学风格，让课堂教学有效果、有效率、有效益，让课堂教学呈现出特有的美的色彩。

首届国家级教学名师马思恩（西安交大教授）在介绍教学经验时说道：要把教学作为一门艺术，把每次讲课当作一场演出，不断探索，追求完美。如果每次上课都有演员上台的感觉，有强烈的表演欲，那么课就能讲得比较好。他对新入职青年教师说，进入高校之后，一定要“恶补”教育理论知识（高等教育学、教育心理学、学科教学法），加强教学基本功训练，多向老教师请教，在教育教学实践中，勤思考，多感悟，不断积累经验，持续提升能力水平。

课堂教学艺术内涵十分丰富，涉及课堂教学方方面面。

【推荐阅读】孙菊如.课堂教学艺术[M].2版.北京：北京大学出版社，2018.

6.4 应用型高校课堂教学评价

1. 应用型高校课程教学评价指标

实施课堂教学跟踪（听课）评价是高校课堂教学质量监控的重要方式，听课评价指标基本可以反映一所学校课堂教学质量标准。通过对图 6.1 所示天职师大课堂教学听课评价表解析，应用型高校现有课堂教学评价指标可窥一斑。

教师姓名		职 称	所在部门				
课程名称			授课班级				
授课日期	年 月 日 节课		上课地点				
	评 价 项 目		A	B	C	D	E
1	讲课有热情，精神饱满						
2	讲课有感染力，能吸引学生的注意力						
3	对问题的阐述深入浅出，有启发性						
4	对问题的阐述简练准确，重点突出，思路清晰						
5	对课程内容娴熟，运用自如						
6	讲述内容充实，信息量大						
7	教学内容能反映或联系学科发展的新思路，新概念，新成果						
8	能给予学生思考、联想、创新的启迪						
9	能调动学生的情绪，课堂气氛活跃						
10	能有效利用各种教学媒体						
总体评分（百分制）							
对教学内容以及其他方面的具体意见或建议：							

听课人（签字）： 年 月 日

图 6.1 天职师大课堂教学听课评价表

（1）课程基本信息

① 任课教师信息——姓名、职称、所在部门。

② 课程教学信息——课程名称、授课班级、授课日期（年月日 / 第几节课）、上课地点。

（2）课堂教学评价指标

课堂教学听课评价指标分为以下 10 项，课堂教学各类听课人（同行相互听课、二级学院督导听课、校级教学督导听课、院校领导听课……）均采用这 10 项评价指标进行评价。具体说明如下：

① 讲课有热情，精神饱满——考察评价教师的精神面貌、教姿教态、着装规范等。

② 讲课有感染力，能吸引学生的注意力——考察评价教师的语言表达能力、引导能力、感染力、亲和力等（通过观察教师讲授情况和学生听课状态）。

③ 对问题的阐述深入浅出，有启发性——考察评价教师把握教育教学规律、实施启发式教学的能力及实际效果。

④ 对问题的阐述简练准确，重点突出，思路清晰——考察评价教师讲授能力与水平，是否做到了准确且有条理、有层次，是否做到了简明扼要、重点突出。

⑤ 对课程内容娴熟，运用自如——考察评价教师对教学内容的熟悉程度（相关学科专业基础扎实且备课认真），是否能够摆脱讲稿，是否能够运用自如。

⑥ 讲述内容充实，信息量大——考察评价本课次教学内容有效信息容量。是否适合学生层次（本科 / 高职）和年级（高年级 / 低年级），是否适合课程性质（公共基础、专业基础、

专业必修、专业选修……），等等。

⑦ 教学内容能反映或联系学科发展的新思路、新概念、新成果——考察评价教师引入相关学科专业前沿内容和实施科研反哺教学情况。

⑧ 能给予学生思考、联想、创新的启迪——考察评价教学实施过程中学生学习状况。是否关注学生反应？是否注重启迪学生心智？能否有效启发引导学生思考问题、鼓励学生联想和创新？等等。

⑨ 能调动学生的情绪，课堂气氛活跃——考察评价教学过程中学生的情绪和课堂教学气氛。是否充分调动了学生的学习兴趣和学习积极性？是否充分而有效地开展了互动交流活动（提问、讨论、练习）？课堂气氛是否活跃？等等。

⑩ 能有效利用各种教学媒体——考察评价教学工具、教学手段、现代教育技术和多媒体（含网络）教学资源运用能力与水平。多媒体课件内容是否丰富？是否做到了图文并茂？是否恰当引入了视频、动画、仿真等教学资源？制作水平与质量如何？板书布局是否合理？字体是否工整流利？字体大小是否合适？徒手绘图是否规范？板书与多媒体课件配合是否合理？等等。

【说明】天职师大课堂教学 10 项评价指标已运用 20 余年，在评价传统课堂教学质量方面发挥了很好的作用。但随着应用型高校课堂教学改革（课堂革命）广泛开展并不断深入，现有课堂教学评价指标不适应问题逐渐暴露出来，对课堂教学评价指标进行相应补充和调整也是应用型高校课堂革命的重要内容。例如，天津中德目前已在听课评价指标中增加了“课程思政”评价项目。

（3）课堂教学评价分值

天职师大课堂教学听课评价指标每项赋 10 分，总分 100 分（百分制）。各项设 A、B、C、D、E 五档，最高档（A）10 分，每降一档减少 2 分，最低档（E）2 分。天职师大评选校级优秀主讲教师，听课评价分值（平均）要求达到 90 分及以上。

（4）评价人具体意见建议

天职师大各类听课人在听课过程中，不仅要依照评价项目及其指标（标准）打分（勾选档），还要提出具体意见或建议。这些意见和建议将通过一定的渠道反馈给任课教师参考。使各类听课评价对提升课堂教学质量起到积极促进作用。

2. 课堂教学经典语录摘抄

众多教育教学专家和一线教师结合自己的研究成果、课堂教学实践与感悟，发表了许多课堂教学经典语录，下面摘抄其中 12 条供学习借鉴与欣赏。

① 快乐的课堂，应该是教师用激情点燃学生，用智慧营造愉悦的教学氛围，让学生心情放松，感到学习是一件轻松愉快的事情。

② 课堂的生命在于学生主人意识和学习兴趣的萌发，生命意识的觉醒和学习创造能力的爆发，来自学生内心对生命和学习的渴望。

③ 高效课堂追求的理想境界是“知识的超市，生命的狂欢”。

④ 让学生能够不焦虑，不恐惧，不孤独，不自卑，这样的课堂才能称得上安全的课堂。

⑤ 知识是学习的对象，而知识的生成则是一种能力。让学生掌握知识固然重要，但使学生能举一反三、学会知识生成更为重要。

⑥ 针对性、启发性、连贯性、简明性、灵活性、趣味性是课堂导入的六大原则。

⑦ 教是为了不需要教。从“需要教”到“不需要教”须经历逐步放手的过程，凡是学生自己能够学习掌握的内容，教师都不要越俎代庖。

⑧ 教师应变换角色，蹲下身与学生互动交流，营造和谐、开放的教学氛围。

⑨ 天上不会掉馅饼，天上也不会掉知识。学习有捷径，但没有点石成金的仙境。

⑩ 评价学生作业应从三个维度进行：一是评价基础知识和基本技能掌握情况；二是评价作业思考过程和解题策略；三是评价对待作业的态度。

⑪ 课堂教学是师生共同学习、共同建构的发展过程，是一种开放的、互动的、动态的、多元的新型教学形式。

⑫ 好的课堂结尾，不仅能巩固知识，拓展视野，挖掘潜能，升华情感，还能让学生学会归纳，留恋课堂，产生继续学习的欲望。

3. 课堂教学常见问题

应用型高校课堂教学的问题各式各样，下面根据作者在天职师大和天津中德两所高校听课中所见所闻，归纳出 11 种常见问题，以供参考。

（1）教学主体错位，教学效果大打折扣

任课教师把课堂教学过程视为学生配合教师完成教学任务（教案）的过程，违背了学生中心理念，客观上形成教学主体错位。且不注重学情分析，科学设定教学起点，造成教学内容与学生实际不相吻合，要么起点过高学生难以接受，要么起点过低，学生学不到东西，导致教学效果大打折扣。

（2）大纲意识淡薄，受教材禁锢，缺乏创新

任课教师应该牢固树立大纲意识，按照教学大纲（课程标准）规定内容组织教学。然而，一些任课教师大纲意识淡薄，不能正确对待教材和大纲的关系，视教材为金科玉律，无限放大教材作用。更有甚者，个别任课教师照本（教材）宣科，不做任何解释说明，不添加任何其他辅助教学素材，师生的创造性受教材禁锢而难以施展。

（3）讲授内容过多，消化不良，积重难返

一次课堂教学时间有限（90 分钟），任课教师应该合理安排各教学环节时间，留给学生思考问题的时间和巩固练习的时间均应该较为充裕，力求做到当堂消化。然而，一些任课教师讲授环节时间占比过大，讲授主题过多，内容不够精练，只顾讲授进度，不顾学生感受，也不安排思考练习，学生无法做到当堂消化，导致问题越积越多，整门课程教学目标最终难以达成。

（4）问题缺少设计，随意而为，意图不明

设问和提问的问题都应该在备课阶段预先设计，并做到意图明确，针对性强。然而，有的任课教师所提问题明显缺少设计性，或过于浅显，或缺乏意义，随意而为，不知道提问或设问的意图何在，对本次课堂教学的意义何在，感觉仅仅是为提问而提问，浪费了宝贵的时间，降低了教学效率。

（5）互动交流缺乏设计、参与度低、气氛沉闷

互动交流是体现教与学双向活动特征的重要环节。然而，一些任课教师在备课阶段忽视互动交流环节设计，互动交流活动的内容和形式（讨论 / 问答 / 游戏等）对学生缺乏吸引力，在教学实施阶段也不重视激发学生参与的积极性，造成学生参与度低，对教师抛出的问题应者寥寥，讨论活动则遭遇冷场。课堂气氛沉闷，互动交流效果不佳。更有甚者，个别任课教师

不组织任何形式的互动交流活动，也无视学生反应，使课堂教学变成了教师的“独角戏”。

（6）缺少归纳总结，仓促结束，草草收场

每次课结束之前应留出时间对本次课教学内容进行简明扼要的归纳总结。然而，一些任课教师没有养成归纳总结习惯，备课阶段（教案）不做归纳总结准备，实施阶段也没有归纳总结表现。更有甚者，个别任课教师往往在下课铃声响起时仓促结束，感觉课堂教学尚未结束便草草收场。

（7）板书缺少设计，不注重与多媒体课件配合

板书具有独特的优势，即使在多媒体技术日益发达、教学场所普遍配备了计算机和投影设备的今天，也强调要发挥板书优势，让板书与多媒体课件优势互补、合理配合。然而，一些任课教师缺少板书设计意识，不仅在备课阶段（教案）看不到板书设计内容，在实施阶段也看不到应有的板书呈现。更有甚者，个别任课教师整堂课都不在黑板上写一个字或徒手绘一幅图。

（8）导入缺少效力，未激发学习兴趣和求知欲望

讲授新内容之前，应该先进行导入，做好知识铺垫，充分调动学生的学习兴趣，激发求知欲望，把学生的注意力吸引到新内容学习上。然而，一些任课教师导入设计不用心，缺乏生动性、趣味性，与学生生活经历联系不够紧密，导入缺少效力。更有甚者，个别任课教师没有任何导入，不管学生有没有兴趣，不管所讲内容学生能否接受，只顾完成讲授任务，不关心实际效果。

（9）课堂练习缺乏，讲练结合体现不到位

应用型高校注重培养实际应用能力，提倡“讲练结合”。因此，应该精心设计课堂练习环节，所选（设计）练习题能够促进学生深入思考，有效培养应用能力。然而，有些任课教师课堂练习环节设计不够科学，练习题要么太容易，不能引发学生深入思考，达不到应用能力培养效果；要么题量偏大，内容繁杂，占用课时过多。还有个别任课教师根本不安排课堂练习，课堂教学一讲到底，充满了“满堂灌”色彩。

（10）语言基本功偏差，艺术性未得以体现

语言表达对于课堂教学的重要性不言而喻。任课教师的教学语言（口头、表情、体态）不仅要清晰、明了、规范，而且要有条理、分层次，逻辑性强，亲和力强，感染力强，还要讲究（追求）艺术性。然而，有些任课教师语言基本功偏差，普通话欠标准，语言缺乏组织，表述不够精练；有些任课教师表述缺乏条理性、层次感和逻辑性；还有的任课教师语音语调缺少变化，整堂课一样的节奏，使学生感到疲惫，甚至厌倦。上述种种问题，不仅会严重影响课堂讲授的艺术性，而且难以吸引学生注意力，难以调动学生的积极性，最终会使课堂教学的效果大打折扣。

（11）课程政意识不够强，课堂思政能力偏弱

这方面的问题将在第 13 篇（课程思政）专门阐述。

6.5 关于高校课堂革命

课堂教学是各级各类学校人才培养的主渠道和主阵地，因此往往成为观察一所学校乃至一个国家教育质量的窗口。针对传统课堂不适应培养当代经济社会发展所需新型人才而掀起的课堂革命发端于基础教育领域，但很快便蔓延到高等教育领域，成为推动传统课堂变革的巨大力量。因为教育教学改革及质量提升必须落实并体现在课堂教学之中，因而推进课堂革命被视作

高校教学改革的重要突破口。应用型高校教师不仅应该熟悉课堂革命，而且要积极投入其中，经受锻炼、接受洗礼，争做贡献。下面仅对高校课堂革命的主要目标、主要任务以及重点和难点做简要介绍。

1. 高校课堂革命的主要目标

课堂革命是高校人才培养适应新时代经济社会发展要求的必然反映，通过课堂革命应该达到完善人才培养规格和提高人才培养质量双重目的。

（1）完善人才培养规格

当代经济社会发展要求高校不仅能够培养更多的高级专门人才，而且能培养适应经济社会转型发展和科学技术变革的新型人才。这类人才的特点概括为“两强一高”。所谓“两强”指创新创业能力强、实践应用能力强；所谓“一高”指品德修养和综合素质高。传统课堂注重学生系统而牢固地掌握基础知识，但不适应“两强一高”人才培养。推进高校课堂革命就是要让高校课堂教学更富于创新性和实践性，更有利于提高学生的综合素质。

（2）提高人才培养质量

我国高等教育现有规模已经很大，充分展示了强大的人力资源开发能力，但人才培养质量不高、毕业生竞争力不强的问题越来越突出。传统课堂注重学生基础知识、专业素质与专业能力培养，但在提升学生核心素养和竞争力方面比较乏力。推进高校课堂革命就是要从根本上扭转我国高校人才培养质量不高的局面，为成为高等教育强国夯实基础。

2. 高校课堂革命的主要任务

高校课堂革命聚焦于人才培养主渠道，专注于改变传统课堂面貌、建设现代课堂。高校课堂革命的主要任务是进行以下五个方面的改革与创新。

（1）建立新型教学场域

课堂是由教师、学生、教学活动、教学环境、教学条件和教学文化等要素构成的教学场域（场所）。然而，传统课堂教学没有充分发挥课堂多要素协同作用，尤其没有充分发挥学生的主体作用，让课堂成为单纯的知识授受之所，使学生能力发展和素质养成局限于较低层次。课堂革命要充分发挥学生的主体性和能动性，让课堂焕发出活力，从而营造促进学生知识、能力和素质全面发展的场域。

（2）建立新型教学范式

课堂是教书育人的舞台。传统课堂教学以教师讲授教材内容为主要教学方式，以学生掌握教材内容为主要教学目的，课堂教学完全由教师和教材所主宰。课堂革命要全面落实学生中心理念，充分发挥教师的引领、指导、组织、激励作用，实行课内与课外相结合、教师讲授与学生自主学习相结合、教材内容与参考文献相结合、理论与实践相结合，形成服务于学生高效自主学习的教学范式。

（3）建立新型学习范式

传统课堂是教师的领地，学生是教师的教育对象，被动学习（课前预习、上课听讲、课后练习、通过考试）成为基本学习范式。课堂革命要转变学生角色，充分发挥其主体性，以知识、能力、素质全面发展为教学目标，实现被动学习向主动学习转变，单纯学习教材内容向学习以教材为基础的学科知识和实践知识转变，个人独立学习向团队合作学习转变，初级知识及能力发展的浅表性学习向融高级知识及能力、智慧和情感于一体的深度学习转变，以形成高质量学习范式，提高学生学习的自觉性、计划性和有效性。

（4）建立新型师生关系

古人云："亲其师而信其道。"良好的师生关系能够激发教与学的内在动力，使课堂充满生机与活力。在传统课堂之上，师生鲜有互动，缺少交流，课堂气氛沉闷而乏味。课堂革命就是要通过建立新型师生关系改变这种状况，使教师关爱学生、学生亲近教师，师生相互信任，能够开展情感交流和灵魂对话，既有利于活跃课堂气氛，更有助于学生身心健康发展。

（5）建立新型教学环境

传统课堂主要指教室，教学环境主要基于教师传授知识的需要而设计，教学条件（教学设备设施等）也是为了辅助教师传授知识而建设。课堂革命就是要根据教学范式和学习范式的变化，建设宽松自由、灵活机动，有利于师生互动交流、有利于学生自主学习，有助于采用多种教学方式，有助于达成教学目标的新型教学环境。课堂不再限于教室，实验室、实训室、工作室、草坪、运动场，乃至校外工作现场，只要适合教学活动，都可以成为课堂。

3. 高校课堂革命的重点与难点

我国高校课堂目前总体上还是传统的，因而课堂革命的任务繁杂而艰巨。课堂革命是一项系统工程，不仅涉及要素多，关系复杂，而且由于问题由来已久，很难在短时间内达成革新目标。课堂革命的各项任务不能齐头并进、同步展开，而应该分阶段进行。现阶段高校课堂革命的重点主要是突破教材中心地位和培养学生自主学习习惯。

（1）突破教材中心地位

在高校传统课堂教学中，每门课程指定或选用一本教材，整个教学过程都围绕这本教材进行。教师教教材，学生学教材，考试考教材，以教材为中心非常不利于培养创新型、应用型和复合型人才。突破教材中心地位，就是要让教材和相关参考资料一起进入课堂，让实验室、实训室、工作室、创新创业中心成为课堂，让相关企事业单位现场成为课堂，扩大课堂知识容量，增加课堂知识的内涵，使课堂成为学习知识（技能）、应用知识（实践）、探究知识的场所，使师生置身其中，充分发挥潜能，得到充分发展。

（2）培养自主学习习惯

自主学习是学生的一种自觉行为，是学生根据自身基础和社会需要，基于对学习意义的判断，所采取的主动学习行为。培养学生自主学习习惯，是高校课堂革命的重点任务。经过高考"拼搏"之后，很多高校学生将应试学习习惯带入高校，并衍生出被动学习和无效学习。这种习惯无法依靠传统课堂改变。高校课堂革命就是要使学生学会自主学习，善于开展自我激励，不断激发学习的内驱动力，学会有效管理学习时间，合理规划学习任务及进度，提高学习效率和质量。

高校课堂革命既要破也要立，面临的困难很多。在所有困难之中，让教师转变教学行为和创新教学文化两项工作难度最大。就教师转变教学行为而言，由传统教学转变到现代教学不仅需要具有自我否定精神，还需要客观条件支持、营造宽松包容氛围，包括学生的理解与接受、教学管理制度创新、教育技术支持、教学资源匹配等，而且教学模式及方法与诸多要素须密切关联，协同作用。而教学文化是一种无形的影响力，需要经过长期的积累沉淀，才能成为教学习惯或师生共同遵循的行为准则。高校课堂革命要创造学生中心、开放和创新的教学文化，就必须铲除滋生各种传统教学行为和现象的土壤，所面临的困难会更大，必须坚持不懈，久久为功。

第7篇 实践教学

应用型高校注重实践教学，普遍要求教师须具有“双师”素质，既能够胜任理论课程教学，也能够承担相关实践课程教学。本篇专门谈谈应用型高校实践教学，包括高校实践教学及其重要性、实验教学及其规范、实训课程及其教学规范、实习课程及其教学规范、课程设计及其教学规范、理实一体化课程及其教学规范、天津职业技术师范大学（天职师大）“三层次五阶段”工程实训体系和中天工匠涵养班启示八项内容。旨在使应用型高校教师（尤其新入职教师）加深对实践教学的认知，熟悉各类型实践课程及其教学规范，了解工程实训教学模式，并从工匠涵养班成功经验中受到启发。基于天职师大和天津中德应用技术大学（天津中德）两所高校实践教学督导工作梳理的各类实践教学常见问题，供教师们参考。

7.1 高校实践教学及其重要性

1. 高校实践教学及其特点

理论教学和实践教学共同构成高校教学体系。实践教学和理论教学都是由教师、学生、课程以及条件等要素构成的教学活动。与理论教学相比，实践教学的教学目标、教学内容、教学过程、教学考核、教学场所和教学设备均具有突出特点。具体阐述如下：

（1）教学目标

理论教学以获取专业理论知识为目标，而实践教学的目标呈现多重性，不仅要让学生获取专业认知（专业领域、行业企业、工作岗位、设施设备、工艺流程等），还要培养专业能力和专项（职业）技能，培养分析问题和解决问题能力，培养综合素质和综合能力，培养创新意识和创新实践能力。

（2）教学内容

实践教学内容具有多样性、综合性、融合性等特点。不仅包含完成规定工作所须掌握的知识（点），还包含完成规定工作所需具备的专业能力和专项（职业）技能，而且教学内容必须与校内外实践教学条件（场地、设备、工具、耗材、安全、环保等）相适应。

（3）教学过程

实践教学通常围绕实践项目进行，教学过程须充分体现项目式教学特点。主要由“布置任务并提出要求”、“讲解相关知识点及操作要领”、“进行必要的演示示范”、“学生自主

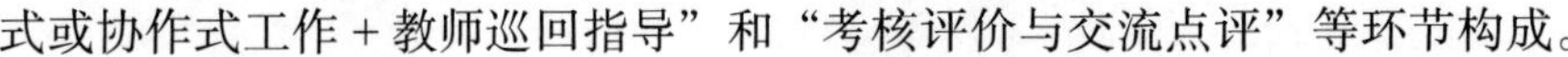

式或协作式工作＋教师巡回指导”和“考核评价与交流点评”等环节构成。

（4）教学考核

实践教学突出能力和技能考核，提倡过程性考核与结果性考核相结合。过程考核侧重于考察学生参与实践教学活动的表现；结果考核侧重于完成实际工作的效率及质量（实践报告、实际作品、技能水平等），还提倡依据专业能力（岗位能力）和专项技能（职业技能）标准进行评价。高校理论教学考核评价体系相对比较成熟，而实践教学考核评价体系尚处在探索和完善之中。

（5）教学场所

理论教学通常在普通教室进行，而实践教学则需要在实验室、计算机房、实训室、工作室、实习单位（企事业）工作现场等场所进行。为满足实践教学要求，应用型高校不仅要在校园内（校内）建立实践教学基地（实验室、实训室、计算机房、工作室等），还要在校外（合作单位）建立稳定的实践教学基地（生产实习、工作实习）。实践教学场所占地面积较大，水电气配套要求高，拥有充足的校内实践教学场所、建设稳定的校外实践教学基地是应用型高校开展实践教学的重要条件，也是应用型高校专业建设的重要内容。

（6）教学设备

实践教学设备是开展实践教学的重要条件之一。由于实践教学专业性强，与行业企业岗位联系紧密，因而实践教学设备通常需要按专业配置。实践教学设备一般分为教学仪器和通用设备两大类。教学仪器专门为学校实践教学（实验／实训）设计制造，针对性强，占地较少，功能齐全，性价比高，很适合校内实践教学。由于需求旺盛，目前已经形成了庞大的教学设备制造产业（教仪行业）。通用设备是行业企业普遍配备的生产加工设备（数控机床、普通机床等），这类设备对于培养学生实际操作能力，实现与行业企业的无缝对接不可或缺。购买实践教学设备耗资巨大，拥有充足适用的实践教学设备是应用型高校开展实践教学的重要条件，也是应用型高校专业建设的重要内容。

2. 应用型高校实践教学的重要作用

实践教学不仅是应用型高校办学优势特色的重要体现，也是应用型高校专业建设和教学改革的重点领域。实践教学在应用型人才培养过程中的重要作用主要体现在以下六个方面：

（1）增强感性认识，增强实践能力

实践教学的课堂由普通教室拓展到实验室、实训室、计算机房、仿真空间乃至真实工作场所，不仅可以拓宽理论与实际结合的途径，增强感性认知，增加亲身体验，而且能够将“学中做”和“做中学”落到实处，对于增强学生的实践能力（尤其动手能力）具有重要意义。应用型高校（尤其高职院校）按照相应工种职业资格标准开展的各层次职业技能训练（中级工、高级工、技师），以及按照行业（或知名企业）相应岗位能力标准开展的岗位能力训练，使实践能力培养与行业岗位工作能力要求密切对接，实践能力培养的针对性更强，岗位适应性更好。

（2）突出主体地位，促进全面发展

较之理论教学（课堂教学），实践教学更加注重突出学生的主体地位，更加注重促进学生的全面发展。实践教学的主角是学生，教师仅充当组织者、指导者、服务员、裁判员的角色。除布置工作任务，讲授相关知识、介绍（讲解）设备功能及操作要领，进行必要的演示示范之外，绝大部分时间都由学生自由支配。实践教学要求学生在遵守规程（行业规程、操作规程、安全规程）的前提下，亲自动手、亲身体验、团结协作，鼓励学生积极探索、大胆创新。通过实践教学，学生不仅可以获取专业知识、加深行业认知，增长专业能力，而且能够锻炼意志品格，提升职业素养水平，增强人际交流能力，从而达成多重培养目标。

（3）启发创新思维，培养创新能力

实践是科学技术发展的基础，也是创新创造的力量源泉。在实践教学中，学生亲自验证所学理论（验证型实验），直观了解所学理论（演示型实验），并在工作情境中获得设计、仿真、制造全过程真切体验（实训、实习、课程设计、毕业设计），不仅可以激发探索欲望，启迪创新思维，而且有利于创新能力培养。

（4）提高学习兴趣，培养优良作风

实践教学形式多样，场所多变、接触面广，体验性强，且以实际项目为引领，由工作任务来驱动，对于不擅长陈述性知识（尤其符号化知识）学习的应用型高校学生具有更大的吸引力，更有利于激发学生的学习兴趣；此外，实践教学还有利于培养学生亲力亲为、吃苦耐劳、独立思考、探索发现、专注持久、团结协作等优良作风，这些对于适应行业岗位工作都非常重要。

（5）理论联系实际，培养应用能力

应用型高校实践教学与理论教学联系紧密，相互支撑、协同作用。理论教学侧重于基础理论知识和专业技术知识学习，为实践教学奠定理论基础；实践教学注重理论联系实际，着重于应用基础理论知识和专业技术知识分析问题和解决问题能力的培养，着重于提升应用技术水平，着重于提升专业素养和综合素质，既能促进学生实际才干增长，也为适应行业岗位工作奠定了基础。

（6）增强合作意识，培养协作能力

在实践教学过程中，除指导教师集中讲解、集中指导、集中讲评之外，学生一般都以小组为单位进行项目实践活动。若干名学生组成实践小组，共同研讨制定项目实施方案，协作完成各项工作任务，相互启发，取长补短，协同协作，密切配合，久而久之，便能够养成探究性学习和合作性学习的良好习惯，增强合作意识，提升协作能力，而合作意识和协作能力是各行业人力资源部门都十分看重的。

7.2 实验教学及其规范

实验若非独立设课（如物理实验课、数学实验课等），一般都属于某门课程（理论课）的实践教学部分。虽然实验在专业人才培养方案（教学进程表）中没有独立的课程名称，也不单独分配课程代码，却是相应理论课程不可或缺的组成部分，与理论教学内容共同构成某门课程完整的教学内容体系，对达成课程教学目标发挥着不可替代的作用。实验教学的主要任务是使学生掌握观察科学现象，开展科学实验的基本方法、基本技能，培养观察自然现象、探索自然规律、解决本学科（专业）科学技术问题的基本能力，培养科学精神和创新精神、培养良好的专业作风。

1. 实验教学类别及其特点

实验教学以项目为教学单元，一般每个实验项目安排 2 学时（与 1 次理论课学时相同），依据实验目的，将实验项目划分为“演示性”、“验证性”、“综合性”和“设计性”四类。

（1）演示性实验

演示性实验由教师操作实验设备，向学生呈现实验现象，由此展示或验证相关理论（定理）或系统工作原理和工作过程。演示型实验适于仅有一台（套）实验设备，且实验设备操作或实验过程复杂、安全防范要求高、实验耗材昂贵，不方便学生实际操作的实验项目。

（2）验证性实验

验证性实验指学生在教师的指导下，亲自操作实验设备，按规定实验方法和操作步骤进行实验，通过观察分析实验现象，科学处理实验数据，对理论教学内容进行验证，以加深对所学理论知识的理解和感悟。

（3）综合性实验

综合性实验指实验内容、实验方法或实验手段（至少其中之一）具有综合性。实验内容综合是指同一个实验项目涉及一门课程或系列课程的多个知识点，或者涉及多门相关课程内容。内容综合性实验有利于促进学生建立知识的关联性和系统性；实验方法综合是指同一个实验项目须运用多种实验方法才能完成，方法综合性实验有利于培养学生运用多元思维方式，多种实验原理综合分析问题、解决问题的素养和能力；实验手段综合是指综合运用多种实验手段完成同一个实验，以培养学生从不同角度、通过多种手段进行观察分析的能力，并使学生掌握多种实验技能。

（4）设计性实验

设计性实验指学生在教师的指导下，根据设定的实验目的和给定的实验条件，自行设计实验方案，选择实验方法、选用实验器材，拟定实验程序（步骤）所进行的实验，并对实验数据进行分析处理。整个实验过程，学生都处在主动学习状态。设计性实验有利于培养学生的主动探索精神和创新实践能力。

2. 实验教学规范

实验教学规范较为复杂，教师侧（指导教师）主要涉及教学文档、教学过程和教学管理三个方面。具体说明如下：

（1）实验教学文档

实验教学文档主要包含“实验教学大纲”、“实验指导书”和“实验教学教案（通常融入理论教学教案之中）”。实验教学文档不仅要齐全，而且要符合学校或二级教学单位（如实验中心）相关规范。首先，实验教学必须依据实验教学大纲组织实施。实验教学大纲通常作为课程教学大纲（课程标准）之附件，具体规定（阐述）每个实验项目的教学目标、实验设备、实验耗材、安全防范、实验方法、实验步骤、实验数据记录表格、实验数据处理方法、实验报告要求（统一模板）以及实验成绩考核方式等。

（2）实验教学过程

实验教学过程（教师侧）通常由“集中讲授讲解”、“巡回检查指导”和“审核实验数据”三个环节（三项任务）构成。讲授讲解内容主要包括实验目标及要求、实验原理、实验设备、实验方法、实验步骤、注意事项（尤其安全防范）等；实验教学过程（学生侧）通常由“实验预习”、“认真听讲”、“分组实施”、“记录实验现象与数据”、“分析处理实验数据”和“撰写实验报告”六个环节（六项任务）构成。实验预习要求认真阅读实验指导书，复习相关知识，了解实验内容、实验设备、注意事项（尤其安全防范）等。通过“认真听讲”明确实验任务及要求，熟悉实验原理和实验方法，了解实验设备及耗材，知晓实验过程及步骤等。“分析处理数据”和“撰写实验报告”两项任务一般在课后进行（不计入实验学时）。

（3）实验成绩评定

实验指导教师负责批改学生实验报告，并按照实验教学大纲规定（实验成绩评定部分）评定学生实验成绩。所有实验项目完成之后，负责整理、登记、提交实验成绩单。实验成绩在课程考核成绩（总成绩）中所占比例，根据教学大纲或课程标准（成绩评定方式）确定。

应用型高校教师应该具有“双师”素质。因此，任课教师既要承担一门课程的理论教学，也要担任该课程的实验指导。专职实验教师负责实验室管理（设备维护、耗材配备、环境安全等），当学生人数过多时（两个教学班及以上），专职实验教师配合任课教师进行实验指导。

3. 实验课程教学常见问题

根据近年来在天职师大和天津中德跟踪听课以及教学档案检查中获取的信息，梳理出实验课程教学常见且带有普遍性的若干问题，供老师们参考。

（1）实验成绩占比偏低

绝大多数实验非独立设课，所依附的理论课程基本都是考试课，实验成绩仅为平时成绩的一部分，在课程考核总成绩中占比偏低，弱化了实验的作用，不利于调动学生实验教学的积极性和创造性。

（2）验证性实验占比过高

实验分为“演示性”、“验证性”、“综合性”和“设计性”四类。而实验指导书中绝大多数实验项目都属于验证性或演示性，有限的综合性和设计性实验，任课教师也未给予安排，造成实验教学目标难以全面达成。

（3）实验报告内容雷同、质量偏低

实验报告是记录实验过程及实验数据、分析实验结果、总结实验收获与体会的重要载体，也是实验教学考核评价的重要依据。由于对实验教学的作用和意义认识不到位，又缺乏科学严谨的态度，普遍存在实验报告雷同问题(甚至整个班级只有一个版本),而且文字叙述、数据表格、变化曲线都存在不够规范、质量偏低等问题。

7.3　实训课程及其教学规范

实训课程在应用型高校专业人才培养方案（教学进程表）中有独立的课程名称，单独分配课程代码，是为培养学生专业（职业）实践能力，提升专业（职业）素养专门开设的实践课程。实训课程通常在校内实训基地（室）进行，模拟实际工作环境，采用真实工作项目和实际工程案例，强调理论结合实践，以期在最短的时间内使学生在专业技能、实践经验、工作方法、团队合作等方面得到全面锻炼。

1. 实训课程类别及其特点

实训课程分为单项实训课程、综合实训课程、虚拟实训课程、虚实结合实训课程四大类。具体阐述如下：

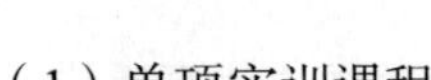

（1）单项实训课程

单项实训课程教学内容仅限于某一方面专业（职业）技能训练，教学安排与相关理论课程衔接紧密，着重于培养与理论教学内容相关的专业（职业）技能（如汽车发动机维修、机床安装与调试、电子产品组装与调试等）。

（2）综合实训课程

综合实训课程教学内容系统性强，综合性强，很多应用型高校（尤其高职院校）都参照相应职业资格标准或行业岗位技能标准设置综合性实训课程，以通过某种层级（中级工、高级工、技师）职业技能鉴定或行业岗位技能水平考核为训练目标，开展系统化、综合性专业（职业）技能训练，使综合实训课程教学与职业岗位能力培养紧密联系，有效提升了学生的职业素养，增强了就业竞争力。

天职师大很早就将职业资格标准和职业技能鉴定引入实训教学，各本科专业普遍开设职业技能训练系列课程（中级、高级、技师），并将获得一定层级的职业技能资格证书（高中生源必须取得中级工、中职技校生源必须取得高级工）作为本科毕业的基本条件，在全国首创“双证书”制度（本科毕业证＋职业资格证），该项成果荣获国家级教学成果一等奖（1997 年）；之后进一步提高职业技能培养水平，综合实训课程从中级工起步，逐步进阶，学生最高可取得技师职业资格（本科＋技师），该项成果又荣获国家级优秀教学成果一等奖（2005 年）。

（3）虚拟实训课程

虚拟实训课程系指在虚拟环境下（计算机网络＋虚拟训练软件）完成技能训练任务。随着虚拟现实（VR）技术和计算机仿真技术的发展与广泛应用，虚拟实训课程逐渐成为发展新潮流。对于真实训练设备价格昂贵或占用场地大，需要大量耗材或昂贵训练器材才能进行的技能训练项目（如飞机驾驶与维护、海洋钻井平台运行维护、特种设备运行维护），对于在特殊环境（如核反应堆设备运行维护）下才能进行的技能训练项目，虚拟实训都可以大显身手。

（4）虚实结合实训课程

虚实结合实训课程系指先通过虚拟实训培养锻炼基本技能，再到真实环境之中，面对真实设备进行技能训练（虚实结合）。

虚拟实训课程和虚实结合实训课程都十分有利于节约训练资源（训练设备投资及材料消耗等），突破环境等条件制约，是信息化时代实训教学发展的一个重要方向。各类高校对虚拟实验实训的旺盛需求催生了大批专门从事虚拟实验实训系统开发和服务的高科技企业（如北京欧倍尔），也为教学仪器（教仪）行业发展创造了新的机遇。

2. 实训课程教学规范

应用型高校为规范实训课程管理，保证实训教学质量，培养高素质应用型人才，一般都会专门制定实训课程教学管理规范，对制订实训教学计划、编写实训教学大纲及实训课程教案、实施实训课程教学以及实训教学考核与成绩评定等提出明确而具体的要求。下面以天职师大实训教学工作规范为例，就实训教学各项规范做简要阐述。

（1）实训教学计划

各专业实训教学计划应作为专业人才培养方案的重要组成部分（集中实践课程），由所属二级学院和学校工程实训中心共同制订（其中的综合性实训课程教学任务由工程实训中心承担），并经校内外专家论证，学校和二级学院两级教学指导委员会审定后执行。实训教学计划应包括实训课程设置、学时学分、开课时间（学年 / 学期）、教学进程等内容，以便于各专业实训教学安排，便于协调实训场所与实训设备，并充分发挥实训教学资源的效能。

（2）实训课教学大纲

各专业实训计划中设置的所有实训课程都必须制定教学大纲。实训课教学大纲由所属二级学院组织制定（修订），应认真征求校内外专家意见，并经二级学院教学指导委员会论证审定，报教务处批准后执行。天职师大要求实训课教学大纲必须包含以下八项内容：

① 实训课程名称、学时学分、适用专业等基本信息；

② 实训课程的性质、目的和教学要求；

③ 实训课程主要教学内容（要点）；、

④ 职业技能鉴定等级要求（中级工、高级工、技师）；

⑤ 学时分配（学时分配表）；

⑥ 教学场所、实训设备、教学方法与手段；

⑦ 课程考核方式（考试 / 考查、过程考核、结果考核）；

⑧ 选用的实训教材及主要参考资料（相关手册、操作指南等）。

（3）实训课教材选用

实训课必须选用公开出版的实训教材或自编实训指导书实施教学。鼓励拥有丰富实训教学经验，且熟悉本校本专业实训场所及实训设备的教师编写实训教材或实训指导书（天津中德列为校本教材）。由学校或二级学院统一制定实训指导书模板，规范指导书内容及格式。

（4）实训课准备与实施

与理论课教学相比，实训课教学涉及场地、设备、工具、耗材、水电气供应等多方面条件保障，需要制定严密的教学准备与实施流程。天职师大工程实训中心规定实训课教学分以下三个阶段进行准备与实施：

① 条件准备阶段——实训课任课教师和相关实训室及工具耗材管理人员须根据实训教学计划和课程安排（课表），提前（至少1周）做好实训课教学各项准备工作（场地、设备、工具、耗材等），以保证实训课教学正常进行。

② 课程准备阶段——实训课任课教师须按照实训教学大纲认真备课，编制实训课教学方案（教案），按课表拟定实训课授课计划，还要求拟定实训课任务书并及时传送给学生（供预习之用）。具体要求如下：

- 实训课教案：实训课教案除填写基本信息（课程名、课程编号、专业、班级、学时学分）以及实训课教学目标（知识、能力、素养）和时间安排之外，须按训练项目及其顺序编写。明确各训练项目内容及其要求（知晓哪些知识点、掌握哪些方法和技能）；突出各训练项目的重点，明确各训练项目的难点并说明突破这些难点的措施和办法；说明各训练项目所使用的设备、工量具以及配件和耗材，说明各训练项目安全注意事项及安全防范要求（服装鞋帽、防护器具等）。实训课教案还应包括项目小结或课后小结，以促进任课教师进行教学反思。为规范实训课教案，学校或二级教学单位（如工程实训中心）通常会制作统一模板。
- 实训课授课计划：实训课程通常集中安排在一周或几周时间进行，因此授课计划应该以周为单位拟定，填写《实训教学周计划表》（天职师大工程实训中心模板）。授课计划内容须按训练项目依次填写，不仅要说明实训内容、任务及要求（简明扼要），还要说明所用实训设备、工量具、仪器仪表、配件耗材及其数量等。

- 实训课任务书：实训课程（尤其综合性实训课程）通常在一周或数周内集中安排（有利于场地设备调配），为提高实训课教学效率，让学生尽快进入实训状态，要求任课教师认真拟定实训课任务书，提前传送给学生预习。实训课任务书除基本信息、教学目标、时间安排、训练项目、训练任务及要求（复制教案相应内容）之外，还应对学生应该具备的基础理论和专业技术知识以及专业能力和技能(工量具使用等)提出要求。对阅读（借阅）哪些文献资料（手册等）提出具体要求。安全注意事项以及安全防范要求也是实训课任务书不可缺少的内容,对学生进入实训场所、操作实训设备的穿戴(衣服鞋帽）和防护用具都应该提出明确要求。

③ 教学实施阶段——实训课任课教师实施教学，应承担学生考勤、知识点讲授、演示示范、任务布置、安全教育、训练指导检查（巡回）、考核评价等各环节工作，并认真填写《实训教学情况记录表》（二级学院或工程实训中心统一编制）。

（5）实训课教学考核及成绩评定

实训课教学考核及成绩评定涉及相关知识、操作技能、实际作品、职业技能鉴定或行业岗位技能考核等多个方面，比理论课教学考核与成绩评定复杂得多。学校或二级学院层面（含工程实训中心）须制定科学、严谨、合理、周到的考核及成绩评定办法。在每门实训课程教学大纲中，课程教学团队必须对教学考核及成绩评定做出明确具体规定。实训课教学考核成绩评定一般采用“优”、“良”、“中”、“及格”和“不及格”五级制。百分制成绩须转换为五级制成绩录入教务管理系统。

对于专业人才培养方案规定必须取得职业资格证书或行业岗位技能等级证书的实训课程，教学考核必须与职业技能鉴定成绩或行业岗位技能等级考核成绩挂钩。为此，天职师大规定，这类实训课程以职业技能鉴定成绩作为课程最终成绩。此外，实训课程考核不合格必须重修(不能补考)，且只能参加下一批次职业技能鉴定或行业岗位技能等级考核。天职师大的这两项项规定仅供参考。

（6）实训课教师配备及职责划分

实训课程教学需要任课教师、实训室以及工量具和耗材管理人员相互协同才能安全顺利完成。为保证实训课程教学各环节顺利进行，加强训练指导，防范安全事故，天职师大工程实训中心实行“主辅教师”配置，并实行主讲教师负责制。主讲教师全面负责各教学环节（备课、讲授、演示、示范、指导、点评、考核、小结等)，辅助教师协助主讲教师做好课前各项准备(实训设备、工量具、配件耗材、安全防范等）、协助指导训练，完成主讲教师安排的其他教学辅助工作。

（7）实训课程文档

实训课程文档是应用型高校教学文档的重要组成部分，应该按照学校“班级课程教学档案”规范进行整理并归档管理。

（8）实训课程教学过程

实训课教学通常采用项目式教学或案例教学，综合性实训课程尤其如此。实训课教学过程一般可划分为“集中讲授与演示示范”、“分组训练与巡回指导”和“考核评价与交流点评”三个阶段。

① 集中讲授与演示示范——集中讲授与演示示范系指面向全体学生进行知识讲授、演示（系统功能等）和示范（操作技能等）。实训课程开始，任课教师需要集中介绍实训课程教学目标及要求，讲授主要训练任务（项目）和相关知识点，进行必要的演示示范，布置分组训练任务，进行安全教育等。根据在天职师大工程实训中心多年跟踪实训课程（听课）的实际感受和切身体验，就此环节提出参考建议如下：

- 任课教师在备课阶段应该下功夫弄清楚实训项目相关知识（依据实训教材或指导书），讲授这些知识不必追求系统性（系统性学习已在相关理论课教学中完成），而应把重点放在引导学生自主学习、激发学生学习相关知识的兴趣和积极性方面，让学生明确实训项目涉及（用到）哪些知识，这些知识起什么作用，如何获得这些知识……
- 任课教师在备课阶段应该下功夫弄清楚学生现有知识结构与实训项目相关知识之间的差距，即学生已经具有哪些知识，尚不具有哪些知识，从而采取知识回顾（已有知识复习）和知识讲授（新知识补充）两种方式组织相关知识学习。为此，任课教师（尤其承担面向各专业实训教学任务的教师）在备课阶段应该认真查阅学生所属专业的人才培养方案以及相关课程的教学大纲。只有这样，讲授相关知识才能做到心中有数，避免重复和遗漏，提高效率和效能。
- 任课教师应十分熟悉实训设备（组成结构、工作原理、使用方法等），并充分展示“双师型”教师高超的专业（职业）技能，注重发挥演示示范环节的独特作用。一是演示内容要清晰，注意与实训内容紧密关联，有利于增强学生感性认识；二是演示方式要适宜，注意清晰地呈现演示内容（视频片段、3D 动画、虚拟仿真，实际成果等）；三是示范要到位，尤其针对较为复杂、较难掌握的技能，任课教师一定要亲自示范，并在示范过程中，详细讲解方法、步骤、要领和注意事项（边演边讲），让学生在做好充分准备的情况下开启自主训练。鉴于实习学生人数较多，配备“摄像头 + 大屏幕电视”能够让所有学生都清楚地观看示范过程。这种配置目前已在天职师大工程实训中心普及，显著改善了演示效果。

② 分组训练与巡回指导——受场地、设备、工具耗材等条件制约，实训课训练环节一般都采用分组方式进行（学生自由结合或由任课教师安排）。分组训练有利于培养学生沟通协作能力，相互学习、取长补短、共同进步。分组训练阶段通常采用任务驱动教学法，以充分发挥学生的主观能动性，让学生按照项目任务书（实训课程重要教学文档之一）要求，分工协作，高质量完成项目训练任务。为促进学生自主训练，强化训练过程考核，建议编制若干“任务工单”（细化任务内容及要求）或“工作记录表”（细化工作内容及步骤）；在学生分组训练阶段，指导教师实施巡回指导，及时发现问题（安全隐患、违规操作、训练态度、训练表现）、及时给予指导（答疑示范、信息交流等）。在此过程中，指导教师应善于发现并归纳总结所存在的共性问题，安排恰当的时间（如下次实训课开始时）进行集中讲解或演示示范。因此，实训课程教学前两个阶段应该交替进行，循着“集中—分组—再集中—再分组……”不断向前推进。巡回指导对于实训教学非常重要，结合在天职师大工程实训中心多年跟踪实训课程（听课）的实际感受和切身体验，提出具体建议如下：

- 巡回指导过程中要做到“四多”，即“多转、多看、多问、多教”。多转是指多走动、勤走动、全覆盖，以便及时发现训练中存在的问题；多看是指注意观察学生的操作，对正确规范的操作给予肯定和表扬，对错误的、不规范的操作及时予以纠正；多问是指多询问、勤测试，切实了解和把握学生专业（职业）技能掌握情况；多教是指针对学生训练中暴露的问题以及产生的疑问，给予及时有效指导，及时进行答疑解惑。

- 巡回指导期间应注重个别指导与集中指导相结合，对发现的共性问题（普遍存在）应采取集中指导，对个性问题（个别存在）则进行个别指导。
- 巡回指导过程中要善于发现和培养优秀学生（理论课成绩优秀，实训课成绩未必优秀，反之亦然），发挥他们的“领头羊”作用，同时也要注重帮助遇到各种困难的学生，采取各种针对性措施和有效方法帮助他们克服困难，切实取得进步。
- 巡回指导期间要提高安全意识，严格执行实训教学纪律，维持正常教学秩序，及时发现并排除各种安全隐患，及时制止违反安全防范规定的行为，确保实训教学安全有序进行。
- 巡回指导过程中要与学生加强沟通，认真征求学生意见，深入了解学生诉求，不断改进实训教学方法，持续提高实训教学质量。

③ 考核评价与交流点评——实训课程教学考核评价应严格依据实训课程教学大纲进行。任课教师应在明确考核类型（考试 / 考查）和考核方式（过程考核 / 结果考核）的基础上，按照拟定的考核方案（教学大纲之中），实施考核并评定成绩。采用过程考核的实训课程，应该针对每一项考核内容（出勤及表现、任务工单、实训报告、实际作品等）及时完成各阶段考核，并按照考核方案确定的各项考核成绩占比，核定最终成绩；采用结果考核的实训课程，则应拟就考核试卷，确定考核作品（加工制作类）或考核项目（操作技能类），同时还要拟定参考答案（针对试卷）和评分标准，在实训课程结束之前组织实施各项考核评价。若实行过程考核与结果考核相结合，则应分别完成过程考核和结果考核，然后，按照考核方案确定的各类考核成绩占比，核定最终成绩。

鉴于实训课训练分组进行，任课教师不仅应该在训练过程中鼓励和引导各组学生进行交流，取长补短，共同进步，还应该在授课计划中安排集中交流活动（分组汇报训练过程及成果、分组展示训练作品等），并对学生训练过程以及成果进行全面客观公正的评价（点评），让全体学生从中受益。

3. 实训课程教学常见问题

根据近年来在天职师大和天津中德跟踪听课以及教学档案检查中获取的信息，梳理出实训课程教学常见且带有普遍性的问题如下：

（1）基础了解不够，知识讲授盲目性大

实训课程应根据学生基础状况，围绕训练项目讲授相关知识。需要任课教师在备课阶段（学情分析）全面深入地了解受训学生的基础知识水平，以避免知识讲授的盲目性。然而在实际中，任课教师往往对学生知识基础的了解不够全面、不够深入、不够准确，致使知识讲授环节普遍存在较大的盲目性。不是讲授过多（已学过的知识重复讲授），便是讲授不够（项目涉及的新知识未作补充）。

（2）教学文档不够齐全，格式与内容欠规范

实训课程教学大纲（课程标准）、授课计划（周计划）、实训任务书、实训指导书等文档资料普遍存在不齐全、格式和内容欠规范的问题。此外，实训课基本都属于考查课，采用过

程性考核评价方式。而实训课考核方案往往不够周密、不够严谨，相应的考核评价支撑材料不齐全、不规范，严重影响了实训课班级课程教学档案质量。

（3）缺少交流互鉴，忽视总结点评

实训课程通常采用分组训练方式，课程或项目结束之时，任课教师应该组织各组学生（选代表）进行汇报交流，并给予总结点评，促进学生之间交流互鉴。然而在实际中，这个环节往往被忽视或忽略。

（4）实训报告内容雷同，质量偏低

实训报告与实验报告存在的问题相仿，不再详细阐述。

7.4　实习课程及其教学规范

实习课程专指人才培养方案（教学进程表）中设置的，在对口行业企业或事业部门（合作单位）实施的综合实践类课程。在专业教学计划（人才培养方案）中有独立的课程名称，单独分配课程编号。这类课程对于培养适应行业需求的应用型人才不可或缺，更是应用型高校人才培养特色和优势的重要体现。

1. 实习课程类别及其作用

实习课程在高校各专业人才培养方案（教学进程表）中的名称不尽相同，但按照课程教学目标及作用大体可分为"认知实习"、"专业实习"和"岗位实习"三类。这三类实习课程的教学目标及作用如下：

（1）认知实习

认知实习课程以获得所属行业感性认知、认识本专业在行业中的地位和作用为教学目标。主要教学形式为参观考察所属行业典型企业（事业部门），同时邀请熟悉情况的行业人士详细介绍行业背景、现状与发展趋势、岗位设置、工作流程、主要设备等情况。认知实习单位通常在学校合作对象中挑选。认知实习课程一般在大学一年级开设，与"专业概论"课程相配合，让学生对所学专业及未来就业前景有全面深入的了解，以增强对所学专业的热爱，激发专业课程学习兴趣和积极性。

（2）专业实习

专业实习课程以获得所属行业专业技术，培养运用所学专业知识解决行业实际问题的能力为教学目标。主要教学形式为针对行业企业或事业部门实际工作，结合专业培养目标（毕业生能力目标），确定与学生现阶段知识与能力水平相适应的实习项目（设计、生产、研发、服务等），并在校外实习基地（企事业合作单位、公共产教融合基地等）予以实施。专业实习课程一般在大学二、三年级开设，实习项目类型及项目内容应随着学生知识和能力水平的提升而适时进阶，促使专业实习内容不断深化，涉足领域逐步拓宽。

（3）岗位实习

岗位实习课程以获得行业岗位工作实际体验，增强就业岗位工作适应性为教学目标。本科层次学生毕业实习也属于岗位实习性质。岗位实习课程一般安排在毕业之前，应尽可能与学生就业紧密结合，甚至无缝衔接。

天津中德一贯重视行业（企业）实践，针对四年制本科提出了行业（企业）实践"四年不断线”的要求。在各专业人才培养方案（教学进程表）中，大一安排“认知实习”，大二和大三各安排一次“专业实习”，大四安排“毕业实习”。天津中德“四年不断线”的行业（企业）实践课程，使校内学习（理论知识和专业技能）与行业（企业）实践紧密结合、同向同行，在深化学校与行业（企业）的合作关系、利用行业（企业）教育资源、检验校内教学效果、促进学生就业等方面都发挥了很好的作用，充分体现了天津中德的优良传统以及办学优势与办学特色。

2. 实习课程教学规范

实习课程种类多，涉及面广，各学科（专业）差异较大，学校层面的管理规范只能就各类实习课程教学管理、教学原则、教学文档等做出规定，二级学院则应参照学校相关规定，结合所属各专业的实际，制定二级学院层面的实习课程教学规范。各类实习教学规范主要涉及内容如下：

（1）签署合作协议

实习课程教学实施需要利用合作单位教育资源（场地设备、技术资料、配件耗材、指导教师）。建立专业对口，教育资源充足、合作关系稳定的校外实习基地是实施各类实习课程教学的关键。因此，选择合适的实习单位，签署合作协议非常重要。

（2）签订实习协议

实习课程教学在校外（实习单位）实施，要求参加实习的学生（尤其专业实习和毕业实习）与学校（二级学院）签订实习协议，承诺遵守学校实习纪律，遵守实习单位管理规章，遵守实习安全防范约定，以确保实习教学顺利、安全、有效。

（3）实习教学大纲

实习课程是各专业课程体系的重要组成部分，为规范教学过程，确保教学质量，所有实习课程都必须编制课程教学大纲（实习大纲），以明确教学目标、地位与作用、实习单位、实习内容、实习要求、组织方式、学时分配、考核与成绩评定方式（考核方案）、指导手册与参考资料等，并履行审核批准手续。与校内实施的课程教学大纲不同，实习教学大纲应该由学校教学团队和实习单位专家和指导教师共同编制，通常由学校教学团队（负责人）采用学校模板起草，再征求实习单位（通常为多家）专家和指导教师意见，并根据实习单位情况变化适时修订（通常每学年修订一次）。

（4）实习指导教师

实习课程教学由校内指导教师和实习单位指导教师共同实施。校内指导教师通常负责教学活动组织、编制实习教学计划、填写指导教师意见（实习手册、实习报告等）、统计并填报考核成绩等；实习单位指导教师主要负责专业指导和专业考核。要求校内指导教师与实习单位指导教师及时沟通、密切协作，协同完成实习课程教学任务。

（5）实习手册（日志）

为规范实习课程教学，督促学生遵守各项实习规定，认真完成各项实习任务，学校或二级学院应编制各类实习手册（日志），要求学生以天为单位，认真填写实习内容、实习效果和实习体会等，校内指导教师和实习单位指导教师应在实习手册（日志）上认真填写审阅意见并签字，有些高校还要求加盖实习单位印章。实习手册（日志）是实习教学考核的重要内容（过程考核）和成绩评定的重要依据，也是实习课程的基础性教学文档，应依据学校统一规定妥善保存。

（6）实习总结报告

各类实习课程教学完成之后，要求每位学生撰写一份实习总结报告（实习报告），系统阐述实习内容、工作过程、收获与体会、意见建议等。实习报告是各类实习课程教学考核的重要内容（结果考核）和成绩评定的重要依据。为规范实习报告内容及格式，学校或二级学院应设计相应模板。实习报告也是实习课程的基础性教学文档，应依据学校统一规定妥善保存。

（7）实习成绩考核

与其他实践类课程相同，各类实习课程考核与成绩评定也应该按照实习大纲相关规定（考核方案）进行。各类实习通常都属于“考查课”，一般也都实行过程考核和结果考核相结合，并按考核方案确定的各类成绩占比，核定实习课程最终成绩，最终成绩一般折算为“优”、“良”、“中”、“及格”和“不及格”五级制，录入教务管理系统。

（8）实习课程文档

实习课程文档是应用型高校教学文档的重要组成部分，应该按照学校“班级课程教学档案”规范进行整理和归档管理。各项文档资料应齐全、格式与内容应符合学校相应规范。

3. 实习课程教学过程

认知实习、专业实习和岗位实习的教学目标各有侧重，教学内容和实施步骤也存在较大差异。从“教学准备”、“教学实施”、“考核评价”三方面（三阶段）分类阐述如下：

（1）认知实习

① 教学准备阶段——首先要确定具有行业代表性和典型性的实习单位（通常在合作单位中筛选），并与实习单位（人力资源部门）沟通，拟定参观考察项目，约定具体时间和参观考察路线，确定实习单位指导教师人选（指引、讲解），在此基础上，由校内指导教师拟定授课计划（采用统一模板）。

② 教学实施阶段——首先应向参加认知实习的全体学生宣讲认知实习的目的与意义，说明认知实习内容安排，进行实习纪律教育和安全教育，布置实习任务、提出具体要求（出勤、遵纪、安全、实习记录、实习报告等）；然后按照认知实习授课计划组织考察，要求学生及时填写实习手册，待考察完成之后，撰写实习报告（采用统一模板）。

③ 考核评价阶段——认知实习考核一般由校内指导教师独自实施，实行过程考核 + 结果考核，按照认知实习大纲规定的成绩占比，综合确定最终考核成绩（五级）。过程考核主要包括实习期间表现（出勤、遵纪、态度等）和实习手册质量评价；结果考核主要是实习报告质量评价。校内指导教师不仅要实施考核、评定成绩，还要撰写评语（在实习手册或实习报告相应栏目）并整理实习课程教学档案。

（2）专业实习

① 教学准备阶段——首先要选择合适的实习单位，确定实习单位指导教师（符合学校校外指导教师资格条件），依照专业实习大纲，由学校指导教师与实习单位指导教师协商确定专业实习项目、拟定项目名称及内容、明确实习任务及要求、安排实习时间等；在此基础上，由校内指导教师拟定专业实习授课计划（采用统一模板）。

② 教学实施阶段——首先应向参加专业实习的全体学生宣讲专业实习的目的与意义，说明此次专业实习的实习单位、实习项目及内容、实习任务及要求，进行实习纪律教育和安全教育，为尊重学生意愿，尽量采用“自愿报名、自由组合”的办法完成实习项目与项目小组学生匹

配。确定实习单位及实习项目之后，签订《实习协议》，然后组织学生赴实习单位分组分项目开展专业实习（由实习单位指导教师负责指导并实施过程考核，校内指导教师予以协助）。在此过程中，要求学生每天填写实习手册（日志），完成各阶段实习任务并整理相关成果（图纸、表格、数据、程序、作品等），所有实习任务完成之后，撰写并提交实习报告（采用统一模板）。

③ 考核评价阶段——专业实习考核由实习单位指导教师和校内指导教师共同实施，同样实行过程考核与结果考核相结合，并按照专业实习大纲规定的成绩占比，综合确定最终考核成绩（五级）。过程考核内容主要包括实习表现（出勤、遵纪、态度等）、实习手册（日志）质量以及各阶段实习任务完成质量；结果考核主要是实习报告质量和各阶段实习成果评价。校内指导教师负责核定成绩，登记、录入成绩，还要撰写评语并整理实习课程教学档案。鉴于专业实习分组分项目进行，有必要安排集中交流活动（分组分项目汇报专业实习过程及感受、展示专业实习成果等）。

（3）岗位实习

① 教学准备阶段——岗位实习单位由学校或二级学院确定，也允许学生结合就业自主选择。依照岗位实习大纲，每位实习学生与学校（二级学院）和实习单位签署实习协议（采用统一模板），以明确实习岗位、实习内容、任务及要求、实习时间、安全责任等。

② 教学实施阶段——首先应向参加专业实习的全体学生宣讲岗位实习的目的与意义，进行实习纪律教育和安全教育。然后，组织学生赴各自实习单位开始岗位实习，由实习单位指导教师负责指导并实施过程考核，校内指导教师采取巡视方式了解实习情况并协助实习单位指导教师解决遇到的问题。在此过程中，要求学生每天填写实习手册（日志），按照实习协议完成各阶段实习任务，实习结束之后撰写并提交实习报告（采用统一模板）。

③ 考核评价阶段——岗位实习考核由实习单位指导教师和校内指导教师共同负责实施。实行过程考核+结果考核，按照岗位实习大纲规定的成绩占比，综合确定最终考核成绩（五级）。过程考核主要包括实习期间表现（出勤、遵纪、态度等）和实习手册质量，由实习单位指导教师实施考核并在实习手册上撰写评语（加盖单位印章）；结果考核主要是实习报告质量评价，由校内指导教师实施考核。最终成绩由校内指导教师负责核定，然后进行登记、录入并完成实习课程教学档案整理。

4. 实习课程教学常见问题

根据近年来在天职师大和天津中德检查实习教学档案中获取的信息，梳理出实习课程常见且带有普遍性的问题如下：

（1）实习单位偏少，专业对口率低

实习单位数量偏少，且部分实习单位业务方向和岗位工作与实习学生专业不完全对口，造成实习课程（尤其专业实习）安排困难。

（2）实习单位积极性不高，教学目标难以全面达成

实习单位虽然与学校（学院）签署了合作协议，但普遍缺乏主动性和积极性。部分实习单位指导教师不认真履行协议中承诺的职责，对学校指导教师过度依赖，致使实习教学目标（尤其专业实习）难以全面达成。

（3）认识不到位，态度不端正

少数学生对实习教学的意义认识不到位，填写实习手册不及时，完成实习任务不积极，撰写实习报告不认真，浪费了难得的实习机会。

（4）实习教学文档不齐全，格式与内容欠规范

实习课程在校外实施，教学文档除教学大纲（课程标准）、实习计划、实习任务书等常规资料之外，还包括合作协议（与实习单位）、实习协议（与实习学生）等特殊资料。普遍存在实习教学文档不齐全，格式和内容不规范问题。实习课程属于考查课，通常需要实习单位指导教师和学校指导教师共同进行考核评价，考核评价支撑材料内容不齐全、不规范（缺少实习单位指导教师评语、遗漏签字和单位印章等），对实习课班级课程教学档案质量造成较大影响。

7.5　课程设计及其教学规范

课程设计（Practicum）是应用型高校基于某门（某几门）重要专业课程（通常为专业核心课程）开设的综合性实践课程，如计算机程序课程设计、机械基础课程设计、电子技术课程设计、3D 动漫课程设计等。与实验、实训、实习相比，课程设计注重于专业设计能力培养，这种能力对本科层次应用型人才尤其重要。课程设计在专业人才培养方案（教学进程表）中有独立的课程名称，单独分配课程代码。由于课程设计的教学过程及教学规范与毕业设计(论文)十分相似，可以为毕业设计(论文)打好基础，故被视为毕业设计(论文)环节的预演。

1. 课程设计教学规范

应用型高校各专业课程设计教学目标、设计选题、设计内容以及教学实施过程等差异很大，学校层面的课程设计教学规范通常只涉及教学管理和教学文档两个方面，设计选题、实施过程、评价标准、考核方式等方面的规范通常由所属二级学院或专业教研室（系）制定。教学规范主要涉及如下内容：

（1）课程设计教学大纲

课程设计是专业人才培养方案中设置的综合实践课程，所有课程设计都必须编制教学大纲，以明确教学目标、地位与作用、选题范围、基本任务及要求、学时分配、考核与成绩评定方式（考核方案）、设计条件要求、参考资料等，并履行审核批准手续。课程设计教学大纲由课程教学团队负责编制（采用统一模板），并随情况变化适时修订（通常与相关课程教学大纲同步修订）。

（2）课程设计选题

适宜的课程设计选题是课程设计教学的基础，也是课程设计教学质量的重要保障。因此，必须就课程设计选题征集办法、选题审核批准、选题匹配办法(分组实施)等制定相关管理规范。应用型高校课程设计选题应该有明确的行业背景，突出设计性、应用性和创新性，鼓励实做型选题(有设计作品)。此外，选题难度须适中(与学生现有知识水平以及所具备的能力相匹配)，工作量应适宜（能够在规定学时内完成）。

（3）课程设计任务书

课程设计任务书由任课教师根据课程设计教学大纲和具体设计选题（按选题）编制（采用

统一模板）并及时传送给相关选题学生（设计小组）。以明确各选题的设计任务及要求，设计条件（设施设备、工具软件、工具量具、仪器仪表等）和设计资料等。

（4）课程设计报告（说明书）

培养学生规范撰写设计报告（说明书）的能力是课程设计的教学目标之一。因此，要求每名学生必须在完成设计任务、整理设计资料和设计成果的基础上，认真撰写课程设计报告（说明书）。为规范内容及格式，学校或二级学院通常都会制定统一模板，主要内容为：

① 选题名称（中英文）；

② 摘要（中英文）和关键词（中英文）；

③ 正文（背景、意义、思路、方案、过程、成果、总结、致谢等）；

④ 参考文献（符合著录规范）；

⑤ 附录（设计成果支撑材料汇集：图纸、程序、数据、作品等）。

（5）课程设计考核与答辩

课程设计通常属于“考查课”，实行过程考核与结果考核相结合，并按课程设计教学大纲以及考核方案确定的成绩占比，核定课程设计课程最终成绩。鉴于课程设计是毕业设计（论文）环节的预演，以及按选题分组实施，建议设置答辩环节，为学生交流互鉴搭建平台，让学生获得答辩体验（示范），切实为毕业设计（论文）打好基础。

（6）课程设计教学文档

课程设计教学文档是应用型高校实践教学文档的重要组成部分，主要内容包括课程设计教学大纲、选题审核表、任务书、授课计划、课程设计报告（说明书）及其附录材料、成绩考核表、成绩分析表、课程小结等，应该按照学校“班级课程教学档案”规范整理及归档。

2. 课程设计教学过程

课程设计教学过程也可划分为教学准备、教学实施和教学评价三个阶段。

（1）教学准备阶段

按照课程设计教学大纲和选题征集及审核办法，确定本次课程设计选题，编写课程设计任务书（每个选题一份）并及时传送给各选题小组学生（按选题分组）。为实现课程设计选题多样化，减少重复、杜绝抄袭，须根据参与课程设计的学生人数确定设计选题数目，每个选题 5 ~ 8 人为宜（分组）。为尊重学生意愿，尽量采取自愿报名、自由结合办法完成课程设计选题与设计小组学生匹配。课程设计通常集中安排数周时间，任课教师应该以周为单位拟定授课计划（采用统一模板），对所有选题各阶段的工作内容、工作步骤、工作进度等提出统一要求。

（2）教学实施阶段

课程设计通常安排在相关理论课程（含实验）之后进行。要求学生综合运用先前所学专业知识和专业技能，在任课教师指导下查阅设计资料和参考文献，拟定设计方案，完成各项设计，撰写课程设计报告（说明书），并提交相应设计作品和设计资料（各类图纸、程序清单等）。课程设计开始时，任课教师应集中宣讲课程设计教学目的及作用，介绍设计选题及其背景、说明设计步骤及方法，并就课程设计报告（说明书）撰写提出明确要求。然后围绕各选题引导学生进行相关知识回顾和新知识补充。在分选题（分组）实施过程中，任课教师进行巡回指导、检查进度、协调资源、帮助学生解决遇到的各种问题，确保课程设计各阶段工作能够向前推进，各项任务能够圆满完成。

（3）教学考核阶段

课程设计考核按照教学大纲（考核方案）规定进行，实行过程考核与结果考核相结合。过程考核主要是课程设计期间表现（出勤、遵纪、态度），结果考核主要是课程设计成果和课程设计报告（说明书）质量评价。然后按照规定的成绩占比核定最终成绩（五级制），并录入教务系统。课程设计答辩耗时较多，一般挑选若干优秀学生（注意覆盖所有选题）进行答辩示范即可。

3. 课程设计教学常见问题

根据近年来在天职师大和天津中德跟踪听课以及检查课程设计教学档案获取的信息，梳理出课程设计常见且带有普遍性的问题如下：

（1）课程设计难度和工作量不适宜

课程设计要求难度适中（跳一跳够得着）、工作量适宜（规定时间内可完成）。然而在实际中，有些课程设计题目难度超出学生实际水平且工作量过大，学生无法按时完成；有些课程设计题目难度偏小且工作量不饱满，学生轻轻松松便可完成。这两种课程设计题目都不利于达成课程设计教学目标。

（2）重设计成果，轻报告质量

课程设计作为毕业设计（论文）环节的预演，不仅要注重设计过程及其成果（绘图、编程、计算、仿真、实际作品等），而且要注重课程设计报告质量，为规范撰写毕业设计（论文）打好基础。然而在实际中，任课教师往往忽视报告撰写能力培养，反映在考核方案中，设计成果及其质量分值占比偏高，而设计报告质量分值占比偏低。

（3）重考核评价、轻交流互鉴

课程设计普遍采用分组方式进行，各组设计题目也不尽相同，组织各组学生（选代表）进行汇报交流，并给予总结点评，促进学生之间交流互鉴非常必要。然而在实际中，往往只注重考核评价（评定成绩），交流互鉴环节变得可有可无。

【说明】应用型高校毕业设计（论文）是最为重要，综合性最强的实践教学课程（环节）。鉴于毕业设计（论文）环节涉及面广、规范性强、内容繁杂，本书专设毕业设计篇（第8篇）详加阐述。

7.6 理实一体化课程及其教学规范

理实一体化课程专指采用理实一体化教学模式的课程。不仅在专业人才培养方案（教学进程表）中有独立的课程名称、单独分配课程代码，还被当作一种独特的课程类型。理实一体化课程遵循陶行知先生“教学做合一”教育思想，强调理论与实践紧密结合，强调理论知识学习与实践训练同步进行，非常适合应用型高校学生特点及培养目标要求。鉴于本书“先课堂教学后实践教学”的次序安排，故将“理实一体化课程及其教学规范”排在实践教学篇最后。因为只有对课堂教学（理论教学）和实践教学的特点、规范以及教学过程有了清晰的认识，才能体会到理实一体化教学模式的特点、加深对理实一体化课程教学及其规范的理解。

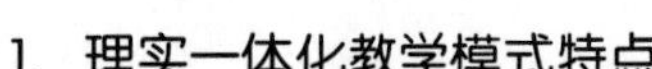

1. 理实一体化教学模式特点

理实一体化教学模式以理论知识为基础，以行业岗位工作过程或工作任务为载体，以实验室、实训室或合作单位工作现场等实践基地为课堂（教学场所），实行理实相融，实现“教学做一体化”，全程构建知识、技能和素养一体化培养框架。理实一体化教学模式最显著的特征就是理论教学与实践教学融于一体。

传统教学模式通常先进行理论教学，再进行实验验证或实践训练。而理实一体化教学模式则实行理论教学和实践训练交替，直观与抽象交错，理中有实，实中寓理，不仅有利于增强学生理论联系实际意识，培养应用理论知识分析和解决实际问题能力，强化专业能力和职业技能，而且有利于激发学生的学习兴趣，充分调动学生的学习积极性和创造性。

理实一体化教学模式要求课程教学团队和任课教师既能胜任理论教学，也能胜任实践教学（演示示范、巡回指导、考核评价），十分有利于“双师型”教师培养和锻炼。关于理实一体化教学模式，本书将在第 11 篇（教学模式）专门阐述。

2. 理实一体化教学基本要求

真正的理实一体化课程，应该同时达到三个基本要素一体化的要求。

（1）教学场所一体化

理实一体化教学强调工作过程系统化，要求在同一空间和时间内完成多种教学任务并随时进行教学场景切换。因此，实施理实一体化教学的场所，必须同时满足理论教学和实践教学要求，教学场所应设置知识讲授区域（配置黑板 + 计算机及投影仪等）、实训教学区域（配置相应实训设备、工量具及耗材等）、学习讨论区域、资料查阅区域（上网）等，以便于理实一体化课程各项教学活动的顺利开展。

（2）教材（教学内容）一体化

理实一体化教学内容基于行业典型工作过程，使理论部分与实践部分融为一体，以典型工作任务为学习载体，按照工作过程和学习过程设计一体化教学活动，以达成知识、能力（技能）和素养一体化教学目标。

（3）师资一体化

理实一体化课程的理论教学和实践教学全部由任课教师承担，要求任课教师（课程教学团队）为“双师型”教师，不仅有丰富的专业知识，能讲授相关理论知识，还要具有高超的专业技能，能进行设备操作示范，并指导学生实践（技能）训练。同时，要求任课教师对整个课程的教学目标、教学重点、教学难点、技能要求等了然于胸，具有组织各环节教学、进行教学反馈和考核评价的能力。当然，师资一体化也可以通过组建课程教学团队（理论教师和实践教师优化组合）来实现，团队成员分工协作、密切配合，整体上达成一体化教学目标要求。

陶行知先生说：教学做是一件事，不是三件事。教师要在做上教，学生要在做上学。教师拿做来教，乃是真教，学生拿做来学，乃是实学。由此可见，理实一体化教学集中在“做”，强调做中学、做中教、做中求进步。

3. 理实一体化课程教学规范

由于教学内容、教学场所、教学设备、师资队伍等差异较大，很难制定全校统一的理实一体化课程教学规范。现有学校层面的理实一体化课程教学规范一般仅涉及理实一体化课程管理办法（申报审批、课程建设、管理职责、资源调配、考核评价等）、理实一体化课程教学原则、理实一体化课程认定标准（什么样的课程属于理实一体化课程）等。

因此，理实一体化课程教学团队及任课教师应遵循学校颁布的管理办法、确定的教学原则，结合课程实际内容以及教学场所和教学条件（主要指实践教学），编制理实一体化课程教学大纲（课程标准）、理实一体化教材（讲义）和教案，按规定履行报批手续，精心组织实施理实一体化课程各环节教学活动。既要注重预设（体现于教案编写），更要注重生成（体现于教学实施）和反馈（体现于考核评价），切实达到理实一体化课程理论教学和实践教学双重目标，发挥理实一体化课程优势，凸显理实一体化课程特色。

我国一体化课程教学改革发端于技工院校，在人力资源和社会保障部的大力推动下，取得了一批重要成果（一体化课程活页教材等）。但也暴露出理实一体概念化、知识碎片化等诸多问题。总体而言，目前还没有一套成熟的教学规范（尤其对于本科课程）。需要应用型高校各专业教师在理实一体化课程建设和教学实践中积极探索，大胆创新。

4. 理实一体化课程教学过程

理实一体化课程涉及理论知识教学和实践教学两方面内容，教学内容较为繁杂、理实相融方式多种多样。其教学过程从“教学准备”、“教学实施”、“考核评价”三方面（三阶段）阐述如下：

（1）教学准备阶段

① 确定项目与双重目标——根据课程教学大纲（课程标准），确定每次课程的理实一体化项目、明确理论知识学习目标和实践能力培养双重教学目标。

② 确定具体教学任务——根据项目及双重教学目标，确定具体教学任务（专业知识学习、专业能力培养、专业或职业技能训练）。

③ 选择适切的教学方法——根据每次课程教学目标和教学任务，选择适切的教学方法。理论知识学习通常主要采用讲授法和讨论法等；实践能力培养通常采用演示、体验和练习（任务驱动）等方式。

④ 创设环境、准备条件——选择适宜实施理实一体化教学的场所（通常为实验室、实训室、工作室甚至工作现场），创设与项目相匹配的教学环境，准备相应的教学设备（教学设备、实验实训设备、相关仪器仪表、工量具、相关材料等）和教学资源（视频动画、实物教具等）。

（2）教学实施阶段

按照“理实相融，教学做一体化”要求，组织实施课程各项教学活动。根据教学活动内容及形式，随时进行教学场所转移和教学情境切换、教学方式转变和教学资源导入。充分发挥“双师型”教师优势，充分展示理实一体化教师“讲授、演示、示范、指导、评价”各个方面的教学能力，全面达成理实一体化课程教学目标。理实一体化课程教学实施应充分体现理实融合的特点，但具体方式却没有一定之规，因而给任课教师或课程教学团队留下了极大的创造空间。

（3）考核评价阶段

按照理实一体化课程教学大纲（考核方案）确定的考核类型（考试 / 考查）和考核办法（理论知识考核 / 实践能力考核、结果考核 / 过程考核），分阶段、分步骤进行考核与评价，综合评定考核成绩。

天津中德起源于中德两国合作建立的职业培训机构，专业课一贯坚持单班教学和小班（不超过 30 人）教学，且大多数专业课程教学活动都在实验室、实训室和计算机房进行，专业师资队伍中“双师型”教师占比也很高，为采用理实一体化教学模式、开设理实一体化课程创造了良好条件。天津中德目前正在制定理实一体化课程认定标准和管理办法，以期进一步提升理实一体化课程教学质量和规范化水平。在 2022 年新一轮本科人才培养方案修订过程中，要求每个本科专业都设置若干门符合学校认定标准的理实一体化课程。

5. 理实一体化课程常见问题

根据近年来在天职师大和天津中德跟踪听课以及教学档案检查中获取的信息，梳理出理实一体化课程常见且带有普遍性的问题如下：

（1）理论教学与实践教学“两张皮”

仅仅在形式上实现了理实一体化（教学场所），或者仅仅是把理论教学的场所改在实验/实训室，理论教学与实践教学仍然分阶段进行，未实现理论知识与专业（职业）技能的有效整合，并不符合理实一体化课程认定标准。

（2）任课教师“双师”能力不足

理实一体化课程任课教师虽然属于学校认定的“双师型”教师，但惯于理论教学的任课教师并不熟悉项目所涉及的设备仪器操作等，也不擅长训练指导，难以胜任实践教学；惯于实践教学的任课教师并不熟悉项目所涉及的理论知识，难以胜任理论教学。总体上并未达到理实一体化教学对“双师”素质及能力的要求。

（3）教学场所理实一体化不达标

未完全达到理实一体化教学所要求的教学场所一体化要求。有的教学场所缺少理论教学设施设备和场地，不便于集中讲授和分组研讨；有的缺少上网条件，不便于查阅资料和远程交流；有的缺少必要的工具量和测试仪器，不便于教学过程中及时进行测量比对。总之，不完全满足随时能够进行教学场景切换或教学场所转移的要求。

（4）与行业岗位工作联系不紧密

理实一体化课程的教学内容基本属于校内实训项目与相关理论知识的简单叠加，并未与行业岗位工作建立紧密联系，更没有以行业岗位工作过程或典型工作任务为载体，将培养行业岗位工作能力当作课程主要教学目标。

7.7 天职师大“三层次五阶段”工程实训体系

天职师大一贯坚持“动手动脑、全面发展”理念和“重技强能、学以致用”工程实训原则，坚持理论与实践相统一、学术性与职业性相统一。2005 年，天职师大以新建校级工程实训中心（独立设置的二级教学单位）为契机，开始构建新型工程实训体系，“三层次五阶段”便是对这套全新工程实训体系特点的概括。2008 年，天职师大工程实训中心成为国家级实验教学示范中心建设单位（2013 年通过教育部验收）；2009 年，《构建“三层次五阶段”工程实训教学体系，提高大学生综合实践能力》获得天津市教学成果一等奖。以下简要介绍这项成果的具体内容，供其他应用型高校参考借鉴。

1. “三层次五阶段”工程实训体系背景

天职师大从长期的工程实训教学以及相关实践教学研究中发现，伴随技术技能训练，学生的专业（职业）能力呈现螺旋式上升特点，完整的训练过程可分为“入、会、熟、精、通”五个阶段。因此，实训教学内容及实训教学方法设计应体现“扎实的基础、精深的核心、广泛的扩展”三个层次。总体而言，应用型高校工程实训体系要符合大学生能力形成规律和认知特点。

① 有明确的总体目标和阶段性目标及要求；

② 设计正确合理的训练方法；

③ 增强师生交互，提高训练效率；

④ 科学分配练习时间；

⑤ 注重不同技能的相互作用，利用学科交叉和专业融合强化技能养成。

2. “三层次五阶段”工程实训体系内容

在天职师大“三层次五阶段”工程实训体系中，“三层次”指“基础层、核心层、扩展层”；“五阶段”则指“工业系统认识实习、职业基本技能训练、职业核心技能训练、高新复合技术技能训练、创新实践活动”。该工程实训体系结构如图 7.1 所示。

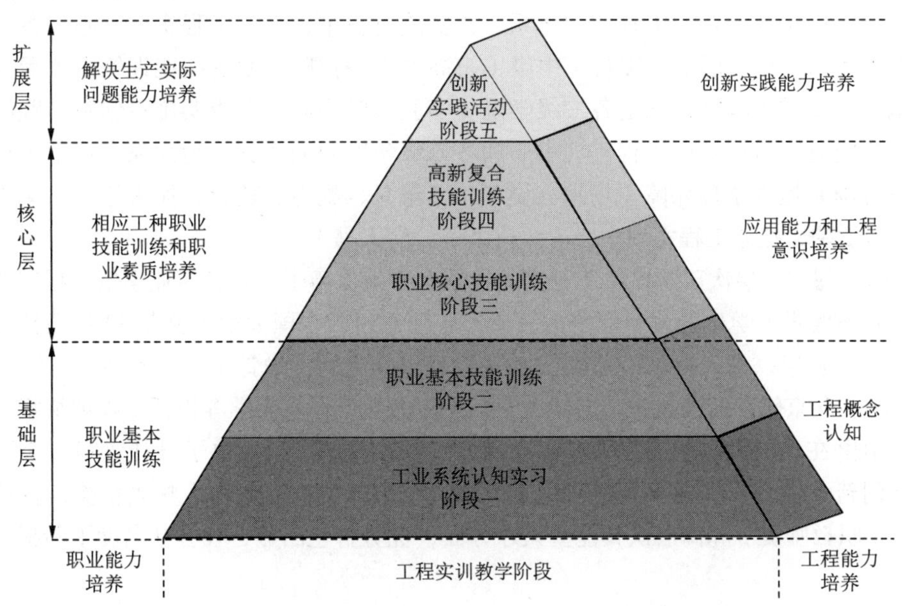

图 7.1 “三层次五阶段”工程实训体系结构示意图

具体说明如下：

（1）基础层

基础层包括“工业系统认识实习”和“职业基本技能训练”两个阶段。其目的是使学生对典型工业产品的结构、设计、制造和管理（运行维护）有基本的、相对完整的认识和体验，从而激发学生对技术技能的兴趣，建立基本工程意识，并完成系统认知和初级技能（初级工、中级工）培养。

（2）核心层

核心层包括“职业核心技能训练”和“高新复合技术技能训练”两个阶段。强调技术技能训练的综合性，训练内容以各专业对应的职业核心技能为主，结合工程实际，跟踪工业技术

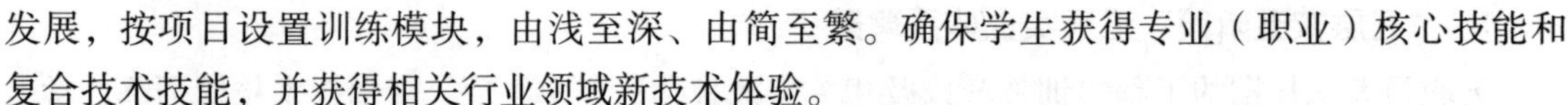

发展，按项目设置训练模块，由浅至深、由简至繁。确保学生获得专业（职业）核心技能和复合技术技能，并获得相关行业领域新技术体验。

（3）扩展层

扩展层仅包括“创新实践活动”，采取第一课堂（教学计划内）和第二课堂（教学计划外）相结合的方式。第一课堂的创新实践活动主要采用学生自选训练模块、自拟创新课题等方式进行；第二课堂的创新实践活动则以参与学生科技项目（大学生创新训练）、各级各类（国家级、省市级、校级）学科竞赛和技能竞赛、教学设备自主开发项目、企业技术改造项目等方式开展。使学生的专业（职业）技能得到进一步扩展和提升，创新意识和创新实践能力得以显著增强。

3. “三层次五阶段”工程实训体系推行效果

天职师大在全面推行“三层次五阶段”工程实训体系过程中，对全校各专业实训教学体系进行了改革，甚至重构。首先，通过修订各专业人才培养方案，强化实践教学环节，要求工程实训课程学时不低于总学时的15%，确保学生有充足的时间投入工程实训；其次，全面推行“三层次五阶段”工程实训体系，实行“1+X”模块化训练，以国家职业资格标准（1）为基础（每个专业选择1个对应工种），结合现代工业技术发展，选择若干技术技能训练模块（X），从而全面构建起适于各专业的工程实训体系。在实施过程中，学校工程实训中心与各二级学院精细分工、密切协作。层次化递进（中级工→高级工→技师）职业技能训练由工程实训中心负责实施；专项技术技能训练由各二级学院（实验教学中心）负责实施；创新实践活动、学科竞赛和技能竞赛活动则由工程实训中心和各二级学院协同实施。为加强全校学生科技创新活动组织协调并提供条件保障（场地、设备、工量具、配件、耗材、加工等），又成立了天职师大创新学院，挂靠工程实训中心（两块牌子一套人马）。

天职师大的“三层次五阶段”工程实训体系有力地保障了全校各专业学生工程实践能力培养质量，显著增强了学生的就业竞争力，为天职师大迈入全国大学生就业50强高校行列立下了汗马功劳。多年以来，众多毕业生已经成为工作单位的技术骨干和技术能手，不少毕业生在清华大学、北京航空航天大学、同济大学、天津大学、苏州大学等担任工程训练指导教师。天职师大学生在全国大学生工程训练综合能力竞赛、全国大学生电子设计竞赛、全国大学生机械设计创新大赛等各类国家级学科竞赛，以及全国各类技能竞赛中频频获奖，在培养“工匠之师”（职教师资）和高层次技能型人才方面，优势特色凸显，社会知名度不断提升。

7.8 中天工匠涵养班启示

中国（天津）职业技能公共实训中心（简称中天实训中心）是天津市人力资源和社会保障局（人社局）在天津海河教育园投资建设的大型现代化职业技能培训机构，并作为全国职业技能竞赛的主赛场。中天实训中心场地宽敞、环境舒适、设备设施一流，目前设有现代制造技术、现代控制技术、现代物流技术三个实训基地，面向全市高校（含高职）学生和相关行业企业职工，提供职业技能培训服务。

为发挥中天实训中心优势，探索高技能人才培养道路，发挥高技能人才培养示范效应，在天津市人社局的大力支持下，中天实训中心开设了“数控加工”和“机电一体化”两个工匠涵养班。面向天津市高职院校二年级学生，征召选拔学员进行一年期专项技能强化培养，考核成绩合格，由所在学校颁发毕业证书，由中天实训中心颁发涵养班结业证书。

2018年8月以来，每届工匠涵养班学员尚未结业就被国内著名企业抢订一空，招聘企业普遍承诺给予工程师薪资待遇（通常研究生毕业才能享受）。随着时间推移，中天工匠涵养班的知名度越来越大，经过涵养班强化培养的高职毕业生普遍成为行业企业的技术骨干。

中天工匠涵养班成功的秘诀在于有一套符合高技能人才成长规律的培养方案。根据媒体报道以及深入探访得到的信息，中天涵养班给予应用型高校的启示如下：

1. 价值塑造、素质涵养

在涵养班学生作息时间表中，晨跑、晨读、理论、实操、思政、讨论、晚自习、每日小结……安排的满满当当。中天工匠涵养班教学计划（课程）不仅注重技能，而且关注思政教育、价值塑造、工匠精神培育、心理素质提升、增强体质各个方面，实施全方位价值塑造和素质涵养。在教学内容安排上，中天实训中心充分发挥与大国工匠、津门工匠联系广泛，以及中心本身全国技术能手、天津市技术能手、技能大师荟萃的优势，经常邀请著名工匠和技术能手为涵养班学生举办讲座和座谈，进行技能示范，中天实训中心还非常注重营造工匠文化氛围，让进入中天实训中心的每个人随处都能看到著名工匠、技术能手、技能大师的事迹介绍，使涵养班学员随时感受工匠文化熏陶，从而有利于树立正确的世界观、人生观、价值观，促使他们奋斗有目标、学习有榜样、前进有动力。

2. 示范引领、强化训练

中天工匠涵养班坚持小班化（最多25人），工厂化、模块化、项目化，所开设的28门培训课程，很多都由国家级或天津市级技术能手、技能大师授课；还定期组织学生深入行业企业，增强认识和体验。中天工匠涵养班班主任由实训教研室主任担任，指导教师均具有丰富的实践经验，不少指导教师都有企业工作经历，对工匠涵养班学生全面成长起到了很好的示范引领作用。此外，中天涵养班十分注重技能强化训练，确保训练设备充足（一人一台），确保训练经费足额（购置耗材配件），确保指导到位（随时跟踪、随时指导），同时定期进行技能训练效果检验（测试考核），并对测验考核达标提出刚性要求（实行淘汰制）。在强化技能培养的同时，中天工匠涵养班还十分注重工作岗位能力全面培养。例如，机电一体化工匠涵养班针对自动化项目需要依靠团队完成的特点，通过抽签方式把不同性格的学生安排在一个项目组，让他们相互磨合，发挥专长，全面锻炼提升项目管理、交流沟通、资料查阅、动手实践等能力。

3. 明确标准、自主考核

走进中天实训中心相关实训基地，随时可以看到工匠涵养班学生正在聚精会神地进行自主训练。在他们的操控之下，五轴数控加工中心、3D测量仪、智能机器人、3D打印机、智能生产线……都在有条不紊地运转。数控加工实训基地墙上张贴着每名学生的加工质量检验表和质量检验记录（废品率），从中可以看到工匠涵养班学生的辛勤付出与成长进步。他们瞄准国家标准或行业标准，自觉开展技能训练，经常进行自主考核，一丝不苟、精益求精，持续提升水平。在学生自主训练、自主考核的基础上，工匠涵养班每月组织一次技能考核及交流点评活动，定期检验训练成果，充分发挥交流互鉴作用，促使学员技能水平快速提升。

4. 对接需求、遵循规律

中天涵养班课程教学内容对标国家职业标准，对接产业发展和行业企业实际需求。确保技能训练项目及训练内容与产业发展和行业企业岗位工作相适应。近年来，数控加工涵养班聚焦于五轴数控加工技术，机电一体化涵养班则把重点放在智能机器人、3D 打印、智能制造生产线等。此外，中天涵养班注重遵循技能人才成长规律以及每项专业技能自身发展（获取与提升）规律，坚持“先易后难、先简后繁、先认知后体验、先单项后综合、先观察后实操、先训练后考核”的技能培训路径，循序渐进地提升涵养班学员的技能水平。

鉴于中天实训中心属于专业培训机构，因而中天涵养班的培养方案和具体实施办法无法在应用型高校完全复制，但中天涵养班培养高技能人才的成功经验，以及高技能人才成长的规律非常值得应用型高校研究和借鉴。

第 8 篇 毕业设计

毕业设计（论文）是各类高校人才培养方案（课程体系）的重要组成部分。本篇专门谈谈应用型高校本科毕业设计（论文），包括毕业设计（论文）的作用及特点、毕业设计（论文）工作、毕业设计（论文）管理规范、毕业设计（论文）指导教师和毕业设计（论文）常见问题五项内容，旨在使应用型高校教师（尤其新入职教师）加深对毕业设计（论文）教学环节的认识，熟悉毕业设计（论文）工作流程与管理规范，明确毕业设计（论文）指导教师的工作职责。基于天津职业技术师范大学（天职师大）和天津中德应用技术大学（天津中德）两所应用型高校多届本科毕业设计（论文）工作检查整理的若干常见问题供老师们参考。

8.1 毕业设计（论文）的作用及特点

1. 毕业设计（论文）的地位及作用

在我国所有高校颁布的本科毕业设计（论文）管理文件中，都会有一段关于毕业设计（论文）地位及作用的表述。其要点归纳如下：

（1）不可替代的教学环节

毕业设计（论文）是高校各专业课程体系的重要组成部分，作为高校专业人才培养的最后一个教学环节（最后一个学期实施），着重于培养综合运用所学专业知识解决专业理论或实际问题的能力，其作用是其他任何教学环节（包括课程设计等实践环节）或任何一门课程都无法替代的。

（2）不可或缺的教育环节

在毕业设计（论文）工作中，学生围绕毕业设计选题开展各方面工作，涉及面宽、接触面广、规范性强，不仅有利于全面提升专业能力，而且有利于全方位开展素质教育，使学生在毕业之前，具有优良的综合素质（思想品质、职业道德、工作作风、责任心和使命感等）。因此，毕业设计（论文）能够在思政教育和综合素质培养方面发挥独特作用，是高校不可或缺的教育环节。

（3）教学质量的全方位检验

毕业设计（论文）作为高校各专业人才培养过程中最后一个教学环节，要求围绕毕设选题综合运用所学全部知识，发挥所掌握的全部技能，展示所具有的各种能力。毕业设计（论文）

既是对学生的全面考核，也是对人才培养方式、课程体系、教学模式、教学管理、师资水平的全方位检验。因此，在高校各类教育教学质量评估中，毕业设计（论文）工作质量都是主要观测点。

（4）学位授予的资格条件

毕业设计（论文）是高校各专业人才培养方案（课程体系）中的必修课程（集中实践环节），本科层次学生只有完成毕业设计（论文）各项任务，准予参加毕业设计（论文）答辩且成绩合格，才具有申请授予学士学位的资格。

毕业设计（论文）环节对应用型高校（尤其本科层次）的重要性毋庸置疑。在应用型人才培养过程中，毕业设计（论文）环节是理论知识学习向实践应用转化的重要过程；是建立工程概念、增强行业认知、强化专业实践能力的重要过程；是获得文献资料查阅能力、研究设计能力、分析计算能力的重要过程；是熟悉学术论文和技术报告写作规范、提升专业写作水平的重要过程；是培养自主学习能力、独立工作能力、沟通协作能力的重要过程；还是提升综合素质，培养创新意识、创新精神和创新实践能力的重要途径。因此，无论毕业年级学生、指导教师，还是教学管理部门（教务处、二级学院、系或教研室），都应该高度重视毕业设计（论文）环节，使其在应用型人才（尤其本科层次）培养过程中发挥不可替代的重要作用。

此外，毕业设计（论文）环节（尤其仪式感很强的毕业答辩）将会给每一位毕业生留下深刻印象。毕业设计（论文）工作经历会让毕业生受益终身，对打算继续深造（读研）的应届毕业生而言，毕业设计（论文）环节的意义更加重大（为科研工作和撰写研究生学位论文打好基础）。

2. 毕业设计（论文）的优势及特点

实践性和综合性是毕业设计（论文）教学环节的两大优势。与其他实践课程和实践环节相比，毕业设计（论文）教学环节（课程）的涉及面更广，综合性和实践性更强。其特点可以用“目标多元化”、“工作体系化”和“全方位实践”加以概括。具体说明如下：

（1）目标多元化

目标多元化是指毕业设计（论文）环节具有多方面的教学目标或培养目标。不仅要扩大专业知识面，还要增强专业能力，提升技能水平；不仅要学会查阅文献资料，还要能够熟练使用相关手册；不仅要熟悉研究设计工作流程及方法，还要掌握相应的专业工具和技术手段；不仅要树立创新意识，培养创新精神，还要增强创新实践能力；不仅要学会沟通交流，还要善于协作协同……。在全面提升专业综合素质的同时，还要在思想品质修炼、职业道德养成、敬业精神培育、心理素质提升等方面有显著成效。

（2）工作体系化

毕业设计（论文）环节涉及面广，规范性强、体系化特点突出。学生、指导教师和各级教学管理部门只有严格遵守相关工作规范，积极工作、认真履职、协同协作、密切配合，毕业设计（论文）环节各项工作才能顺利向前推进，各项工作任务才能圆满完成，各项工作质量才能有保障。

（3）全方位实践

毕业设计（论文）环节注重实践。但这种实践活动不是单一或单项的，而是全方位的，主要包括文献阅读实践、考察调研实践、研究设计实践、装调测试实践、软件编程实践、加工制作实践、分析计算实践、虚拟仿真实践、写作翻译实践，沟通交流实践……，只有经过全方位的实践锻炼，毕业设计（论文）环节多元化目标才能有效达成。

8.2　毕业设计（论文）工作

各高校毕业设计（论文）工作（简称毕设工作）内容虽然不尽相同，但都必须经历“准备与动员”、“开题与审核”、“实施与指导”、“评阅与答辩”、“归档与评优”五个阶段。各阶段的工作内容及工作流程大致如下：

1. 准备与动员阶段

虽然毕业设计（论文）环节在教学计划中排在最后一个学期（四年制本科第 8 学期），但准备与动员阶段各项工作必须在前一个学期（四年制本科第 7 学期）完成。

（1）毕设准备

毕设各项工作主要在二级学院主持下进行，因此，须建立各二级学院毕业设计（论文）工作委员会（主任由院长亲自担任、教学院长为常务副主任），参照学校统一安排，制订本届毕业设计（论文）工作实施计划，组织各专业（系）拟定（更新）《毕设选题指南》，面向所有具备毕业设计（论文）指导教师资格（依照学校相关规定）的专业教师（含校外兼职教师）征集选题，填报《毕设选题申报表》并进行选题审核（筛选确定），然后向本专业毕业年级全体学生公布选题，采用“双向选择”办法，实现学生与选题以及指导教师的匹配。“双向选择”机制有利于激励指导教师树立自己的品牌，有利于调动学生毕设积极性，故被应用型高校广为采用。一名优秀的指导教师，一个好的毕设选题，往往会有多名学生“竞选”；一位优秀学生也会被多名指导教师“召唤”。在此之后，由指导教师撰写并向所指导的学生下达《毕设任务书》（每选题一份）。

“选题征集与审核”和“毕设任务书撰写”是毕设准备阶段的两项重要工作，具体内容及要求如下：

① 选题征集与审核——各专业教师（含外聘）申报毕业选题须填写选题申报表（学校或二级学院统一模板）。以天津中德模板（见图 8.1）为例，除填报指导教师信息（学院、专业、姓名、技术职务）和选题信息（题目名称、题目类型、题目来源）之外，还需填写“课题来源、背景及意义”、“任务及要求”和“工作条件”（已具备 / 须补充），并对学生所应具备的“知识与能力”（包含需要学习的新知识、需要掌握的新工具和新技能）提出明确要求。由各专业（系）组织副高及以上职称教师（必要时聘请校外专家）进行选题审核，由专业负责人（系主任）签署审核意见（同意 / 不同意）。

选题审核主要观测点如下：

- 课题背景与意义：有工程背景和实用价值（设计类）、有科学性和研究价值（研究类），对增强专业知识应用能力、专业技术能力、提升专业（职业）技能水平有作用；
- 专业适合度：符合本专业人才培养目标要求（选题指南），符合实践性和创新性要求（应用型高校更需要强调实践性）；
- 综合性：专业知识与专业能力覆盖面广，有利于巩固、深化与拓展知识；有利于综合实践能力与创新精神培养（应用型高校尤其强调综合实践能力）；

- 结合实际：紧密结合相关行业领域生产、科研、技术改造等实际（真题实做）；
- 深广难度：深度和广度适当（达到本科或专科毕业要求）、难度适中（跳一跳够得着）；
- 工作量：工作量适宜（经过努力能在规定时间内完成）；
- 工作条件：具备相应工作条件（设备、材料、工具、场地等）。

<table>
<tr><td>学　院</td><td></td><td rowspan="2">申报人</td><td>姓　名</td><td colspan="3"></td></tr>
<tr><td>专　业</td><td></td><td>技术职务</td><td>正高</td><td>副高</td><td>中级</td></tr>
<tr><td>题目名称</td><td colspan="6"></td></tr>
<tr><td>题目类型</td><td colspan="2"></td><td>题目来源</td><td colspan="3"></td></tr>
<tr><td>课题来源、背景及意义</td><td colspan="6"></td></tr>
<tr><td>任务及要求</td><td colspan="6"></td></tr>
<tr><td>工作条件</td><td colspan="6"></td></tr>
<tr><td>知识与能力要求</td><td colspan="6"></td></tr>
<tr><td colspan="7">系（教研室）审查意见：

负责人（签名）：__________　　年　月　日</td></tr>
</table>

图 8.1　天津中德本科毕设选题申报表（全校统一模板）

② 毕设任务书撰写——《毕设任务书》由指导教师参照选题申报表填写（采用学校统一模板），作为学生撰写开题报告的依据，也是毕业设计（论文）环节的重要文档之一。按照天津中德模板，毕设任务书由封面和内页两部分组成。封面填写题目（课题）信息，包括中英文名称、所属二级学院及专业、学生姓名/学号、起止日期、指导教师姓名/职称、任务书下达日期等；内页主要包括“课题背景及意义”、“任务及要求”、“课题成果”(包括毕业设计论文、图表、实物样品等)、“推荐参考资料”和“所在专业审查意见”（专业负责人签字）。

（2）毕设动员

鉴于毕业设计（论文）环节意义重大且具有目标多元化和工作体系化的特点，为提高学生和指导教师对毕业设计（论文）环节的认识，熟悉毕设工作内容、工作流程以及管理规范，增强毕设环节的仪式感和荣誉感，应该隆重举行毕业设计（论文）动员会或启动仪式（以二级学院为单位）。除要求毕业年级全体学生出席之外，还应邀请其他年级学生（代表）列席，以扩大影响力和受教育面。在动员会或启动仪式上，一般由学院领导(主管教学院长)作动员(宣讲)，随后毕业班学生代表和指导教师代表先后发言（表态）。

2. 开题与审核阶段

学生接到指导教师下达的《毕设任务书》之后，立即进入毕设准备状态，根据《毕设任务书》要求，在指导教师的具体指导下开展文献资料查阅、自学相关知识，熟悉相关工具，拟就初步设计（研究）方案以及可行的技术路线，合理规划进度安排（推荐按教学周），明确预期成果等。在此基础上，撰写《毕设开题报告》(采用学校统一模板)。以天津中德模板为例，《毕设开题报告》由封面和内页两部分组成。封面填写题目（课题）信息，内容与《毕设任务书》封面基本相同（任务书下达日期更换为开题日期）；内页主要内容为“课题目的与意义”、“国内外研究（应用）现状及发展趋势”、“课题主要内容”、“参考文献”（规范著录列表）、“课题进度及预期结果”（列表）、“完成课题的现有条件”。

俗话说，“万事开头难”。为确保毕设准备工作充分，开题报告内容充实、格式规范，各高校普遍实行“两级开题审核”（天职师大和天津中德均如此），即先由指导教师审核（在开题报告上签署意见并签字），然后由专家小组（3 ~ 5 人）进行审核，在开题报告上签署意见（同意开题 / 不同意开题）并履行签字手续（天津中德要求组长签字）。为严把开题关，天津中德专家组采用开题答辩方式审核，要求学生制作 PPT，向专家组汇报并接受专家组质询。开题答辩的作用在于，了解学生对毕设选题的认识程度，了解毕设总体思路、初步方案及进度安排等实际情况，并对毕设选题质量、深广难度、创新性以及工作量、进度安排等进行全面评价，指出毕设准备阶段存在的问题，对后续工作提出建议。指导教师应该出席所指导学生的开题答辩会，聆听专家组其他指导教师的意见（必要时可帮助学生解释说明），以利于指导学生进一步修改完善开题报告。

开题审核应该尽早进行（四年制本科第 7 学期结束之前），让学生“早进入”毕业设计（论文）工作（天职师大和天津中德毕设工作之重要经验），以有效克服各种干扰（应聘、面试等）。

3. 实施与指导阶段

此阶段自毕设开题审核通过之日开始，一直到毕设各项任务均告完成且毕业设计（论文）脱稿为止。所谓“实施”主要针对学生而言，即学生须按照《毕设开题报告》确定的毕设目标、工作任务以及进度和预期成果等要求，独立开展毕设各项工作，认真完成各项任务，采用学校统一模板规范撰写毕业设计（论文）；所谓“指导”则针对指导教师（校内外）而言，在此阶段，指导教师须定期（每周至少一次）给予学生以当面或线上（微信、腾讯会议、电子邮箱等）指导，及时解答学生疑问，帮助学生解决遇到的各种问题。

在此阶段，学生和指导教师应按照学校规定，及时且认真地填写《指导工作记录》（登录毕设管理系统），在毕业设计（论文）工作完成时，生成一份规范、完整、真实的《指导工作记录表》（毕设文档材料之一）。

中期检查是实施与指导阶段的一次集中检查，通常由学校（教务处）统一组织。由指导教师向所指导学生布置中期检查任务，学生登录毕设管理系统填写中期汇报（已完成工作及成果、尚存在的问题与后续工作计划等），指导教师根据学生汇报和反映的问题，填写中期评价意见并对后续工作提出建议。中期检查先由二级学院以及系（教研室）组织自查（撰写并提交二级学院自查报告），然后由学校（教务处和教学质量监控与评估中心）组织二级学院中期汇报（天职师大还要求每个学院抽取一名学生汇报）。通常校级督导专家出席汇报会并对二级学院毕业设计（论文）前期工作质量做出评价，指出存在的问题并提出相关建议。

4. 评阅与答辩阶段

此阶段自学生提交毕业设计（论文）终稿之日（按学校或二级学院限定日期）开始，一直到答辩会结束且所有学生的最终成绩（总成绩）评定完成为止。此阶段先进行评阅（指导教师评阅、评阅人评阅），再进行答辩（小组答辩、学校答辩），学生毕业设计（论文）最终成绩由评阅成绩和答辩成绩综合评定。具体说明如下：

（1）毕业设计（论文）评阅

① 指导教师评阅——指导教师对毕业设计（论文）终稿进行审阅，在《指导教师评分表》（学校统一制定）上填写评价意见，并按照评价指标赋分，给出指导教师评阅成绩（百分制）。

② 评阅人评阅——评阅人由专业（系）负责人选定或二级学院指定（具有指导教师资格教师或校外专家），对学生提交的毕业设计（论文）进行同步审阅（不参考指导教师评价意见及评阅成绩），在《评阅人评分表》（学校统一制定）上填写评价意见，按照评价指标赋分，给出评阅人成绩（百分制），并对是否同意答辩表明态度。

（2）毕业设计（论文）答辩

毕业设计（论文）答辩（毕业答辩）分为院级答辩和校级答辩。所有学生都必须参加学院组织的分组答辩，再抽取其中少数学生参加学校组织的校级答辩（二次答辩）。为杜绝论文抄袭，各高校普遍设置了“查重”（学术不端检测）环节，并对重复率上限做出相应规定，通过“查重”审核方能参加答辩。

① 院级答辩——院级答辩指由学生所属二级学院组织的毕业答辩。一般按照课题类型以及所属领域进行分组答辩。由学院答辩委员会选派熟悉该领域的指导教师以及校外专业技术人员（聘请校外专家）担任答辩评委（至少三人），并选定其中一人担任答辩小组组长（高级职称）主持分组答辩。一般采取“学生陈述及展示”（毕设工作介绍、毕设成果展示）、“评委提问”和“学生作答”三个步骤进行。每位答辩评委根据学生陈述、回答问题情况、毕业设计（论文）论文质量（现场查阅）以及成果（现场展示）独立评定成绩，所有答辩评委成绩的平均值即为学生的答辩成绩。每个答辩小组配一名专职记录员，负责填写《答辩记录》（采用学校统一模板）。为保证公开公正公平，院级答辩实行“指导教师回避”，即指导教师不参加所指导学生的答辩。为使后续毕业学生了解毕业答辩流程，分组答辩允许非应届毕业学生现场观摩。

② 校级答辩——校级答辩指由学校组织的答辩（按学院分组），是为保障毕业设计（论文）质量所设置的、具有抽样检查性质的答辩。由学校（教务处）聘请校内外专家（具有高级职称）和校级督导担任各学院答辩评委（5 ~ 7 人），并指定其中一人担任评委组组长（通常为校外专家或院长）。参加校级答辩的学生通常每个专业抽 1 人（由学校按学号随机抽取）。校级答辩步骤和成绩评定办法与院级答辩相同，校级答辩成绩作为最终答辩成绩（院级答辩成绩自然失效）。

③ 毕业设计（论文）成绩评定——毕业设计（论文）最终成绩依据指导教师成绩、评阅人成绩和答辩成绩综合评定，各类成绩占比由学校统一规定，通常由百分制折算为五级制（90 分及以上为优秀，80 ~ 89 分为良好，70 ~ 79 分为中等，60 ~ 69 分为及格，60 分以下为不及格）。

5. 归档与评优阶段

此阶段也被称作“后答辩”阶段（答辩结束之后所要进行的工作），其工作内容分为“归档”和“评优”两部分。

（1）毕业设计（论文）归档

毕业设计（论文）文档（简称毕设文档）是学校教学档案的重要组成部分，是相关教学检查和教学评估的重要资料，必须妥善保管且便于查阅。

① 毕设文档整理与保管——毕设文档以学生和班级为单位整理，即每位学生的毕设文档

为一份（册），每个班级集中存放（盒 / 箱），交由学院统一保管，年限由学校统一规定（至少三年）。

② 毕设文档内容及排序——毕设文档内容包括选题表、任务书、开题报告、中期报告、毕业设计（论文）及附录所列资料（按附录序号）和译文及原稿、指导记录、答辩记录、指导教师评分表、评阅人评分表、答辩评分表（院级 / 校级）等。须按照学校统一规定进行排序并装订。

③ 毕设文档责任人——每位学生毕业设计（论文）文档的责任人为其校内指导教师。因此，校内指导教师一定要在答辩结束之后，督促学生按要求整理毕设文档，并认真检查封面、内容、顺序等是否符合学校规范，资料是否完整，签字是否齐全，签字时间是否准确等。一旦学生毕业离校（指导教师签字），毕设文档的责任就转移给校内指导教师（面对教学检查或教学评估）。

④ 毕业设计（论文）管理文档——校院两级毕业设计（论文）管理制度文件以及管理工作文档（电子版）由各二级学院负责妥善保管，年限由学校统一规定（至少三年）。认真整理妥善保管毕业设计（论文）管理文档，既是为了教学质量检查和教学质量评估，更是为了不断积累毕设工作经验，不断提升毕设工作质量，不断提升毕设工作管理水平。毕设管理文档主要包含：

- 学校毕业设计（论文）工作管理办法；
- 学院毕业设计（论文）工作实施细则；
- 本届学院毕业设计（论文）工作委员会人员名单；
- 本届学院毕业设计（论文）工作实施计划；
- 本届毕业设计（论文）选题指南（按专业）；
- 本届毕业设计（论文）选题汇总表（按专业）；
- 本届毕业设计（论文）院级答辩安排（含分组表）；
- 本届毕业设计（论文）检查表（按专业）；
- 本届学生毕业设计（论文）成绩汇总表（按班级）；
- 本届毕业设计（论文）工作总结。

（2）毕业设计（论文）评优

评选优秀毕业设计（论文）是全面提高教学水平和人才培养质量、促进毕业（论文）工作规范化、出精品的重要举措。评优工作一般分为“校级评优”和“省（市）级优秀推荐”两个阶段。具体说明如下：

① 校级评优——为鼓励学生和指导教师在毕业设计（论文）环节“争优秀、出精品”，各高校都会在毕业设计（论文）最终成绩评定之后进行校级评优。先由学校确定校级优秀比例（通常不超过 5%）并依据各专业毕业生人数下达指标，然后由各二级学院根据毕业设计（论文）工作细则，在获得优秀成绩的学生中进行选拔。天津中德在自愿报名基础上组织全院集中答辩，择优确定（优中选优）。

② 省（市）级优秀推荐——为提高本科教学质量，提升毕业设计（论文）水平，发挥引领示范作用。省（市）教委（学校主管部门）每年都会进行一次优秀毕业设计（论文）评选。由所属各高校根据推荐名额推荐参评作品。学校将依照毕业设计（论文）工作管理办法，从校级优秀中选拔推荐（优中再选优）。通常先由各学院推荐（每学院 1 篇），再通过全校集中汇

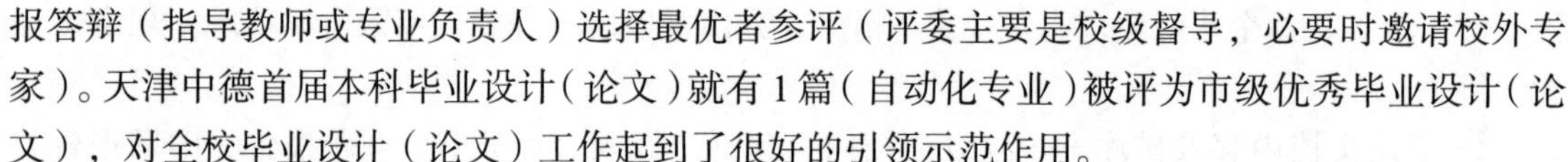

报答辩（指导教师或专业负责人）选择最优者参评（评委主要是校级督导，必要时邀请校外专家）。天津中德首届本科毕业设计（论文）就有1篇（自动化专业）被评为市级优秀毕业设计（论文），对全校毕业设计（论文）工作起到了很好的引领示范作用。

8.3 毕业设计（论文）管理规范

毕业设计（论文）工作环节多、涉及面广、体系化强，必须制定各层级管理规范，构建完整的毕业设计（论文）工作管理体系，确保毕业设计（论文）工作规范有序，为毕业设计（论文）质量提供有效保障。我国目前建立的本科毕业设计（论文）工作管理体系分为四个层级，各级管理部门的职责以及所制定的管理规范如下：

1. 上级教育主管部门

教育部提出毕业设计（论文）工作指导方针和总体要求，地方教育主管部门（如天津市教委）根据教育部总体要求，结合地方高等教育发展规划及所属高校实际情况，对所属高校本科毕业设计（论文）工作提出指导性意见。

2. 各高校（校级）

各学校遵照教育部和地方教育主管部门制定的指导方针和总体要求，结合本校实际（办学定位、办学特色、办学条件）制定学校层面的《本科毕业设计（论文）工作管理办法》（简称《管理办法》）。学校《管理办法》通常包含以下各章（以天职师大为参照）：

（1）总则

阐述毕业设计（论文）环节的目的意义、地位作用、管理模式（校院两级）等。

（2）组织与管理

明确学校和学院两级管理职责（制订计划、组织实施、经费管理、质量监控等）。

（3）指导教师

明确指导教师（含校外）资格条件及审核办法，限定各类指导教师指导学生人数，明确指导教师职责等。

（4）选题、任务书和开题

阐述选题指南作用及要求，明确选题要求（一人一题等）、选题征集与审核及匹配办法、对撰写任务书和开题报告提出要求（强调“早进入”），规定开题审核方式及具体要求。

（5）中期检查

阐述中期检查的必要性，明确学生中期报告及其审核办法，规定学院和学校中期检查工作流程及具体办法。

（6）评阅环节

明确评阅工作流程及办法，对指导教师和评阅人评阅关注重点（侧重点）提出要求。规定产生分歧时（是否同意参加答辩）的解决办法。

（7）答辩环节

明确校级和院级答辩委员会以及院级答辩小组组成办法，明确校院两级答辩委员会组成以及院级答辩委员会职责，明确院级答辩和校级答辩方式、工作流程及要求。

（8）成绩评定

明确毕业设计（论文）成绩构成以及各部分成绩（指导教师、评阅人、院级答辩）占比，综合成绩评定办法（五级制）以及对成绩不及格学生的处理办法（如在限定时间内再次答辩）等。

（9）文本规范与归档管理

明确毕业设计（论文）内容与格式规范（学校统一模板）及装订顺序要求；明确毕业设计（论文）其他要求（字数、参考文献篇数与时效、外文文献篇数、图纸规范等）；明确毕业设计（论文）各类文档（毕设原始资料、毕设电子文档、毕设管理文档）归档管理要求（责任单位、保存年限等）。

（10）评优工作

明确校级优秀评选办法以及对其指导教师的奖励办法（天职师大给予 6 课时奖励）；明确省（市）级优秀评选推荐办法，明确对获得省（市）级优秀的指导教师的重奖办法（天职师大视同获得省部级学科竞赛一等奖）。

（11）质量监控

实行毕业设计（论文）工作质量责任制，明确指导教师（含校外）、系（教研室）主任、主管教学院长、教学秘书、教务处、教学督导机构（质量监控与评估中心）以及校院两级教学督导在毕业设计（论文）工作各环节质量监控方面应该履行的工作职责，应该承担的责任。

校级《管理办法》附件为毕业设计（论文）各环节文档模板：

① 选题征集与审核阶段——选题指南、选题申报表、毕设任务书；

② 开题及其审核阶段——开题报告；

③ 实施及指导阶段——指导工作记录表、中期检查报告；

④ 评阅及答辩阶段——指导教师评分表、评阅人评分表、答辩评分表、答辩记录。

3. 各二级学院（院级）

各二级学院根据学校《本科毕业设计（论文）工作管理办法》，结合本学院所属专业特点以及现有条件（师资队伍、设备场地、校外合作、专项经费等）制定《本科毕业设计（论文）工作实施细则》（简称《实施细则》）。各学院《实施细则》需要就以下七个方面做出明确细致的规定：

① 毕业设计（论文）工作组织机构及职责；

② 毕业设计（论文）类别及选题原则；

③ 毕业设计（论文）工作流程；

④ 毕业设计（论文）工作要求（导师 / 学生）；

⑤ 毕业设计（论文）成绩评定办法；

⑥ 毕业设计（论文）文档及管理；

⑦ 毕业设计（论文）经费及管理。

4. 各专业（系或教研室）

各系（教研室）负责制定及更新所属本科专业《毕业设计（论文）选题指南》（简称《选题指南》），并遵照学校管理办法和学院实施细则的相关规定，按照学院本届毕业设计（论文）工作委员会的统一部署，组织实施所属本科专业毕业设计（论文）各个阶段、各个环节的工作。

《选题指南》通常由各专业带头人拟就（采用学校统一模板），每届毕设工作开始之前，须根据情况变化进行适当补充与调整，报所属二级学院毕业设计（论文）工作委员会审核批准（教务处备案），对本专业教师（含外聘）申报毕业选题提供具体指导。各专业《选题指南》除重申学校和二级学院关于毕设选题的统一规定（本科一人一题，与专业培养目标相符、难度适中，工作量适中，避免重复等）之外，应着重对本届选题的重点领域、选题范围、选题来源、选题类型、选题要求以及限定条件（针对自拟选题）给予必要说明，并从历届毕设选题中筛选若干代表性选题（参考选题），供申报选题的指导教师参考。应用型高校各专业（尤其工程技术类）应提倡从生产实践中选题（真题实做），鼓励自主创新型选题，鼓励实做类选题（预期成果中有实物作品），形成应用型高校毕业设计（论文）选题特点。这些都应通过《选题指南》充分体现。

5. 毕业设计（论文）管理系统

为全面提升毕业设计（论文）管理信息化水平，提高毕设各环节工作效率，便于实施过程督导和质量监控，各高校普遍建立了毕业设计（论文）管理系统。以天津中德在中国知网建立的毕业设计（论文）管理系统为例，就其主要功能说明如下：

（1）信息录入与填报

学生和指导教师录入各类毕设信息、填报各种表格，上传毕业设计（论文）稿件等材料。

（2）数据导出与文档生成

导出各类数据（Excel），自动生成各种毕设文档（任务书、开题报告、中期检查表、指导工作记录表等）。

（3）过程督导

校院两级督导专家及教学管理人员可根据授权，查阅各类文档；导出数据表、下载材料（按学院、专业、班级、指导教师、学号等）。

（4）双选管理

为选题及指导教师与学生“双向选择”搭建线上信息交流及匹配（选题及指导教师与学生）管理平台。

（5）评审答辩

录入并查阅院级答辩分组、各答辩小组教师、学生、记录员、地点等信息。

（6）信息统计

毕设相关数据信息以及工作进度统计（指导教师工作量、选题及任务书、过程文档、评阅答辩、毕设成绩等）。

（7）工作检查

分“前期”、“中期”和“后期”三个阶段，记录、公布、查阅毕设工作检查信息资料（按学院、专业、班级）。

天津中德毕业设计（论文）管理系统的督导专家操作界面如图 8.2 所示。

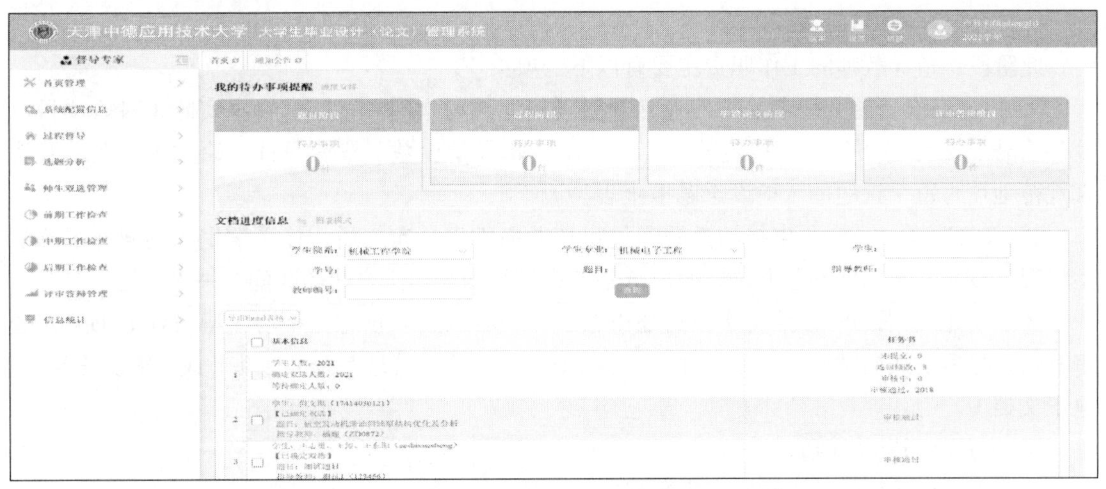

图 8.2　天津中德毕业设计（论文）管理系统界面（督导专家）

8.4　毕业设计（论文）指导教师

高校毕业设计（论文）环节普遍实行指导教师负责制。应用型高校毕业设计（论文）工作质量能否得到保障，应用型人才培养目标能否达成，“重应用、重实做、出精品”特色能否充分体现等等，很大程度上都取决于指导教师对毕业设计（论文）环节地位及作用的认识、工作态度、职业道德、敬业精神、综合素质、专业能力以及技能水平等。

1. 指导教师资格

为确保毕业设计（论文）选题以及指导工作质量（尤其本科层次），各高校在学校《管理办法》和二级学院《实施细则》中，都会对指导教师资格及其审核办法做出明确规定。以天职师大和天津中德为例，学校《管理办法》专门设置“指导教师”一章，涉及指导教师资格的条款如下：

① 校内指导教师必须具有中级及以上职称（讲师、工程师、实验师等）或博士学位（部分高职院校硕士学位即可）。

② 校外兼职指导教师应具有中级及以上职称（工程师、经济师等），由所聘学院负责审核并备案。

③ 校内教师首次担任毕业设计（论文）指导教师，须经过学校或学院组织的培训。

此外，还对每名指导教师指导学生人数上限做了规定。比如天职师大规定，校内指导教师不得多于 8 名（理工科）或 10 名（其他学科）；校外兼职指导教师减半（理工科 4 名、其他学科 5 名）。

2. 指导教师职责

应用型高校具有指导教师资格的专业教师（包含实验实训教师）一般都应该承担本科毕业设计（论文）指导工作（特殊情况除外），且必须认真履行指导教师各项职责。每名指导教师应该自征集选题就正式进入角色，介入毕业设计（论文）工作。下面分阶段阐述毕业设计（论文）指导教师的职责：

（1）准备与动员阶段

此阶段，指导教师的工作职责主要有以下三项：

① 拟定毕设选题——参照本专业最新版《毕业选题指南》，结合自身实际（科研项目、校外合作、工作经历等），拟定若干（大于限定指导学生数）毕业设计（论文）选题，并认真规范地填写每个选题的《毕设选题申报表》。

② 双向选择——当所申报的选题通过审核并向学生公布之后，接受学生的询问并了解学生情况，按照“双向选择”办法，完成选题及指导教师与学生之间的匹配（一人一题）。

③ 下达任务书——参照《毕设选题申报表》内容以及审核意见撰写《毕设任务书》，经审核通过之后正式向学生下达，同时录入毕业设计（论文）管理系统（自动形成《毕设任务书》电子文档）。

（2）开题与审核阶段

此阶段，指导教师的工作职责主要有以下三项：

① 指导开题准备及开题报告撰写——指导学生认真消化《毕设任务书》各项内容，了解选题背景、深化选题认识、明确任务及要求，认真查找并阅读文献资料，研究制定初步研究（设计）方案，拟定研究（设计）路线，进行可行性分析、拟定进度安排……。在此基础上，指导学生规范撰写《毕设开题报告》（采用统一模板），填写指导教师审核意见，并就是否同意开题做出独立判断和决定。

② 参与开题审核（答辩）——开题审核通常在本专业（系或教研室）教师（具备指导教师资格）范围内进行。因此，每一位校内指导教师都要扮演“开题审核专家”角色（每组 3 ~ 5 人），对同组其他选题进行开题审核。若采取答辩审核方式（天津中德），指导教师须认真聆听学生报告，并就相关问题进行提问和交流（给出参考建议），在此基础上独立做出开题审核是否通过的判断（审核意见）。

③ 指导修改开题报告——指导学生按照专家小组提出的修改意见和建议对开题报告进行修改完善（有的需要反复多次），经审核通过之后办理签字手续并录入毕业设计（论文）管理系统（自动形成《毕设开题报告》电子文档）。

（3）实施与指导阶段

此阶段，指导教师的工作职责主要有以下两项：

① 悉心指导——悉心指导是此阶段指导教师的基本工作职责。不仅要指导学生开展各研究（设计）工作，帮助解决遇到的各种问题，完成各阶段毕设任务并取得预期成果，还要全面负责毕设期间学生管理，对学生的表现给予客观公正评价；不仅要指导学生研究（设计）实践活动，还要指导学生规范撰写毕业设计（论文）、阅读和翻译外文文献……。在此过程中，指导教师和学生须如实填写《指导工作记录》（登录毕设管理系统），学校或学院通常会对指导次数（不少于多少次）和频次（最长间隔时间）提出要求。为减轻指导教师工作负担，天津中德规定《指导工作记录》由每位学生填写、指导教师予以审核，由毕设管理系统自动生成《指导工作记录表》（毕设文档）。

② 中期检查——中期检查是各高校普遍设置的毕设工作质量及进度检查环节。指导教师须按照学校（教务处）和二级学院的统一部署，认真履行中期检查职责。主要内容为审阅每位学生的中期汇报（填写中期检查表）、填写指导教师检查意见并就后续工作提出建议、履行审

核签字手续等。此阶段各类信息须录入毕业设计（论文）管理系统并自动形成《中期检查表》（毕设文档）。

考虑到校外兼职指导不方便介入教务管理系统和毕设管理系统，不方便履行文档管理职责，对在校外（合作单位）实施且聘请校外兼职指导教师的毕业设计（论文）选题实行“双导师”指导。由校内外指导教师联合下达任务书、指导并审核开题（报告）；由校外兼职指导教师实施毕业设计（论文）业务（专业）指导；校内指导教师负责毕业设计（论文）各环节各阶段文档审查，配合校外兼职教师完成指导记录填写、中期检查、论文评阅及答辩、文档整理及保管等工作，以确保毕业设计（论文）各环节工作顺利向前推进。

（4）评阅与答辩阶段

评阅与答辩阶段指导教师的工作职责主要有以下两项：

① 评阅毕业设计（论文）——指导教师承担所指导学生的毕业设计（论文）终稿评阅，填写《指导教师评分表》（撰写评语并打分）；除此之外，还要担任评阅人，对其他学生（同专业）的毕业设计（论文）进行评阅，填写《评阅人评分表》（撰写评语并打分），每位具有指导教师资格的教师一般都会被安排（指派）担任评阅人。

② 参加毕业设计（论文）答辩——指导教师一般都会被安排在某个答辩小组（院级答辩），担任答辩小组成员，甚至组长（高级技术职务）。聆听学生汇报，观看成果展示，现场查阅毕业设计（论文）并进行提问（对每位学生至少提出一个问题），并综合学生汇报、成果展示、论文质量及水平、回答问题以及答辩表现评定答辩成绩（打分）。

（5）“后答辩”阶段

答辩环节之后即进入“后答辩”阶段。指导教师在此阶段的基本工作职责为以下三项：

① 按照学校相关规定，录入相关信息资料，指导并监督学生完成毕业设计（论文）文档整理、装订、上交归档保存等，在学生办理毕业离校手续时履行毕设指导教师审核签字手续。

② 参加校级优秀毕业设计（论文）评选等工作。

③ 所指导学生若未通过评阅答辩环节考核或首次未被允许参加答辩，将继续给予指导（完成毕设工作任务，修改完善毕设论文），直到二次答辩（专门为学院分组答辩成绩不合格学生或首次未被允许参加答辩学生组织的答辩）完毕。

应用型高校专业教师一旦获得毕业设计（论文）指导教师资格，就应该树立长期履职意识，做好长期尽责准备。不断积累经验，持续提升指导能力与水平，力争做一名优秀的毕设指导教师，打造本专业指导教师品牌，以吸引优秀学生加盟团队，为毕设出成果、出精品、出人才夯实基础。尤其在毕设选题方面，要注重积累，积极思考、早做打算，不能临时抱佛脚，更不能随便应付。因为只有好的选题，才能吸引优秀学生加盟，才有利于出成果、出精品、出人才。

3. 指导工作质量

根据学校毕业设计（论文）工作管理办法，指导教师是毕业设计（论文）质量的第一责任人或直接责任人。因此，指导教师对毕业设计（论文）环节的认识、工作态度以及能力及水平，都直接关系到毕业设计（论文）质量。只有正确认识毕业设计（论文）环节的地位和作用，熟悉毕业设计（论文）工作内容及工作流程，认真遵守学校和二级学院管理规范，以满腔热忱投入毕业设计（论文）指导工作之中，且不断反思，善于积累，持续改进，才能够不断增强毕业设计（论文）指导能力，不断提高指导水平。毕业设计（论文）各环节指导工作质量要求如下：

（1）选题与任务书

指导教师须仔细阅读《毕设选题指南》、广泛调研（线上线下）、深入挖掘、积极联络（对外合作）、认真思考，依靠日常积累和当前努力，拟定高质量毕业设计（论文）选题。此外，还要认真阅读《毕设选题申报表》（简称《申报表》）填写说明和《毕设任务书》（简称任务书）撰写说明，确保这两份重要文档内容齐全规范。这两份表格内容相近，填写内容及其质量直接关系到选题审核、双向选择和开题及其审核能否顺利进行，对整个毕业设计（论文）工作质量也会产生重要影响。具体说明如下：

① 背景及意义——填表时不仅应简要说明背景，还要从理论研究、实际应用以及专业人才培养（尤其应用型人才）角度简要阐述意义。尤其要说明该选题（题目）在拓展学生知识、增强专业能力、提升专业（技能）水平以及综合素质方面所起的作用。这项内容不仅是审核和评价选题的重要观测点，也是学生选择该题目的重要考虑因素。

② 任务及要求——填表时应该逐条列出任务及内容（明确具体）。审核专家将据此对“工作量是否适宜”和“难度是否适中”进行考量，做出判断；学生也会在双向选择期间据此判断该毕设题目是否适合自己，并在实施阶段据此开展各项工作；在评阅答辩阶段，评阅人和答辩专家则据此衡量各项任务是否完成，是否达到要求等。

③ 工作条件（仅《选题表》）——填表时应该逐项列出开展该选题工作所须具备的条件（场地设备、仪器工具、配件耗材、资料手册等），并对已具备的条件和目前尚缺少的条件及解决办法加以说明。审核专家将据此判断该选题是否具备实施条件（观测点之一）。

④ 知识与能力（仅《选题表》）——填表时应逐项列出选择该题目学生应该具有哪些知识（包括需要学习的新知识），应该具有哪些专业能力和技能。审核专家将据此衡量该选题是否适合本科毕业生；学生在双向选择期间将据此判断自己能否胜任该选题工作。

⑤ 毕设成果（仅《任务书》）——填表时除毕业设计（论文）成果之外（尤其工程技术类各专业），还应列出相应的工程图纸、程序清单、实物作品等具体毕设成果。让学生在实施过程中，不仅完成毕业设计（论文）撰写，还应注重创造及整理各项毕设成果。

⑥ 推荐参考资料（仅《任务书》）——培养文献阅读和手册使用能力是毕设环节（尤其本科层次）的目标之一。因此，填表时应围绕毕设题目及其具体工作需要，着重就文献阅读和手册使用给予具体指导，同时列出相关参考资料（中外文期刊、学位论文、图书、手册、网络文章、专利说明书等）对学生起到示范引领作用。

（2）开题及审核

在此阶段，指导教师首先应该帮助学生加深对毕设题目的认识，让学生通过查阅相关参考文献了解课题背景以及国内外现状及发展趋势，全面深入地了解《任务书》各项内容，明确具体任务及要求；指导学生在此基础上，拟就初步方案（设计、研究、加工、制作）、拟定技术路线和进度安排。其次应指导学生规范撰写《开题报告》各项内容，并进行认真审核。审核通过方允许学生参加开题答辩（或允许送审核组专家审核）。从这个角度讲，开题报告审核既是审核学生开题准备工作是否到位、是否达标，也是审核指导教师开题阶段是否尽责、工作质量是否达标。指导教师对开题审核的必要性应该有清醒的认识，切不可持“走过场”态度，一定要认真聆听并虚心接受审核小组其他指导教师（专家）的意见和建议（即使已通过开题审核），指导学生认真修改完善（尤其研究设计方案、技术路线、预期成果、进度安排等）。

（3）实施过程指导

此阶段各自为战，对指导教师的责任心、敬业精神、职业道德、综合素质、专业能力和专业技能都是严峻考验。本科毕业设计（论文）环节严格实行“一人一题”，主要是为了培养学生独立工作能力（运用所学知识和专业技能独自解决实际问题）。每位指导教师面对多名学生、多个毕设选题，既应针对共性问题进行集中指导，更要针对个性问题开展个别指导。因此，在整个毕业设计（论文）期间，指导教师都要保持旺盛的热情，都要一如既往地关爱学生，充分贯彻因材施教教育理念，围绕每一个毕设选题，进行有效启发引导，注重激发热情和积极性，注意发现学生特长，注重挖掘学生潜力，在指导学生完成毕设各项任务的过程中，不仅要向学生传授专业知识、专业（职业）技能，还要传授行业工作经验（科研、设计、装调、加工、制作等）；不仅要指导学生学习相关新知识、掌握先进工具和技术手段，还要注重拓展知识面，注重提升综合素质，注重培养工匠精神，注重培养职业道德，弘扬求真务实的科学精神，在高质量完成毕设各项任务的同时，全面达成毕业设计（论文）培养目标。

《指导工作记录》不仅是指导教师实施指导的记录，也是学生在毕设实施阶段的工作记录。无论采用学生填写指导教师审核方式，还是采取指导教师填写方式，都要保证《指导工作记录》真实、完整、规范；在指导学生撰写毕业设计（论文）过程中，一定要坚持内容和格式的规范化，真实反映毕设各阶段工作过程，如实展示毕设各方面的成果，杜绝弄虚作假和抄袭剽窃。

中期检查是毕业设计（论文）实施阶段的一次集中检查，指导教师应该按照学校的统一部署，及时向所指导的学生部署中期检查任务，指导学生对照《任务书》，实事求是、全面具体地汇报完成情况，反映存在的问题，说明后续工作计划；随后登录毕设管理系统认真审阅学生填写的中期汇报，对照《任务书》要求给予客观公正评价，并根据学生反映的问题及困难，对后续工作计划提出建设、做出调整安排等。

（4）毕设（论文）评阅

每位指导教师都要承担毕业设计（论文）评阅任务，能否全面客观地看待所评阅的作品，能否给出科学合理的评价成绩（打分），某种程度是对指导教师能力与水平的检验。首先，要熟悉学校关于毕业设计（论文）的要求及规范（内容及格式）；其次要熟悉学校和学院制定的评阅要求（学校《管理办法》和学院《实施细则》之中），明确指导教师评阅和评阅人评阅的侧重点及要求。

对于自己指导的学生，不仅应对毕业设计（论文）及成果做出客观公正评价，还要对实施过程中的表现（科学态度、遵守纪律、职业道德、素质与能力等）做出客观公正评价。指导教师评价成绩既要反映毕业设计（论文）水平和毕设成果质量，也要反映毕设实施过程中的表现，充分体现结果与过程相结合的评价原则。

扮演评阅人角色，由于不熟悉毕业设计（论文）实施过程，更需要认真阅读，仔细辨别比较，全面客观评价，所撰写的评语要有根有据，全面具体、符合规范。所谓“有根有据”是指，不能凭印象，甚至凭想象撰写评语；所谓“全面具体”是指，不仅要全部覆盖所有观测点，而且要给予具体说明；所谓“符合规范”是指评语的语言逻辑、评价顺序以及用词用语要符合规范，且与评价成绩（打分）相吻合。

（5）毕设（论文）答辩

每位指导教师都会担任毕业设计（论文）答辩评委（至少院级答辩小组成员）。首先，每位指导教师要对毕业设计（论文）答辩心怀敬畏之心，按照学院答辩委员会的要求着装，严格遵守答辩会议议程及要求，熟悉答辩评审评价标准，认真履行评委职责。其次，作为一名答辩评委，通过聆听学生报告、审阅毕设论文、观看成果展示，应该能够对毕业设计（论文）的选题及其研究设计内容有基本了解，从而提出适切的问题并判断学生回答是否全面准确，还能够在有限时间之内对毕业设计（论文）做出客观公正评价、给予科学合理的评价成绩（打分）。

（6）毕设（论文）文档

毕设（论文）文档属于专项教学文档，指导教师对毕设文档负有重要责任（尤其学生毕业离校之后）；不仅要对自己亲手撰写、填写的各类文档（选题申报表、任务书等）负完全责任，而且要对学生撰写、填写的各类文档（开题报告、中期检查表、指导工作记录表、毕业设计（论文）等）负审核批准责任。因此，指导教师必须高度重视毕设文档质量。一方面，要注意提高自己撰写或填写的文档的质量（尤其内容及格式规范性）；另一方面，要严把质量关，质量达不到要求的坚决不予通过（修改后再审），内容缺项的一定要求补齐。在各类教学质量评估中，毕设（论文）文档都是重点检查内容和重要观测点。因此，严把毕设文档质量关，既是对指导教师自身负责，也是对学生负责，更是对学校负责；严把毕设文档质量关，既是对今天负责，也是对明天负责，更是对未来负责。

8.5 毕业设计（论文）常见问题

毕业设计（论文）是人才培养方案（课程体系）中的独特教学环节，可视为一门综合性和实践性很强的特殊课程。因此，可从课程教学的角度，划分为教学准备（备课）、教学实施和考核评价三个阶段。根据近年来在天职师大和天津中德毕业设计（论文）各环节跟踪检查以及毕设文档查阅中获取的信息，梳理出毕业设计（论文）常见且带有普遍性的问题，从“教学准备”、“教学实施”和“考核评价”三个阶段说明如下：

1. 教学准备阶段

毕业设计（论文）的教学准备自申报选题开始，到开题审核（开题答辩）为止。常见问题集中反映在《选题申报表》、《毕设任务书》和《开题报告》及其审核过程之中。

（1）《选题申报表》

征集选题标志着毕业设计（论文）工作正式启动，征集到的毕设选题符合《选题指南》要求、数目充足（满足一人一题），本届毕业设计（论文）工作才能顺利开展。因此，每位指导教师应该认真填写《选题申报表》（每题一份），确保阐述清楚、内容齐全、要求明确、格式规范。常见的主要问题如下：

① 选题名称欠规范——选题名称在通过审核之后将正式作为毕业设计（论文）题目，因此填写《选题申报表》时应该慎重确定选题名称。选题名称欠规范主要表现为核心关键词不全、修饰关系不明确、字数偏多（超过 20 字）、主标题与副标题关系不明确（任务内容不够独立，不满足一人一题）、语句不够简练（未省略非必要介词，如“的”）等。总之，不符合相关学术论文标题或行业领域技术说明书标题规范或习惯。

② 选题意义说明缺项——选题意义应从科学研究或实际应用的价值以及对培养专业人才（尤其应用型人才）的作用两个方面阐述。然而，普遍存在后者缺失问题，即便有所阐述，也往往不够明确、不够具体，针对性不强、匹配度不高。

③ 任务不具体，要求欠明确——选题审核时将据此判断毕设工作量是否适宜，难度是否适中；“双选”期间，学生也将通过选题表所填内容了解课题的任务及要求。这方面的问题主要表现为任务描述过于笼统，过于粗糙，要求不够明确，各项任务的要求程度（掌握、完成、了解、尽量……）区别不够明显。

④ 工作条件罗列不全——是否具备工作条件是选题审核的重要观测点。这方面的问题主要表现为对工作条件考虑不周、罗列不全，尤其对目前尚缺少的条件及解决办法缺少说明，普遍存在“报喜不报忧”现象。

⑤ 知识与能力要求不够具体，缺乏针对性——对学生知识与能力的要求，不仅是审核选题的重要依据，也是学生确定是否选择该选题的重要因素（双向选择）。这方面的问题主要表现为对学生知识和能力的要求过于笼统（仅罗列相关课程），不够全面、不够具体，而且与选题任务及要求联系不够紧密，针对性不强。尤其对应该学习哪些新知识、掌握哪些新技能与新工具缺少必要说明。

（2）《毕设任务书》

依据《选题申报表》撰写《毕设任务书》（二者大多数内容相同或相近）是选题通过审核并经历“双选”确定学生之后，指导教师的第一项工作。《毕设任务书》是学生开展毕设各项工作的重要依据，必须认真对待，确保内容齐全、任务具体、要求明确，格式规范。常见的主要问题如下：

① 任务内容不清晰，要求欠明确，缺乏针对性——《毕设任务书》需要填写“任务内容及要求”，比《选题申报表》对任务内容的描述应更加清晰、更加细致，要求也应该更加明确、更加具体，能够对特定学生（已确定选择该题目）准备开题以及随后开展各项工作、完成规定任务、取得相应成果提供具体指导。常见问题的表现，一是完全复制《选题申报表》内容（未做任何修改补充），致使《毕设选题表》这方面存在的问题延续到《毕业任务书》之中；二是任务内容及要求缺乏针对性（未针对选题学生实际状况）。

② 毕设成果单一——除毕业设计（论文）之外，还应包括其他重要成果作为支撑（工程图纸、源程序、实物作品等），工程技术类各专业尤其如此。常见主要问题是毕设成果仅有毕业设计（论文），应用型高校大力提倡的“设计兼实做”类题目，许多选题名称为“……设计与实现”或“……设计与制作”，但在毕设成果列表中竟然缺失“实物作品”。

③ 查阅文献资料缺指导——《毕设任务书》不仅要推荐相关参考资料，更要对学生自主查阅文献资料以及正确选择和使用相关手册给予指导，引导学生自主查阅文献资料，弄清国内外现状与发展趋势，在拟定初步研究设计方案和技术路线时获得启发。常见问题主要是缺少查阅文献资料指导内容，仅罗列若干篇文献资料让学生阅读，供学生复制到开题报告（参考文献）。明显违反了“授人以鱼不如授人以渔”的教学原则。

（3）《毕设开题报告》

《毕设开题报告》由学生依据指导教师下达的《毕设任务书》撰写。应该按照任务书提出的任务及要求，在指导教师的悉心指导下，认真查阅相关参考文献，弄清国内外现状及发展趋势，加深对课题背景及意义的认识，明确毕设各项任务及要求，拟定初步研究设计方案和技术路线，拟定进度安排，确定各阶段预期成果。《毕设开题报告》常见的主要问题是“课题主要内容”栏目内容不全或欠妥。具体说明如下：

"课题主要内容"是《毕设开题报告》的核心。如果前面"课题目的意义"和"国内外现状及发展趋势"栏目填写内容着重说明为什么要进行该项研究（设计或应用），那么"课题主要内容"栏目填写内容就应该着重说明该课题具体研究（设计或应用）什么，着重说明打算怎么进行研究（设计或应用）。应该对初步的研究（设计）方案以及具体的技术路线进行必要阐述。更完整一些，还应该对初步方案和技术路线的可行性给予分析或给予说明。这方面问题的主要表现，一是全盘复制《毕业任务书》"任务内容及要求"栏目内容，没有任何解释说明；二是只列出任务内容（若干条目），未说明初步方案和技术路线，也就是说，只说明了要干什么，未说明打算怎么干以及这样干是否可行；三是直接说明毕业设计（论文）结构，把课题主要内容变成了各章主要内容。毕业设计（论文）是毕设的重要成果，属于结果而非过程，开题阶段应该注重过程，倡导扎扎实实地开展研究（设计或应用）工作，开题即关注结果，有急功近利之嫌。

（4）开题审核（开题答辩）

开题审核无论是否采用答辩方式，都是同专业指导教师之间的互审。即若干名（4 ~ 5 名）同专业指导教师组成审核小组（包括被审核学生指导教师在内），由其他指导教师对其中一名指导教师所指导学生进行开题审核。若采取答辩审核，不仅要审阅《开题报告》，还要聆听学生开题汇报并进行质疑和提问，据此做出审核结论（同意 / 不同意）并提出修改调整建议。如不采用答辩审核，则仅审阅《开题报告》。开题审核应该建立在学生已基本完成相关文献查阅、对课题有了较为全面、较为深刻的认识，明确了毕设任务及要求，并且已初步拟定了研究（设计或应用）方案、对技术路线以及可行性有了较为成熟的思考，制订了毕设工作进度，明确了各阶段成果的基础之上。开题审核常见的主要问题如下：

① 准备不足、操之过急——指导教师下达《毕设任务书》与开题审核（开题答辩）间隔时间偏短，绝大多数学生准备并不充分，所撰写的《开题报告》尚不够成熟；

② 指导不到位、轻率同意"闯关"——指导教师下达《毕设任务书》之后，没有给予进一步指导，对学生提交的《开题报告》并未认真审阅，对所存在的问题不够重视，轻率地同意提交小组审核（答辩审核），让学生拿着不成熟，甚至"带伤"的《开题报告》去"闯关"。

③ 小组审核不严——评审小组专家碍于同事的情面，对《开题报告》审核不严，基本100%通过审核，长此以往，学生和指导教师对开题审核越来越不重视，致使开题审核流于形式、答辩审核也成了走过场。

④ 指导教师扮演角色不当——指导教师虽然也是评审小组成员，但在评审所指导学生开题时，应该扮演旁听者和解释者的角色。认真听取其他成员的意见和建议，遇到学生不能说明或说不清楚的问题时，给予必要的解释。但有的指导教师在评审自己指导的学生时，不仅仍然把自己当作评审专家，而且向学生频频发问（显然答辩会前没有对《开题报告》认真审阅），把开题答辩会变成了指导教师与自己所指导学生的对话会。

⑤ 指导教师回避制的弊端——部分学校或学院在开题答辩审核环节实行"指导教师回避"(指导教师不出席所指导学生的开题答辩会)。这样做虽然有利于消除审核小组成员的顾虑，但由于指导教师没有聆听评审小组的意见，学生对评审专家的意见和建议领会不深，转达不全，从而对指导学生修改完善开题报告、调整实施方案等造成负面影响。其实，只要指导教师和评审小组成员能够正确认识开题审核的意义和作用，指导教师到场不仅可以直接听取评审小

组专家的意见和建议，帮助学生解答评审小组的质疑和询问，帮助评审专家深入了解课题情况，而且有利于在开题答辩会之后指导学生认真修改完善开题报告，并对研究（设计或应用）方案及技术路线做出必要调整。

2. 教学实施阶段

毕业设计（论文）实施与指导阶段，对于指导教师而言，应该围绕课题以及学生特点，实施个性化教学（因材施教），巩固并拓展专业知识，增强专业能力，提高专业技能和综合素质水平，切实达成毕设多元化目标；对学生而言，应该围绕课题任务，自主学习、独立工作，学习新知识、增添新技能，在创新实践中开阔眼界、增长才干。这个阶段的常见问题集中反映在《指导工作记录》、《中期检查表》和毕业设计（论文）之中。

（1）《指导工作记录》

《指导工作记录》是毕设实施过程中指导教师工作的真实记录（重要毕设文档之一）。虽然各高校对填写方式要求不同（天津中德实行学生填写、指导教师审核），但所形成的都应该是一份真实、完整、翔实的指导工作记录。《指导工作记录》存在的主要问题为：

① 次数少，间隔长——指导记录次数偏少（不满 10 次），间隔时间偏长（最长达 2 个月之久），不满足学校《管理办法》和学院《实施细则》的要求（每周至少 1 次），甚至突破了底线。

② 内容过于简单，应付差事明显——指导记录内容过于笼统、过于简单（最短只有四个字：开题指导、论文指导），明显存在应付差事之嫌。

③ 不予及时审核——前面多条指导工作记录都处在“等待指导教师审核”状态（刷红），只对最后一条或多条记录给予了审核，前面填写的记录显然都没有看过。

④ 日期顺序错误——指导工作记录未按时间顺序排列，明显是为了应付中期检查而补填，其真实性遭到破坏。

（2）《中期检查表》

《中期检查表》是毕设实施过程中唯一的阶段性检查记录（重要毕设文档之一）。学生应对照《毕设任务书》和《毕设开题报告》，汇报目前工作进度、已取得成果、存在的问题以及后续工作计划；指导教师应对学生前期的态度与表现、工作进度、已取得成果进行客观评价，并对后续工作提出具体要求。《中期检查表》存在的主要问题为：

① 内容简单、应付差事——学生汇报内容过于简单，指导教师审核意见过于简单（仅有同意二字）。

② 偏离过大、缺项明显——学生汇报内容与《任务书》和《开题报告》内容偏离过大，且存在明显缺项。如设计兼实做类课题，学生汇报内容没有涉及实物作品（样机等）进展，指导教师审核意见同样也未涉及。而这方面恰恰是应用型高校毕设关注的重点。

《指导工作记录》和《中期检查表》暴露出来的问题，反映了部分指导教师和学生对毕业设计（论文）认识不到位、工作态度不够端正、工作作风不够踏实，敬业精神不够强，应该引起高度重视。

（3）毕业设计（论文）

就本科生而言，毕业设计（论文）属于学位论文，其质量与水平是衡量能否取得相应学位（如工学学士）的重要依据。为此，学校《管理办法》对内容、格式、字数以及排版装订都做出了明确规定，为规范写作还专门设计了模板。即便如此，毕业设计（论文）存在的问题依然很多。

常见的主要问题罗列如下（不予展开说明）：

① 中文标题不够规范（选题申报表中问题延续至此）。

② 中文摘要不是一篇信息量与正文等同的短文，而仅仅是概述或前言。

③ 中文关键词提取不当或数目偏少。

④ 英文标题、摘要和关键词使用翻译软件，专业术语等错误明显。

⑤ 正文结构安排不合理（章节逻辑关系不清晰，部分内容缺失等）。

⑥ 图表不符合相关规范（图号、图题、表头等）。

⑦ 照片（贴图）不清晰，比例不协调。

⑧ 缺少附录（毕设工作成果）。

⑨ 参考文献著录格式不符合相关规范。

3. 考核评价阶段

此阶段的常见问题集中反映在三类《评分表》和《答辩记录》之中。

（1）《指导教师评分表》

打分普遍偏高。由于担心所指导学生成绩不理想，甚至不及格，抱着“兜底”心理给予评价。评语中对学生实际表现以及能力水平表述不够全面、不够客观、不够具体。是否同意答辩把关不严。

（2）《评阅教师评分表》

存在打人情分现象，评语中对毕业设计（论文）存在的质量问题（设计图纸等）阐述不具体、不明确。是否同意答辩把关不严。

（3）《答辩评分表》

① 答辩小组评语模板化（依答辩平均成绩套用相应模板），未能反映答辩学生的特点。

② 综合成绩计算一般在《答辩评分表》反映（如天职师大），即按照学校《管理办法》规定占比，对指导教师打分、评阅教师打分和答辩打分进行加权平均计算，综合评定学生的毕业设计（论文）成绩，并折合为五级成绩进行录入登记。存在指导教师打分偏高，与评阅教师打分和答辩小组打分相差过大（普遍相差 1 ~ 2 个等级）问题，致使部分学生的综合成绩（最终成绩）与学生实际情况不相符合。

（4）《答辩记录》

答辩记录员一般由年轻教师担任（如天津中德）或硕士研究生担任（如天职师大）。虽然学校要求采用答辩记录模板（每生 1 份），但由于缺少培训，涉及专业面广，答辩节奏快，很难保证对答辩问题以及学生回答情况做详细记录，尤其缺少回答结果评价记录（是否正确、是否准确、是否全面）。如何保证答辩记录的完整、全面、准确值得探索研究。

第9篇

教学考核

教学评价能力是高校教师必须具备的基本能力。本篇专门谈谈应用型高校各类课程教学考核与教学评价，包括课程教学考核评价意义、课程教学考核评价方式、课程考核方案与试卷质量、课程教学考核成绩分析以及课程考核评价常见问题五项内容。旨在使应用型高校教师（尤其新入职教师）加深对课程教学考核与评价重要性的认识，了解各类课程主要考核评价方式及其特点，熟悉各类课程考核试卷设计要求，掌握试卷质量和考核成绩分析方法，并自觉根据分析结果对课程教学过程进行反思，从而达到持续提高课程教学质量之目的。基于天津职业技术师范大学（天职师大）和天津中德应用技术大学（天津中德）两所应用型高校课程教学检查梳理的课程考核常见问题供老师们参考。

9.1 课程教学考核评价意义

完整的课程教学过程可划分为教学准备（备课）、教学实施、考核评价和教学反思四个阶段。考核评价对于学校（办学主体）以及师生双方都有重要意义。

1. 考核评价对于学校的意义

学校是办学主体，考核评价对于学校的意义主要体现在对办学水平和教学质量的检验。各类课程考核通过率、考核成绩分布、试卷试题质量、考核评价方式等都是评价学校办学水平和教学质量的观测点。

2. 考核评价对于教师的意义

考核评价对于教师的意义体现在两个方面。其一，教师（任课教师）需要通过考核评价检验实际教学效果，获得教学反思所需的重要反馈信息（数据），为改进教学提供重要依据；其二，教学评价能力是教师的基本能力，只有通过课程考核评价工作实践，亲身体验、不断反思、持续改进才能逐步提升这种能力。

3. 考核评价对于学生的意义

考核评价对于学生的意义也体现在两个方面。其一，学生（教学对象）需要通过考核评价检验课程内容掌握情况以及相关知识和能力水平；其二，学生（学历教育对象）需要通过考核评价获得规定课程（必修或选修）的学习成绩（通过考核即可获得相应学分），进而取得毕业证书和学位证书（本科层次）。

9.2 课程教学考核评价方式

应用型高校课程考核评价方式主要分为结果性、过程性以及结果与过程相结合三种。关于这三种考核评价方式的特点、适用场合、组织实施过程以及对任课教师的要求等，分别阐述如下：

1. 结果性考核评价（结果考核）

（1）结果性考核评价及其特点

结果性考核评价属于传统的考核评价方式，通过最终考核（通常为试卷）确定课程学习成绩，其最大的特点就是只看结果，不注重过程，仅依据学生（学习对象）结课时所掌握的知识（能力和技能）评定该门课程的学习成绩（总结性评价）。高考就是最典型的结果性考核评价，“一考定终身”是对这种考核评价方式最生动的诠释。结果性考核评价的最大优势是考核内容覆盖面广，考核评价过程严谨、高效，作为一种基本考核评价方式而被广泛采用。

（2）结果性考核评价的实施

实施结果性考核评价首先应根据课程教学目标（教学大纲）确定具体考核内容，以达到全面准确检验教学效果、评定学习成绩的目的。其次要设计考试题目，通过这些题目科学测试学生实际掌握程度。然后根据学校统一规定印制试卷、按照学校或二级学院统一安排组织考试（闭卷、开卷、半开卷）。考试完成之后，教师依据“参考答案和评分标准”认真阅卷并评定考核成绩。

（3）结果性考核评价的要求

为保证结果性考核评价的科学性和公正性，开课之初即应向学生告知课程教学目标及考核评价方式，并在教学过程中明确考核内容（范围），如果在结课时能向学生公布复习大纲，则会更加方便学生考前复习。在设计试卷（出卷）的同时，必须拟定一份翔实周全的“参考答案与评分标准”（考试档案重要材料），不仅要保证试卷质量，而且要明确评价标准。有的课程（尤其公共基础课和专业基础课）还应采取题库选题、集体出题、流水阅卷等方式，以确保试题质量和考核评价环节的科学性和公正性。结果性考核评价结果（考核成绩）应该真实反映学生情况，并力求达到理想的区分度（正态分布）。

2. 过程性考核评价（过程考核）

（1）过程性考核评价及其特点

过程性考核评价是面向教学过程，并在课程教学过程中实施的考核评价方式，反映了“过程”与“发展”的价值取向，体现了促进评价过程与学习过程相融合的教学理念。过程性评价不能一次完成，需要伴随着学习过程持续进行，逐步达成价值建构。过程性考核评价提倡采取教师评价、同学评价（互评）以及学习者评价（自评）等多元主体评价，由各方评价结果综合构成最终评价结果。

（2）过程性考核评价的实施

过程性考核评价的内容及方式多种多样，应该严格按照课程教学大纲（课程标准）确定的考核评价方案确定考核内容、评价标准以及具体实施办法，并在教案中予以充分体现。在课程教学进行过程中，适时启动各个阶段、各个环节的考核评价工作，及时公布考核评价结果（成绩），直至课程教学过程全部结束，再根据考核评价方案确定的各阶段、各环节考核评价成绩占比，核定综合成绩（最终成绩或总成绩）。过程性考核评价最终成绩通常采用五级制（优秀、良好、中等、及格、不及格）。

（3）过程性考核评价的要求

为确保过程性考核评价能够促进学习、及时反馈、循序渐进地达成教学目标，应该把过程性考核内容细化为若干模块（项目）或若干阶段，并根据每个考核模块（项目）或每个阶段的特点，采用适切的考核评价方式，以便了解学生每个模块（项目）或每个阶段的真实水平；其次，过程性考核评价也必须有科学的评价指标，即必须针对每个模块和每个阶段的考核，拟定翔实周全的“参考答案与评分标准”（答卷形式）或“评价标准”（其他形式）。此外，过程性考核评价结果（成绩）应该及时向学生公布（反馈），不仅要给出分数，还要撰写恰当的评语，指出存在的问题，指明努力方向，给予鼓励和鞭策。让每一次考核评价都能起到总结经验、吸取教训、加油鼓劲的作用。

3. 过程与结果相结合的考核评价（结果+过程考核）

应用型高校课程考核必须以课程目标为导向，实行知识考核与能力考核相结合。然而单纯的结果性考核评价和纯粹的过程性考核评价都存在某些弊端。过程与结果相结合的考核评价方式（结果 + 过程），既能够发挥这两种考核评价方式的优势，又能够相互弥补各自的缺陷，目前被认为是最为科学、最为理想的考核评价方式，因而在应用型高校课程考核评价（尤其考试课程）中得到大力推广。

实行“过程 + 结果”考核评价，通常期末采用结果性考核评价方式（期末成绩），平时采用过程性考核评价方式（平时成绩）。对于考试类型的课程（考试课），期末成绩和平时成绩占比学校会做统一规定或原则性要求（天津中德目前规定期末成绩占 60%，平时成绩占 40%）。期末考试一般采用答卷方式（闭卷为主），平时成绩的构成（每项考核成绩在平时成绩中的占比）由课程教学大纲（课程标准）以及考核方案规定。平时考核项目通常包括出勤、课外作业、测验、实验等；对于考查课（尤其实践类课程），学校通常只做原则性要求，期末考核的内容及方式、平时考核的内容及方式、期末成绩与平时成绩的占比等，均可在教学大纲（课程标准）以及考核方案中根据课程教学实际灵活设置。但必须坚持依据教学大纲（课程标准）实施考核评价的原则。

9.3 课程考核方案与试卷质量

考核评价是应用型高校课程教学必经的环节。因此，拟定具体考核评价方案、设计试题试卷（出题出卷）便成为应用型高校任课教师或课程教学团队（集体）必须承担的重要教学任务。

1. 考核评价方案

拟定具体考核评价方案必须依据课程教学大纲（课程标准）而行。如果教学大纲（课程标准）中的考核评价方案（办法）覆盖全面、细致入微、方法明确，则直接采用即可（不再单独制定）。如果其中的考核评价方案（办法）仅仅是原则性的，规定不够细，可操作性不够强，则任课教师或课程教学团队必须按照教学大纲（课程标准）确定的原则，结合课程教学实际，拟定明确具体且具有很强可操作性的考核评价方案。课程考核评价方案应该就以下各项做出

明确规定，并提出具体实施办法：

（1）细化考核评价安排

应用型高校所有课程教学大纲（课程标准）中都必须明确该课程所属考核类型（考试课/考查课）。专业基础课和专业核心课程（含部分理实一体化课程）通常属于考试课，而公共选修课、专业选修课以及实践课（实训、实习、课程设计等）通常为考查课。虽然应用型高校普遍实行“结果+过程”考核评价，但在每门课程考核评价方案中，还需根据课程类型（理论课、实践课、理实一体化课）、教学目标和教学内容等具体情况，就结果考核和过程考核做出具体安排，并分别拟定结果考核方案（期末）和过程考核方案（平时）。

（2）明确考核评价形式

结果考核和过程考核都有多种考核形式可供选择，无论拟定结果考核方案还是过程考核方案，都必须明确各项考核评价的具体形式。例如，结果考核可以采用答卷方式，还可以采取答辩（如课程设计）或实操方式（如技能训练）。即使采用答卷方式，还有闭卷、半开卷（部分试题开卷）和全开卷三种形式可供选择。而过程考核的形式更加多样、更加灵活，必须以课程教学目标为导向，结合课程教学各方面实际情况（如教学条件、教学环境、教学内容、生源特点等）灵活确定。

（3）制定考核评价标准

应用型高校所有课程考核，无论结果考核还是过程考核，都必须有明确具体的考核评价标准。具体体现在为每份试卷、每个考核模块（项目）拟定的“参考答案与评分标准”或“评价标准”之中。应用型高校强调专业能力和专业技能考核评价标准（尤其职业技能）与相关国家标准、相关行业标准接轨。因此，某些课程（主要是实践类课程）的考核评价提倡全部采用或部分采用这些标准。

（4）确定成绩评定办法

实行“结果+过程”考核评价，结果考核（期末）成绩评定办法以及在总成绩（最终成绩）中的占比应在课程教学大纲（课程标准）中予以明确（依据学校相关规定）；过程考核（平时）每个考核模块（项目）的成绩评定办法则应由相应的“参考答案与评分标准”或“评价标准”具体规定。因此，考核方案中的成绩评定办法主要是科学确定每个考核模块（项目）的考核成绩（分数）在平时成绩中的占比（权重）。对于考试课，结果考核（期末）与过程考核（平时）成绩占比须遵守学校统一规定；对于考查课，结果考核与过程考核成绩占比需要在课程考核方案中明确规定。

2. 试卷试题质量

答卷考核是学校教育惯常采用的方式，应用型高校教学也不例外。设计一份高质量的试卷是一项高难度的工作，是对任课教师或课程教学团队教学能力的考验，对新入职教师则更具有挑战性。

（1）试卷质量标准

试卷质量（尤其结果考核试卷质量）对于客观反映教学效果、科学评定学习成绩至关重要。为持续提高试卷质量，各高校都非常重视试卷质量分析，制定了适用于各专业的试卷质量评价标准。然而，由于考核评价涉及面广，影响因素多，质量评价指标大多数都很难量化，因此，试卷质量评价标准目前大都是定性的，只有个别指标可以量化（如内容覆盖面、AB卷试题重复率、出错率等）。具体说明如下：

① 内容覆盖面广——答卷考核是结果考核（期末）的主要方式，甚至唯一方式。结果考核的主要目的是测试课程教学目标的达成度。因此，试卷内容能否全面覆盖课程教学大纲（课程标准）中规定的各项教学内容（尤其应知应会内容）是衡量试卷质量最为重要的指标。通常用覆盖率（%）进行量化，覆盖率越高，覆盖面越广，试卷质量越高。

② 格式规范、卷面清晰——期末试卷一般采用学校或学院统一模板设计，经审核批准之后，到学校指定地点印制或复印。平时答卷考核试卷可自行设计印制（复印），但格式须符合学校或学院相关规范，做到卷面清晰且在规定年限内字迹和图形不褪色。

③ 试题无差错、无歧义——无差错容易理解，需要小心谨慎对待，使出错率低于学校或学院质量标准规定。无歧义主要指题意无歧义，以防止学生在解读题意时出现偏差，影响考核成绩，引发纠纷。因此，更应该认真对待、严加防范。

④ 两套试卷（AB卷）且重复率低——同时出两套试卷（AB）的要求一般只针对期末考试。为防止正考和补（缓）考试卷差异过大，以确保考核评价公平公正，要求同时提交两套题型结构和题量相同、内容覆盖面相同（接近）、难度相同（接近）的试卷（AB卷），由教学管理部门（教务处）在审核时，选择其中一套作为正考试卷（不一定是A卷），另一套作为补（缓）考试卷（也不一定是B卷）。在设计提交两套试卷的同时，应该拟定两份参考答案与评价标准（均须归档保存）。AB卷的重复率越低越好，学校或学院一般都会对重复率设置上限（如<10%）。

⑤ 参考答案与评分标准科学合理——参考答辩与评分标准必须与试卷配套。试卷中，客观题答案不仅要正确，而且最好能唯一；主观题不仅要有最终结果，而且要有解题步骤以及每个步骤、每个部分的评分标准。对其他解题方法（参考答案之外）及其结果还要有所预设，并给出相应的评分标准，以体现包容差异，鼓励探索与创新。

⑥ 题型丰富、结构合理——试卷不仅要包含客观题和主观题两大类题型，而且客观题和主观题的种类还应该多样化。客观题通常包括“选择”“判断”“连线”等学生熟悉的题型；主观题不仅应该包括“填空”“简答”“分析计算”等常见题型，还应该根据课程类型、教学目标要求以及教学内容，设置“绘图”“编程”“设计”“实验”“实操”等考核专业能力和技能的题型。试卷题型不仅要丰富多样，适合课程特点，还要做到搭配科学、结构合理、版面美观。

⑦ 难度适中——难度适中是试卷质量评价不可或缺的重要指标。不仅要在题型结构方面体现，更应该在每种题型的内容上加以体现。具体来说，试卷中不仅要有普遍认为容易作答的题型（如选择、判断），也要有普遍感觉较为困难的题型（如分析、计算、设计、编程）；每种题型既要包含基本内容（比较浅显）和应知应会的内容（覆盖重点内容），还要有部分容易混淆、容易忽视，对能力（分析能力、设计能力、计算能力、实验能力、实操能力等）要求较高的内容。试卷难度适中，不仅有利于达成课程考核目标（尤其结果考核），而且有利于达到理想的区分度。学生成绩分布如果偏离正态曲线（理想分布），往往就是试卷难度偏大或者偏小所致。

⑧ 题量适宜——题量大小应该以答题所花费的时间来衡量。题量适宜是指在限定时间之内能够从容思考并完成答卷。由于学生的学习状况、能力水平，尤其答题速度存在较大差异，

一般按照中等水平学生能够从容地思考作答为题量适宜标准（前提是试卷内容覆盖率、题型结构、难度均符合质量标准要求）。

（2）试卷题型选择

试卷题型丰富、结构合理是试卷设计科学性的重要体现。虽然试卷题型多种多样，但总体上可分为客观题和主观题两大类。分别说明如下：

① 客观题——客观题系指可从拟定的答案中辨认出正确答案的题目，因而也称固定应答型试题。选择题（单选、多选）、判断题、匹配题（连线题）等都属于客观题。客观题覆盖面广、阅卷效率高，且可避免主观因素干扰，还可采用机器阅卷（答题卡），适于测验知识的广度和精准度。

② 主观题——主观题指需要填写或撰写答案的试题。填空题、简答题（问答题）、论述题、专业术语解释题、分析计算题、绘图题、设计题、编程题、实验题、实操题等都属于主观题。主观题不仅能够较全面地了解学生对课程某部分内容理解和掌握的程度，还能够考查学生的表达能力、运用所学知识分析问题解决问题的能力、计算能力、绘图能力、综合素质等，有利于学生充分发挥。当然，主观题往往没有完全相同的答案，出题人在拟定参考答案与评分标准时，需要考虑周全，并预设若干种答案（偏离参考答案）的评分办法，努力做到阅卷评分时有据可依。

3. 夯实试卷设计基础

设计试题试卷的过程是复杂的智力劳动过程，一份试卷的质量如何，完全取决于任课教师或课程教学团队的教学理念、工作态度、综合素养以及能力水平。因此，必须夯实试卷的设计基础。这个基础可用“八熟”加以概括。具体说明如下：

① 熟悉教学大纲或课程标准（一熟大纲或一熟课标）——试卷设计须遵从课程教学大纲（课程标准），只有熟悉大纲（课标）、吃透大纲（课标），才能设计出符合结果性考核评价标准的试卷。

② 熟悉教学目标（二熟目标）——考核评价以课程教学目标为导向，要求试卷设计者必须熟悉课程教学目标。只有对知识学习目标，能力和技能获取及提升目标都十分清楚，才能明确测试什么，怎样测试高效，怎样测试真实，怎样评价科学。

③ 熟悉考核方案（三熟方案）——试卷的设计者无论是不是考核方案的拟定者，都应该对考核方案十分熟悉（而不是大致熟悉）。不仅要知晓考核目的及要求，还要知晓考核内容、考核形式、考试时间、限定时间以及评价标准等，只有这样，所设计的试卷才能与考核方案相吻合，才能符合考核目标要求。

④ 熟悉教学内容（四熟内容）——试卷内容应该覆盖课程教学内容，尤其基本内容和重点内容。因此，要求试卷设计者必须十分熟悉课程教学内容。对于哪些属于基本知识，哪些属于基本能力和技能，哪些属于应知应会内容，哪些只需一般了解，哪些学起来较为困难，都必须了如指掌。

⑤ 熟悉考核题型（五熟题型）——试卷要达到题型丰富、结构合理，试卷设计者首先要熟悉题型，对学生已经习惯的、常见的各种题型，不仅要知晓其特点和适用场合，而且能够灵活应用。

⑥ 熟悉学生现状（六熟现状）——试卷设计者必须对学生考前的学习状况十分熟悉，不仅要熟悉学过哪些内容，还要熟悉实际掌握情况。对于哪些内容已经普遍掌握，哪些内容只有

部分掌握，哪些内容较为容易，哪些内容较为困难，哪些题型较为熟悉，哪些题型较为陌生……都了如指掌。只有这样，所设计的试卷才能够适合学生实际，才能够有效检验学生的学习成效，才能使考核结果（成绩）有较为理想的区分度（正态分布）。

⑦ 熟悉以往状况（七熟过往）——如果考试课程不是新课，试卷设计者还必须对以往考试状况十分熟悉。不仅熟悉过往试卷内容，还要熟悉考生状况、题型状况、答题效果、成绩分布等，以便借鉴经验、吸取教训，稳步提升试卷质量。

⑧ 熟悉相关题库（八熟题库）——如果考试课程有题库（通常为专业基础课），试卷设计者还必须对题库十分熟悉。认真借鉴题库试题设计思路，参考题库试题内容及题型，让题库成为自己的智囊和宝典。

4. 命题与评分质量自评

应用型高校一般要求任课教师（命题教师）在期末考试结束并完成阅卷评分之后，进行试卷命题质量和评分质量自评。天津中德为此统一编制了《试卷命题与评分质量分析表》。除勾选“命题质量”和“评分质量”各项之外，还须撰写综合评语及建议。

（1）命题质量

设置命题质量自评六项（每项勾选“优、良、一般、差”之一）。

① 与教学大纲要求符合程度。

② 题量适宜。

③ 难度适度。

④ 题型结构合理。

⑤ 命题严谨、插图工整。

⑥ 卷面清楚无误。

（2）评分质量

设置评分质量自评四项（每项勾选“优、良、一般、差”之一）。

① 评分标准科学、规范、合理。

② 阅卷评分准确、严格、公正。

③ 分数统计正确无误。

④ 平时成绩、实验成绩、期末考试成绩、总评成绩关系清楚，处理有根据。

试卷质量自评须本着实事求是的态度，既要对自己负责，也要对学生和学校负责；既要对现在负责，还要对将来负责，更要对历史负责（归入班级课程教学档案之中）。

9.4 课程教学考核成绩分析

考核评价结果（成绩），不仅对学生（考核评价对象）很重要（学生很关心）；任课教师或课程教学团队（考核评价的组织者）也应该给予关注，将其作为课程教学反馈的重要信息，认真加以分析，从中总结成功（有益）经验，吸取失败（失误）教训，以此推动课程教学效果不断改善、教学质量不断提升。为此，任课教师在将考试成绩登记（录入教务系统）之后，还需要完成成绩分析（在教务系统支持下）并撰写课程教学总结（小结）。

1. 成绩分析

按照数理统计基本原理，在相同的教学环境和学习条件下，客观真实的考试成绩服从正态分布规律。因而，可以根据此次考试成绩是否符合正态分布，对试卷质量进行检验，查找课程教学以及学生学习等方面存在的问题。所谓成绩分析，就是对学生考试成绩（分数）进行统计分析。获得考试成绩的统计学结果。一方面可据此了解试卷是否合理、成绩评定是否科学；另一方面可以挖掘成绩中蕴含的丰富信息，从中发现课程教学存在的问题与不足，为改进教学提供反馈信息。成绩分析通常需要从数据和图形两个方面进行。

（1）数据分析

数据分析通常以教学班为单位，计算全班平均分数、最高分、最低分以及各分数段（10分 / 段）人数及占比等数据。应用型高校教师可借助教务系统的成绩登录与管理功能，快速获取以上数据分析结果。其中，平均分数和各分数段占比反映考试成绩接近或偏离正态分布规律情况。理想情况下，学生成绩 >90 分（优秀）和 <60 分（不及格）均属于小概率。正态分布中心值（分布函数峰值）为 75 分（60+（90-60）/2）。如果实际数据发生偏离，说明此次考核评价存在某些问题。就试卷难度而言（假设不存在其他影响因素）：

① 平均分数接近理想值，表明试卷难度适当。

② 平均分数低于理想值，表明试卷难度偏大（或偏题怪题导致）。

③ 平均分数高于理想值，表明试卷难度偏小（或基础题偏多导致）。

此外，对于获得本次考试最高分和最低分的学生要进行分析，如果与任课教师所掌握的学习状态基本一致，表明此次考核评价情况正常；如果与所掌握的学习状态出现较大偏差，则须弄清缘由（平时掌握的学生状态不真实、试卷题目内容跑偏、试卷题型不熟悉……），引以为戒。

（2）图形分析

图形分析就是以教学班为单位，绘制学生成绩分布曲线（直方图），通过接近或偏离理想正态分布曲线（直方图）的程度，分析此次考核评价以及试卷质量存在的问题及其缘由。成绩分布曲线可以根据数据分析结果（各分数段人数）人工绘制，也可借助教务系统的成绩登录与管理功能快速获取。仍以试卷难度为例（假设不存在其他影响因素）：

① 成绩分布图接近标准正态分布图（直方图），表明试卷难度适当。

② 成绩分布图整体偏离标准正态分布图（偏向 60 分侧），表明试卷难度偏大。

③ 成绩分布图整体偏离标准正态分布图（偏向 90 分侧），表明试卷难度偏小。

需要注意，应用型高校教务管理系统一般具有总成绩分析和期末成绩分析等多种功能。成绩分析一般以期末考试（结果考核）为对象，而不是综合成绩（平均成绩 + 期末成绩）。

2. 课程小结

任课教师在考试、阅卷、成绩评定、命题质量和评分质量分析、考试成绩分析完成之后，还需要认真撰写一份课程教学工作总结（课程小结），对所承担的课程教学工作进行全面总结。重点阐述如下八项内容：

① 课程教学大纲及教学进度执行情况（教学过程简介）。

② 课程教学大纲确定的教学目标达成情况（达成度自评）。

③ 课程教学所运用的教学方法、教学手段及其效果说明（方法介绍及效果自评）。

④ 课程教学目标达成度说明（依据期末考试及平时考核结果）。

⑤ 学生学习情况评价以及存在的问题（学生评价与问题说明）。

⑥ 课程教学实施评价以及存在的问题（教师自评与问题说明）。

⑦ 学生学习能力分析以及考核评价环节存在的问题分析（考核评价反思）。

⑧ 具体阐述今后课程教学思路以及持续改进措施（改进思路及办法）。

撰写课程小结是考核评价环节的最后一项工作，也是综合性很强，对任课教师总结归纳能力要求很高的一项工作。课程小结质量高低主要取决于任课教师的教学理念、教学态度、职业道德和敬业精神，取决于前期“命题与评分质量分析”以及“成绩分析”是否客观、是否认真、是否透彻；取决于任课教师是否吃透了教学大纲，是否吃透了教材，是否吃透了考核方案，是否熟悉学生的学习状态；取决于任课教师是否善于总结、善于反思，是否有持续改进的决心与信心。课程小结不仅可以作为任课教师自己的教学经验总结，为自己的教师生涯积攒经验，也可提供给同行参考借鉴，成为大家共同的财富。因此，撰写高质量课程小结应该成为应用型高校教师的职业追求之一。

9.5　课程考核评价常见问题

考核评价是课程教学的最后一个环节，也是检验任课教师教学能力与水平、考查任课教师综合能力和综合素质的重要环节。根据近年来在天津中德试卷质量检查以及教学文档查阅中获取的信息，梳理出课程教学考核评价工作中的常见问题，分项说明如下：

1. 考核方案方面

（1）不够全面、不够明确

考核方案未对课程考核评价做出整体安排，通常只给出期末考核方案，而缺少平时考核方案（考核项目、考核内容、考核方式等）；课程考核总成绩也不够明确。总体上是一份残缺不全的课程考核方案。

（2）不够具体、不够细致

考核方案对期末考核评价和平时考核评价做出了整体安排，但并未对平时考核项目、内容、形式、时间点做出具体安排，总体上是一份不具有可操作性，或者可操作性较差的课程考核方案。

（3）不够合理、不够严谨

考核方案较为粗糙，不够严谨。平时考核存在项目重复、缺少成绩评定标准（评分标准）、成绩占比不合理等问题，总体上是一份缺少合理性和严谨性的考核方案。

2. 试卷质量方面

① 试卷内容覆盖率偏低，大纲（课标）重点内容（应知应会）未被完全覆盖。

② 试卷题型结构不合理，客观题占比偏大，主观题（尤其考核能力和技能试题）偏少。

③ 有意降低试卷难度（担心不及格率偏高），致使考核评价结果所反映的教学效果与教学目标之间存在较大差距。

④ 参考答案与评分标准中，主观题参考答案步骤不够细致，评分标准不够具体。

⑤ 审核审阅把关不严，差错、歧义、遗漏未能杜绝或及时发现。

3. 质量自评方面

① 命题质量自评项目和评价质量自评勾选均不够客观，自我评价偏高。

② 综合评语缺乏课程针对性。

③ 缺失试题质量、阅卷及评价方式改进建议，或者改进建议不明确、不具体。

4. 成绩分析方面

① 缺少课程目标达成度分析（细化为若干目标，逐一分析达成度）。

② 注重数据计算和成绩分布图绘制（生成），不注重偏差原因分析。

③ 典型错误产生原因分析千篇一律，缺少针对性，缺乏指导意义。

④ 成绩分布偏离理想正态分布的原因分析概念化，表面化，与学生实际联系不够紧密。

⑤ 缺少各类题型答题情况（正确率或平均分）统计分析，且未在此基础上就优化题型结构提出建议。

5. 课程小结方面

① 课程描述与教学大纲（课程标准）以及教学任务书和授课计划不完全一致，甚至出现较大偏差。

② 三言两语或东拼西凑，由于态度不认真、致使课程小结的意义丧失殆尽。

③ 只报喜不报忧，问题暴露不充分，原因分析不透彻。

④ 改进思路及措施千篇一律，缺乏课程针对性，与课程实际结合不紧密，可操作性差。

⑤ 条理不够清晰，逻辑性不够强。

第 10 篇 教学文档

编制和整理课程教学文档是高校教师的重要工作。本篇围绕课程教学阐述应用型高校教学文档，包括教学文档及其分类、教学指导类文档、教学运行类文档、教学考核类文档、教学反思类文档、班级课程教学档案和教学文档常见问题七项内容，旨在使应用型高校教师（尤其新入职教师）提高对教学文档重要性的认识，知晓各类教学文档在应用型高校课程教学工作中所起的作用，熟悉课程教学文档编制规范以及班级课程教学档案整理要求等。基于天津职业技术师范大学（天职师大）和天津中德应用技术大学（天津中德）两所应用型高校课程教学文档检查工作梳理的若干常见问题供教师们参考。

10.1　教学文档及其分类

高校教学管理文件、教学指导文件、教学运行资料、教学考核资料、课程教学经验总结、班级课程教学档案和毕业设计（论文）材料统称教学文档。应用型高校的教学文档按其功能与作用可分为教学管理（指导）文档、教学运行（过程）文档、教学效果（考核）文档和教学总结（反思）文档四大类。鉴于毕业设计（论文）地位及作用特殊，通常把毕业设计（论文）及其相关材料单独归类（可视为第五类）。由于在本书第 9 篇（毕业设计篇）对此已做过详细阐述，本篇内容不再包含毕业设计（论文）文档。各类教学文档所含主要内容及其对课程教学工作的作用简要说明如下：

1. 教学管理类文档

应用型高校教学管理类文档主要包括学校以及各教学单位（二级学院等）制定并颁布执行的各类教学管理文件。学校的教学管理文件通常由教务处制定并负责执行，内容包括教学运行管理制度（调倒课、教室安排、排课表等）、实验室管理（设备管理、安全管理、运行记录、耗材管理等）、教学质量管理（教学质量标准及评价办法、教学工作规范、优秀主讲教师评选标准及评选办法、教学文档规范等）、教学事故认定与处罚条例等。各教学单位须根据学校相关管理制度文件，结合学科（专业）实际以及教学工作职责，制定相应实施细则，并以教学单位文件形式颁布实施。应用型高校教师应该认真学习相关教学管理类文件（尤其与教师岗位关联度较高的教学管理文件）并在日常教学工作中切实遵照执行。

2. 教学指导类文档

应用型高校教学指导类文档主要包括各专业人才培养方案（课程体系）以及各门课程的教

学大纲（课程标准）。具体说明如下：

（1）教学进程表

鉴于课程是人才培养方案的核心单元，各专业人才培养方案中通常以表格形式（教学进程表）呈现该专业的课程体系结构以及课程教学安排（序化）等。任课教师可以从中了解所任教课程的地位和作用，全面了解该课程与前期课程、后续课程以及同期课程之间的关系。从高校课程教学管理角度看，一门课程只有被列入教学进程表之中，才能获得合法身份（通常会赋予唯一的课程代码），才会启动课程教学大纲（课程标准）编制并下达教学任务书（开课通知），开启教学运行过程。

（2）课程教学大纲（课程标准）

课程教学大纲（课程标准）是该课程教学的直接指导性文件。主要阐述该课程所属类型、教学对象、总学时 / 学分、教学目标体系（三维）、主要内容及其逻辑构架以及各部分内容的教学要求（熟悉、了解、掌握、应用……）和教学条件（场地设备）、教学环节、学时分配、考核方案及成绩评定办法、指定（选用）教材和参考资料等。课程教学大纲是教师和学生都应该熟悉并严格遵循的基本教学指导文件。应用型高校每位教师都应该牢固树立课程教学大纲观念（大纲观念），严格按照课程教学大纲各项要求进行备课（编写教案），组织实施教学及考核评价。

3. 教学运行类文档

应用型高校课程教学运行类文档由教学准备阶段文档和教学实施阶段文档两部分构成。准备阶段文档主要指开课通知单（教学任务书）、教学进度表（授课计划）、选用教材（指定教材）、教学参考书、实践指导书（实验 / 实训 / 实习）以及教案和多媒体课件（PPT）等；实施阶段文档则主要包括上课学生名单、上课（授课）记录表、平时记分册（含考勤记录）、辅导答疑记录、实验（实训）设备运行记录等，这类文档资料将随着教学进度推进而不断充实。课程教学准备（备课）不能一蹴而就，更不能一劳永逸，教案和 PP 也须在教学过程中不断充实、不断完善、不断优化。平时记分册（含考勤记录）在教学实施阶段属于运行类文档，在教学考核评价阶段则归属到考核类文档之中。

对于教学运行类文档，应用型高校教师不仅要十分熟悉，还要能编制会整理，而且要符合相应规范，以确保达到质量要求。

4. 教学考核类文档

课程考核方案和成绩登记表（成绩单）是应用型高校教学考核类文档必不可少的内容。成绩单通常由教务系统自动生成，教学大纲或课程标准若包含详细的、具有可操作性的考核评价内容，可以不单独制定课程考核方案（教学大纲或课程标准相应内容可视为课程考核方案）。其他考核类文档依据课程考核类型分为“考试课考核文档”和“考查课考核文档”。说明如下：

（1）考试课考核文档

考试课一般采用结果性（期末考试）和过程性（平时考核）相结合的考核评价方式。而且以结果性考核评价为主（期末成绩在总成绩中占比大），以平时考核评价为辅（平时成绩在总成绩中占比小）。除考核方案和成绩单之外，结果考核文档内容还包括期末考试学生答卷（正考、补考、缓考）和期末试卷参考答案与评分标准（AB 卷）。平时考核文档内容须根据平时考核项目确定，除平时记分册（记载作业成绩、考勤成绩、实验成绩、期中测验成绩等）之外，通常还包括考勤表（也可包含在平时记分册之内）、实验成绩单、实验报告、辅导答疑记录、期中考试答卷以及参考答案与评分标准等，有些课程（如优质课）还要求含有课堂测验试卷和课外作业等。

（2）考查课考核文档

考查课通常采用过程性考核评价方式。考核文档的形式和内容取决于课程考核方案规定的具体考核项目。由于过程性考核评价形式多样，因而过程考核文档资料种类繁多、呈现方式各异，且各专业之间存在较大差异。即便采用过程与结果相结合的考核评价方式，结果考核除答卷方式之外，还可采用答辩、实操（技能考核）、报告（结课总结）等多种适合课程特点的考核评价形式。而且结果考核成绩与过程考核成绩的占比可在课程考核方案中自行规定（不做统一要求）。

考核评价是课程教学的重要环节，教学考核类文档不仅是教学质量检查的重要内容，也是教学评估的重要观测内容。因此，应用型高校教师对教学考核类文档规范必须十分熟悉，以确保所编制和整理的考核评价文档资料达到质量要求。

5. 教学反思类文档

教学反思类文档是任课教师获取教学效果反馈信息、总结教学工作经验、查找存在问题、思考并拟定改进教学工作措施与方法的文档资料，主要内容包括课后记（课后反思）、试卷质量分析（主要针对期末考试试卷）、学生成绩分析（主要针对期末考试成绩）、课程教学工作小结（课程小结）等。

教学反思对于高校教师进步成长极为重要。教学反思类文档虽然种类不多，但应用型高校教师需要以真心待之，反映真实状况，反映真实思想，切实查找问题，持续改进提升。

6. 班级课程教学档案

班级课程教学档案是高校教学档案的主要形式。以课程和教学班（班级）为基本单位，对教学文档资料整理并归档保存。保存年限一般由上级教学主管部门（如天津市教委）规定。班级课程教学档案存放内容以及文档资料排放次序由学校统一规定（通常专门下达文件并印制档案盒）。

班级课程教学档案通常必须包含该课程的教学大纲或课程标准（含考核评价方案）、教学任务书（开课通知单）、授课计划和成绩单四项基本内容。除此之外，考试课的班级课程教学档案内容以期末考试资料为主，平时考核资料除平时记分册（记载平时各项考核成绩）之外，还包含相应的过程考核材料。考查课的班级课程教学档案内容则须包含考核方案中各考核项目的考核评价成绩以及支撑材料（过程考核材料）。因此，以过程性考核为主或纯粹过程性考核的班级课程教学档案不仅内容难以统一，而且文档资料种类很多、数量很大。

整理班级课程教学档案是一件烦琐的工作（尤其考查课），对应用型高校教师的认真态度是很大考验。应该在日常教学过程中注重资料积累和保存，在整理过程中切实遵守相关规定，以确保教学档案的完整和规范。

10.2　教学指导类文档

应用型高校教学指导类文档主要指对课程教学起直接指导作用的文档资料。就特定课程教

学而言，主要包括该课程的教学大纲（课程标准）以及学生所属专业的课程教学进程表（含在人才培养方案之中）。

1. 课程教学大纲（课程标准）

课程教学大纲和课程标准同为课程教学最直接的指导文件。应用型高校本科专业仍在沿用课程教学大纲的提法和名称，而高职各专业目前则普遍以课程标准为课程教学指导文件。因此，有必要就两者的指导作用及差异加以说明。

（1）教学大纲

任课教师可以从教学大纲中了解该课程所属类型、教学对象、总学时 / 学分、教学目标、主要内容及其逻辑构架；了解各部分内容的教学要求（熟悉、了解、掌握、应用……）；了解教学条件要求（场地设备），知晓所包含的讲授、实验（上机）、实训实习等环节及其学时分配，明确课程考核方案及成绩评定办法，知晓指定（选用）教材和参考资料等。为规范课程教学大纲格式与内容，各高校通常会制定统一模板。

（2）课程标准

我国义务教育（小学初中）、普通高中和职业学校（中职技校）目前广泛采用课程标准，具体分为国家标准、地方标准和校本标准三个层次。国家课程标准（语文、数学、物理、化学等）具有法定性质，是国家对学生接受一定教育阶段之后的结果所做的具体描述，是国家教育质量在特定教育阶段应达到的具体指标。目前，我国高职各专业虽然普遍采用课程标准的提法和名称，但课程标准大都属于校本标准（学校制定的标准）。

（3）教学大纲与课程标准的区别

相关资料研究表明，教学大纲与课程标准的区别主要体现在以下四个方面：

其一，教学大纲强调掌握相关知识与技能，而课程标准强调三维目标（知识与技能、过程与方法、情感态度与价值观）达成。

其二，教学大纲注重教学结果，而课程标准注重教学过程及方法。

其三，教学大纲强调学科自身的系统性和逻辑性，而课程标准强调学生终身发展所必备的基础知识和基本技能（注重综合能力）。

其四，教学大纲侧重结果性评价以及考核评价的筛选和区分功能，而课程标准侧重过程性评价以及考核评价的教育发展功能。

总体而言，教学大纲着重让教师知晓应该教什么以及如何教，要让学生达到怎样的要求（侧重知识），而课程标准着重让教师和学生知晓经过一段时间的学习应该知道什么以及能干什么（侧重能力）。

我国高等教学领域自 20 世纪 50 年代初学习苏联模式开始就一直采用教学大纲的提法和名称。目前，应用型高校本科专业虽然仍沿用教学大纲的提法和名称，但已经在汲取课程标准的科学内涵，全面贯彻学生中心理念，从注重知识传授向知识与能力并重转变，从达成知识与技能单一目标向达成三维目标转变，并努力构建结果与过程相结合的考核评价体系。因此，教学大纲和课程标准的提法和名称虽然不同，但内涵却在逐步趋同，或者说差别仅在于叫法或名称。

2. 课程教学进程表

在各专业人才培养方案中，课程设置（课程体系）、课程类别（课程模块）、课程学分、总学时及其分配、课程教学安排（按学期序化）等信息都集中反映在该专业的教学进程表之中。

任课教师可从中了解所任教课程在该专业课程体系中的地位（公共基础、专业必修、专业方向、专业选修、实践环节）以及在特定专业人才培养中所起的作用；全面了解该课程与前期课程、后续课程以及同期课程之间的关系，全面了该课程理论教学与实验或实践教学学时分配等。天津中德机械电子工程专业人才培养方案（2022 版）中的教学进程表（专业必修模块）如图 10.1 所示（仅列出部分课程）。

课程名称（中英文）	课程代码	学分	总学时	理论学时	实验学时	实践学时	考核	各学期学时分布								备注
								1	2	3	4	5	6	7	8	
工程图学I Engineering Graphics I	39B103001	2	32	32	0	0	考试	32								
机械设计基础I Foundation of Machine Design I	39B103017	3	48	40	8	0	考试			48						
传感器与检测技术 Sensors & Detection Technology	40B121001	3	48	32	16	0	考试					48				
电机拖动与控制技术 Motor Drive and Control Technology	39B103034	3	64	32	0	32	考试					64				
互换性与测量技术 Tolerance and Technology Surveying	39B103006	2	32	24	8	0	考查			32						

图 10.1　教学进程表示例（天津中德机械电子工程专业必修模块部分课程）

10.3　教学运行类文档

应用型高校任课教师承担某门课程教学工作，需要使用和编制的教学运行类文档可粗略地划分为“教学准备阶段文档”和“教学实施阶段文档”两部分。具体说明如下：

1. 教学准备阶段文档

教学准备阶段文档系指在课程教学准备阶段使用和编制的文档资料。主要包括：

（1）开课通知单（教学任务书）

开课通知单（教学任务书）是学校和二级教学单位（学院等）安排课程教学任务、核算任课教师以及教辅人员教学工作量的重要依据。每学期临近结束时，由各类课程教学主管（承担）单位确定下学期各门课程的任课教师及教辅人员，填报开课通知单（天职师大）或教学任务书（天津中德）。主要内容包括课程名称、课程编码、课程类型、教学对象（层次 / 班级）、总学时 / 学分、学时分配（理论学时 / 实践学时）、考核类型（考试 / 考查）、开课时段（教学周）、选用（指定）教材等。经教务处批准并备案之后，下达给任课教师和教辅人员（实践教学岗位教师或管理人员），正式启动该课程教学准备与实施。

（2）教学进度表（授课计划）

全校所有课程教学场所（尤其公用教室）和教学时间由学校教务处统一安排（排课表）。当任课教师获得课表之后（一般通过教务系统），应立即着手编制该课程的教学进度表或授课计划（采用学校统一模板）。虽然各高校教学进度表（授课计划）模板格式不同，但内容和要求基本相同。具体要求如下：

① 正确填写课程信息——教学进度表（授课计划）中的课程信息（名称、代码、类型、对象、开课时间等）须与开课通知单（教学任务书）保持一致。

② 教学内容与教学大纲（课程标准）相符——要求内容覆盖全、次序安排合理。

③ 明确课次教学时间和具体教学内容——应以课次（2 学时 /4 学时）为单位编排，不仅要明确具体教学周（第几周），还要明确每次课的具体日期（月 / 日）。对应课次的教学内容应列出教材（讲义）或实践指导书的二级标题（章、节或项目），安排实验则要写出实验项目序号和实验项目名称。

④ 明确课外作业内容与布置时间——如果选用教材上的习题，应列出习题编号，同时明确布置时间（课次）；若采用自行设计或参考资料上的习题，则应列写作业出处及编号。

（3）选用教材（指定教材）及讲义

课程教学大纲（课程标准）中选用或指定的教材（简称教材）既是教学内容之来源，也是编写教案和教学进度表（授课计划）之依据。教材通常为公开出版物，对于任课教师是非常重要的教学文档，对于学生则是学习（预习、自习、复习）的主要材料。若没有明确指定教材或选不到适合的教材，一般要求任课教师（课程教学团队）根据教学大纲（课程标准）确定的教学目标和教学内容编写讲义。讲义格式应符合校本教材规范并履行相应的审查批准手续。

（4）教学参考书（参考资料）

课程教学大纲（课程标准）所列教学参考书目或参考资料为任课教师扩充教学内容，准备教学资源（素材）提供指导。在教学准备和教学实施阶段，任课教师具体使用或参考了哪些资料（选用或新增），应该在教案中予以明确（列出参考书目或参考资料名称及出处）。

（5）实践教学指导书（实验 / 实训 / 实习）

课程教学大纲（课程标准）所列实践教学指导书与教材作用相同，是编写实践教学教案（应用型高校课程教案的重要组成部分）和教学进度表（授课计划）的主要依据。应用型高校实践教学环节多、学时占比大，对实践教学指导书依赖性很强。然而，实践教学受教学条件（设备、场地等）制约，各学校实践教学安排差异很大，难以实现教材统一。因此，应用型高校应注重组织编写符合学校实际的实践教学指导书（校本教材）。天津中德将编写实践教学指导书列入校本教材开发计划，组织编写并印制了大量实践教学指导书，基本覆盖了所有实验和实训环节。不仅独立设置的集中实践课程（实训类）有了可用的实践教学指导书，很多理论（含实验）课程和理实一体化课程也有了与实验设备配套的实践（实验 / 实训）教学指导书。

（6）教案

教案是教学准备阶段最为重要的教学文档，也是任课教师教学准备工作成就的集中体现。任课教师拥有教案的著作权，应该得到学校教学管理部门和教学质量监督部门的广泛尊重和切实保护。任课教师编写的教案应该符合学校规范（采用学校统一模板），并在教学内容编排、教学方法选择、教学活动设计等方面体现独特的风格和个性。本书在教学准备篇（第 5 篇）中对教案已做过详细阐述，此处不再赘述。

（7）多媒体课件（PPT）

应用型高校公共教室、实验室和实训基地教学区普遍配备了投影设备或大屏幕计算机，主要用于播放多媒体课件（PPT）。黑板（白板）+ 投影仪成为公共教室的标配，板书 +PPT 则成为课堂教学的基本手段。因而，多媒体课件（PPT）便成为任课教师必须准备的教学文档资料（电子文件）。除教学幻灯片（PPT）之外，多媒体课件还包含通过 PPT 链接或独自播放的各种数字化教学资源（视频、动画、仿真等）。

2. 教学实施阶段文档

教学实施阶段文档系指在课程教学实施阶段使用和编制的文档资料。主要包括：

（1）平时记分册

应用型高校平时记分册系指每位学生（通常以班级为单位）平时成绩记录表。任课教师在获得学生名单时即可填写（印制版）或通过教务系统自动生成（电子版）。记录项目应根据教学大纲（课程标准）以及考核方案确定的过程考核项目确定，通常包括考勤、作业、实验、测验等。可根据上课次数专门设计考勤记录表，平时记分册仅登记考勤成绩以及在平时成绩中的占比；作业次数和实验项目较多时，也可以根据作业次数和实验项目数专门设计作业和实验成绩登记表，在平时记分册仅中仅登记作业成绩（平均或加权平均）和实验成绩（平均）以及它们在平时成绩中的占比。

（2）授课登记表（册）

应用型高校（如天津中德）为加强课程教学和公共教室管理，要求任课教师每次上课之后及时在授课登记表（册）上填写登记信息并签字，内容包括授课时间、课程名称、学生班级、内容概要、教学设备状况等。

（3）实验（实训）室登记表（册）

应用型高校（如天津中德）为加强实验室和实训基地管理（尤其大型仪器设备），要求任课教师每次上课之后及时在实验（实训）室登记表（册）上填写登记信息并签字，内容包括授课时间、课程名称、学生班级、实验（实训）项目、设备运行状态、安全状况等。

（4）辅导答疑记录

应用型高校（如天津中德）为加强课程教学管理（尤其优质课、精品课等），要求任课教师按教学周顺序填写辅导答疑记录表（采用统一模板）。主要内容包括辅导答疑时间（月 / 日 / 时）、辅导答疑地点（包括微信群、QQ 群、腾讯会议等线上方式）、辅导答疑内容和辅导答疑效果等。

辅导答疑记录既是任课教师对教学效果和反馈信息的记录，也是任课教师对自己教学工作的记录。应该本着对学生负责、对自己负责、对课程负责、对学校负责的态度认真填写（每周至少一次）且内容翔实。

教学运行类文档的两阶段划分并不十分科学，也不十分严谨。其中，教案和 PPT 既要在教学准备阶段编制和制作，更须在教学运行阶段陆续补充（如课后记）、不断完善、持续优化；教材和实践教学指导书在教学准备阶段选定并在备课时使用，在教学实施阶段还要继续使用；平时记分册在得到学生名单之后才能形成，并在教学实施阶段逐步完成（记录各项过程考核成绩），最终成为评定学生成绩的重要依据和完整的考核记录（含期末考试成绩和总评成绩）。

10.4　教学考核类文档

应用型高校教学考核类文档可按照考核评价工作划分为筹划阶段、完成阶段和实施阶段三类。具体说明如下：

1. 筹划阶段

考核评价筹划阶段的文档主要是课程教学大纲（课程标准）以及考核评价方案（考核方案）。

如果教学大纲（课程标准）中的考核评价方式明确具体，具有很强的可操作性，可以不再专门编制考核方案，否则必须编制科学合理、明确具体且具有很强可操作性的考核方案，使课程各项考核评价工作有章可循、有据可依。考核方案编制完成之后，一般不允许变动，确需变动且对考核实施有影响的，需要履行相关申请及批准手续。课程考核方案通常作为教学大纲（课程标准）的附件归入班级课程教学档案。

2. 完成阶段

考核评价完成阶段的文档主要就是成绩登记表（成绩单）。通常在任课教师录入并提交之后，由教务管理系统自动生成。应用型高校一般都制定了严格的课程考核评价成绩管理制度，课程考核评价成绩一旦提交，任课教师就不能再进入教务系统进行更改，若必须变更则需办理成绩变更申请批准手续。成绩提交之后，学生便可在教务管理系统中查阅，得知自己是否通过该门课程考核。未通过者将要准备补考（通常在下学期开学初）。成绩登记表（成绩单）下载打印之后，须履行审核签字手续，作为班级课程教学档案的重要内容之一。

3. 实施阶段

考核评价实施阶段文档依据课程考核类型分为“考试课考核评价文档”和“考查课考核评价文档”。

（1）考试课考核评价文档

考试课考核评价文档主要包括以下四项内容：

① 学生答卷（期末考试试卷）——学生答卷作为班级课程档案的重要内容，应该按学校班级课程教学档案归档要求进行整理并装订成册。通常以班级为单位，按学号顺序排列，卷首外露叠放整齐。天津中德还要求采用学校统一印制的封皮（填写相关信息并履行审核签字手续）。试卷总成绩与成绩单中“期末成绩”必须一致。学生试卷不允许遗失、破损，更不允许涂改（阅卷过程中如必须涂改须在涂改处签字）。

② 试卷参考答案与评分标准——AB 试卷（空白卷）及其参考答案与评分标准都是班级课程教学档案的重要内容。每项考核评价，凡是以答卷形式进行的，必须提交参考答案（标准答案）与评分标准。就考试课而言，期末试卷参考答案与评分标准关乎考核评价的科学性、合理性以及严谨性，必须认真编制，仔细核对。由于教务管理人员随意抽取 AB 卷中一套作为正考试卷，另一套作为补（缓）考试卷，因此，AB 两套试卷的参考答案与评分标准应该同时编制，以确保考核评价标准的一致性。

③ 平时记分册——平时记分册是考试课平时成绩的重要依据，也是班级课程教学档案必不可少的重要内容。任课教师获得学生名单时生成平时记分册，在教学过程中逐步充实内容，在期末考试之前完成并确定（核定平时各项考核成绩）。无论在教学实施阶段还是在考核评价阶段，平时记分册都是重要的文档材料，任课教师必须认真规范填写并妥为保管（包括电子版中填写的信息）。

④ 平时成绩主要支撑材料——考试课平时成绩支撑材料由考核方案具体确定。严格讲，所有考核项目支撑材料都应作为教学文档资料。任课教师负责编制或保管的支撑材料主要包括考勤表（考勤记录）、实验成绩登记表（实验成绩单）、辅导答疑记录以及其他考核项目支撑材料（期中考试试卷或测验试卷及其参考答案与评分标准等）；若配有实验实训教师，则实验实训报告由实验实训教师保管，以班级为单位，按实验实训项目整理，按学号排序。若任课

教师独自承担实验实训指导，则以上工作也由任课教师承担。课外作业虽然也属于支撑材料，但任课教师在完成批改及成绩登记之后，须发还学生阅读并保管（若有存档要求可以复印）。

（2）考查课考核评价文档

考查课通常采用过程性考核评价方式。考核评价文档的形式和内容完全由考核方案具体规定。由于过程性考核评价形式多样，因而考查课考核评价文档资料种类繁多、呈现方式各异（文字、图形、图片、视频、表格、公式、程序、实物样品等），且各专业之间存在很大差别。主要（常见）考核评价文档内容如下：

① 课外作业——课外作业若被列为考查课考核评价项目，则须采用类似试卷的整理方法，按班级和作业次数整理，按学号次序排列，包含所有课外作业(含任课教师批语及成绩)和班级作业成绩登记表（作业成绩单）。

② 实验报告——实验若被列为考查课考核评价项目，则须采用类似试卷的整理方法，按班级和实验项目编号整理，按学号次序排列，包含所有实验报告(含任课教师或实验教师批语及成绩)以及班级实验成绩登记表（实验成绩单）。

③ 实训报告及其附录材料——实训若被列为考查课考核评价项目，则须采用类似试卷的整理方法，按班级和实训项目编号整理，按学号次序排列，包含所有实训报告(含任课教师或实训教师批语及成绩)及其附录材料和班级实训成绩登记表（实训成绩单）。

④ 实习报告及其附录材料——实习报告及其附录材料是实习课程考核评价的重要文档资料，须采用类似试卷的整理方法，按班级和实习项目整理，按学号次序排列，包含所有实习报告（含校内指导教师和实习单位指导教师批语及成绩）及其附录材料和班级实习成绩登记表（实习成绩单）。

⑤ 实习手册（实习记录）——实习手册也是实习课程考核评价的重要文档资料，须采用类似试卷的整理方法，按班级和实习项目整理，按学号次序排列，包含所有实习手册(含校内指导教师和实习单位指导教师审阅意见且签章齐全)。

⑥ 任务工单（实践类课程工作记录）——应用型高校很多实践类课程往往采用任务工单下达训练任务，要求学生在规定情境中，完成规定的实训任务，并填写相应内容。任务工单既是学生完成实训任务的记录，也是任课教师评定实训成绩的依据，更是过程考核的重要文档资料。须采用类似试卷的整理方法，按班级以及项目、任务编号（某项目的第几项任务）整理，按学号次序排列，包含所有任务工单(含任课教师或实训教师批语及成绩)和班级任务工单成绩登记表（任务考核成绩单）。

⑦ 设计图纸（机械、电气、建筑等）——设计图纸通常是课程设计类课程考核评价的重要文档资料，且往往作为课程设计报告（相当于实训报告）的附录。须采用与课程设计报告相同的整理方法，按班级和课程设计项目整理，按学号次序排列。为规范设计图纸规范性，学校或学院通常会对设计图纸尺寸以及标题栏格式及内容规范提出明确要求。任课教师应要求学生切实遵照执行，以确保各类设计图纸符合学校规范。

⑧ 程序清单（各种编程语言）——随着计算机应用日益普及和编程语言向专业化方向发展，编程能力对于所有专业几乎都必不可少。因此，各种通用语言（如 C++、VB、VC 等）和专用语言程序清单也随之成为实践课程重要的考核文档资料，且往往作为课程设计报告或其他实训报告的附录。须采用与课程设计报告或其他实训报告相同的整理方法，按班级和课程设计项目整理，按学号次序排列。此外，程序清单格式应符合相关行业规范。

⑨ 专业（职业）技能考核表——应用型高校注重专业（职业）技能培养。因而在很多实践课程过程考核和结果考核中采用实操考核方式（全部或部分）。通常会根据课程培养目标要求以及训练项目内容，参照相关行业（职业）技能标准设计技能考核表。须采用类似试卷的整理方法，按班级和考核项目编号（每个考核项目对应一份考核表）整理，按学号次序排列，包含所有技能考核表(含任课教师或实训教师批语及成绩)以及技能考核成绩登记表（技能考核成绩单）。

⑩ 其他过程性考核材料——课程考核方案中已经明确列入的考核项目，但以上九项尚不包含的特殊考核评价文档资料。

应用型高校实践课程（实训实习）基本都属于考查类型。为保证考核文档格式和内容的规范性，学校或学院通常会统一设计课外作业纸、报告（如实验实训报告）、手册（如实习手册）和表格（如实操考核表）模板。任课教师应尽量采用这些模板，以确保考核文档资料的规范性。

10.5 教学反思类文档

教学反思类文档主要指课程考核评价结束之后任课教师或课程教学团队为总结教学工作经验、查找存在问题、思考并拟定改进措施所编写的文档资料。具体说明如下：

1. 试卷质量分析

试卷质量分析主要针对期末考试试卷进行。其文档形式为学校统一制定的“试卷命题与评分质量分析”表(班级课程教学档案的重要内容)，由任课教师或课程教学团队(负责人)填写，通过对“命题质量”和“评分质量”各项勾选以及撰写自评意见，对试卷命题与评分标准进行反思（自我总结、自我评价），并就改进质量提出建议。详见教学考核篇（第9篇）。

2. 学生成绩分析

学生成绩分析以班级为单位进行，主要针对期末考试成绩进行。其文档形式为学校统一制定的“学生成绩分析”表（数据分析、图形分析、文字分析）。由任课教师在考核评价成绩登录并提交之后进行（借助教务系统相关功能）。成绩分析结果（结论）在一定程度上反映课程教学效果，也可为任课教师和课程教学团队进行试卷试题分析和课程教学总结提供重要反馈信息和数据支撑。学生成绩分析表也是班级课程教学档案的重要内容。详见教学考核篇（第9篇）。

3. 课程教学工作小结

课程教学总结(简称课程小结)是任课教师在获得学生成绩分析结果之后，结合平时课程教学过程掌握的情况和个人感悟对课程教学进行的全面总结和集中反思，是班级课程教学档案必不可少的内容。学校通常会统一制定表格（教务系统下载）。教师应认真撰写，切实总结教学经验，深刻进行教学反思，对该课程下一轮教学提出改进措施。

4. 课后记

教案中的课后记主要内容应该为教学反思，虽然不归入班级课程教学档案，却也是教学反思类文档的重要内容。课后记主要集中于一次课的教学反思，具有时效性强、针对性强的特点。课后记中教学反思主要建立在任课教师自省之上，没有充足的反馈信息支持，因而在全面性和科学性方面存在缺憾。

应用型高校教师应该把每次课的教学反思（课后记）和每门课考核评价之后的教学反思紧密结合起来，才能实现更全面、更科学、更及时、更有效的教学反思，为改进课程教学效果、提高任课教师教学能力与水平奠定坚实基础。因此，既要重视课程考核评价完成之后的集中式教学反思，认真撰写课程小结；也应重视每次课教学完成之后的即时性教学反思，及时填写教案中的课后记（天津中德教案模板专设栏目）。

10.6 班级课程教学档案

课程教学档案是学校教学档案的主要内容，建设课程教学档案应坚持完整性（全部归档）、真实性（记载真实情况）、准确性（信息准确无误）和学期性（以学期为时间单位）四项基本原则。班级课程教学档案是以班级为单位建立的课程教学档案，成为应用型高校课程教学档案的主要形式。

1. 课程教学档案及其作用

课程教学档案既是课程教学各项活动的记载，也是任课教师全面履行课程教学职责的记录，更是学生课程学习过程以及考核评价成绩的记录。其主要作用，一是为学生学籍管理以及学籍查询提供有效凭证（查证学历学位）；二是为教师积累教学经验、反馈效果信息提供重要依据；三是为教学质量检查和教学评估提供教学文档资料（教学检查和教学评估的重要内容）；四是为办学主体（学校）制定教学管理制度、编制教学计划提供重要参考。

2. 班级课程教学档案内容

应用型高校所有课程可按考试类别分为考试课和考查课。两类课程考核评价方式不同，班级课程教学档案内容也有很大差别。以天职师大班级课程教学档案为例，具体说明如下：

（1）考试课档案项目

① 开课通知单（教学任务书）。

② 教学大纲（课程标准）与考核评价方案（作为附件）。

③ 授课计划（教学进度表）。

④ 平时记分册（按考核方案填写平时考核项目及成绩）。

⑤ 学生成绩登记表（成绩单）。

⑥ AB 试卷及相应的参考答案与评分标准。

⑦ 学生答卷（含补考缓考）。

⑧ 试卷质量与评分质量分析。

⑨ 学生成绩分析。

⑩ 课程教学工作总结（课程小结）。

【说明】

① 若平时记分册某项考核内容多（如考勤、实验、作业等），可设计使用专项成绩登记表，所有专项成绩登记表（考勤记录表、实验成绩表、作业成绩表等）应该作为平时记分册的附件放置其后（依照平时记分册考核项目次序排列）

② 辅导答疑记录仅针对优质课、精品课或校级优秀主讲教师所任教课程。

③ 有些学校要求存放典型课外作业（选取若干份课外作业复印保存）。

（2）考查课档案项目

① 开课通知单（教学任务书）。

② 教学大纲（课程标准）与考核评价方案（作为附件）。

③ 授课计划（教学进度表）。

④ 平时记分册（按考核方案填写所有考核项目及成绩）。

⑤ 学生成绩登记表（成绩单）。

⑥ 学生成绩分析。

⑦ 课程教学工作总结（课程小结）。

⑧ 评定成绩所依据的材料（支撑材料）。

【说明】

① 评定成绩所依据材料（支撑材料）应按照平时记分册所记载考核项目顺序依次排放。

② 考查课平时记分册应记载所有考核项目及成绩，实际演变为该课程的考核成绩记录册。

3. 班级课程教学档案盒

为方便档案材料存取和查阅，应用型高校通常会统一设计制作班级课程教学档案盒。这种档案盒的封面、封底和侧面都印有相关文字，显示盒内课程教学档案信息。封面、封底和侧面信息如下：

（1）档案盒封面

学年 / 学期、学院名称、专业名称、班级名称、课程名称、任课教师姓名。

（2）档案盒封底

教学档案项目表（按实际存放内容勾选√）。

（3）档案盒侧面

与封面信息相同，以便于查找。

任课教师完成班级课程教学档案整理装盒之后，按学校或学院规定归档保存（档案室），保存年限由上级教学主管部门规定（本科通常为 4 年）。

10.7 教学文档常见问题

编制、使用和整理课程教学文档是任课教师教学工作的重要组成部分，要求任课教师态度认真、工作细致、严守规范，且具有较强的文档编写能力。根据近年来在天职师大和天津中德课程教学文档查阅中获取的信息，梳理出课程教学文档编制和整理工作中的常见问题，具体说明如下：

1. 课程教学文档编制方面

（1）开课通知单与专业教学计划不相符合

开课通知单（教学任务书）应该依照人才培养方案中的教学计划表（教学进程表）拟定并下达，所填信息应该与之完全吻合，若须变动必须履行相关报批手续。

（2）授课计划（教学进度表）填写内容与开课通知单和教学大纲不相符合

任课教师应该依照开课通知单（教学任务书）、教学大纲（课程标准）以及学校下达的课表编制（填写）授课计划（教学进度表）。所填内容必须与相关教学文件内容相符合，不得出现不一致、不统一、不明确等问题。

（3）授课计划（教材进度表）内容填写不全、不细

任课教师应采用学校统一模板完成授课计划（教学进度表）编制。表格中所有项目必须填写齐全，若有特殊情况应该加以说明（备注栏）。此外，教学内容应该明确具体，理论知识至少明确列出教材或讲义的二级标题（节或任务），实践环节至少列出实验实训项目编号与实验实训项目名称。课外作业应该注明出处并列出题目编号。

（4）教案中“课后记”内容缺失或欠规范

教案模板上的课后记应该在每次课程结束之后及时填写。主要内容应该是总结经验，查找不足，构想改进措施（教学反思）。不能把课后记写成教学过程回顾（汇报），更不能只报喜不报忧。

（5）课程考核评价方案（考核方案）不明确、不详细、不具体

课程考核方案遵照教学大纲（课程标准）制定，应该比教学大纲（课程标准）相关内容更明确、更详细、更具体，可操作性更强。平时记分册（尤其考查课）所列考核项目以及各项考核成绩的占比（考试课为平时成绩，考查课为总成绩）都将依据考核方案确定。

（6）平时记分册记载项目与考核项目不相符，项目不全、占比不明确

平时记分册记载项目应与课程考核方案保持一致。考核方案中的所有考核项目都应该出现在平时记分册之中（齐全），各项考核成绩在平时成绩（考试课）或总成绩（考查课）中的占比也应该明确且清晰地标注。

（7）学生答卷成绩统计错误

学生答卷上的成绩（总成绩）由各类型考题成绩统计而来。批阅试卷时，不仅要认真仔细地核对各个题目的得分（依照参考答案与评分标准），还要认真仔细地核对各类题目成绩统计结果，发现问题及时纠正，避免产生严重后果。一般应采取“加减”双向核对法，即分别统计每类题目的得分累计值和每类题目的扣分累计值，若满分减去扣分累计值等于得分累计值通常表示总分没有错误。

（8）试卷分析和成绩分析不认真、自我评价与实际不相符合

试卷分析和成绩分析是任课教师在考核评价之后必须完成的两项工作，也是教学反思的重要内容，必须认真对待、客观评价、深刻反思。盲目勾选试卷分析表所列各项（自评），掩盖试卷存在的问题，对成绩数据分析和图形分析中暴露出来的问题视而不见，或者淡然处之都是不可取的。

（9）成绩分析未针对期末考试成绩进行

成绩分析以班级为单位进行，应主要针对期末考试成绩。由于期末考试属于结果性评价，人为干扰少，成绩真实可靠，分析结果能够反映实际教学效果。如果针对总成绩（包含平时成绩）进行分析，其结果往往与实际情况存在较大偏离。

（10）课程小结程式化、表面化、总体质量不高

任课教师撰写课程小结应该本着严肃认真的态度，充分利用课程考核评价结果及其分析数据（图形）进行教学经验总结，并着重进行全面、深刻、细致的教学反思。如果抱着应付差事、敷衍了事的态度，东拼西凑或全盘照抄，则完全失去了撰写课程小结的意义，无论对课程、

对学生、对学校还是对自己，都是极其不负责任的。

（11）审核签字手续履行不及时、不齐全

从开课通知单（教学任务书）到课程小结，许许多多教学文档资料（统一模板）都设置有审核签字栏。然而在具体执行过程中，很多审核签字手续履行不及时，补签（章）时有发生。所造成的结果便是审核手续形同虚设，科学严谨的教学管理制度和质量保障体系仅存在于形式，而在执行层面其实打了大大的折扣。

2. 课程教学文档整理方面

（1）班级课程教学档案材料排列次序与项目表顺序不相符合

班级课程教学档案材料不仅要收集齐全，而且在存放（入盒）时，应该严格按照封底标注的项目表顺序依次排列。

（2）考查课成绩评定支撑材料不全

考查课成绩评定支撑材料类似于考试课学生答卷，必须收集齐全。严格意义上讲，凡是列入考核方案的考核项目（平时记分册记载项目）都必须有支撑材料，为平时记分册所记载的考核成绩提供明确的、可靠的、可信的依据。当然，任课教师在制定考核方案时就应该考虑到班级课程教学档案支撑材料的种类和数量问题，对考核名目多、内容复杂的考核项目，应就考核支撑材料简化做出明确规定，以避免支撑材料过于庞杂，造成班级课程教学档案材料收集整理工作负担过重。

（3）考查课成绩评定支撑材料排列次序与平时记分册记载项目列写顺序不相符合

考查课成绩评定支撑材料可视为平时记分册的附件或附录。因此，支撑材料的排列次序必须与平时记分册记载项目的顺序保持一致，以便于整理和查阅。

第 11 篇 教学模式

教学模式以简化形式反映某种教学理论及活动方式。熟悉教学模式概念，正确选择和熟练运用教学模式，寻求教学模式创新，对于应用型高校教师非常重要。本篇专门谈谈教学模式问题，包括教学模式及其意义、讲授式教学模式、翻转课堂教学模式、混合式教学模式、项目式教学模式、理实一体化教学模式和 EPIP 教学模式七项内容，旨在使应用型高校教师（尤其新入职教师）建立教学模式概念，加深对教学模式重要性的认识，熟悉应用型高校常用各种教学模式及其特点，从而能够正确选择教学模式、灵活运用教学模式并积极创新教学模式。

11.1　教学模式及其意义

1. 教学模式的概念与内涵

教学模式（Teaching Model）是指在一定教学思想或教学理论指导下建立起来的、较为稳定的教学活动结构框架和活动程序。教学模式是一定的教学理论或教学思想的反映，是一定理论指导下的教学行为规范。教学模式的内涵主要包括“教学目标”、“操作程序”、“实施条件”和“考核评价”。具体说明如下：

（1）教学目标

教学模式与教学目标之间存在极强的内在统一性。在教学模式的结构中，教学目标处于核心地位，并对构成教学模式的其他因素起着制约作用，决定着教学模式的操作程序和师生在教学活动中的组合关系，也构成该教学模式教学评价的标准和尺度。

（2）操作程序

任何教学模式都有其特定的逻辑步骤和操作程序，它规定了在教学活动中师生先做什么、后做什么，各个步骤应当完成哪些教学任务，应该达到怎样的教学要求等。

（3）实施条件

任何教学模式都有其适合的实施条件，即能使该教学模式发挥效力的各种因素（教师、学生、教学内容、教学手段、教学环境、教学时间等）。

（4）考核评价

任何教学模式都有其特定的考核方法和评价标准。由于不同教学模式所要完成的教学任务和达到的教学目标不同，操作程序和实现条件不同，其考核方法和评价标准也有所区别。

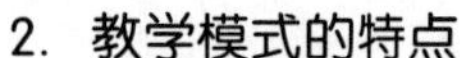

2. 教学模式的特点

教学模式的特点可用“指向性”、“操作性”、“完整性”、“稳定性”和“灵活性”加以概括。具体说明如下：

（1）指向性

任何教学模式都是围绕着一定的教学目标而设计的，每一种教学模式的有效运用也需要一定的实施条件，因此不存在普适性的教学模式，更谈不上哪种教学模式最好。在一定的情况下能够达到特定目标的教学模式就是最好的、最适合的教学模式。

（2）操作性

教学模式提供了一个反映某种（特定）教学理论的教学行为框架，该框架具体规定了教师的教学行为，使得教师在课堂上有章可循，便于教师理解、把握和运用相应的教学理论。

（3）完整性

教学模式是教学实践和教学理论构想的统一。因而有一套完整的结构和一系列运行要求，不仅可以体现教学理论的完整性，也能够体现教学过程的完整性（有始有终）。

（4）稳定性

教学模式是大量教学实践活动的理论概括，揭示了教学活动的某种规律。因此，虽然教学模式并不涉及具体的学科（专业）内容，但所提供的框架和程序对教学具有普遍的参考作用，具有相对稳定性。

（5）适应性

教学模式在实际运用过程中必须考虑学科（专业）特点、必须针对教学内容、教学条件、教学对象、师资情况等进行细微调整，以体现对学科（专业）特点和实际情况的主动适应性。

3. 教学模式与教学方法和教学策略

本书在课堂教学篇（第6篇）和实践教学篇（第7篇），都谈到教学方法和教学策略，强调根据课程类型、教学内容、教学条件以及学生实际情况，正确选择和运用教学方法和教学策略。这里又提出正确选择和运用教学模式问题，因此，有必要弄清楚教学模式、教学方法和教学策略三者的联系与区别。

（1）教学模式与教学策略

教学模式和教学策略都是以特定教育思想和教学理论为支撑的，辅助教学（教师的教和学生的学）的一系列方法、步骤及程序。教学模式具有较强的逻辑性，且结构相对稳定，但只是一个笼统的指导性结构框架。而教学策略则更加明确、更加详细。可以针对一门课、一堂课，甚至仅仅针对其中某个教学环节。

（2）教学模式与教学方法

教学模式反映教学理论、指导思想、步骤程序、方式方法等，是一个大概念；而教学方法是为达成教学目标、完成教学任务在教学过程中运用的方法和手段的总称，是一个小概念，包含在教学模式之中。教学模式是在特定教学思想指导下，依照一定程序形成的相对稳定的、系统的、可操作的范式。任何教学模式都不可能只采用一种教学方法，往往需要多种教学方法优化组合。

（3）教学策略与教学方法

教学策略是指在教学过程中，为达成特定的目标，依据主客观条件，特别是学生的实际，对所选用的教学顺序、教学活动程序、教学组织形式、教学方法和教学媒体等的总体考虑。比较而言，教学策略比较宏观（粗线条），而教学方法比较微观，比较具体（细线条）。实际中往往先确定教学策略，然后根据教学策略选择（匹配）适合的教学方法，以实现预定的教学目标。典型的教学策略有情境 - 陶冶教学策略、示范 - 模仿教学策略、自主学习策略（支架式、抛锚式、启发式、自我反馈式）、协作式教学策略（课堂讨论、角色扮演）以及探究式教学策略等。了解和掌握适于不同学科、不同学习者的教学策略和教学方法（怎样讲解某概念、怎样介绍某案例、怎样组织专题讨论等）对于获得良好教学效果很有帮助。教学策略不仅要在教案中明确（教学设计阶段），而且要体现于教学过程之中（教学实施阶段）。

总体而言，教学理论向教学实践转化的顺序（过程）是教学理论先转化为教学模式，再转化为教学策略，最后转化为教学方法作用于（指导）教学实践。

4. 教学模式的作用

教学模式能为学科（专业）教学提供具有一定理论依据的模式化的教学法体系，使教师摆脱只凭经验和感觉，在教学实践中盲目探索的尴尬状况，在教学理论（教学法）与教学实践之间搭起一座桥梁，起到沟通教学理论与教学实践的作用（中介作用）。

教学模式是在众多具体教学实践活动方式优选、概括、加工基础上构建的一种稳定的操作框架，而这种框架的内在逻辑关系以某种教学理论为依据，是某种教学理论的简化表现方式。教学模式的这种中介作用，与教学模式既来源于实践，又是某种理论简化形式的特点密不可分。因此，学会并能够运用某种教学模式，就意味着学会并掌握了该教学模式所蕴含的教育思想、教学理论和教学理念。

教学模式是教学活动的基本结构，每位教师在教学工作中都在自觉不自觉地按照一定的教学模式进行教学。只有了解教学模式的发展历史，既熟悉传统的、经典的教学模式，也了解并掌握现代各种新型教学模式，并善于把握教学模式的发展趋势，才能够自觉地选用科学合理、先进适用的教学模式。

11.2　讲授式教学模式

众所周知，古代的教学模式就是讲授式，基本结构为“讲 - 听 - 读 - 记 - 练”。其特点是教师单向传递，学生被动接受。20 世纪 30 年代，苏联教育学家凯洛夫（Kairov）运用马克思主义认识论，创造了著名的五环节教学模式（组织教学 - 导入新课 - 讲授新课 - 巩固新课 - 布置作业）。新中国成立之后，凯洛夫五环节教学模式的改良版“传递接受教学模式”传入我国，为古老而传统的讲授式教学模式奠定了理论基础，搭建了科学的结构框架，从而被广大教师所熟悉并成为各级各类学校课堂教学的基本模式。

1. 传递接受教学模式

传授接受教学模式根据行为心理学原理设计，受操作性条件反射理论影响，认为通过“联系 - 反馈 - 强化”反复循环就可以塑造有效的行为目标，强调教师通过控制学生的行为达到教学目标。该教学模式概要阐述如下：

（1）目标与程序

该教学模式的教学目标，一是传授知识，二是培养技能。其操作程序为六环节（六步）：

① 复习旧课（复习旧知）——强化记忆、加深理解，强化知识之间的联系，注重知识系统整理。

② 激发学习动机（新课导入）——根据新课内容设置一定情境、引入相关活动，激发学习兴趣、调动学习积极性。

③ 讲授新课（学习新知）——教学核心环节，此阶段以教师讲授及指导为主，要求学生随着教师的教学节奏，按部就班地完成教师布置的学习任务。

④ 巩固练习（课堂练习）——学生在课堂上对新学知识进行运用练习，以巩固认知、加深理解。

⑤ 检查评价——布置课外（课后）作业，通过批改作业检查学生对新知识和新技能掌握情况，并对学习成效给予评价。

⑥ 间隔性复习——间隔性复习一般在每章（单元）、期中、期末进行，以强化记忆、加深理解、加强联系。

（2）主要优势

传递接受教学模式之所以能够长盛不衰，主要是因为其在传授知识和培养技能方面具有巨大优势。

① 能大幅度地提高课堂教学效率——在传授知识方面具有简捷和高效两大优势。教师的讲授能使深奥、抽象的知识变得具体形象、浅显通俗，从而排除学生的神秘感和畏难情绪。通过教师讲授，能够避免学生在认识过程中经历不必要的曲折和困难，比学生自主探索少走很多弯路。

② 有助于全面准确地掌握教材——教材是课程教学内容的蓝本，汇集着系统的学科知识、思想观点、思维方法以及情感因素等。受多种因素制约，教材所含知识不易理解，所潜藏的内涵更不易发现。教师作为过来人，而且术业有专攻，借助系统讲授和透彻分析，不仅能让学生学到系统的知识，而且有助于领会蕴含其中的思想观点、思维方法和情感因素。

③ 能充分发挥教师的主导作用——讲授对教师来说，不仅是知识方法的输出，也是内心世界的展现。在讲授过程中，教师不仅会展示学识和修养，也必然会流露出真情实感，表露内心的真、善、美。因此，教师讲授必定会对学生产生潜移默化的影响，既是学生认识人生、认识世界的一面镜子，也是学生精神财富的重要源泉。

④ 其他教学模式的基础——任何教学模式都离不开教师“讲授或讲解”。因此，讲授是其他教学模式必经的阶段（如项目式教学讲授知识点、翻转课堂教学发表点评意见），也是其他教学模式达成教学目标必不可少的手段。教师讲得好，就会为有效运用其他方法和手段打好基础；学生会听讲，才能够潜移默化地、把教师所教内化为自己所学。

⑤ 实施方便、成本低、受众广——任何教学模式都必须有其适合的实施条件。而传递接受教学模式对教学场所、教学设施设备等条件没有特殊要求，实施非常方便，教学成本也相对低廉，而且受众面广（单班或合班）。

（3）主要缺陷

传递接受教学模式属于传统教学模式，必然存在传统教学模式固有的缺陷。

① 以教师为中心——容易出现灌输现象，不利于发挥学生的主动性和创造性。

② 以书本知识为主——容易脱离实际、脱离实践，不利于知识应用和实践能力培养。

③ 注重面向集体（班级）——容易忽视个体，不利于因材施教，不利于创新型人才发展。

④ 学生容易出现“假知”问题——教师通过讲授把现成的知识教给学生，似乎学生只要认真听讲就可径直获得知识。这种“假知”现象把学生在独立思考中必然遇到的各种疑问，必须突破的障碍，必须解决的困难全都隐蔽起来，不仅知识掌握不牢固，更不能实现知识迁移（举一反三）及应用，一遇到没有经历过、没有预料到的问题便会手足无措。

⑤ 学生容易产生依赖和期待心理——教师讲授往往追求全面、细致、透彻，总以为只有这样学生才能掌握得越多、掌握得越好。殊不知，灌输式讲授会让学生不知不觉地形成依赖和期待心理，所有问题都等待教师讲解，教师讲得越全面越细致越透彻，这种心理就越强烈，学生的主动性、独立性和创造性也被削弱得越厉害。

2. 正确运用讲授式教学模式

传递接受教学模式可视为讲授式教学模式的升级版，虽然存在传统教学模式固有的弊端，然而却是传统教学模式的经典，不仅已经在我国各级各类学校教育（包括高校）中流行了几十年，而且目前仍然是应用型高校教学（尤其课堂教学）广泛采用的、最基本的教学模式。应用型高校教师应该清醒地认识到该教学模式存在的缺陷，但更要认识到这种教学模式的优势以及存在的价值。尤其要认识到这种经典教学模式在培养和锻炼教学基本功（目前教学基本功竞赛大都采用此教学模式）以及降低办学成本方面的不可替代性。国内外高校在采用这种教学模式的同时，非常重视对其进行改良与变革，所谓课堂革命本质上就是要消除其弊端，有效补偿其短板，将“以教师为中心”转变成为“以学生为中心”，让课堂成为学生喜闻乐见的学堂。正确运用讲授式教学模式，应注意以下四点：

（1）激发学生兴趣、吸引注意力

学生对所讲内容感到新奇，才能对学习发生兴趣，体会到学习的快乐。因此，教师在讲授过程中应充分利用情感因素，依靠感染力、亲和力激发学生的学习兴趣，调动学生的情绪。没有注意力就无法学习，在整个教学过程中，教师要尽力使学生持久保持注意力，就必须掌握维持学生注意力的方式，如变化刺激、词语及声调变化、简洁的板书板画等。

（2）注重引导启发、力戒面面俱到

教师讲授应采取启发式，引导学生思考，启迪学生联想，鼓励学生质疑，避免把所有知识都嚼烂后喂给学生。还要把握住教材（教学内容）的重点、难点、关键，力戒面面俱到，变多讲为精讲，真正做到画龙点睛、恰到好处。

（3）理清教学思路、增强感性认识

教师应理清教学思路，注重引导学生学习基础知识、获得基本技能，掌握科学的思维方法。在讲授过程中，应尽可能地使所讲内容贴近学生的生活实际，通过实验观察、案例分析、动画视频、虚拟仿真等手段，增强学生的感性认识，加深对所学知识的理解。

（4）多种教法组合、改善教学效果

采用讲授式教学模式，固然应该以古老而传统的讲授法为基本教学方法，但也应该与其他教学方法相融合，充分吸收其他教学方法的优点，实现多种教法最优组合（如讲授 + 演示、讲授 + 讨论、讲授 + 游戏、讲授 + 练习等），使教学效果达到最佳。

11.3 翻转课堂教学模式

翻转课堂（Flipped Classroom），也被称为“颠倒课堂”，是通过逆向安排知识传授和知识内化，改变教师和学生在传统教学过程中的角色，重新编排教师和学生课堂教学内容的新型教学模式。

1. 翻转课堂诞生的偶然与必然

翻转课堂教学模式的诞生具有非常大的偶然性，但其持久存在并不断发展却又蕴含着必然性。具体说明如下：

（1）翻转课堂的偶然性

2007 年春天，美国佛罗里达州落基山林地公园高中的两位化学教师，为给因病请假同学补课，把 PPT 文稿以及播放和讲解过程制作成视频上传到网络，这些在线教学视频被更多学生接受并广泛传播，产生了意想不到的效果。因课前观看了教学视频，学生在课堂再也不愿意，也不需要听老师重复讲授。两位教师索性安排学生在家观看教学视频，在课堂上进行练习或做相关实验，同时对困难学生提供个性化辅导。这种教学模式逐步受到全美乃至全世界的关注。此后，教育界把这种教学模式命名为“翻转课堂”。我国山东聊城市杜郎口中学 1998 年创立的“杜郎口教学模式”与翻转课堂教学模式极为相像，区别仅在于提供给学生的不是教学视频，而是导学案及学习资料。

（2）翻转课堂的必然性

翻转课堂教学模式诞生的必然性是指符合时代进步对教学模式变革的期望，暗合了教学的基本规律和发展方向，具体体现在以下三个方面：

① 传统教学变革提供强大动力——传统讲授式教学的诸多弊端和局限越来越不适应信息化社会构建高效课堂的需要，无论是教育教学专家还是一线教师都在积极寻求变革和创新，为翻转课堂教学模式应运而生、迅速发展提供了强大动力。

② 信息技术发展提供强大支撑——人类进入信息化社会，各种先进的信息产品（平板电脑、智能手机等）和先进的信息技术（视频、多媒体、宽带网络、移动网络等）可以为学生营造良好的远程（线上）学习环境，为师生、生生远程互动搭建平台，为课堂翻转教学模式应用提供强大的信息技术支撑。

③ 多种教育教学理论保驾护航——任何一种教学模式必须有教育教学理论基础，才能立得住、立得牢。翻转课堂教学模式虽然起源于解决教学实践问题，但诞生之后的完善、发展以及大力推广，多种教育教学理论保驾护航功不可没。

2. 翻转课堂教学模式的理论基础

翻转课堂教学模式的理论基础是翻转课堂教学实践的指南。由于具有“先实践、后理论”的特点，人们对翻转课堂教学模式的理论基础目前尚未形成统一认识。但以下几种教育教学理论作为其理论基础则已达成共识。

（1）掌握学习理论

著名教育家和心理学家布卢姆（B・S・Bloom）创立的掌握学习理论认为，在班级教学的情况下，只要给予足够的时间和适当的教学，几乎所有的学生对几乎所有的内容都可以达到掌握的程度。而信息技术（尤其互联网技术）正具有满足充分自主学习需求的天然优势。该理论为翻转课堂课前差异化的充分自主学习提供了理论依据。

（2）认知目标分类理论

布卢姆创立的认识目标分类理论，将人类认知的历程分为六个层次。其中，“知道、理解”为低层次，“应用、分析、评价、创造”为高层次。认知层次越高，学习难度越大。传统教学的特点是“先教后学”，将课堂教学的重心放在低层（浅层）认知环节，高层认知以课后作业形式留给学生自己解决。而翻转课堂教学特点是“先学后教”，将课堂教学重心放在高层认知（重要而难度大，需要教师引导和协作探究），而把低层认知（难度小）安排在课外，通过差异化的充分自主学习（观看教学视频）完成。该理论为翻转课堂教学按认知难度分段设计提供了理论依据。

（3）建构主义学习理论

建构主义（Constructionism）学习理论认为，学习不是知识简单传递的过程，而是学生自己建构知识的过程，这种建构是无法由他人代替的。单向传递被动接受的传统教学模式恰恰违背了该理论，而翻转课堂教学课外观看短视频解决了传统课堂知识传递步调统一所造成的无视学生个体差异问题，课堂教学创设情景、协作探究、展示交流和意义建构能够让学生对教学内容的理解更加深刻，能力获取更加全面。该理论为翻转课堂教学的协作探究学习提供了理论依据。

（4）自组织学习理论

印度教育家苏伽特·米特拉（Sugata Mitra）创立的自组织学习理论认为，学习是一种“自组织行为”，借助计算机和网络技术的支持，任何学生都可以教会自己和同伴任何知识和技能。翻转课堂教学的重要假设和前提就是承认学生可以不依赖教师灌输，而借助计算机技术和网络技术支持，通过自我教育和互助教育学习任何东西。自组织学习理论为这个假设提供了理论依据。

（5）最近发展区理论

苏联心理学家维果茨基（Lev Vygo）创立的最近发展区理论，将学生已经达到的发展水平（学习基础）和可能达到的发展水平（学习目标）之间的距离定义为“最近发展区”，进而提出“教学应当在发展的前面，教学创造着最近发展区”的观点。该理论成为翻转课堂教学设计的依据之一。即只有让学生通过视频学习，掌握基本知识，落脚于“最近发展区”，课堂教学才能有效促进学生的发展。

（6）深度学习理论和主动学习理论

深度学习理论强调教师将学生高阶思维能力（应用、分析、评价、创造）的发展作为教学目标并伴随课堂教学的始终；主动学习理论则强调学生以自主学习和合作探究的方式参与到解决真实问题的实践活动中，通过观察与内省获得知识和技能，掌握解决问题的思路与方法，并不断丰富和完善自我的情感、态度和价值观。这两种学习理论都为翻转课堂教学设计提供了理论依据。

3. 翻转课堂教学特征与优势

（1）翻转课堂教学的特征

翻转课堂教学的特征可用以下三个方面的“颠覆”加以概括：

① 教学环节的颠覆——传统教学过程在课堂之上完成知识传授，在课堂之外进行知识内

化。翻转课堂教学过程将知识学习放在课堂之外，把知识内化放在课堂之上，实现了两个教学环节的颠覆。

② 教学角色的颠覆——在传统课堂中，教师是知识的传播者，学生是知识的接受者。而在翻转课堂中，教师从讲台上的“演员”转变为教学活动中的“导演”，学生则由讲台下的“观众”转变为教学活动中的“演员”，师生在课堂教学中的角色也发生了颠覆。

③ 教学环境的颠覆——传统教学中，教学环境仅限于课堂。而采用翻转课堂教学模式，教学环境不仅从课堂之内延伸到课堂之外，而且通过网络空间（平台）使课堂内外形成功能齐全的、全新的教学环境。

（2）翻转课堂教学的优势

翻转课堂教学的优势主要体现在以下四个方面：

① 信息技术的先进性——翻转课堂教学模式是信息化社会的产物，翻转课堂教学（尤其课前自主预习）离不开先进信息技术（尤其宽带互联网和移动互联网）的支持。信息技术越先进、越普及，对翻转课堂教学的支持力度就越强，翻转课堂教学模式就越容易推广。

② 学习方式的个性化——翻转课堂教学实现了“课上”与“课下”教学重心重新定位。把团队学习、协作学习、探究性学习、案例教学变成课堂教学的主要内容。学生可根据自身状况和学习习惯调整学习内容和学习方法，真正实现了个性化学习，使学习效果达到最佳。

③ 学习机制的互动性——与传统的课堂教学相比较，翻转课堂是不断加强、不断深化师生之间互动机制的过程。“课上”团队学习、协作学习、探究性学习、案例教学都突出了学生的主体地位。师生之间和生生之间的充分互动对密切师生和生生关系起着重要作用，对培养学生的合作意识也十分有利。

④ 学习方式的主动性——采用翻转课堂教学模式，学生可根据自己的需要主动安排学习计划。浅显的知识只看教材就能掌握，重点和难点知识可通过反复观看视频学习。若自己不能解决，可先与同学讨论，再向老师请教，久而久之便会养成主动学习的习惯，教学效率也会大大提升。

4. 翻转课堂教学完整过程

翻转课堂教学由课前“四环节”和课堂“五步骤”构成完整的教学过程。具体说明如下：

（1）课前“四环节”

① 教师设计导学案——教师须按照课程教学大纲，基于课程教学内容，依据学生的认知水平和知识经验，编制指导学生进行主动知识建构的导学案。导学案设计是翻转课堂教学的关键环节。

② 教师制作教学视频——教师首先要根据课程安排（授课计划）对课程教学内容进行合理拆分和科学编排，然后熟练运用视频技术制作教学视频（短视频、微视频）。

③ 学生自主预习及小组交流——全班学生分为若干学习小组，在教师的导学案引导之下，通过反复观看教学视频完成课前自主预习，并通过小组交流解决疑惑或疑难问题。

④ 教师了解自主预习和交流情况——教师通过互联网远程了解学生自主预习和小组交流情况，为设计课堂教学活动做好准备。

（2）课堂“五步骤”

① 第一步“合作探究”——课前小组交流不能解决的疑惑或疑难问题，在课堂上先通过

组间互助合作解决。

② 第二步“释疑拓展”——全班各组都不能解决的学习问题，教师在课堂上负责解决（答疑解惑）。同时还要根据教学班学生实际情况，进行适度拓展和延伸。

③ 第三步“练习巩固”——学生完成练习（教师布置或选取网络平台的练习题），以巩固所学知识并应用所学知识解决问题。

④ 第四步“自主纠错”——学生通过观看答案详解或教师习题评析视频，对自己理解的偏差和做错的习题进行自主纠正。

⑤ 第五步“归纳总结”——教师指导学生对本次课内容进行知识归纳或方法梳理。

翻转课堂教学的课前“四环节”和课堂“五步骤”核心在于内化（知识）和拓展（能力），重点在于培养自主学习能力、互助合作能力、提升综合素质。

5. 翻转课堂教师面临的挑战

对于习惯了传统教学模式的教师来讲，采用翻转课堂教学模式面临着很大的挑战。这种挑战主要表现在以下五个方面：

（1）更新教学观念

采用翻转课堂教学模式，教师必须转变“只需传递知识”的陈旧教学观，把培养高级思维、高层次认知和社会交往能力以及民主讨论能力作为课程教学的重中之重。

（2）教学分析与教学设计能力

采用翻转课堂教学模式，教师需要编写导学案，进行教学内容的拆分与重新编排，编写教学视频（短视频、微视频、）脚本，设计各种课堂教学活动等。对教学分析和教学设计能力提出了更多更高的要求。

（3）技术运用能力

采用翻转课堂教学模式，教师必须熟练运用视频技术（拍摄、录制、剪辑等），完成教学视频制作。不仅要达到规定的技术标准（画面清晰、配音清楚），而且要取得良好的教学效果。

（4）教学过程掌控力

翻转课堂教学过程中，活动方式多，互动交流多，对教师的掌控力提出更高更严的要求。遇到学生人数众多，又不主动表达的情况，对教师的组织能力和掌控能力更是考验。在翻转课堂教学过程中，教师要注意营造活跃的教学气氛，关爱每一位学生，获得学生充分信任，引导学生把心中存有的问题和疑惑表达出来，使课堂教学活动能够顺利进行并取得成效。

（5）评价理念与评价能力

采用翻转课堂教学模式，教师要更新评价理念，不仅注重考核学生学到了哪些知识，更要注重考核学生获得了哪些能力（专业能力、自学能力、创造能力等），还要考核获得了哪些体验（自主探究、合作探究、互动交流、成果展示等）。要善于采用多元评价以及过程性评价与结果评价相结合的方式，科学评价每一位学生，并为他们提供个性化的诊断并提出相关建议。

11.4　混合式教学模式

混合式教学模式（Blended Learning Model）是线上线下混合式教学模式的简称，特指在线教学（线上）和传统教学（线下）两种教学组织形式及其优势相结合的教学模式。在互联

网高度发达的信息化社会，混合式教学模式具有越来越强大的生命力，成为学校教育和校外教育（培训）普遍采用的现代教学模式。需要说明的是，混合式教学模式与翻转课堂教学模式非常相像（尤其线下教学与课堂教学），两种教学模式的理论基础也完全相同。

1. 混合式教学模式内涵与特征

教学具有广义的混合特征，涉及教学理论、教学策略、教学方法、教学组织形式等方方面面。而混合式教学的混合是狭义的混合，特指“线上”+“线下”，即将在线教学（线上或远程）和传统教学（线下或面对面）的优势结合起来的混合式教学。混合式教学的目标是把学习者从浅层学习（被动接受、记忆与复制）引向深度学习（理解与批判、联系与建构、迁移与应用）。真正的混合式教学绝不是网络教学与传统教学的简单叠加，而应该具有以下重要特征：

① 外在表现形式采用“线上”和“线下”两种途径开展教学。“线上”教学活动必不可少，而非辅助，更不是锦上添花；“线下”教学也不是传统课堂教学，而是基于前期“线上”学习成果而开展的、更加深入的教学活动。

② 没有统一的教学模式，但有统一的追求，那就是充分发挥“线上”和“线下”两种教学的优势，对传统教学模式进行改造。尤其要解决课堂教学过程中过分采用讲授式教学而导致学生学习主动性不高、参与度不足、学习结果差异过大等问题。

③“教”和“学”不一定要在同一时间和同一地点发生，大大拓展了教和学的时间和空间，充分体现了在线教学平台的核心价值，为重构传统课堂教学创造了有利条件。

2. 混合式教学的四个阶段

混合式教学一般分为“教学准备”、“教学设计”、“教学实施”和“教学评价”四个阶段进行。简要说明如下：

（1）教学准备

教学准备的主要内容包括确定教学目标、教学内容和学情分析。教学目标自然应根据课程教学大纲（课程标准）确立，教学内容仍应坚持以选定教材为基本内容，但须补充相应的网络教学资源（教师必须熟悉这些资源），以增加学习的广度与深度。此外，还要确定线上学习时间和课堂教学（线下）时间。

学情分析的任务则主要是弄清学生的学习基础、学习状况以及对混合式学习的态度等，从而针对学生实际制定相应教学策略。对学习能力较强或学习欲望较强的学生应积极鼓励，引导他们充分利用线上资源丰富多样的优势，多涉猎教材以外的内容，“吃饱吃好”；对学习能力较弱或学习欲望不强的学生则要重点帮扶，引导他们学习应知应会（重点）内容，确保不掉队。

（2）教学设计

混合式教学设计分为线上学习内容和线下教学活动两部分。教学设计的总要求是“线上有资源、线下有活动、过程有评估”。具体设计原则如下：

① 学生为本原则——给予学生更多自主权，师生共同设计课程内容和教学活动，让学生根据自身实际选择适合的学习进度，与教师进行多方位交流互动，努力培养学生的自主意识、协作精神和创新能力。

② 实践性原则——引导学生充分利用现代化网络教学平台（线上资源）主动学习，通过有吸引力的、高效的线下活动，促进学生把所学理论知识与实际工作结合起来，实现知识内化和技能提升。

③ 整合性原则——注重发挥传统课堂教学和网络教学两者的优势并实现优化整合，注重构建完整的知识结构体系，不仅让学生掌握专业知识与技能，还要达成情感、态度、价值观培养目标。

④ 评价性原则——选择适切的评价方法，制定科学评价标准，运用科学评价工具，实行教师评价与学生自评相结合，并及时反馈评价结果，充分发挥评价的诊断、激励和调节作用。

（3）教学实施

线上学习一般以小组学习为主要形式，小组成员之间应该及时地、充分地分享线上学习资料（资源），并针对遇到的问题或疑问及时进行组内交流，也可通过网络（微信群或 QQ 群）向教师反映，接受教师的远程指导（建立师生线上互动交流机制非常重要）。通过小组学习，不仅要完成线上学习任务，而且要掌握线上学习的方法，养成小组共同学习的习惯。

线下活动通常采取全体与分组两种方式（依据活动形式和内容）。线下教学活动内容丰富多彩（讨论、辩论、分析、设计、操作），形式多样，各种教学活动都应该指向深度学习目标。当然，线下教学活动要适合学生实际情况，而且学校现有教学条件能够满足要求。通常需要在多种方案中寻找最佳方案。

（4）教学评价

混合式教学的教学评价须覆盖线上学习和线下活动各个环节。线下活动考核评价可采用传统的考核评价方式，而线上学习考核评价则应充分利用网络平台优势（选择具有在线记录功能和评价系统的网络平台），使教学评价更加多元、更加全面、更加客观、更加及时。在线记录可以记录学生学习的全部过程（访问教学网站的时间次数等情况），评价系统可以支持学生自评以及小组互评。这些评价结果应该及时反馈给教师和学生，为持续改进教学方法，改善教学效果提供重要参考。

3. 混合式教学对教师的要求

实施混合式教学，教师必须转变教学观念，打破传统讲授式教学模式的桎梏。具体要求如下：

（1）正确选择教学媒体

传统课堂上，媒体是辅助教学的演示工具，以有助于教师教学内容呈现为选择教学媒体的出发点。而在混合式教学中，教学媒体主要是信息获取的渠道，而不仅仅是演示工具，选择教学媒体应该主要考虑哪些媒体形式能够更好地支持学生学习。

（2）合理控制混合程度

一般认为，线上教学只能“教书”而不能“育人”。虽然也可以开展师生互动、生生互动，却无法达到面对面交流的效果，因而线上教学无法完全取代传统课堂教学。实施混合式教学，应综合多方面因素，发挥线上线下各自优势，合理控制线上与线下比例（混合程度），力求达到效率和效益的最大化。

（3）选择成熟技术平台

混合式教学具有较强的技术依赖性。选择成熟的线上（网络）学习平台对于保证混合式教学顺利实施，保证线上线下混合教学效果非常重要。

（4）转变教学理念，提升混合式教学能力

混合式教学带来的变化不仅要体现在学习环境、学习行为和教学方式上，更要体现于教学理念的转变。教师备课的重点不再是钻研教材内容，而是面对线上已自学过基础理论知识、带着各种疑问的学生，如何进行答疑解惑，怎样组织线下教学活动，以加深理解、促进综合与应用。教师要从传统讲授式教学模式中走出来，尽快适应角色转换，熟悉常用网络平台以及线上教学资源，学会引导学生线上学习（推荐学习资源等），学会线上互动交流，学会线上考核评价，能够自如地组织线下活动，稳步推进课程教学进程，有效促进学生深度学习。

混合式教学充分发挥信息技术的优势，将线下教学与网络教学结合起来，实现教学效果的最佳，与高等教育改革的目标高度契合。大规模开放式在线课程 MOOC（Massive Open Online Courses）的出现，使众多名师、大批名课跨出校园，走向大众，不仅大大促进了优质教学资源的研发，也让教师和学生能够选择线上优质教学资源，以提高课程教学质量。

采用混合式教学模式，应用型高校教师可以引导学生利用丰富的线上资源学习课程内容，在线下课堂为学生答疑解惑以加深理解，并将抽象的理论知识与线下活动结合起来，促使学生完成知识整合，着重培养分析、综合、应用、评价和创新能力，从而达到构建高效课堂，促进学生深度学习的目的。

4. 基于翻转课堂的混合式教学

翻转课堂对传统课堂结构和教学流程实施翻转，而混合式教学模式则成为线上教学与传统教学（线下）相融合的教学范式。两者在依托网络平台和利用线上资源方面存在重叠。混合式教学中贯穿着翻转课堂理念。因此，基于翻转课堂的混合式教学，既能发挥线上学习优势，也能提高线下活动效能，从而取得更好的教学效果。采用该教学模式，在教学设计上需注意以下几点：

（1）依照翻转课堂模式设计线上学习内容

翻转课堂教学视频短小精悍，有利于浓缩教学内容，突出重点难点，以利于学生自主学习，聚焦重点难点问题。

（2）依照翻转课堂模式设计线下教学活动

翻转课堂教学活动在学生预习之后展开，混合式教学线下教学活动在学生完成线上自主学习基础上进行，两种教学模式的线下教学具有基本相同的背景。依照翻转课程模式设计线下教学活动，将会使线下活动更加规范、更加生动、更加有效。

（3）建立多元评价体系，实行过程性与结果性相结合的评价方式

基于翻转课堂的混合式课程教学，涉及线上自主学习、线上交流、线下汇报、小组讨论、课外作业等多个环节。应该建立多元评价体系，除教师评价之外，还应将学生自评、小组互评纳入评价体系。不仅要注重学习结果考核评价（期末考试），更要注重学习过程考核评价。除出勤和作业等传统考核项目之外，还应增加自主学习效果、小组活动效果、学习成果（展示）、交流讨论活跃度等考核项目。

5. 两种典型混合式教学模式

混合式教学模式呈现多样化特点。其中，基于 MOOC 的混合式教学模式和基于 SPOC 的混合式教学模式影响最大，应用也最为广泛。简要介绍如下：

（1）基于 MOOC 的混合式教学

MOOC 为线上教学搭建了共享平台。基于 MOOC 的混合式教学，线上教学通过教师选定

或学校指定的 MOOC 平台（如中国大学 MOOC）进行。教师根据教学大纲和教学进度计划，围绕课程知识点制作 MOOC 短视频或共享相关课程名师 MOOC 视频，布置在线作业（练习），并提供丰富的网络教学资源供学生参考。此外还利用 MOOC 平台的交互功能，组织在线交流、在线答疑以及作业互评等活动；学生在课外（不占用课内学时）通过 MOOC 平台完成知识学习。线下教学则采用翻转课堂形式，主要教学活动为根据在线学习反馈的情况，解析相关重点难点问题；开展相关主题讨论（头脑风暴）；进行相关案例分析等。同时还应开展学生自评、小组互评和教师点评。

（2）基于 SPOC 的混合式教学

从 MOOC 衍生出来的小规模限制性在线课程 SPOC（Small Private Online Course），更有利于提升学生的参与度与互动性，实现个性化教学目标，更加适于学校课程教学。采用基于 SPOC 的混合式教学模式，需要进行前端分析、教学资源设计、教学活动设计和教学评价设计。

① 前端分析——包括学情分析、教学内容分析、教学目标分析、教学环境分析四个方面，目的是使教学资源和教学活动更加符合学生需求，确保教学设计的合理性及有效性。

② 教学资源设计——主要通过自建、引进、改造三种方式进行。其中，“自建”指结合教学内容和教学目标，自主制作数字化教学资源；“引进”指直接合法地使用互联网现有优质资源；“改造”则指对原有资源进行适当编辑，使其更为适合课程教学需要。

③ 教学活动设计——教学活动分“课前、课中、课后” 三个阶段进行。

- 课前（线上）：教师开发教学资源并上传至 SPOC 平台，设计学习任务单，布置课前学习任务；学生在学习任务单的指引下进行学习，针对学习过程中的疑难问题，在平台与教师和同组或同班学生进行探讨；教师通过平台记录与统计分析功能，掌握学生的学习情况，对问题进行归类整理，据此确定教学难点。
- 课中（线下）：教师针对线上学习暴露出的典型问题进行精讲点拨，明确线下学习训练任务；学生在教师的引导下，围绕具体学习训练任务，进行自主学习训练及合作探究；展示作品、分享心得，教师进行点评或组织学生开展自评与互评，针对学生遇到的共性问题，进行集中讲解。
- 课后：教师进行教学反思，及时调整后续教学策略；学生利用 SPOC 平台相关资源，进行复习巩固、拓展延伸，分享学习感悟与收获。

④ 教学评价设计——采用线上和线下结合、过程性评价和结果性评价相结合的评价方式。过程性考核项目主要包括学生课堂表现、任务完成情况、小组学习贡献度等；结果评价主要以答卷考试方式进行。

11.5　项目式教学模式

项目式教学，也称项目式学习（Project-Based Learning，PBL），已在欧美许多国家流行，我国各级各类学校目前也在大力推行。项目式教学以学生为中心，围绕完整的项目工作过程展开一系列教学活动，通过完成项目所包含的各项任务，达成三维教学目标（知识与技能、过程与方法、情感态度价值观）。与传统教学模式相比，项目式教学能够充分激发学生的积极性，发掘学生的创造潜能，提高学生解决实际问题的能力，培养团队协作和沟通交流能力。

1. 项目式教学的理论基础

建构主义学习理论、情境认知理论和实用主义教育理论共同构成项目式教学的理论基础。简述如下：

（1）建构主义学习理论

建构主义学习理论认为，学习是在一定情景之下，借助学习资源以及与他人协作而实现的意义建构过程，而不能由教师把知识和技能直接进行灌输。因而“情景”、“协作”、“会话”和“意义建构”便成为学习的四大要素。其中，情景要有利于新知识和新技能意义建构，协作要贯穿于整个学习过程之中，会话是学习过程中不可或缺的环节，而意义建构则是最终要达成的学习目标。建构主义学习理论强调学生的主体地位，倡导在教师的指导下进行自我控制和相互合作学习，教师仅在学生意义建构过程中发挥帮助和促进作用。

（2）情境认知理论

产生于20世纪80年代的情境认知理论认为，知识是在与情境相互作用的过程中建构的，情境决定了学习内容和学习性质。该理论强调通过创设知识实际应用的真实情境，让学生对呈现出来知识进行思考和应用，从而达成学习目标。

（3）实用主义教育理论

约翰·杜威（John Dewey）创立的实用主义教育理论之核心被概括为“教育即生活、教育即生长、教育即经验的改造与改组”。该理论认为知识来源于经验，教育教学必须以经验为基础，尤其要以学生熟悉的生活经验为基础；该理论强调以儿童（学生）为中心，注重培养学生的创造性思维；该理论还强调教育教学以活动为中心，注重为学生创造主动学习的条件。

2. 项目式教学模式特点

项目式教学模式的特点主要体现于“学生中心”、“成果导向”、“情境性”、“系统性”和“综合性”五个方面。

（1）学生中心

项目式教学强调学生的中心地位。在项目设置（选择）和情境设计中，充分考虑学生的经验（已有知识和能力），并有利于激发学生的兴趣。项目内容（工作任务）不能太容易，让学生感觉没有挑战性；也不能过难，让学生感觉难以驾驭，从而产生畏惧心理。项目式教学还强调在实施过程中，让学生围绕项目进行自主探索和协作探究。

（2）成果（作品）导向

项目式教学过程结束时，学生需要完成一个实际作品（成果），以体现“做中学”的特点。在完成这个作品的过程中，学生学会了知识，掌握了方法，增强了技能，培养了情感，体验了创新的艰辛与乐趣，培养了分析问题和解决问题的能力，培养了团队沟通的能力。

（3）情境性

情境指支持学生进行探究学习的环境。在真实的情境中学习，在解决真实问题的过程中获得新知识和新技能，学生的学习热情自然而然便被点燃。让所学内容看得见、摸得着，让所学内容与真实生活挂钩，让学生感到所学内容是有用的，这样才不会学完之后便束之高阁。

（4）系统性

学生完成项目所包含的各项任务，必须解决多方面问题，从查阅资料到确定方案，从具体实施到修改完善，从独立工作到协作探究，需要调动各方面的专业知识和多方面的能力，需要系统性思考、有条不紊地实施。

（5）综合性

项目式教学过程中，为完成所包含的各项任务，解决所遇到的各种问题，学生必须综合运用多个学科的知识，施展多方面的技能。因此，有利于学科知识的融合和综合能力的锻炼和培养。

心理学研究表明：当感受类型是“听 + 看”时，人的记忆保持率仅为 50%，而感受类型改为“亲身体验”时，记忆保持率则快速上升到 90% 以上。即所谓“听来的忘得快，看到的记得住，做过的才能会”。项目式教学属于体验式教学，故而是一种非常高效的教学模式。

3. 项目式教学模式内涵

项目式教学模式内涵丰富，除教学目标、实施计划、考核评价之外，还包括项目这个关键要素。具体阐述如下：

（1）目标、计划与评价

项目式教学应该有明确的目标、周密的计划和科学合理的考核评价办法。

① 教学目标——项目式教学模式的目标是多元的，既包含学科知识和专业技能目标，也包括高阶思维能力（分析、综合、评价、创新等）和工作方式目标，还包含社会情感（团队协作、沟通交流等）目标。这些目标都应该在教学大纲（课程标准）中予以明确。

② 实施计划——把教学目标转变为每个具体的教学环节，把整体教学目标分解到每节课、每个教学环节，在此基础上设计具体的教学情境、开发相应的教学资源，并通过各个教学环节引导学生实现学习目标。任课教师或课程教学团队在项目式教学备课（编写教案）时，应该采用系统化方式，从备任务、备学生、备过程、备问题、备学法、备指导、备环境等多个方面进行周密计划。制订周密的实施计划对于提高项目式教学各项活动的效率非常重要。

③ 考核评价——项目式教学目标主要集中在知识和技能两个方面。因此，评价也要紧紧围绕这两个方面进行。知识目标评价主要采取提问及测验方式，考核学生对项目相关知识熟悉和理解程度；技能目标评价主要采取现场评价、作品评价（作品）、自我评价和互相评价相结合的方式；每个方面的考核评价都须科学制定相应的评价标准。

（2）适于项目式教学的项目

项目式教学围绕项目组织教学活动，学生通过完成项目所含各项任务达成学科知识学习、专业技能获取和社会情感培养目标。因此，选定适于项目式教学的项目十分关键。一般认为，适于项目式教学的项目须同时满足以下八个方面的要求：

① 有明确具体的教学内容，便于创设真实情境，且具有实际应用价值。

② 能把理论知识和行业岗位技能结合起来，有利于达成知识与技能双重培养目标。

③ 来自学生熟悉的生活或行业生产实际，立足于解决真实问题。

④ 既有学生独立实施内容（任务），也有团队协作探究内容（任务）。

⑤ 既有一定的挑战性，以利于促进学生认真学习、努力实践、勇敢创新，也能让学生运用所学知识和技能应对出现的困难和问题。

⑥ 能够在实施过程中获取并运用新知识和新技能，以利于学科知识融合和综合能力培养。

⑦ 可渗入情感、态度、价值观培养内容。

⑧ 有具体作品（成果），且能够展示、可供评价。

4. 项目式教学模式程序

项目式教学是一个相对完整的工作过程，一般分六个步骤实施，也称“六步法”。具体说明如下：

（1）情景导入，明确任务

任课教师首先要创设项目式学习情景（背景、案例、问题、故事、人物等），并把学生带入项目情境之中，激发学生的兴趣，调动学生的积极性；接下来要布置任务（下达任务书或任务工单），以解决“做什么”的问题。让每一位学生都明确应该完成哪些任务（知识学习、动手实践），应该达到什么目标（知识、技能、情感、态度、价值），怎样进行考核评价（考核办法及评价标准）。

（2）收集资料，制定方案

这个阶段主要解决“怎么做”的问题。任课教师应该引导学生带着问题收集资料（图书、手册、网站等），获得多种认知工具和资源，并围绕各项任务，制定实施方案。此阶段采用分组方式，项目小组组建一般遵循“组内异质，组间同质”的原则，既便于组内帮扶，又适用于组间竞争。实施方案制定通常需要在任课教师指导下完成，其中包括小组成员怎样分工、如何协作等内容。

（3）自主协作，具体实施

这个阶段是项目式学习的关键。任课教师既要引导学生独立完成分配给自己的任务，尽量避免交流，以培养独立工作能力；又要鼓励小组成员之间开展协作探究，协同完成任务，以培养团队协作能力。

（4）点拨引导，过程检查

任课教师的“点拨引导，过程检查”应该与学生的“自主协作，具体实施”相伴随行。既要培养学生自我监督、自我激励意识，督促学生完成自主协作任务，还要针对学生探究中遇到的困难，适时点拨引导，纠偏纠错。过程检查可采用学生自查、组内互查、组间互查、教师检查等多种形式进行。

（5）展示成果，修正完善

这个阶段既是项目式教学的尾声，也是项目式教学的高潮（最出彩）。任课教师为学生搭建展示平台，让学生围绕体验感受、独特设计、知识理解、任务成果等进行充分展示。思想火花的碰撞、独特作品的展现、顺畅幽默的表达、个性特长的张扬、欢乐热烈的气氛、羡慕企盼的心路……，会让每一位学生经受洗礼、深受感染、深受教育，展现出项目式教学旺盛的生命力和感染力。展示过程应依据学生人数和学时妥善安排（人人展示或小组推选代表展示）。展示之后，任课教师要组织小组之间互评，并让学生就修正完善各抒己见。最后由任课教师进行点评，不仅要褒奖鼓励，也要指出不足，指明努力方向。

（6）拓展升华，考核评价

拓展升华是项目式教学的点睛之笔，任课教师应把项目内容和任务与学科知识体系联系起来，拓展学生的知识面，开拓学生的思维；把项目及其任务所涉及的知识与技能与行业岗位工作联系起来，激发学生更加强烈的学习愿望。采用项目式教学模式的课程通常为综合实践课（课程设计、专业实习、综合训练等），一般采用过程性评价方式，依据出勤、工作表现、工作记录、总结报告以及作品（成果）质量等评定成绩。如果是考试课，则应该采用结果性评价和过程性评价相结合的方式。期末考试照样可以采用答卷方式，只是试题应该围绕项目及其任务拟就，既要考核相关知识掌握和运用情况，更要考核各方面能力达到的水平（分析、计算、设计、绘图、编程、实践等）。

5. 项目式教学的局限、困惑与对策

虽然项目式教学模式有独特的优势，我国很多高校在项目式教学改革方面也取得了实实在在的效果。但也存在某些局限和困惑，需要认真研究对策，以利于更大范围推广。

（1）项目式教学的局限与困惑

① 不适合所有课程教学——项目式教学通过完成项目所含各项任务达成教学目标，不是所有专业课程都能选择到适于项目式教学的项目，也不是所有专业课程都适合采用项目式教学。

② 不能完全取代传统教学模式——项目式教学围绕项目学习知识，在系统知识传授方面存在较大局限，对于以学习系统学科知识为主的课程，采用传统的讲授式教学模式更为适合。某些专业课程盲目采用项目式教学模式，将原本章节结构的课程内容，简单变换为“项目任务”结构，实际教学中仍然采用传统教学模式。这种形式上的项目式教学是不可取的。

③ 硬件条件制约——项目式教学需要动手实践，还要有作品成果，对仪器设备、场地和材料等硬件条件以及教学经费都有较高要求，教学成本相对较高。

④ 师资条件制约——项目式教学需要任课教师拥有丰富的多学科知识，具有较强的专业技能，还要具有项目和任务规划、项目组织实施以及指导评价多方面能力，对师资条件要求相对较高。

⑤ 教材编写制约——目前真正符合项目式教学规范的教材稀缺，加之每个学校设备等硬件条件差异较大，项目式教材的普适性较差。而编写项目式教材对作者各方面要求都很高。

⑥ 课时数制约——课程学时数固定，很多项目虽然适合项目式教学，但完成各项任务所需工作量过大或偏小，很难与课时数匹配。

（2）项目式教学推广对策

针对项目式教学的局限和困惑，推广项目式教学须从以下几个方面采取对策：

① 研究开发合适的项目——符合要求的项目是开展项目式教学的关键。为此要在研究开发合适的项目上下功夫，结合课程内容及其特点，对从实际生活和行业工作中挖掘的项目元素进行科学改造，开发出符合要求的项目，以突破项目式教学的“瓶颈”。

② 组织形式多样化——根据课程实际和现有条件，结合学生实际状况（知识和能力）组建项目小组，组织形式多样的教学活动。最大限度地利用教学资源、提高教学效率。

③ 加强硬件条件建设——以满足项目式教学对设备、仪器、场地、材料、经费等多方面条件的要求。

④ 增强师资适应能力——提高专业教师对项目式教学的认识，增强项目式教学适应能力，持续提升项目式教学水平。让越来越多的专业教师能够胜任项目式教学，能够开设真正意义的（而非形式上的）项目式课程。

⑤ 与传统教学模式相结合——项目式教学与传统讲授式教学相互结合、优势互补，突破单纯项目式教学获取知识系统性不强的局限。

11.6 理实一体化教学模式

理实一体化教学模式即理论与实践一体化教学模式，充分体现了陶行知先生“教学做合一”的教育思想，是非常适合应用型人才培养的现代教学模式。具体阐述如下：

1. 理实一体化教学模式的特点与意义

（1）理实一体化教学模式的特点

理实一体化教学模式主要针对学校教育普遍存在的理论与实践相脱节现象，通过设定理实一体化教学任务和教学目标，通过教师的“教中做、做中教”和学生的“做中学、学中做”，全程构建理论知识、专业技能和综合素质一体化培养框架。其特点主要体现在两个界限的“打破”：

① 打破了理论与实践的界限——理实一体化教学模式打破了先实后理或先理后实的固定顺序，让泾渭分明的理论教学与实践教学融为一体，直观和抽象交错出现，理中有实，实中寓理。

② 打破了教师和学生的界限——理实一体化教学模式让教师身处学生中间（身边），可以大大激发学生的学习热忱，增强学生的学习兴趣，调动学生的学习积极性，让学生边学边练边总结，既能获得必要的技术理论知识，也能培养动手能力和专业技能。

理实一体化教学模式绝不是理论教学与实践教学的简单组合，更不是理论教学与实践教学形式上的结合。它遵循学生理论知识认知和技能技巧形成的规律，从理论知识与专业技能两者相互依赖、相互促进的现实需要出发，通过构建理论教学与实践教学紧密结合、理论知识与专业（职业）技能深度融合的全新教学模式，以取得理论知识教学和专业技能训练“1+1>2”的效果。

（2）理实一体化教学模式的意义

理实一体化教学模式对应用型高校具有非常重要的意义。就办学主体学校而言，该教学模式能够锻炼和培养一支高水平的“双师型”师资队伍（既能胜任理论教学也能胜任实践教学），能够促进与相关行业合作、保障应用型人才培养质量；就应用型高校教师而言，该教学模式能促使其将理论知识融于实践之中，提升理实一体化教学水平；就应用型高校学生而言，该教学模式可以实现“学中做、做中学”，既有利于加深对理论知识的理解，也有利于专业（职业）技能的快速形成（掌握），从而全面提升素质与能力，以适应行业岗位工作需要。

2. 核心要素一体化要求

采用理实一体化教学模式，必须实现“教师”、“教材”和“课堂”三个核心要素同时理实一体化的要求。

（1）教师理实一体化

拥有“双师型”教师是采用理实一体化教学模式的基本前提。理实一体化课程任课教师乃至整个教学团队，既要拥有丰富的理论知识，能够胜任理论知识教学，还要具有过硬的专业（职业）技能，熟练操作设备、仪器、熟悉相关工艺流程，能够胜任实践教学。如果任课教师个人无法达到一体化要求，则只能通过组建课程教学团队来实现教师理实一体化，由理论课教师和实践课教师分工协作、密切配合，整体上达到教师理实一体化要求。

（2）教材理实一体化

教材理实一体化其实就是教学内容的理实一体化，这是采用理实一体化教学模式的重要基础。由于公开出版的理实一体化教材很少，且难以满足所有学校、所有专业的需要（尤其本科层次），通常需要任课教师或课程教学团队根据课程教学内容，对其中应该包含的理论知识与专业（职业）技能进行有效整合，编写理实一体化课程讲义或校本教材，以实现课程教学内容的理实一体化。

（3）课堂理实一体化

建设理实一体化课堂（教学场所）是采用理实一体化教学模式的重要保障。理实一体化课堂不仅要装备理论知识教学（课堂教学）的设施设备（黑板 / 白板 + 投影仪），还要具备开展相应实践教学的设备、场地、耗材以及水电气等条件。天津中德应用技术大学（天津中德）自成立以来，大多数专业课程都在实验室或实训室开设，而且全部采用单班教学，为采用理实一体化教学模式创造了优越条件。

3. 基本教学方法

采用理实一体化教学模式，必须选择有效的教学方法以支撑理论教学和实践教学。讲授、演示、练习被公认为必不可少且行之有效的基本教学方法。具体说明如下：

（1）讲授法

理实一体化课程以项目引领，以任务驱动。讲解项目相关知识，布置任务，介绍设备工作原理、阐述操作要领，巡回指导期间答疑解惑、考核评价期间点评总结等，都离不开讲授法的运用。任课教师除精通讲授式教学法并具有扎实的教学基本功之外，还要注意理实一体化课程讲授的四个特殊要求：

① 既要围绕项目讲授理论知识，又要注重系统地传授知识，避免知识过度碎片化。

② 不仅要注重讲授的条理性、逻辑性，还要注意理论与实践的关联性。

③ 不仅要熟悉理论知识的认知规律（由浅入深，由易到难），还要熟悉知识与技能之间的相互作用关系。

④ 不仅要丰富学生的理论知识，有助于提升专业（职业）技能水平，还要注重培养应用理论知识分析问题和解决问题的能力。

（2）演示法

任课教师在理实一体化课程教学过程中，必须熟练运用演示法向学生展示设备工作原理、功能和性能，进行专业（职业）技能示范。让学生通过观察获得具体、清晰、生动、形象的感性知识。促使学生把抽象的理论知识与实际事物及其现象联系起来，帮助学生形成正确的概念，掌握正确的操作方法。

熟练运用演示法，不仅要求任课教师熟悉实训设备、工量具、工艺流程和操作流程，具有很强的专业（职业）技能，而且要做好演示前的各项准备工作，还要善于利用技术手段（摄像投影等），使演示过程能够清晰地、反复地（可回放）呈现在学生面前。

（3）练习法

任课教师在理实一体化课程教学过程中，应该熟练运用练习法组织学生进行实际操作（动手）练习，验证所学理论知识，理解所学理论知识，掌握相应的专业（职业）技能。在学生练习阶段（通常分组进行），任课教师应该像实验实训课程那样，强调掌握正确的操作方法，强调操作安全，认真巡回指导，耐心答疑解惑，及时发现误操作并立即予以纠正。

除以上三种基本教学法之外，采用理实一体化教学模式也提倡多种教学策略、教学方法，甚至多种教学模式综合运用。协作法、探究法、头脑风暴法、线上线下混合、翻转课堂等都可以在理实一体化课程教学整个过程或者某个阶段灵活运用，以取得更好的教学效果。

4. 理实一体化课程建设与管理

应用型高校通常将理实一体化课程作为一个专门的课程类型（理实一体化）进行管理。采用理实一体化教学模式，对任课教师的“双师”素质及能力，对一体化教材（教学内容），对一体化教学场所（教学条件）都有较高要求，而且教学成本相对偏高，因而不是所有的课程都适于理实一体化教学模式，也无法做到所有课程都采用理实一体化教学模式。

为加强理实一体化课程管理，天津中德等应用型高校专门制定了理实一体化课程管理办法，并要求各二级学院及系（教研室）制定和完善所属专业理实一体化课程教学规范。通常只有经过申请（任课教师或课程教学团队负责人）和逐级审核批准之后，才被认定为理实一体化课程，并须遵照理实一体化课程教学规范实施教学，学校将依照理实一体化课程管理办法定期实施考核。

鉴于理实一体化课程要求较高，应用型高校各专业应慎重选择部分确实有必要采用理实一体化教学模式的专业课程，从制订理实一体化课程教学大纲（课程标准）、编写理实一体化课程教材（讲义）和建设理实一体化教学场所（条件）三个方面认真开展理实一体化课程建设。比较而言，编写理实一体化教材（讲义）任务最为艰巨，也最具挑战性。不仅要认真遵循理论知识认知规律与实践技能形成规律，而且要把握好理论与实践相互依赖和相互促进关系，还要能够把课程内容细分为若干单元（项目），让每个单元（项目）都充分体现理论知识学习与实践技能训练相融合的特点，既有理论知识学习目标，也有专业（职业）技能训练目标，既有理论知识学习内容，也有专业（职业）技能训练内容，既有理论知识学习效果考核评价办法，也有专业（职业）技能考核评价办法。

5. 一体化教学“六步法”

人力资源和社会保障部自2010年开始在全国技工院校开展一体化课程教学改革试验。以学生为中心，以国家职业标准为依据，以综合职业能力培养为目标，以典型工作任务为载体，根据岗位工作过程设计课程体系和教学内容，按照工作过程顺序和学生自主学习要求进行教学设计并安排教学活动，实现理论教学与实践教学融通合一（其本质就是理实一体化）。为规范技工院校一体化教学所提出的一体化教学“六步法”，可供应用型高校参考借鉴。

第1步 明确任务、获取信息

通过教师讲授并以下达任务书和派工单等方式（仿照岗位工作流程），让学生明确干什么（任务），并获取与完成该任务直接关联的信息（工作页、参考教材、技术手册及相关规程），通过描绘工作目标，工作条件、方法步骤等培养学生的自主管理、信息处理、归纳分析能力。

第2步 制订计划

引导学生根据工作内容、步骤以及所用设备、耗材等，制订具体工作计划。以培养计划能力、设计能力和方法能力。

第3步 做出决定

引导学生通过小组讨论确定最佳方案（既定方案），以锻炼和培养择优汰劣、优化方案能力。

第4步 实施计划

指导学生按既定方案开展工作，在工作过程中学习知识，提高方法能力、规范作业能力并提升专业技能。

第 5 步 检查控制

指导学生及时观察和记录实施结果与预期结果的偏差，并做出合理调整。以培养专业技能、方法能力、规范作业、数据处理等多方面能力。

第 6 步 评价与反馈

学生通过展示和演说（介绍）等方式汇报任务完成情况（结果），接受同学和老师多角度、多方面（技术、经济、社会、思维）评价，寻找缺陷及其原因并做出修正。以锻炼和培养表达、演讲、沟通、信息处理、客观评价以及抗挫折能力。

此外，人力资源和社会保障部还颁布了《一体化课程规范开发技术规程》，并组织专家编写了技工院校部分专业（普遍设置）的一体化课程教学改革“活页”教材（一体化课程教学改革重要成果）。对技工院校推广一体化课程教学改革起到了积极推动作用。

6. 理实一体化教学模式适用课程

任何教学模式都有其适用范围及适用条件，理实一体化教学模式也不例外。总体而言，理实一体化教学模式不适合着重于理论知识（基础知识、专业知识、技术知识）学习，尤其注重系统性理论知识学习的课程，如“大学物理”等公共基础课程，“电工基础”、“电子技术”和“控制工程基础”等专业基础课程。理实一体化教学模式主要适合于专业课程，尤其适合于注重综合能力和实践能力培养的专业课程。

（1）注重综合能力培养的专业课程

这类课程通常排在专业基础课程完成之后，主要培养应用先前所学基础理论和专业理论（技术）知识，分析并解决专业领域实际问题的能力。由于不需要系统性学习理论知识，知识碎片化非但不会影响获取知识，还有利于提高相关知识的学习效率，有利于多种知识的综合运用。例如，应用型高校机电类专业普遍开设的“PLC 及其应用技术”“工业机器人及其应用技术”等课程都属于此类。

（2）注重实践能力培养的专业课程

这类课程不属于纯实践课程，但又注重实践能力培养，注重在动手实践和实际体验中学习相关知识、增强相关能力。例如，应用型高校很多专业开设的仿真技术课程或软件技术课程都属于此类。这类课程所学相关知识主要围绕仿真系统或软件应用，不需要系统性学习，理实一体化教学“边讲边演、边讲边练”的教学方式不仅有利于学习操作技能，也有利于相关技术知识学习。

11.7 EPIP 教学模式

EPIP 是工程（Engineering）、实践（Practice）、创新（Innovation）、项目（Project）四个英文单词首字母缩写。EPIP 教学模式是中国职业教育机构和教育工作者立足于中国特色职业教育长期理论研究和教学实践，汲取中国古代教育观念、近现代职业教育思想，借鉴国际职业教育先进理念，创新发展出来的具有中国特色的职业教育理念和教学模式。

1. EPIP教学模式的目标

EPIP 教学模式围绕独立探究和实践，培养学生的科学探究能力，强调学生的学习能力，增强团队合作意识，加强动手实践能力，提高解决问题的能力，鼓励学生创新思维，激发学生的创新激情，培养学生的自主学习意识和终身学习意愿，丰富学生的能力结构，以形成一个有效解决所有问题的系统。

2. EPIP教学模式的内涵

EPIP 教学模式以实际工程项目为引领，以实践应用为导向，以创新能力培养为目标，以项目实践为统领。该教学模式旨在提高学生的综合素质、增强工程实践能力，培养创新精神和创新能力。

3. EPIP教学模式的特点

EPIP 教学模式是在产业转型背景下探索出的一种教育界与产业界互动的应用型和技术技能型人才培养新途径。其特点可以概括为“八度”，即实践案例的“真度”、技术应用的“深度”、创新空间的“广度”、教学资源的“厚度”、软硬结合的“密度”、仿真形式的“效度”、学习过程的“乐度”、人才培养的“适度”。

4. EPIP教学模式的推广

2010 年，吕景泉教授（时任天津中德副校长，现任天职师大副校长）主持启动了工程实践创新项目（EPIP）。此后中外教育工作者和专家学者为 EPIP 的实践探索、理论研究、经验总结、模式推广群策群力，将 EPIP 教学模式推广到技能竞赛赛项设计、教学装备研制、教材资源开发、多国鲁班工坊建设等领域，验证了 EPIP 教学模式的有效性和适用性。

EPIP 教学模式目前已在全国高校（尤其高职院校）和中等职业学校推广应用，取得了丰硕的成果。2022 年 5 月，天津市中华职业教育社在中华职教社成立 105 周年之际，面向天津市高校（含高职）和中职学校开展 EPIP 应用案例成果征集活动（天职师大承办）。

5. EPIP课程教学概要

EPIP 教学模式遵循工程规律，用工程方法培养学生，为学生构建了一条由“学徒工”到“技术员”，再到“现场工程师”的工程化成长路径，十分适合于培养应用型工程技术人才。采用 EPIP 教学模式的课程被称为 EPIP 课程，其教学内容、教学过程以及教学评价简要介绍如下：

（1）EPIP 课程教学内容

EPIP 课程以实际工程项目（来自行业企业）为导向，每个工程项目包含不同的知识点和训练任务，在实施一个实际工程项目的过程中学习、理解、应用所涉及的知识（点）并解决实际问题。

（2）EPIP 课程教学过程

EPIP 课程教学分工程小组进行。每个工程小组一般由三名学生组成，协作完成一个工程项目。任课教师通常只对工程项目相关知识进行讲授，其余时间则扮演“导师”角色，帮助学生分析问题，而不帮助更不代替学生解决问题，以培养学生独立解决问题的能力。在整个教学过程中，任课教师与学生一起演示、分析、讨论，最大限度地调动学生的积极性。

（3）EPIP 课程教学评价

EPIP 课程教学采用过程性考核评价方式。每个学生都有自己的“项目实验报告”（类似实习手册），记录每个项目的实现过程，包括发现问题、分析问题、解决问题的详细过程，任课教师通过“项目实验报告”观察每个学生的成长，并据此对学生进行考核评价。

6. 以赛促学、以赛促教

EPIP 教学模式让学生的学习从第一课堂(教学计划之内)延伸到第二课堂(教学计划之外)，尤其各级各类学科竞赛和技能竞赛过程之中。参加竞赛能够大大激发学习兴趣，增强学习的主动性，锻炼和培养自主学习能力。在指导学生竞赛的过程中，教师自身的知识素养和实践能力也会得到极大提高。

EPIP 教学模式通过课内外的立体化、成果化、多元化教学，可以提高学生课内学习兴趣，从而促进课堂教学，改善教学效果。通过参加竞赛，使学生更加明确知识和技能需求，从而锁定自己的努力方向，在课堂中会更加积极、更加主动地学习，从而使课堂教学更加生动、更加活跃，十分有利于构建高效课堂。

第12篇 教学督导

教学是所有高校的中心工作，完善的教学管理体系和有效的监控与评估机制是教学质量的有效保障。本篇谈谈应用型高校教学督导问题，包括教育教学督导制度、教学督导职责与作用、应用型高校教学督导内容以及正确对待教师评价（评教）四项内容，旨在使应用型高校教师（尤其新入职教师）加深对教学督导制度的认识，增强教学监督意识，熟悉应用型高校教学督导体制，了解校院两级教学督导职责及内容，从而能够正确对待教学评价与教学督导，自觉接受监督与指导，促进教学能力与水平不断提升。

12.1 教育教学督导制度

教育教学督导是国家加强对教育事业全面管理，实现依法治教、规范办学行为、提高教育质量、促进教育事业健康发展的重要手段，是教育法规定的一项基本制度。

1. 教育督导制度起源与发展

教育教学督导制度起源于17世纪美国马萨诸塞州的教师聘任和检查制度。法国政府1802年颁布的《国民教育总法》首次提出设立国民教育督导总署，明确教育督导的职责是监督各级教育、学校管理和教师考核；英国政府在1839年设立了皇家督学团，《1944年教育法》使教育督导制度进一步完善（职能范围、任务和权力等）。美国的教育督导制度历史虽然较短，却对推动美国教育飞速发展发挥了重要作用。美国没有全国统一的教育督导制度和机构，联邦、州、学区三级督导机构各自独立，各行其责。联邦督导机构发挥统领作用，由州和学区两级督导实施行政性和服务性教育督导。发达国家的教育教学督导制度历史悠久，在促进教育发展、提高教育质量等方面发挥了重要作用。

我国的教育督导制度起源于新中国成立初期（1949—1990年为萌芽期），1991年颁布的《教育督导暂行规定》标志着我国教育督导制度正式形成（1991—2011年为形成期）；2012年国务院颁布的《教育督导条例》标志着我国教育督导制度基本完善（2012年之后为完善发展期）。

世界各国的教育督导制度虽各具特点，但都具有明确的法律地位、具体的督导内容、清晰的组织框架、规范的督导方式，从而为依法开展教育督导提供了重要依据，以确保教育督导工作的科学性、权威性和规范性。

2. 教育督导与教学督导之异同

教育督导与教学督导都是科学管理的具体体现，两者都具有监督、检查、评估与指导职能。两者的差异主要表现在以下四个方面：

（1）工作任务不同

教育督导即行政督导，属于上一级政府对下级政府及所属学校教育工作进行的监督、检查、评估与指导，以促进和保障教育法律法规贯彻落实；而教学督导则是学校及其主管部门或者专业机构对学校教学工作质量进行的监督、检查、评估与指导，以促进人才培养质量达标。

（2）工作权力不同

教育督导代表的是一种行政权力或者说政府行为；而教学督导是一种非行政权力或者说非政府行为（专家行为）。

（3）工作范围不同

教育督导不仅对学校内部各方面的教育教学工作进行督导，而且对学校办学条件（场地、经费、设备、师资）以及政策法规及其执行情况进行督导；而教学督导仅限于学校内部教学工作质量。

（4）工作侧重不同

教育督导是学校教育教学各方面工作的外部推动力；而教学督导则是学校提升教学工作质量的内部驱动力。

3. 高等教育教学评估

世界各国政府以及联合国教科文组织（UNESO）都十分重视高等学校教育教学监督与评估。美国、英国、日本、澳大利亚等国家专门建立了高等教育评估机构，普遍把评估作为一种固定政策，制定了评估认证指标体系，使高等教育评估制度化、规范化、专业化、常态化。

国家教委（教育部）1990 年颁布的《普通高等学校教育评估暂行规定》是我国第一部教育评估法规，明确规定了高等教育评估的性质、目的、任务以及基本形式等。2004 年，教育部高等教育教学评估中心（已更名为教育部教育质量评估中心）成立，确立了五年一轮评估制度，形成了政府、学校、专业机构和社会多元评价相结合的教育质量评估机制，标志着我国高等教育教学评估步入规范化、科学化、制度化和专业化的发展阶段。

我国的本科教学工作合格评估始于 1994 年，主要针对新建和基础薄弱的学校（指定）；优秀评估始于 1996 年，主要针对办学历史悠久、基础较好、水平较高的学校（申请）；随机评估始于 1999 年，主要针对介于两者之间的学校（抽取）。2002 年，教育部将三种评估合并，形成了现行的《普通高等学校本科教学工作水平评估方案》，评估结论分为优秀、良好、合格和不合格四种。2003 年，教育部制订了高职高专院校人才培养工作水平评估方案，实现了高等教育教学评估全覆盖。

4. 我国高校教学督导制度

2012 年国务院颁布的《教育督导条例》将适用范围拓展到高校，为我国高校教学督导体制建设指明了方向。地方教育行政部门针对本地区高等教育发展现状及规划出台相关文件，对高校教学督导提出明确具体要求。各高校参照国家和地方相关法规，结合学校教育教学实际，制定并颁布学校教学督导条例。因此，我国高校完整的教学督导制度应该由外部督导、内部督导和第三方评价三部分组成。分别说明如下：

（1）外部督导

高校外部教学督导分为政府主导和学校主导两种。政府主导的外部督导主要体现在教育部和地方教育管理部门根据相关法律法规确立的教学工作评估制度以及专项检查制度；学校主导的外部督导主要体现在为获取相关资格认证（如工程教育认证）、提升办学水平和社会知名度而主动申请的各类认证评价。

（2）内部督导

随着高等教育规模的扩大和国家教育督导制度的不断完善，深化高等教育内涵建设，构建高校内部教学督导体制，已成为全面提升高等教育质量的重要举措。基于此认识，国内各级各类高校普遍建立了教学督导机构，结合学校办学定位以及人才培养要求，形成了各具特色的校内教学督导制度。

（3）第三方评价

第三方评价系指由独立于高校及其管理部门，具有督导评估资质的第三方组织和机构，依据学校及其管理部门认可的评价标准，采用科学方法进行的评价；或者由学校采用第三方机构的评价系统（如麦克斯 MyCOS 评教系统）进行的评价。引入第三方评价有利于克服内部督导与评价“既当运动员、又当裁判员”的弊端，增强教学工作评价的客观性、透明度和开放度，也有利于高校之间交流互鉴。

5. 应用型高校教学督导体系

应用型高校（尤其本科层次）达到一定规模（专业数和学生数）之后，通常都会建立校院两级教学督导体系及其工作机制，以确保教学督导工作的覆盖面，增强教学督导工作效能。具体说明如下：

（1）校级督导组织与工作机制

校级教学督导组织，是指高校建立的内部教学督导组织（学校教学督导组），督导组成员通常在本校教学经验丰富的退休及在岗高级职称教师中遴选，必要时（新建院校）聘请若干校外专家，形成校内校外结合、在岗退休结合的督导专家组织。在学校教学指导委员会、主管教学校长的指导和学校教学质量监控与评估中心（与教务处平级部门）的直接领导下，按照学校制定的各项教学工作评价标准，遵照学校统一部署，对全校所属各层次（本科高职）各专业的教学工作进行评价与指导。

（2）院级督导组织与工作机制

院级教学督导组织，是指高校直属二级学院或独立教学部门建立的内部教学督导组织（学院教学督导组），督导组成员通常由本部门高级职称教师担任，在学院教学指导委员会的指导和教学院长的直接领导下，按照学校或学院制定的各项教学工作评价标准，遵照学校及学院的统一部署，对本院所属各层次（本科 / 高职）各专业的教学工作进行检查（跟踪听课）和质量分析，对本院教师的教学工作进行评价和指导。建立院级教学督导组织，有利于教学督导工作的延伸和细化，有利于更加紧密地联系教师和广大学生，使院校两级教学管理部门更快、更准地掌握教学情况。

应用型高校目前普遍存在院级教学督导的岗位职责不够明确，校级督导和院级督导的工作关系不够明确等问题，造成院级督导工作往往不到位（甚至缺位），对学校整体教学督导工作造成较大影响。

12.2　教学督导职责与作用

高校教学督导普遍采用选聘制。各高校都会根据学校教学督导工作特点，参照国家或地方教育督导任职条件和岗位职责，在学校《督导条例》或相关文件中对校级和院级教学督导的资格条件和岗位职责做出明确规定。校级督导在校内和校外在岗和退休教师中选聘，院级督导在学院在岗教师中选聘。校级督导由学校颁发聘书，院级督导由学院颁发聘书，聘期通常为两年，可以续聘。

1. 教学督导资格与特质

高校教学督导首先须具有高校教师身份，持有高校教师资格证书，符合高校教师任职条件（政治思想、职业道德、学历学位、教学能力等），在高校教师岗位工作年限较长，拥有丰富的教学经验，熟悉高校教学规范，熟悉高校专业建设、课程建设、教材建设、教育教学研究等各方面的工作流程及质量要求。而且健康状况良好，能够承担教学督导工作。除此之外，还应具备以下六种特质：

（1）乐于奉献、责任感强

教学督导首先必须热爱高等教育事业，有强烈的责任感和使命感，乐于为提升高校教学质量和办学水平奉献聪明才智。能够本着为高等教育事业负责、为学校和学院发展负责、为教师负责、为学生负责、为自己负责的精神，认真对待各项教学督导工作，敢于坚持原则，敢于讲真话、讲实话。

（2）知识面宽、观察力强

教学督导（尤其校级督导）履职涉及面广，专业性强，所面对的问题多种多样。要求具有宽广的知识面、熟悉教学工作各种规范，且具有敏锐的观察力和洞察力。能够胜任并高效完成各种督导工作任务，能够及时发现各种问题和事故隐患。

（3）善于沟通、擅长导教

教学督导不仅要面对事（督导工作任务），还要面对人（教师、学生、管理人员）。因此，必须具有很强的沟通交流能力，具有很强的亲和力和感染力，善于把握教师和学生的心理状态，能够熟练运用各种沟通技巧，与教师和学生开展广泛深入的交流，倾听师生的意见和诉求，充分发挥学校（学院）与教师和学生的桥梁和纽带作用；教学督导的职责一是“督”（检查督促），二是“导”（指导帮助）。既要注重督，更要注重导。因此，教学督导必须擅长导教，不仅能够提出要求，指出不足，而且能够针对教师所存在的问题提出意见和建议，切实帮助教师摆脱困境，提高认识、改进方法、增强能力、提高水平。

（4）惯于反馈、善于归纳

教学督导不仅要善于发现问题，还要习惯于反映问题、反馈信息，依靠学校或学院教学管理制度解决问题。教学督导通常采用填写各种记录、督导例会发言和撰写督导工作汇报等方式反映问题、反馈信息，因此，必须善于总结归纳，善于分析，不仅能梳理出共性问题、典型问题，还能够分析产生问题的缘由，并提出改进意见和建议。

（5）勤于学习、擅长评价

教学督导工作的思想性强、专业性强、政策性强，因此，教学督导必须勤于学习，不断更新观念，不断更新知识，不断熟悉新规则，熟悉相关信息化平台功能及操作方法，能够熟练运用信息化评价工具；教学督导需要在各种场合发表评价（点评）意见，这些意见往往具有很强的导向性。因此，教学督导要善于运用辩证唯物主义观点，依据相关评价标准，对教学工作各方面、课程教学各环节，以及教师的能力与水平等，做出科学的、客观的、公正的评价。

（6）科学严谨、公平公正

教学督导工作不仅涉及教学工作质量，而且涉及教学部门建设和教师专业发展等。因此，教学督导须养成科学严谨的工作习惯，评价依据充分，导教入情入理，反馈事实清楚，报告脉络清晰。此外，教学督导通常要在学校或学院各种评审评优活动中担任评委。这些活动产生的结果往往关乎每个基层教学部门、每位教师以及每位学生的切身利益和发展机遇。因此，教学督导（尤其校级教学督导）必须秉持客观公正的态度，严格依据评审评优标准做出评判，切实做到公正公平。

2. 教学督导岗位职责

教学督导的岗位职责涵盖学校（学院）教育教学工作的各个方面。主要包括：

（1）调查研究

通过跟踪听课、与教师和学生交谈、召开专题座谈会等途径，对课堂教学和实践教学等运行状况进行调查分析，帮助学校（学院）和任课教师总结经验、寻找不足，改善效果、提升水平。

（2）监督检查

检查各类课程教学秩序、教学进度以及课堂纪律，检查各类课程教学环境（公共教室、实验实训室、体育场馆等），检查各类课程教学文档资料及班级课程教学档案，检查考试秩序及考试纪律，检查毕业设计（论文）各环节（选题开题、中期检查、毕业答辩）工作质量等。

（3）评审评价

评价各类课程教学质量，评审各级各类教育教学改革项目（立项、结项），评选校级主讲教师，评选校级优秀毕业设计（论文），评选优秀教材及实践教学指导书，担任教学基本功竞赛评委（打分并点评）等。

（4）咨询指导

为学校（学院）教育教学工作提供咨询服务，提出具体意见和合理化建议；为教师培养（尤其新入职教师）建言献策，结合听课和各类评审评价活动，对教师成长提供指导和帮助。

3. 教学督导的作用

教学督导不仅具有巡视、检查、监督、评价的职能，而且具有反馈、指导、咨询、服务的职能。其工作着眼点不只在于监督、检查、了解教学现状，更在于调动教师改进教学的能动性和自觉性，发挥教师的潜能，激励和引导教师尽快成长。教学督导的作用是通过履行督导的各项职能来实现的，其主要作用可归纳为以下六个方面：

（1）发现问题

教学督导专家不仅教学经验丰富，而且熟悉教学工作规范，因而具有敏锐的观察力。能够在教学督导工作中及时发现各种各样的问题或问题苗头，并在分析研究的基础上，向学校（学院）提出改进意见，对于消除问题隐患、提高教学工作质量十分有益。

（2）信息反馈

收集和反馈教学信息是教学质量监控体系的重要功能。校院两级教学督导在与教师和学生的广泛接触中，能够及时了解对课程建设、教学管理、学校学风、师德师风、办学条件等多个方面的意见。由于教学督导教学经验丰富、个人威信高，又不担任行政职务，通常教师和学生都很愿意向他们敞开心扉。虽然学校（学院）反馈教学信息的渠道很多，但来自教学督导的教学信息通常更为及时、更为可靠、更为可信。

（3）桥梁纽带

教学督导是学校（学院）联系广大师生的桥梁和纽带。通过教学督导工作，学校（学院）可以与教师和学生建立密切联系，及时了解各个专业、各岗位教师对学校（学院）以及专业发展的好想法、好办法，好建议，了解广大师生工作和学习中遇到的困难和问题。

（4）检查督促

教学督导通过随机听课、日常教学巡查和定期专项教学检查，可以及时了解教师到岗情况和学生出勤情况，教学秩序是否正常，教学过程是否规范、教学气氛是否活跃、教学效果是否理想等也都会在听课评价表和各类检查表中反映。对教师的“教”和学生的“学”都将起到督促作用。

（5）指导帮助

教学督导听课时不仅能发现教学工作质量问题，也能发现任课教师（尤其新开课或开新课教师、新入职教师）因教学经验缺乏或教学能力不足而导致的各种问题。通过交谈或评价意见反馈（听课评价表填写），可以对这些教师给予针对性的指导和帮助，从而促进教师增强教学能力，提高教学水平。

（6）诊断评价

在学校（学院）授权之下，教学督导可以对特定课程各个教学环节进行内部诊断和评价。尤其在学校“迎评促建”时期（每五年一轮），发挥教学督导（尤其校级教学督导专家）的诊断评价作用非常重要。

12.3　应用型高校教学督导内容

应用型高校教学督导的工作主要包括“教学检查”、“听课评价”、“文档查阅”、“试卷检查”、“毕设检查”、“评审评优”和“总结反馈”七项内容。以天津职业技术师范大学（天职师大）和天津中德应用技术大学（天津中德）为例，就教学督导的具体工作内容分项说明如下：

1. 教学检查

教学检查主要针对学校和学院教学运行情况。通常在开学第一天和期末考试集中进行，平时安排校级督导分片巡检。

（1）开学教学检查

开学教学检查通常安排在开学第一天，全体教学督导出动，在学校领导和教学主管部门的带领下（分若干检查小组），对公共教室、实验实训室和体育场馆等教学场所以及设施设备的运行情况、教学计划执行情况、学生出勤情况以及教学环境等进行全面检查。督促基层教学单位、广大教师和各年级学生切实遵守教学管理制度，认真履行岗位职责，确保全校各部门教学工作正常运行。

（2）期末考试巡查

每学期期末考试期间，校级教学督导分头进行巡查。检查内容包括监考安排、到岗、履职

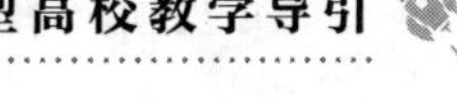

情况，考试秩序、考场纪律、交卷时间等。督促基层教学单位、监考教师和学生切实遵守考试纪律，认真履行监考职责，确保期末考试正常进行。

（3）日常教学巡查

日常教学巡查由教务处（运行科）和校级督导共同承担。通常每名校级督导负责若干二级教学单位，定期或不定期进行巡查，发现问题随时向主管部门报告，日常教学巡查对学校教学工作正常运行起监督作用。目前不少高校都在公共教室安装了视频监控，教务处管理人员和教学督导不到现场便可随时检查教学情况，大大减轻了日常教学巡查的工作量。

2. 听课评价

听课评价主要针对以下教师，评价标准按课程类型分别制定（课堂教学、实践教学、体育教学）：

（1）新入职教师

新入职教师经过岗前培训并通过试讲考核之后，可以安排课程教学任务（上课）。学校和学院教学督导须安排至少一次随机跟踪听课，并填写相应的听课评价表（课堂教学、实践教学、体育教学）。

（2）优秀主讲教师

对获得校级优秀主讲教师荣誉（头衔）的教师，每年必须进行跟踪听课考核。由两名校级教学督导共同听课一次并独自填写听课评价表，然后综合两位督导的评价意见，撰写优秀主讲教师年度考核意见并核定评价成绩（取两位教学督导平均分）。

（3）评教排名靠后教师

对各二级教学单位学生评教排名后 10% 的教师，院级督导须跟踪听课并填写听课评价表；校级督导从中挑选部分教师（一般每单位 2 ~ 3 人）进行跟踪听课，除填写听课评价表之外，还要与被听课教师进行交谈，当面反馈评价意见，进行面对面指导。

（4）项目组教师（特殊项目跟踪）

某些教育教学研究项目（如课程建设、课程思政建设、课程改革等）检查或评审（中期推动、结项等），需要对项目组成员实际教学过程进行跟踪，对是否达到项目书设定的目标、是否完成了研究任务、是否取得了预期成果等做出评价。

（5）职称晋升教师

应用型高校普遍把教学评价成绩达标作为晋升技术职务的先决条件，即实行所谓“教学一票否决制”。各学校具体做法差别较大。天职师大的做法是，安排 3 名校级教学督导随机听课并独自评价打分。然后再集中安排说课考核，由 4 ~ 5 名校内教学督导（校级）和 1 名校外专家独自评价打分。听课评价分值与说课评价分值各占综合评价分值的 50%，总分值必须达到合格线以上（≥ 80）。

（6）申报优秀主讲教师

校级优秀主讲教师是学校教学质量的标杆，也是全校教师学习的榜样。因此，各高校都非常重视优秀主讲教师评选，为此专门制订了评选标准和评选办法，具体评选工作则由校级教学督导承担。其中最重要的工作就是对申报教师的教学能力、教学水平以及实际教学效果做出客观评价。天职师大的具体做法是，每 3 位校级督导组成听课小组，同时对申报教师进行两次听课并给予评价打分，而且每次听课之后都当面反馈评价意见，给予面对面指导；然后由全体校级督导集体听课并给予评价打分，三次听课评价打分的平均值必须达到优秀（≥90）才有资格当选（尚须满足若干其他条件）。

3. 文档检查

教学文档及档案检查是教学督导的另一项重要工作。一般先由学院督导进行普查，然后再由校级督导进行抽查。教学文档分为本学期教学文档和上学期班级课程教学档案两类。天津中德所确定的检查内容及要求如下：

（1）本学期教学文档

① 教学任务书（开课通知单）——由二级教学单位教学秘书提交所查教学任务书（开课通知单）。要求内容齐全、审核批准手续齐备（签章）、内容完整、填写规范。

② 教学大纲（课程标准）——由任课教师或二级教学单位秘书提交所查课程教学大纲（课程标准）。要求格式符合学校统一规范（模板），内容齐全，审核批准手续齐备（签名）。

③ 教学安排（授课计划）——由任课教师提交所查课程教学安排（授课计划）。要求格式符合学校统一规范（模板），日期与课表相符，项目齐全，内容详略得当，审核手续齐备（签章）。

④ 教案——由任课教师提交至少两次课的教案。要求格式符合学校统一规范（模板），教学内容清晰，教学步骤和教学方法明确，学时分配合理，教学活动适宜，课后感填写及时，有教学反思内容。

⑤ 多媒体课件（PPT）——由任课教师提交与教案相对应的至少两次课的PPT。要求内容丰富、文字简练、条目清晰、版式活泼、图文并茂、资源丰富（链接）。

⑥ 教材（讲义、指导书）——由任课教师提交教材（讲义）或指导书（实践课）。公开出版教材只提供封面、简介、前言和目录即可（复印件）。要求所选教材与教学大纲要求一致，符合学校教材选用管理办法规定（近期出版、规划、经典）。使用讲义教学必须有充足的理由并履行了报批及审阅手续，讲义内容必须符合教学大纲（课程标准），编写和印刷质量必须符合学校相关规定（如校本教材）。实践类课程可以单独使用实践教学指导书教学，对指导书的要求与讲义相同，不再赘述。

（2）班级课程教学档案（上学期）

上学期班级课程教学档案必须在本学期开学后两周内整理完成并归档保存。班级课程教学档案内容及要求详见本书第10篇（教学文档篇）中10.6（班级课程教学档案），不再赘述。

（3）基层单位教学管理文件与教研活动记录

校级督导在教学检查中，还要查阅基层教学单位的教学管理文件。主要了解二级教学单位及其下属基层教学单位（系或教研室）的教学管理制度是否健全，教学管理文件是否齐备，在教学管理方面进行了哪些改革，等等。除此之外，还要检查系（教研室）教研活动记录，以督促基层教学单位积极开展形式多样的教研活动。

4. 试卷检查

考核评价是所有课程教学的重要环节，考核方案内容是否详尽，是否具有可操作性，试卷设计是否规范、试题是否科学合理，都直接关系到课程教学质量，也直接反映着教师的能力与水平。

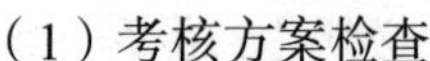

（1）考核方案检查

考核与成绩评定是课程教学大纲（课程标准）不可缺少的内容。此部分内容应该达到考核方式明确，成绩评定科学，考核办法可操作性强的要求。因此，试卷检查的第一步，就是查看教学大纲（课程标准）这方面的内容是否符合要求。有些课程教学大纲（课程标准）制定时间比较早，不完全适应当前的情况，则有必要专门制定课程考核方案（作为大纲或课标的附件）。

（2）试卷质量评价

试卷检查与评价一般针对上学期的期末考试试卷，要求任课教师提供课程教学大纲（课程标准）、AB 试卷（空白）及其参考答案与评分标准，还要提交考试成绩分析表（含班级成绩分布直方图）。试卷质量评价主要观测点为试卷的格式（规范）、试题的种类（丰富）、主客观题的比例（恰当）、课程目标覆盖率（高）、试题难度（适中）、试题量（适宜）等。总体要求是，试卷既要考核知识记忆，也要考核知识理解；既要考核知识水平，也要考核能力水平（分析、计算、设计、绘图、编程等）。此外，还要检查试题表述是否严谨（无歧义）、是否顺畅，文字符号等是否存在错误，等等。

（3）参考答案与评分标准

试卷检查非常关注参考答案与评分标准。要求客观题答案应该唯一，主观题允许学生采用不同的方式，按照不同的思路解答，因而对学生答案应该有所预判。此外，还必须分部分、按步骤设置分值，这样才能适应学生答卷实际状况，才能保证成绩评定过程科学严谨。

5. 毕设检查

毕业设计（论文）检查工作任务繁重。以天津中德本科毕设检查为例，需要在选题开题、中期检查、毕设答辩三个时间节点进行，跟踪答辩活动，查阅相关材料，填写各种检查表，撰写各阶段反馈意见。本科毕业设计检查主要由校级教学督导负责。各阶段检查工作内容如下：

（1）毕设选题开题阶段

选题开题阶段的督导工作主要为以下两项：

① 跟踪开题答辩——跟踪二级学院各本科专业毕设开题答辩活动（每个专业分若干小组），对毕设开题答辩活动准备情况、答辩程序、答辩小组教师履职情况、学生汇报以及回答问题情况进行检查和抽查。

② 查阅选题开题材料——采取抽查方式，查阅毕设选题申报表、毕设任务书（指导教师填报）以及毕设开题报告（学生撰写）。重点考查毕设选题是否符合各专业选题指南要求、任务书和开题报告格式是否规范（采用学校统一模板）、内容是否齐全、两者对应关系是否合理等。

（2）毕设中期检查阶段

抽查学生和指导教师共同填报的中期检查表以及指导工作记录。重点考查指导教师是否尽心指导，毕设工作进度是否正常，毕设中期检查表填报内容是否符合实际，中期检查发现了哪些问题等。

（3）毕设（论文）答辩阶段

毕设（论文）答辩阶段督导工作主要为以下两项：

① 跟踪毕设（论文）答辩——跟踪二级学院各本科专业的毕设（论文）答辩活动（每个专业分若干小组）。检查毕设（论文）答辩委员会组成、答辩小组成员，外聘专家、学生分组情况；检查毕设（论文）答辩程序、会场布置和气氛营造、答辩小组成员履职情况；抽查学生汇报、提问及回答问题情况。重点考查毕设（论文）答辩委员会和答辩小组人员组成是

否符合规定，答辩程序是否规范，答辩过程是否顺畅等。

② 查阅毕设（论文）及答辩文档——采用抽查方式，查阅毕业设计（论文）稿、指导教师评阅表、评阅教师（或外审）评阅表、答辩小组评阅表（含综合成绩）以及答辩记录等毕设文档资料。重点考查毕业设计（论文）质量（格式、文字、图表等），三个方面的成绩是否偏离过大，是否存在指导教师有意拔高成绩或有意压低成绩的问题，三个方面的评语是否符合规范，内容覆盖是否齐全，评价是否恰当等。

学院分组答辩完成之后，为全面检查本届毕设（论文）工作质量，天职师大每届都要组织校级答辩。由各学院院长、外聘专家（1人）、校级教学督导（1人）和学院资深教授（2-3人）组成校级答辩小组，每个专业随机挑选1名学生参加校级答辩。校级答辩成绩将替代学院分组答辩成绩。

6. 评审评优

（1）毕设（论文）评优推优

校级优秀毕业设计（论文）由二级学院评选（学校根据学生人数分配名额），从小组答辩综合成绩优秀者中，通过学院组织的选优答辩选拔（优中选优）。校级督导进行复核并从中挑选最佳者参评上级主管部门（如天津市教委）组织的更高级别（市级）优秀毕设（论文）评选（推优）。

（2）教材（指导书）评优推优

优秀校本教材或实践指导书先由二级学院推荐，再由校级教学督导和校外专家组成评审组，依据优秀教材（含指导书）标准评选确定。遇到评选更高级别的优秀教材，则依照同样的程序，参照相关评选标准评选推荐（推优）。

（3）项目评审与审核

各级各类教学项目评审与审核也是学校教学督导（尤其校级教学督导）的重要工作内容。主要包括教改项目（校级、市级或国家级）和课程建设项目（校级一流课程以及省市级或国家级一流课程等）两大类。工作性质分为“立项评审”、“中期检查”和“结项审核”三种。校级项目通常由校级教学督导负责（评审、检查、审核）。更高级别的项目，校级教学督导则参加立项推荐（择优）、中期检查和结项初审。

① 立项评审——认真审阅项目负责人呈报的项目申报书（重要项目要求项目负责人当面讲述并接受质询），依据项目类别及立项标准（要求）择优确定（推荐）。

② 中期检查——认真审阅项目组呈报的中期汇报（重要项目要求项目负责人当面汇报并接受质询），依据项目申报书提出的目标、内容以及预期成果确定能否通过中期检查，指出存在的问题，提出相关建议，以发挥中期检查的推动作用。

③ 结项审核——认真评阅项目组呈报的结项报告（重要项目要求项目负责人当面汇报并接受询问），依据项目申报书提出的目标、内容以及预期成果确定是否同意结项，并就后续建设以及成果推广等提出意见和建议。

7. 总结反馈

学校教学督导在教学检查、跟踪听课、文档检查、试卷检查、毕设检查等工作环节获取的信息须做到“及时记录、科学总结、适时反馈”。要达到上述要求，不仅教学督导要强化总结反馈意识，养成总结反馈习惯；而且学校要建立有利于督导信息反馈的良好机制。

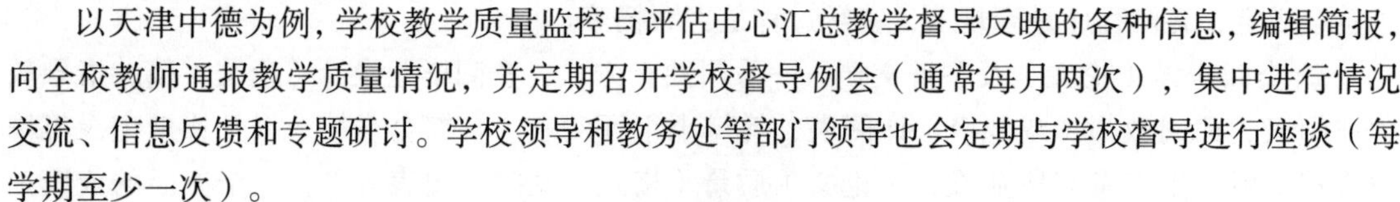

以天津中德为例，学校教学质量监控与评估中心汇总教学督导反映的各种信息，编辑简报，向全校教师通报教学质量情况，并定期召开学校督导例会（通常每月两次），集中进行情况交流、信息反馈和专题研讨。学校领导和教务处等部门领导也会定期与学校督导进行座谈（每学期至少一次）。

12.4 正确对待教师评价（评教）

1. 教师评价（评教）概述

教师是高校教学的主体，也是决定教学质量的关键因素。教师评价的作用或目的主要有两个：其一是鉴定总结（价值判断），侧重于教学态度、教学能力、教学水平和业绩成果，评价结果关乎绩效（奖金）、评优、技术职务晋升以及续聘等；其二是诊断反馈（促进发展），侧重于教学过程和教学效果，注重发现教学中存在的问题，并就改进教学方法、提高教学质量提供指导，以此促进教师专业发展。为确保教师评价全面客观、公正公平，应用型高校普遍建立了主要由教师自评、同行互评、学生评教和专家评教构成的综合评教制度。

（1）教师自评

被评价教师也是评价主体之一。自评主要通过撰写个人工作总结方式进行，阐述或报告规定时段内（通常为一个学期）自己的教学工作业绩，评价自己目前的教学能力与水平。在总结教学经验的同时，需要指出存在的问题并提出改进教学的设想。

（2）同行互评

同行互评一般在系（教研室）范围内进行。同事之间按照学校制定的评价项目和评价标准，逐项相互打分并填写评价意见或填写评价问卷。许多高校的教务管理系统都具有同行互评功能，实现了同行互评信息化，使同行互评更为方便、更为快捷，也更为规范。

（3）学生评教

学生评教是指学生对每一门课程任课教师进行评价。一般采用匿名方式，以消除学生的各种顾虑。学生评教通常采用打分和填写评教调查问卷形式，侧重于教学效果、教学态度、教学能力以及获得感等方面。学生评教目前存在问题较多，教师认同感较差，如何使学生评教方式更科学，使评教结果更真实、更有效，受到高校的普遍关注。尽管如此，目前应用型高校普遍将学生评教结果（成绩）用于教师绩效考核和评优之中。例如，天职师大各二级教学单位每学期进行一次学生评教成绩排名（取各门课程学生评教平均分），连续三个学期排名都处于后 10% 的教师将被取消上课资格（不予排课）。

（4）专家评教

专家评教主要指学校教学督导评教，也包括教学检查和教学评估期间校外专家评教。专家评教一般属于诊断性而非鉴定性评价。通常采用随机听课方式，跟踪一定时段的教学过程（一节课或两节课），依据评价标准和评分办法打分，并填写评价意见（含建议）。

2. 教师评价（评教）原则

评教主体不同，评价角度不同，观察侧重不同，评教的结果自然也不相同，甚至会出现较大差别。但各类评教主体都应该坚持相同的评价原则，以确保评教过程客观公正，评教结果真实有效。目前普遍认同的教师评价原则主要有以下六项：

（1）客观性原则

客观性是对所有评价的基本要求。首先要做到标准客观（杜绝随意），其次要做到方法客观（排除偶然），最后要做到态度客观（严防主观）。

（2）整体性原则

要从教学工作的整体出发，进行多方面的检查与评定，既要肯定优势和优点，也要指出劣势和缺点，既要观察局部，更要审视全局。

（3）指导性原则

不仅要发现被评价教师的劣势和短板，指出教学中存在的问题，还要帮助分析问题产生的缘由，并提出建设性意见，给被评价教师指明前进方向、增添前进动力。

（4）科学性原则

要以教学目标体系为依据，合理确定评价标准，按照科学评价程序，采用先进的测量手段及统计方法获取数据并进行数据处理，而不是依靠经验和直觉主观判断。

（5）艺术性原则

教学艺术是教师综合素质和教学功底的集中体现，在教师评价中应该重点关注。尤其在课堂教学环节，应重点观察并客观评价教师的教学艺术水平（导入艺术、讲述艺术、提问艺术、交流艺术等）。引导教师注重提升教学艺术水平，增强对学生的吸引力，持续改善教学效果。

（6）多维性原则

教师评价关系到教师的切身利益，关乎教师的成长与进步，关乎调动教师的积极性，关乎培养教师的探索创新精神，必须坚持多元主体，从多种角度、运用多种方法，对教师教学过程、教学效果、教学能力与教学水平进行评价，并对各方面的评价结果进行综合分析和统计处理，确保评价结果客观、真实、有效。

3. 如何正确对待教师评价（评教）

正确对待教师评价，既是对所有评价主体的要求，也是对被评价教师的要求和考验。

（1）评教主体须严肃认真

对所有评教主体而言，正确对待评教都是一个严肃而敏感的话题。之所以这样说，是因为评教结果对被评教师的切身利益、职业发展以及工作积极性都会造成严重影响，所有评教主体（本人、同行、学生、专家）都必须严肃认真对待。要本着对被评教师负责的态度，严格依据评价标准和实际情况打分、填写评价意见或调查问卷。让教师评价真正起到激发教师工作热情、调动教学积极性、促进教师发展、鼓励创新创造的正面作用。评教不能偏离评价标准，评教不能情绪化，评教不能随意而为；借机挟私报复或落井下石更令人不齿。

（2）被评教师须接受考验

正确对待评教对所有被评教师都是严峻考验。之所以这样说，是因为“正确对待”说起来容易，而真正做到其实很难。这里提出五条（40字）建议，供应用型高校教师参考。

① 提高认识、莫失良机——所谓提高认识，是指要提高对教师评价的认识水平，切实增强教师评价意识。应该认识到，教育是受监管的行业，教师是受监督的职业，教学工作必须接受检查与评价，世界各国概莫如此。因此，积极参加评教（评自己、评同行），自觉接受评教应该成为每位教师的职业习惯。任何抵触评教的言行都是不可取的，对教师自己也是无益的。

所谓莫失良机，则是说评教对于被评价教师，是一次十分难得的总结反思的机会，是一次难得的与同行交流互鉴的机会，是一次难得的获取学生反馈信息的机会，是一次难得的接受专家指导的机会。

② 全面总结、认真反思——被评价教师应该本着实事求是的态度，按照一分为二的原则，对自己一段时间（自上次评教到现在）以来的教学工作进行全面总结，对自己目前的教学能力及水平进行客观评价（自评）。既要阐明工作业绩、也要总结经验，更要查找问题和不足。通过全面深刻的教学反思，正确认识自己，正确对待问题，寻找改进教学的途径和办法，将自评化为促进自我成长进步的内生动力。

③ 包容学生、无则加勉——应该相信，绝大多数学生都会严肃认真地对待教师评教，根据自己对任课教师的真实印象（教姿教态、语言表达、学识水平、敬业精神、亲和力、组织能力、教育技术能力、板书水平等）、对教师知识水平、专业能力（技能）、教学能力与水平的切身感受，实事求是地打分或填写评教问卷。当然，可能会有少数学生对待评教不严肃、不认真，打分随意，填写问卷应付差事；也不排除个别学生会把不良情绪带到评教中，打分偏低，甚至很低，问卷填写内容失实、失真。应该承认，学生评教的确存在这样或那样的问题，高校教学管理部门和教育专家正在积极研究探索更加科学、更加合理的学生评价方案以及结果产生办法（如去除最高分和最低分）。首先，教师有评价学生“学”的权利，学生当然也有评价教师“教”的权利，学生的这种权力应该受到尊重；其次，学生是成长中的评价主体，各方面都不够成熟，难免出现不严肃、不认真以及情绪化等问题；再者，学生普遍对教学过程规范不了解，对教学质量评价标准不熟悉，难免出现主观评价偏多、客观评价不足的问题。因此，被评价教师对学生评教过程中出现的种种问题要充分理解和包容，对待学生评教反馈的信息保持有则改之无则加勉的态度，切实把学生评教当作获取教学对象反馈信息的良机，当作促进教学水平提升的动力。

④ 感激同行、交流互鉴——同行评价侧重于专业知识、专业能力（技能）以及教学能力与水平。由于身处相同或相近的学科专业领域，身处相同或相近的教学环境，面对相同或相近的教学对象，承担相同或相近的教学工作，从同行评价中获取的反馈信息往往更加专业，针对性更强，参考价值更大。因此，被评价教师应该抱着感激的心态对待同行指出的问题、提出的建议，主动与同行进行交流，取长补短、共同进步。当然，同事之间彼此都很客气，表达意见（尤其指出问题时）通常比较含蓄、比较委婉。被评价教师要善于敏锐地捕捉信息，即所谓“锣鼓听声、说话听音”。

⑤ 尊重专家、接受指导——专家评教（尤其校级督导专家或校外专家）一般采用随机听课方式（跟踪教学过程），通常属于诊断性评价（即评价结果不影响被评价教师的绩效、评优、晋升、续聘等）。因此，被评价教师对待专家评教应该放松心态。尊重专家的威望，尊重专家的经验，尊重专家的敏锐，重视专家指出的问题，认真听取专家的意见和建议（口头或书面），虚心接受专家的指导。

总之，经历多元主体评教，可以帮助被评价教师正确认识自己、以利于提升教学能力与教学水平，促进全方位进步和全面发展。

第13篇 课程思政

高等学校人才培养应该是育人和育才相统一的过程。如果说前面各篇讲的是课程育才，那么本篇就专门谈谈课程育人，即课程思政问题。包括课程思政概述、课程思政建设指导纲要解读、应用型高校课程思政建设概要和课程思政常见问题四项内容。旨在使应用型高校教师（尤其新入职教师）加深对课程思政的认识，增强课程思政意识，明确课程思政要求，熟悉应用型高校课程思政建设内容，促进课程思政能力与水平持续提升。

13.1 课程思政概述

课程思政是新时代我国高等教育发展的一项重大战略举措，既是落实立德树人根本任务的综合育人理念，也是“三全育人”（全员育人、全程育人、全方位育人）的具体体现。只有全面了解、加深认识，整体把握，才能正确贯彻并切实取得成效。

1. 课程思政定义

目前学术界尚未就课程思政科学概念形成权威共识。但普遍认同的课程思政定义为：课程思政指通过构建“三全育人”格局和“全课程育人”体系实现各类课程与思想政治理论课同向同行，形成协同效应，把“立德树人”作为教育的根本任务的一种综合教育理念。具体解读如下：

（1）落实立德树人根本任务的综合教育理念

教育的根本任务就是立德树人，就是培养有品德的人才。要坚持德育为先，通过正面教育来引导人、感化人、激励人；要坚持以人为本，通过合适的教育来塑造人、改变人、发展人。只有做到以树人为核心、以立德为根本，才能完成新时代赋予教育的历史使命——培养德智体美劳全面发展的社会主义建设者和接班人。

（2）构建“三全育人”格局与“全课程育人”体系

“三全育人”如前所述，“全课程育人”则是把思政教育融入高校所有课程之中，不仅要发挥思政课程的显性育人功效，而且要发挥通识课程、专业理论课程和专业实践课程（非思政课程）的隐性育人功效。要让所有教师都肩负育人责任（全员），守好一段渠、种好责任田；要将育人目标贯穿于课程教学全过程（全程），要使所有课程都能体现育人功能（全课程），从而形成“全员育人、全程育人、全方位育人”的格局，构建一体化、层次化、精细化的“全课程育人”体系。

（3）非思政课程与思政课程同向同行，形成协同效应

同向同行就是在“全课程育人”过程中坚持专业教育(非思政课程)与思政教育(思政课程)方向一致（同向），步调统一、相互补充、相互促进（同行）。其中，“同向”为前提，“同行”为目的。形成协同效应就是在“全课程育人”过程中，形成专业教育与思政教育同向同行的“大合唱”，协同落实立德树人根本任务。

2. 课程思政内涵

课程思政的主要内涵可以用“以立德树人为根本”、“以价值引领为核心”、“秉持协同育人理念”、“实现多元统一回归”、“显性与隐性相结合”和“展现科学思维和创新思维”六句话概括。具体说明如下：

（1）以立德树人为根本

课程思政的本质是实现立德树人。应始终坚持以德立身、以德立学、以德施教，注重塑造学生的世界观、人生观、价值观，注重引导学生树立正确的国家观、民族观、历史观和文化观，促进培养德智体美劳全面发展人才教育目标的达成。

（2）以价值引领为核心

从某种程度上讲，当代青少年的价值取向决定着未来整个社会的价值取向，因而课程思政必须坚持以价值引领为核心，主要目的不是向学生灌输思政理论知识，而是帮助学生树立正确的世界观、人生观、价值观。

（3）秉持协同育人理念

课程思政践行思政教育与人才培养的辩证统一，同时遵循教书育人规律、学生成长规律和思政工作规律，让思政教育融通每个课堂、贯穿每位学生成长全过程，在“三全育人”大思政格局中，把学生培养成为国家的栋梁之材。

（4）实现多元统一回归

课程思政要实现知识传授、价值塑造和能力培养的多元统一。从某种意义上讲，应该是改变现实课程教学中三者被割裂的状况，实现多元统一回归。

（5）显性与隐性相结合

课程思政要通过全面深化课程改革（目标、内容、结构、模式等），实现思政教育导向（政治认同、国家意识、文化自信、人格养成等）与各类课程知识和技能传授的有机融合，实现显性教育与隐性教育相结合，促进学生的健康成长与全面发展。

（6）展现科学思维和创新思维

课程思政首先要展现科学思维，即用辩证唯物主义和历史唯物主义的思维方式看待事物；其次要展现创新思维，即在非思政课程中融入思政教育（在先前的专业教育中被严重忽视）。

3. 课程思政特征

课程思政的特征主要体现在以下四个方面：

（1）非思政课程的思政教育体系

课程思政不是思政教育课，而是针对所有非思政课程的思政教育体系。即在所有非思政课程之中明确思政教育目标，融入思政教育内容（思政元素），采用与之相适应的思政教育方法与手段。非思政课程不仅指教学计划内开设的通识课程、专业理论课程和专业实践课程，还包括没有课程形态的各种隐性课程，即为达成人才培养目标而组织的各种类型的教育活动。

课程思政的这一特征表明，所有非思政课程任课教师（专业教师）必须切实担负起“教书”和“育人”双重职责。

（2）预设性与生成性统一

课程思政的预设性系指在课程建设时应根据课程特点确立课程思政目标，设计思政教育内容。而生成性则指在课程实施过程中须根据实际环境、学生、条件等变化，生成更加清晰的思政教育目标和更为适合的思政教育内容。课程思政的这一特征要求教师不能把思政教育目标僵化、固化，既要注重课程思政建设中的预设，也要能够在教学过程中调整补充，以取得更好的思政教育效果。

（3）独立性与依赖性统一

课程思政的独立性系指每门课程都应有自身独立的思政教育目标（目标独立性），而依赖性则指课程思政内容必须融入课程教学内容和教学过程之中（内容依赖性）。要在课程教学过程中融入思政元素，达成思政教育目标。

（4）时代性与历史性统一

课程思政的时代性性系指思政教育内容要反映新时代社会发展且与时俱进，而历史性则指课程思政内容也要反映优秀的人类价值观成果。这些成果源自中华优秀传统文化的滋养，源自弘扬与践行中国社会革命价值观，源自吸收与借鉴人类优秀文明成果等。课程思政的这一特征要求教师能够正确处理理论与现实的关系，正确处理当代与历史的关系。

4. 课程思政元素

思政元素专指蕴含在各类非思政课程（通识课、专业理论课、专业实践课等）之中的思政教育元素，即“育人元素”。而不是在思政课程中系统学习的思政理论知识。因此，只有把各类非思政课程中蕴含的思政元素（育人元素）深入挖掘出来，并融入各类非思政课程教学内容之中，才能切实发挥课程思政的重要作用，取得教书育人的良好效果。

课程思政强调专业教育回归育人的本真目的。深入挖掘蕴含在专业教育（非思政课程）之中的“思政元素”（育人元素），并将其恰到好处地融入专业教育（非思政课程）内容之中，实现专业教育内容与思政教育内容的有机结合，从而使专业教育内容更为丰富（知识层面），更有深度（认识层面），更有温度（情感层面）。

5. 课程思政要求

（1）人人讲育人

课程思政要求高校教师人人都承担育人责任。思政课教师在思政课程中进行系统的思政理论知识传授（显性思政教育），专业课教师结合各类课程（专业基础、专业核心、专业必修、专业选修、专业实践等）特点，挖掘其中蕴含的思政元素，并把这些思政元素巧妙地融入专业教育之中，以取得潜移默化、润物无声的育人效果（隐性思政教育）。

（2）课课有思政

课程思政要求覆盖高校每一门课程，让每门课都发挥育人作用。从各学科（专业）建设以及课程体系建设等各个方面进行整体统筹和系统谋划，构建一整套符合专业育人特点、能够让思政教育落地见效的课程思政教学体系。

（3）专业课为主

高校课程思政要求覆盖高职、本科、研究生各个层次，并且以专业课为主要依托。让专业课教师成为课程思政的“主力军”；让专业课教学成为课程思政的“主战场”；让专业课课堂成为课程思政的“主渠道”。

（4）迎接“三挑战”

课程思政建设目前正在所有高校、所有学科（专业）全面推进，高校所有专业教师都面临着严峻挑战。其中，挖掘思政元素是挑战之一，融入课程教学是挑战之二，取得育人效果是挑战之三。只有勤于学习、努力实践，勇敢迎接挑战，才能自觉且自如地开展课程思政教育，成为一名符合新时代要求的高校专业教师。

13.2 课程思政指导纲要解读

课程思政大致经历了“缘起”、“成型”和“全面推进”三个重要阶段。2016 年全国高校思想政治工作会议为缘起，2018 年全国教育大会标志着成型，2020 年教育部发布的《高等学校课程思政建设指导纲要》（简称《指导纲要》）标志着走向成熟并开始全面推进。《指导纲要》为课程思政各方面的建设制订了规划，提供了指导，提出了要求。应用型高校教师应该积极学习、深刻领会、认真贯彻。简要解读如下：

1. 深刻认识课程思政建设的重要意义

《指导纲要》指出，全面推进课程思政建设是落实立德树人的战略举措，这一战略举措影响甚至决定着接班人问题，影响甚至决定着国家长治久安，影响甚至决定着民族复兴和国家崛起。全面推进课程思政建设，就是要寓价值观引导于知识传授和能力培养之中，帮助学生塑造正确的世界观、人生观、价值观。

2. 明确课程思政建设总体要求

《指导纲要》要求紧紧抓住教师队伍“主力军”、课程建设“主战场”、课堂教学“主渠道”。让所有课程都承担好育人责任（守好一段渠、种好责任田），使各类课程与思政课程同向同行，将显性教育和隐性教育相统一，形成协同效应，构建“三全育人”大格局。

3. 明确课程思政建设目标和重点

《指导纲要》指出，课程思政建设的目标是促使课程思政的理念形成广泛共识，促进广大教师课程思政建设的意识和能力全面提升，推进课程思政建设的体制机制基本健全，促使高校立德树人成效进一步提高。

《指导纲要》要求课程思政建设紧紧围绕坚定学生理想信念，以爱党、爱国、爱社会主义、爱人民、爱集体为主线，围绕政治认同、家国情怀、文化素养、宪法法治意识、道德修养等重点优化课程思政内容供给，系统进行中国特色社会主义和中国梦教育、社会主义核心价值观教育、法治教育、劳动教育、心理健康教育和中华优秀传统文化教育。

4. 分课程类别开展课程思政教学设计

《指导纲要》强调按课程类别进行课程思政教学设计，还分别提出了“公共基础课程”、“专业教育课程”和“实践类课程”的课程思政教学设计原则。

（1）专业教育课程

深度挖掘提炼专业知识体系中所蕴含的思想价值和精神内涵，科学合理拓展专业课程的广度、深度和温度，从课程所涉专业、行业、国家、国际、文化、历史等角度，增加课程的知识性、人文性，提升引领性、时代性和开放性。

（2）专业实验实践课程

注重学思结合、知行统一，增强学生勇于探索的创新精神、善于解决问题的实践能力。

（3）创新创业教育课程

注重让学生“敢闯会创”，在亲身参与中增强创新精神、创造意识和创业能力。

（4）社会实践类课程

注重教育和引导学生弘扬劳动精神，将“读万卷书”与“行万里路”相结合，扎根中国大地了解国情民情，在实践中增长智慧才干，在艰苦奋斗中锤炼意志品质。

5. 分专业类别推进课程思政建设

《指导纲要》强调结合专业特点推进课程思政建设。要求认真梳理专业课教学内容，结合不同课程特点、思维方法和价值理念，深入挖掘课程思政元素，有机融入课程教学，达到润物无声的育人效果。还分别针对“文学、历史学、哲学类”、“经济学、管理学、法学类（经管法律类）”、“教育学类”、“理学、工学类（理工类）”、“农学类”、“医学类”和“艺术类”专业课程，提出了课程思政建设要求。其中，对“理工类”、“经管法律类”和“艺术类”专业课程思政建设的要求摘录如下：

（1）理工类专业课程

要在课程教学中把马克思主义立场观点方法的教育与科学精神的培养结合起来，提高学生正确认识问题、分析问题和解决问题的能力。理学类专业课程，要注重科学思维方法的训练和科学伦理的教育，培养学生探索未知、追求真理、勇攀科学高峰的责任感和使命感。工学类专业课程，要注重强化学生工程伦理教育，培养学生精益求精的大国工匠精神，激发学生科技报国的家国情怀和使命担当。

（2）经管法律类专业课程

要在课程教学中坚持以马克思主义为指导，加快构建中国特色哲学社会科学学科体系、学术体系、话语体系。要帮助学生了解相关专业和行业领域的国家战略、法律法规和相关政策，引导学生深入社会实践、关注现实问题，培育学生经世济民、诚信服务、德法兼修的职业素养。

（3）艺术类专业课程

要在课程教学中教育引导学生立足时代、扎根人民、深入生活，树立正确的艺术观和创作观。要坚持以美育人、以美化人，积极弘扬中华美育精神，引导学生自觉传承和弘扬中华优秀传统文化，全面提高学生的审美和人文素养，增强文化自信。

6. 融入课程建设全过程

《指导纲要》提出，要把课程思政融入课堂教学建设各个方面。作为课程设置、教学大纲（课程标准）核准和教学方案（教案）评价的重要内容，落实到课程目标设计、教学大纲修订、教材编写或选用、教学方案（教案）和课件编写等各方面，贯彻于课堂教学、实践教学、作业论文以及教学研讨各个环节。《指导纲要》强调要提高课程思政内涵融入课堂教学的水平，强调综合运用第一课堂和第二课堂，不断拓展课程思政建设方法和途径。

7. 增强课程思政意识和建设能力

《指导纲要》提出，全面推进课程思政建设，教师是关键。要求广大教师强化育人意识，找准育人角度，提升育人能力，确保课程思政建设落实落地、见功见效。

《指导纲要》强调，要加强教师课程思政能力建设，建立健全优质资源共享机制，开展经常性的典型经验交流、现场教学观摩、教师教学培训等活动，深入开展马克思主义政治经济学、马克思主义新闻观、中国特色社会主义法治理论、法律职业伦理、工程伦理、医学人文教育等专题培训。

《指导纲要》还强调，要充分发挥教研室、教学团队、课程组等基层教学组织作用，建立课程思政集体教研制度。鼓励支持思政课教师与专业课教师合作教学教研，鼓励支持院士、国家级教学名师等带头开展课程思政建设。

8. 建立质量评价体系与激励机制

《指导纲要》提出，人才培养效果是课程思政建设评价的首要标准。要建立健全多维度的课程思政建设成效考核评价体系和监督检查机制，研究制订科学多元的课程思政评价标准。把课程思政建设成效作为高校“双一流”建设监测与成效评价、学科评估、本科教学评估、一流专业和一流课程建设、专业认证、“双高计划”评价的重要内容。把教师参与课程思政建设情况和教学效果作为教师考核评价、岗位聘用、评优奖励、选拔培训的重要内容。在教学成果奖、教材奖等各类成果的表彰奖励工作中，突出课程思政要求，加大对课程思政建设优秀成果的支持力度。

9. 课程思政建设组织保障

《指导纲要》提出，课程思政建设是一项系统工程。要加强顶层设计，全面规划，循序渐进，以点带面，不断提高教学效果；要尊重教育教学规律和人才培养规律，强化分类指导，确定统一性和差异性要求；要充分发挥教师的主体作用，切实提高每位教师参与课程思政建设的积极性和主动性。

为加强组织领导，教育部要成立课程思政建设工作协调小组，还要组建高校课程思政建设专家咨询委员会（课程思政教学指导委员会），各地教育部门和高校要切实加强对课程思政建设的领导，结合实际研究制定课程思政建设工作方案，健全工作机制，强化督查检查。各高校要实行党委统一领导、党政齐抓共管、教务部门牵头、相关部门联动、院系落实推进、形成特色鲜明的课程思政建设工作格局。

面向不同层次高校、不同学科专业、不同类型课程，要持续深入抓典型、树标杆、推经验，形成规模、形成范式、形成体系。教育部将选树一批课程思政建设先行校、一批课程思政教学名师和团队，推出一批课程思政示范课程，建设一批课程思政教学研究示范中心，设立一批课程思政建设研究项目，推动建设国家、省级、高校多层次示范体系，大力推广课程思政建设先进经验和做法，全面形成广泛开展课程思政建设的良好氛围，全面提高人才培养质量。

13.3 应用型高校课程思政建设概要

应用型高校课程思政建设，既要遵循教育部发布的《指导纲要》，按照国家统一规划、统一部署和统一要求全面推进，也要注重体现应用型人才培养特点，建出特色，建出水平，建出成效。

1. 应用型高校课程思政建设发力点

应用型高校全面推进课程思政建设，主要应从以下五方面发力：

（1）强化认知，增强意识

应用型高校全面推进课程思政建设，首先要强化全体教师以及广大学生对课程思政的认知，切实认识到课程思政是新时代中国特色社会主义高等教育的理论与实践创新，是落实立德树人根本任务的重大战略举措。关系到培养中国特色社会主义建设者和接班人，关系到中华民族复兴大业。增强课程思政意识，提高课程思政自觉性，人人尽责，各类课程同向同行、相互补充、协同协作，切实形成思政教育合力，切实构建“三全育人”大格局。

（2）构建体系，全面推进

应用型高校全面推进课程思政建设，必须把思政教育贯穿于人才培养体系之中，分专业构建课程思政教学体系。其一，针对性地修订专业人才培养方案，明确思政教育目标及要求；其二，对所有专业课程进行认真梳理，以修订所有专业课程（专业基础课、专业核心课、实训课、实习课、课程设计、毕业设计等）教学大纲（课程标准）为抓手，明确各门专业课程、各教学环节的思政教育目标、主要内容、适用方式以及成效考核办法等，切实寓价值塑造于专业知识传授和专业能力培养之中。归结起来就是要做到“五个有”，即课程思政有目标，有内容，有过程，有方法，有考核。

（3）深挖元素，有机融入

应用型高校全面推进课程思政建设，要充分调动专业教师的积极性和创造性，针对不同类型课程特点，深挖思政教育元素（育人元素），并把所挖掘的思政元素有机融入课程教学之中。只有这样才能把课程思政落到实处，并切实取得成效。挖掘思政教育元素是课程思政的重要环节，也是最具挑战性的工作，应该结合课程类型及其特点深入进行；把课程思政元素融入专业课程教学之中具有很强的实践性和艺术性，要坚持以专业教育为主线，坚持弘扬主旋律、坚持传播正能量，采用典型人物引入、典型案例引入，采取讲故事、讲道理、讲体验、讲感悟等学生容易接受，容易产生情感共鸣，有利于触及灵魂的策略、方式和方法，让课程思政切实取得成效。

（4）提升能力，营造氛围

专业教师是课程思政建设的主力军和实际执行人。因此，提升专业教师的课程思政能力与水平极为重要、非常关键。

对于专业教师而言，首先要树立正确的课程思政理念，加深对课程思政内涵和特征的认识，明确课程思政建设及实施要求。同时要以德立身、以德立学、以德施教，不断提高自己的思想道德修养，不断提升自己的思政理论水平，充分发挥自身对学生潜移默化的影响。让学生信的教师首先要信，让学生做到的教师首先要做到，让学生受教育、受感染的，教师首先要受教育、受感染。其次，要熟悉和掌握课程思政建设及实施规范，能够深入挖掘专业课程中蕴含的思政元素，能够正确处理显性教育与隐性教育的关系，能够把课程思政教育巧妙地融入专业教学过程之中，切实发挥课程思政教育润物无声的育人功效。

对于学校而言，应该将课程思政作为教师能力提升和教师评价考核的重要内容。积极鼓励专业教师参加各级各类专项培训（国家、省份、学校），积极开展课程思政经验交流和专题讲座，营造教师人人讲育人、人人比育人的良好氛围。同时设立各级课程思政建设专项，引导专业教师个人或课程教学团队通过项目研究和建设实践，快速提高能力与水平。天津中德应用技术大学（天津中德）目前每年都设立若干校级课程思政建设项目（按课程申报）。通过项目建设，项目主持人及参与教师对课程思政的认识水平，建设能力与思政教育水平都得到了显著提升。从开题答辩、中期推动、结题考核三个环节观察，课程思政建设项目质量逐年提升，对全校课程思政建设起到了很好的示范引领作用。

（5）注重交流互鉴，构建协同机制

① 注重交流互鉴——首先要在学校内部开展经常性的交流活动，先定期开展系（教研室）内经验交流（推荐参加系际交流），再定期或不定期开展系（教研室）际经验交流（推荐参加院际交流），在此基础上，学校定期组织二级教学单位之间的经验交流活动（院际交流）。通过广泛深入的经验交流活动，增强专业教师的思政意识，积累育人经验，提高育人能力与水平；同时还要注重校际交流，通过邀请专家做专题报告，参加教育部或地方高教主管部门组织的讲座或经验交流活动，学习借鉴其他高校的经验，推动本校课程思政建设质量快速提升。

② 构建协同机制——课程思政不仅要广覆盖，还要形成协同效应。因此，构建协同育人机制非常重要。其一，要构建专业教育中的思政教育（课程思政）体系，在专业教育各门课程之间形成协同育人效应。加强顶层设计，做好思政教育内容规划，明确每门课程思政教育主线及育人目标，避免出现重复性的、浅层次的思政教育，确保取得良好的育人成效。其二，要构建覆盖全校的思政教育与专业教育协同机制，形成思政理论与实践课程与各门专业课程之间的协同育人效应。天津中德引导马克思主义学院教师与各二级学院结对子，建立联络机制，指派思政教师担任二级学院课程思政建设顾问，帮助二级学院专业教师提高思政理论水平，对专业教师主持的课程思政建设项目给予指导（开题答辩、中期推动、结题审核）；同时全面深入地了解专业课思政教育情况，以便开展协同育人。此外，天津中德马克思主义学院还牵头申报（已获批）思政教育协同机制研究项目（天津市），研究探索马克思主义学院与各二级学院之间，思政教师与专业教师之间如何构建育人协同协作机制。

（6）加强第二课堂育人体系建设

第二课堂活动是计划内（第一课堂）教学活动的延伸，应用型高校开展课程思政建设，自然必须加强第二课堂育人体系建设，以形成第一课堂和第二课堂协同育人的格局。应用型高校应该根据第二课堂活动的具体形式（学科竞赛、技能竞赛、社团活动、科技创新等），通过修订组织章程和活动规划，设立思政教育目标、制定思政教育规划、融入思政教育内容，并对第二课堂思政教育给予分类指导，提供相应的师资、经费、场地等条件支持。让第二课堂切实发挥育人功效。

2. 注重突出课程思政特色

应用型高校全面推进课程思政建设，须注重突出以下五个方面的特色：

（1）突出办学特色

应用型高校以特色立校、以特色强校，课程思政建设应该与学校的办学特色相适应，使办学特色更加突出，更加鲜明。要注重从办学特色形成的脉络中，挖掘背后蕴藏的思政元素，培育学生对学校历史的敬畏，对学校特色的认同，从而明确自己前进的方向。

（2）突出行业特色

应用型高校注重为特定行业培养应用型人才，课程思政建设应该突出所属行业或所服务行业特色。针对行业岗位职业素养要求开展课程思政教育，加深学生对行业的认识和了解，增强行业及职业岗位认同感，增强“四个自信”，增强报国心和强国志。

（3）突出生源特色

应用型高校生源多样化特点突出（高中毕业生、中职技校毕业生、高职升本等），课程思政建设应该突出生源特色。只有根据不同生源特点开展差别化的思政教育，才能使课程思政教育切实取得成效。

（4）突出课程特色

应用型高校注重实践教学，实践课程种类丰富，学时多，与行业联系广，与职业岗位工作衔接紧密。课程思政建设应该充分反映课程体系特点，不仅要针对公共理论课程、专业基础课程和专业技术课程开展课程思政建设，而且要着重针对各类实践环节（实训课、实习课、课程设计、毕业设计）开展课程思政建设，尤其要求在实践课程思政教育方面寻求创新，形成鲜明特色。

（5）突出师资特色

应用型高校注重双师型师资队伍建设，专业教师来源广（应往届毕业博士硕士、企业工程师、行业技术能手等），师资队伍结构相对复杂。课程思政建设突出师资特色，就是要充分发挥师资队伍实践经验丰富，行业认知深刻等优势，深入挖掘各门专业课程(尤其实践环节)蕴含的思政元素，鼓励专业教师结合自己的亲身经历和亲身感悟，对学生进行思政教育，从而取得良好育人成效。

3. 注重思政元素挖掘

挖掘各类非思政课程（尤其专业课）所蕴含的思政元素，对于应用型高校每一位专业教师都具有很大的挑战性。具体要求与建议如下：

（1）思政元素挖掘要求

应用型高校专业教师应着重从“所属行业”、“职业素养”、“社会实践”以及“国际国内大事”四个方面进行思政元素挖掘。简要说明如下：

① 所属行业——应用型高校各专业所属行业或所服务行业比较明确，各门专业课程的行业特征也较为鲜明。应该从本行业发展历程（尤其里程碑式重大事件）、发展趋势，本行业重大工程、重大成果（尤其国家重大工程和重大成果），本行业著名科学家、发明家、著名模范人物的典型事迹，以及本行业科技实践和工程实践之中挖掘蕴含的科学精神、报国精神、奋斗精神、创新精神以及责任感、使命感、荣誉感等思政（育人）元素。激励学生以钱学森、钱三强、钱伟长、郭永怀、邓稼先、袁隆平、屠呦呦等各行各业的著名科学家和发明家，以王进喜、徐虎、孟泰、包起帆等著名劳动模范为楷模，以所处行业的大国工匠和全国技术能手为榜样，树立科技报国之志，为强国发奋学习，为强国苦练技能。

② 职业素养——应用型高校学生就业岗位相对明确，只有着重培养职业素养才能适应职业岗位要求。应该深入挖掘专业课程中蕴含的职业素养思政元素（职业道德、职业精神、职业作风等），使学生的文化素质、专业素质、职业技能和职业素养得到全面提升，从而成为一名合格的“职业人”。

③ 社会实践——应用型高校鼓励学生积极参加各类社会实践，倡导知行合一（做中学、学中做），因而社会实践（认知实践、专业实践、毕业实践等）活动相对丰富，接触社会实践的机会相对较多。应深入挖掘中国特色社会主义伟大实践中蕴含的丰富多彩的思政（育人）

元素。以中国所取得的辉煌成就进行爱国主义教育，增强“四个自信”；以历代有志之士科技报国的感人事迹教育学生砥砺成才、强国报国。此外，还应注重挖掘背后蕴藏的中国传统文化元素、中国革命文化元素、社会主义先进文化元素，让学生接受这些文化的浸润、熏陶和滋养。

④ 国际国内大事——新时代大学生普遍关注国际国内重大事件和社会热点问题。因此，应注重挖掘其中蕴含的，有利于培养科学思维、辩证思维、价值判断的思政（育人）元素，积极引导大学生用马克思主义的观点看待世界，正确分辨“真善美”和“假丑恶”，不断增强民族自信心和社会责任感。

（2）思政元素挖掘建议

鉴于思政元素挖掘的重要性和复杂性，针对不同类型课程提出具体建议如下：

① 针对各类型课程——所有课程都要深入挖掘专业教育内容中蕴含的价值观塑造思政元素，四个自信思政元素、爱国报国思政元素。强化学生对社会主义核心价值观的认同感，帮助学生树立正确的世界观、人生观和价值观，增强“四个自信”（道路、理论、制度、文化），厚植爱国情怀，涵养报国之心，砥砺强国之志。

② 公共基础课和专业基础课——基础课程理论性强，侧重于思维能力培养。要注重挖掘科学精神和辩证思维思政元素。通过科学家、发明家的故事和事迹，诠释探索求真、坚忍不拔、持之以恒的科学精神；注重在公式推导、例题演算、应用练习等教学环节，培养学生的辩证思维能力，养成辩证思维习惯。同时要阐释基础知识的重要性，坚定学生夯实基础的决心与信心。

③ 专业课——专业课侧重于专业知识学习和专业能力培养。首先，要结合专业教育开展相应的工程伦理教育，并将工程伦理教育贯穿专业教育始终。让学生知晓本行业工程规范，熟悉相关法律法规，引导学生树立严谨求实的工程理念，增强社会责任感。其次，要注重挖掘专业课特有的思政元素，注重挖掘结合专业所学能够加深认识的思政元素。例如，“通信技术”课程引入 5G 和量子通信案例，让学生结合所学专业知识，更加深刻地体验本行业科技人员的担当、创新、奉献、团队合作精神；又如，“机械原理”课程引入中国古代赵州桥案例，结合拱形结构特点分析，让学生更加深刻地感受到中国古代匠人的聪明与智慧，从而增强爱国之心。

④ 实践课（环节）——实践环节既是应用型高校办学特色的体现，也是应用型人才培养的“重头戏”。应结合各种实践课程教学目标以及内容特点，深入挖掘所蕴含的思政元素。实训课程不仅要培养专业技能，还要培育工匠品格，锻造务实求真、吃苦耐劳作风。应该针对每门实训课程或每个实训项目，通过相关行业领域中大国工匠、劳动模范以及技术能手等典型人物展现的工匠精神和工匠品格，求真务实态度和吃苦耐劳作风对学生进行思政教育，促使工匠品格养成；实习课在增强行业和职业岗位认知，培养岗位工作能力的同时，还要培养良好的职业素养，锻造优良职业作风。应针对每门实习课程或每个实习环节，通过相关行业岗位典型人物事迹，针对职业素养要求开展思政教育，让学生增强对职业岗位的认同感，增强对职业素养和职业作风的价值判断力，为成为合格的“职业人”奠定思想基础。课程设计和毕业设计（论文）环节（尤其毕设环节）具有综合性强、实践性强的特点。应深入挖掘设计题目中蕴含的多元思政元素（行业的、科学的、技术的、工程的、职业的、文化的等），对学生进行多维度的思政教育。

4. 注重思政元素融入

把所挖掘的思政元素巧妙融入课程教学之中，且起到润物无声、育人无形的思政教育效果，必须进行系统化、再造性的教学设计和教学实践。具体要求与建议如下：

（1）思政元素融入要求

应用型高校及广大专业教师应该做到思政元素“七融入”。具体说明如下：

① 融入教学大纲（课程标准）——依照课程教学大纲（课程标准）教学是教师的行为准则。因此，融入思政元素必须从源头做起，即对课程教学大纲（课程标准）进行修订，明确课程思政目标（体现于德育目标）、明确课程思政内容（思政元素）、明确思政元素融入方式，明确课程思政考核方式与评价标准。

② 融入教学方案——教学方案是教学实施的路线图。把思政元素融入教学方案之中，就是根据课程特点，依照教书育人规律，结合课程内容特点，对融入的内容、时点、方式、方法等进行科学设计，对课程内容进行重新梳理或再造，以确保专业教育要求与思政教育要求同步达到。

③ 融入课堂教学——课堂是育人的主渠道，把思政教育融入课堂教学自然成为重中之重，既要注重预设（执行教案），更要注重生成（灵活发挥与变通）。融入课堂教学须具有很强的实践性和艺术性，需要选择适切且多元的教学方法（案例教学法、问题导向教学法、启发式教学法、探究式教学法、讨论式教学法、情境教学法、比较教学法等），让学生在分析问题和解决问题的过程中，训练科学思维，实现价值塑造。

④ 融入实践教学——实践教学着重培养应用能力和专业技能，思政元素融入实践教学就是将育人目标与实践教学目标有机融合，在实施项目的过程中，使学生学会做人、学会做事，增强责任意识、创新意识，锤炼吃苦耐劳的作风，培育精益求精的工匠品格。

⑤ 融入考核评价——课程思政既然有目标、有内容、有方法，自然也应该进行教育效果的考核与评价。思政教育考核必须融入课程教学考核之中，即课程考核试题须融入思政元素，课程教学评价标准须融入思政教育评价标准。

⑥ 融入自主学习——自主学习是课堂教学和实践教学的延伸和补充。在指导学生自主学习过程中，不仅应着力提升知识水平，增强专业能力与专业（职业）技能，而且要着力提高学生的价值分析和价值判断能力，体悟做人做事的基本道理，提高践行社会主义核心价值观的自觉性，坚定实现中华民族伟大复兴的信心，增强使命感和责任感。

⑦ 融入第二课堂——高校第二课堂是教学计划之外的各项有意义的活动。在组织开展第二课堂活动，尤其学生社团、学科竞赛、技能竞赛、科技创新等活动中，应结合第二课堂活动特点，融入思政元素，切实发挥第二课堂育人功效，并与第一课堂形成协同效应。

（2）思政元素融入建议

思政元素融入教学过程，不能硬塞入，不能形式化，不能伤害专业教育主线，不能造成《指导纲要》中提到的“两张皮”和“贴标签”现象。只有讲究技巧、讲究艺术、具有感染力和亲和力……，总之，符合育人规律，适应当代大学生特质，才能取得良好的育人成效，方能顺利达成课程思政目标。针对应用型高校课堂教学和实践教学过程，就思政元素融入提出具体建议如下：

① 明确的思政教育主线——思政元素处处可见，但思政教育不能随意而为，每一门课程或者每一个教学单元（项目）应该有明确的思政教育目标、思政教育重点内容，且与专业教育目标和内容相适应，并实现二者的有机融合。在教学实施过程中，应该紧紧围绕这条主线

开展思政教育，不断深入，不断拓展，切实取得育人成效，切实达成育人目标。例如，“自动控制原理”或“工程控制基础”课程，建议以我国著名科学家钱学森及其在控制理论和控制工程的重大贡献为思政教育主线，从撰写《工程控制论》的背景，到回归新中国怀抱，再到为新中国航空航天以及导弹等尖端武器发展做出杰出贡献，以感人的故事、丰富的资料（钱学森手稿照片等），激发学生学习自动控制理论的热情，坚定学好自动控制理论的信心，同时让学生经受伟大爱国主义精神洗礼，厚植爱国之心、砥砺报国之志。

② 恰当的融入时机——选择恰当的融入时机，不仅可以取得良好的思政教育效果，而且可以促进专业教育目标达成。一般而言，在课程教学导入和总结（小结）环节融入思政元素比较恰当。在导入环节融入思政元素有助于激发学生的学习热情，有助于树立信心、坚定自信；在总结环节融入思政元素有助于深化学生认知，巩固教育成果，有利于专业教育与思政教育有机融合。当然，在教学过程中，如果所讲专业内容中蕴含的思政元素必须及时融入，否则会影响效果，那就应当及时融入。例如，讲到电力传输方式，应及时引入中国直流特高压技术，以增强民族自信心和自豪感。需要注意的是，在教学过程中融入思政元素必须简明扼要，自然顺畅，不能让学生感到专业教学被中断，更不能引起学生反感。

③ 适切的融入方式——采用适切的融入方式，不仅不会伤害专业教育主线，而且有助于对专业内容的理解，起到引发学生积极思考、深化学生认识的作用。一般而言，应该结合专业教学内容，以讲典型人物故事、引入经典工程案例、抛出问题引发思考、组织主题讨论或辩论等学生容易接受的方式开展思政教育，追求润物无声、育人无形的效果。

④ 及时获得反馈信息——课程思政重在成效。因此，任课教师在思政元素融入的过程中，要注意观察学生的反应，通过回答问题和讨论发言等，及时获得学生反馈信息，及时了解思政教育效果。此外，建议在作业和练习中增设思政教育题（思考题），既可以广泛地获得学生的反馈信息，也可以作为思政教育平时考核内容。

⑤ 不断反思融入效果——课程思政能力与水平提升有赖于不断反思。因此，任课教师每次课后要及时进行课程思政反思（作为课后记的一项内容），每一轮课程教学完成之后，要进行系统性反思（作为课程小结的一项重要内容）。只有不断反思，不断改进，课程思政能力和水平才会持续提升，课程思政效果才会越来越好。

13.4 课程思政常见问题

根据近年来在天津职业技术师范大学（天职师大）和天津中德跟踪听课、讲课比赛以及课程思政建设项目中期推进和结题审查等工作中获取的信息，梳理出应用型高校课程思政常见且带有普遍性的问题。具体说明如下：

1. 《指导纲要》中的“贴标签”现象

所谓“贴标签”是指，不注重从专业教学内容中挖掘潜在的思政元素，而是在专业教学中简单加入某些外在的思政教育内容（每堂课固定时间讲述这些内容），所起作用类似于给专业课程贴上思政教育的标签。这种现象是对课程思政的曲解或“异化”，严重违背了课程思政的初衷。

2.《指导纲要》中的“两张皮”现象

所谓“两张皮”是指，思政元素没有融入专业课程教学之中，发挥潜移默化的育人作用。思政教育与专业教育相分离，原本应该是同一件事（思政教育与专业教学相融合），现在变成了两件事（思政教育 + 专业教学）。

3. 思政教育浅尝辄止

思政元素挖掘不深，思政教育仅停留在表面，甚至只是喊几句口号、讲一些浅显的道理，不能引起学生的共鸣，更不能触动学生的灵魂。课程思政应该追求思政教育的深度，在与专业教育的结合点上发力，达到思政课无法达到的思政教育效果。否则就失去了课程思政的价值。

4. 简单说教或生硬切入

对所挖掘的思政元素进行简单说教处理或生硬切入处理，而不是有机融入专业课程教学过程之中。课程思政教育是精细的浸润式隐性教育，而不是粗放的漫灌式显性教育。简单说教或生硬切入非但达不到价值引领和“春风化雨、润物无声”的育人功效，还会因为打乱了课程教学的节奏，引起学生的反感，其结果适得其反。

5. 思政教育流于形式

课程教学虽然安排了思政教育学时和思政教育内容（元素），但内容缺乏生动感、方式缺乏多样性，无法让学生在实际体验中产生共鸣，实际育人效果欠佳。把所挖掘的思政元素融入课程教学过程必须注意生动性，必须讲究艺术性（技巧性），应注重通过行业案例、典型人物、古今故事阐述道理，注重取得育人实效，而不能流于形式，更不能应付差事。

6. 专业教育主线模糊

让学生感觉专业课被改造成为了思政课，专业教师扮演着思政教师角色，模糊了专业教育主线，非但不能取得思政教育效果，还会削弱专业教育功效。课程思政需要挖掘课程中蕴含的、潜在的思政教育元素，赋予专业课程思政教育功能，但应该坚持专业教育主线，不能把专业课当作思政课来上。

7. 思政教育各自为战

各门课程（尤其专业课程）所挖掘的思政元素雷同，教师在A课程所讲的案例、人物、故事与在B课程所讲大同小异，A教师所讲与B教师所讲基本相同。学生的重复感越来越强，兴趣越来越低，实际效果逐次变差。课程思政虽然不是系统化、体系化的思政教育，但应该构建专业教育中的思政教育体系。这就需要加强顶层设计，明确各门专业课程的思政教育目标和思政教育内容（元素），使各门课程（尤其专业课）形成协同效应，避免各自为战现象。

8. 思政元素意涵与专业概念存在偏差

所引入的思政元素，其意涵与专业概念存在较大偏差，暴露出专业教师思政理论素养欠缺和学习不够深入问题。因此，专业教师应该认真进行系统性思政理论学习，虚心向专业思政教师请教，切实弄清思政元素意涵，严防发生概念偏差。

9. 育人意涵不明确，思政教育不透彻

所引入的思政元素恰当，但育人意涵不明确，或者没有充分利用所引入的思政元素进行透彻的思政教育，缺少育人“点睛”之笔，使思政教育效果大打折扣。例如，高等数学、大学物理、电路原理、机械原理、通信原理等基础课程，当讲授定理、定律、效应时，往往会讲述首创者

或发明者的故事或事迹，却忽视了对这些科学家和发明家事迹背后蕴含的科学精神、世界观、人生观、价值观、以及这些科学家和发明家敏锐的观察力和洞察力、严谨求实的科学态度的阐释。

对于习惯于专业教育的应用型高校专业教师而言，课程思政既是一桩新事物，也是一项新任务，困难多多，挑战多多。在课程思政建设和教学实施过程中出现这样或那样的问题在所难免。只要加强学习，虚心求教，注重实践，用心感悟，勤于总结，善于反思，课程思政的经验就会逐渐丰富起来，育人的能力和水平也会得到快速提升。

第14篇 第二课堂

第二课堂是人才培养计划之外开展的各种教育活动和实践活动的统称。本篇专门谈谈应用型高校第二课课堂，包括第二课堂及其作用、学生社团活动、应用型高校学生科技实践活动，大学生创新创业训练计划和应用型高校学科（专业）技能竞赛五项内容，旨在使应用型高校教师（尤其新入职教师）加深对第二课堂及其育人作用的认识，熟悉应用型高校第二课堂主要活动形式及其内容，增强第二课堂育人意识，提升第二课堂活动指导能力与水平。

14.1 第二课堂及其作用

1. 第二课堂概念

第二课堂（Second Classroom）是相对计划内教学活动（第一课堂）而言的。1983年，我国著名教育家朱九思先生率先提出“第二课堂”概念，泛指在教学计划之外，引导和组织学生开展的各种有益的、健康的课外活动，包括政治性的、学术性的、知识性的、健身性的、娱乐性的等等。第一课堂和第二课堂都具有育人和育才双重功能，但第一课堂是根据人才培养目标及实施方案，在教学计划之内开展的教学活动（以课堂教学为主要形式），是高校教育教学的主渠道、主阵地；而第二课堂则是在教学计划之外开展的各种育人育才活动，是第一课堂教学活动的延伸和补充。两个课堂都是高校实施教书育人的重要平台，两者相互依赖，优势互补，协同育人，共育良才。

2. 第二课堂作用

新时代高校着力培养德智体美劳全面发展的高素质人才，第二课堂被认为是课堂教学之外的第二大育人载体，充分体现了立德树人、拓展知识、锻炼体质、提高审美、善于沟通、乐于奉献的内涵。第二课堂在育人和育才两方面的作用可归纳为以下八个方面：

（1）有利于达成“五育并举”培养目标

德智体美劳“五育并举”培养目标仅靠第一课堂难以达成，第二课堂的延伸和补充作用不仅必不可少，而且不可替代。通过丰富多彩的第二课堂活动，能够促进学生德育培养目标达成，能够促进学生知识内化和实践能力提升，能够让学生涉足文化、艺术、美术、体育等众多领域，有效拓展知识面，增强交往交流能力，早日完成由学生到“社会人”和“职业人”的转变。

（2）有利于实现共性与个性的统一

高校课堂教学主要针对人才培养的共性要求，却难以满足所有学生的兴趣爱好，也无法完全适应每位学生的个性发展。第二课堂正好可以弥补第一课堂这两个方面的缺失。学生可以根据自己的兴趣爱好参加社团活动，可以根据自己的特长选择适合的项目，实现共和个性的完美统一。

（3）有助于完善学生的知识结构

构建完善的知识结构对于学生成才非常重要，然而仅靠专业人才培养方案中设置的课程是难以实现的，第二课堂活动恰恰可以弥补这方面的缺陷。参加第二课堂活动，尤其知识性活动（演讲、讲座、参观等），可以让学生在知识的海洋中遨游，广泛接触跨专业、跨学科、跨领域的各种知识，开阔视野，增长见识，不断优化和完善学生的知识结构，为开展学科交叉领域创新实践奠定基础。

（4）有助于传播科技前沿信息

虽然高校鼓励课堂教学融入所属领域新动态、新技术、新成果，但受限于教材内容和系统性要求，实际教学内容与科技前沿之间存在距离不可避免。而第二课堂活动不受教材限制，不受教学大纲（课程标准）制约，没有学科领域限制，可以通过精彩纷呈的学术报告和多种多样的专题讲座等活动，把各个学科领域最新发现、最新动态迅速传播给学生，从而有效弥补课堂教学（第一课堂）这方面的不足。

（5）有利于智力全面发展

人的智力包括五个方面，分别是观察力、记忆力、思维力、想象力和注意力。全面发展智力仅靠第一课堂难以实现。第二课堂对于学生智力全面发展可以起到极为重要的补充作用。第二课堂多样化的社会实践活动，让学生走出校园小天地，开阔视野，增长见识，有利于增强观察力、考验记忆力、锻炼思维力、发展想象力、增强注意力，对于学生智力全面发展十分有利。

（6）有助于增强社会适应能力

让学生在毕业之前对社会（尤其所属行业）有尽可能深入的了解，毕业后能够尽快适应社会，融入社会，仅靠计划内课程教学（第一课堂）远远不够。第二课堂活动是促使学生联系社会的有效方式，尤其很多活动都由学生自行组织，且有鲜明的社会实践特点，十分有利于培养组织能力、合作能力、沟通能力、交流能力、理解能力，这些能力都是毕业后胜任各类工作所必须具备的。

（7）有利于创新型人才成长

创新型人才成长以学校培养为基础，以社会锤炼为条件，二者相辅相成，相得益彰。学校的创新教育课程与第二课堂的科技创新，学科竞赛以及多样化社会实践活动，为学生了解社会需求、发展兴趣爱好、激发创新意识、开展创新实践、增强创新能力、提升综合素质创造了优越条件和难得的机遇，十分有利于创新型人才成长。

（8）有助于完善人才评价体系

人才培养方案内各门课程考核评价基本以“学习成绩”为核心，很难做到全面评价每一位学生，对偏科生和特长生尤其不利。而在第二课堂，指导教师可以从不同角度，按照不同的标准，对学生的能力和水平进行评估评价，有助于发现每一位学生的专长和优势，通过个性化培养，助力每一位学生成长、长才。

3. 第二课堂建设

在教育部、团中央和全国学联的共同推动下，第二课堂建设已经成为全国各高校的重要工作内容。具体阐述如下：

（1）建设原则

各高校在第二课堂建设中普遍坚持以下六项原则。

① 学生中心原则——以学生的全面发展为核心，以满足学生合理愿望和广泛兴趣为出发点和落脚点，引导学生主动参与、乐于探究、勤于动手、学有所得。

② 协同联动原则——坚持第一课堂与第二课堂（课内外）育人育才协同联动，实行学习与实践相结合、学校教育与自我教育相结合，多部门通力协作，实现资源优化配置，共同促进学生全面发展。

③ 增强能力原则——着眼于增强专业能力和职业岗位工作能力，着眼于提升学生综合素质和职业素养，着眼于增强学生适应社会能力，促进学生成为“社会人”和“职业人”。

④ 尊重差异原则——秉持“只有差异、没有差生”理念，为学生个性发展和多方面发展提供资源和条件支持，为每一位学生架设通向成功的桥梁。

⑤ 规范管理原则——科学制定第二课堂管理制度，形成学工部（学生处）、团委、学生会和教务处等部门齐抓共管、各负其责、通力协作的管理机制，规范第二课堂各类组织管理，为第二课堂各项活动健康开展保驾护航。

⑥ 强化指导原则——为促进第二课堂各类组织规范化运作，确保第二课堂育人育才活动切实取得成效，必须强化第二课堂指导，指派或选聘德才兼备的指导教师，明确指导教师职责，确定指导教师考核评价标准，制定指导教师工作量核定办法，建立激励与约束相结合的机制，调动指导教师的积极性和创造性。

（2）建设内容

高校第二课堂建设的主要内容为以下六项：

① 构建思政教育体系——第二课堂思政教育是高校“三全育人”大思政教育体系的重要组成部分。在第二课堂各类活动中，必须坚持以社会主义核心价值观引导学生的行为，将思政教育融入第二课堂活动之中。

② 构建创新创业体系——培养学生的创新创业意识，增强创新创业能力是高校第二课堂的重要功能。高校应该从组织管理、项目引领、导师配备、条件保障等方面着力构建创新创业体系，让学生通过各级各类创新创业实践活动强化意识、增长见识、提升能力。

③ 搭建参赛备赛平台——参加和举办各级各类学科专业或职业技能竞赛是第二课堂活动的重要内容。“以赛促学、以赛促教”的作用已被众多高校（尤其应用型高校）反复证实。高校应该从组织管理、选手培育、赛前训练、心理辅导、导师配备、条件保障等方面着手搭建平台，为学生参赛备赛提供各种便利，为提升竞赛水平奠定良好基础。

④ 营造校园文化氛围——校园文化氛围对于第二课堂至关重要。高校应该从环境改造和建设（文化长廊、宣传橱窗、人物塑像等），以及网站、广播、刊物以及信息发布会等方面，营造良好的校园文化氛围，增强第二课堂的吸引力，达到人人关注、人人参与、人人向往的效果。让每一位同学都认识到，第二课堂是发展自身专长、展现创造能力、实现自身价值、增长各种见识、扩大交际范围的重要平台。

⑤ 拓展校内外资源——第二课堂活动对校内外资源有着很强的依赖性。高校不仅要注重拓展校内各种资源（指导教师、活动场地、相关设备、图书资料等），而且要充分利用学校与行业对口单位（企业）以及各级各类组织建立的合作关系，拓展校外各种资源（行业导师、参观考察、讲座座谈、公益活动等），为学生走出校园开展多样化社会实践活动（包括公益活动）提供便利。

⑥ 完善管理体制机制——高校第二课堂活动形式多，涉及面广，需要在校党委统一领导下，各部门齐抓共管，通力协作。为避免“责任重叠”或“责任真空”，应该明确相关部门（团委、学生处、教务处、科研处、二级学院等）的职责。高校第二课堂管理内容繁杂，关系到学生、辅导员、专业教师以及合作单位以及校外人员等各方面的利益。需要建立社团管理、学分认定、指导教师选聘、创新创业实践项目、各级各类竞赛等各方面的管理制度，形成分工明确、责任到位，层级清晰、高效务实的第二课堂管理体制机制。

（3）第二课堂学分认定与成绩单制度

为鼓励学生积极参加第二课堂活动，各高校普遍设置第二课堂学分，或实行第二课堂成绩单制度。具体阐述如下：

① 第二课堂学分及认定——根据学校制定的《第二课堂学分管理办法》及学分认定细则，依据学生在第二课堂各项活动中所取得的成绩，由校团委、学生处、教务处、科研处等部门联合认定第二课堂学分，学生取得学校规定的第二课堂学分方能毕业。

② 第二课堂成绩单制度——2018 年 7 月，共青团中央和教育部联合印发《关于在高校实施共青团“第二课堂成绩单”制度的意见》，要求遵循“坚持融入人才培养大局、坚持服务学生发展需求、坚持发挥第二课堂优势、坚持突出基层主体地位”的基本原则，面向全国高校推广实施。将学生在校期间参与创新创业、社会实践、志愿服务、文化艺术、体育活动、工作履历、技能特长、思想成长八方面的经历和成果，纳入第二课堂成绩单考核范围，作为学校人才培养评估、学生综合素质评价、单位选人用人的重要参考。

【推荐阅读】梁樑．大学生第二课堂指南 [M]. 合肥：合肥工业大学出版社，2020.

14.2 学生社团活动

学生社团活动是高校第二课堂的重要组成部分。具体阐述如下：

1. 学生社团组织及其活动

（1）学生社团及其作用

团中央、教育部和全国学联在《高校学生社团管理暂行办法》（简称《办法》）中指出，高校学生社团是由高校学生依据兴趣爱好自愿组成，为实现成员共同意愿，按照其章程自主开展活动的群众性学生组织。高校学生社团的基本任务为遵循和贯彻党的教育方针，坚持立德树人的基本导向，团结和凝聚广大同学，按照自愿、自主、自发原则，善用网络技术和新媒体，开展主题鲜明、健康有益、丰富多彩的线上和线下课外活动，繁荣校园文化，培养同学的社会责任感、创新精神和实践能力，提升同学综合素质，促进同学成长成才。

高校学生社团的作用主要体现在以下四个方面：

① 开展思想政治教育——高校学生社团的各项活动将融入思政教育，成为课程思政的重

要组成部分；政治思想类社团引导广大学生把先进理论学习与自身成长实践相结合，让学生社团成为思政教育的重要阵地。

② 促进校园文化繁荣——高校学生社团活动体现出强烈的时代精神和鲜明的校园特色，成为大学生展现自我、陶冶自我、发展自我的广阔舞台，极大地丰富了校园文化，并努力创造格调高雅、积极健康、催人奋进、生动活泼的校园文化氛围，形成优越向上的育人环境。

③ 推动综合素质提升——高校学生社团在帮助学生完善知识结构、培养实践技能、提高综合素质等方面发挥着积极作用。在社团活动中，不同专业的学生相互切磋，相互启发，对于综合素质培养非常有益；参加校外社会活动，更能锻炼人际沟通能力，培养社会适应性。

④ 带动社会实践和志愿服务——学生社团组织学生参加各类社会实践活动，让学生到社会广阔舞台经历风雨、接受锻炼，可以有效促进就业和创业；学生社团组织学生参加各类志愿服务活动，让学生在奉献社会的过程中完善人格塑造，实现自我价值。

⑤ 搭建个性和特长发展平台——学生社团组织的各项活动，能够满足会员学生的兴趣爱好，能够为会员学生个性发展和所修专业之外的其他特长发展搭建平台，创造展示才华的机会，以利于学生的全面发展。

（2）学生社团类型

高校学生社团类别划分不尽统一。按照《办法》规定，学生社团组织主要分为思想政治、学术科技、创新创业、文化体育、志愿公益和自律互助六大类。

① 思想政治类——以开展思想政治教育活动为主的学生社团。如天津中德应用技术大学（天津中德）马克思主义学院组建的“思政社团联盟”，包括国旗护卫队、明法社、地理印象社、中华传统文化研究社、思源电影社、科哲社、习青会等社团组织。其中给人印象最深的当属国旗护卫队每日举行的升降国旗仪式，俨然成为中德校园亮丽的风景，让爱国主义教育深入到每一位学子心间。

② 学术科技类——以开展学术探讨、科学研究和技术开发活动为主的学生社团。如天津职业技术师范大学（天职师大）的电子创新协会（电子学院）、大学生科技实践中心（自动化学院）、大学生数学建模协会（理学院）；天津中德的信息科技协会、金相社团、创物社、3D 打印社、恋天航模社、启航机电社、ERP 沙盘俱乐部、Hope 陶艺工坊、能源环保社等。科技类学生社团活动不仅丰富了校园科技文化，也大大促进了学生科技素养的提升，搭建了科技交流和专业才能展示平台。以上两校科技类社团会员在各级各类科技类竞赛活动中屡创佳绩；天职师大大学生数学建模协会还进入了全国百强学生社团行列。

③ 创新创业类——以开展创新创业实践活动为主的学生社团。如天津中德创新创业联盟，包括中德创客汇、新商业社、专利社、红色筑梦社、巾帼文创社、创业实践社等社团组织，在创新创业发展中心众多教师的悉心指导下，社团会员在多项全国性创新创业比赛中取得佳绩，显著提升了社团会员的创新创业素养和能力。

④ 文化体育类——以开展文体活动为主的学生社团。如天津中德艺术团、竹韵轩书法社、莱特光影社、新媒体中心、校园崇实广播站、中德足球社、中德网球社、中德滑板社等等。文体类学生社团涵盖文化、美育、体育等多个领域，数量众多，涉猎广泛，不仅推动了校园文化建设，也成为体育和美育的有力推手。

⑤ 志愿公益类——以开展志愿公益服务活动为主的学生社团。如天津中德志愿服务总队（下辖各二级学院志愿服务支队）以及专业志愿服务社团（人民防空志愿者、大学生就业协会、

青年服务社等）。这类学生社团经常参加校内外各类志愿公益活动，定期为周边社区和养老机构提供公益服务，为在校生搭建了献爱心、做公益的平台，通过志愿公益活动，教育学生净化心灵，崇德向善。

⑥ 自律互助类——以自律互助活动为主的学生社团。如天津中德图南·心协、心理健康研究社、阳光互助社等，通过讲座和培训活动，向会员普及心理健康知识，并为其他学生提供心理健康帮助。

（3）学生社团管理规范

为保障学生社团规范运行、健康发展，各高校都会根据《办法》和地方教育主管部门的相关文件制定学生社团管理办法（条例）。主要内容为以下 10 条：

① 明确学生社团管理职责（一般由校团委和院团委履行管理职责）。

② 规范学生社团成立的条件（如在校生 5 ~ 20 人以上，社团负责人符合条件，有规范的名称，有规范的章程，有具体活动项目，有健全的管理制度，有开展活动的条件，至少有一名指导教师等）。

③ 明确申请成立学生社团需要提交的材料（申请书、审批表、章程、发起人基本情况介绍等）。

④ 规范学生社团章程内容（名称、宗旨、场所、类别、会员资格以及权利和义务、经费来源及管理办法等）。

⑤ 规范学生社团审批办法（一般由校团委审核批准）

⑥ 规范学生社团的监管事项及监管办法（成立、变更、注销登记和备案，年度检查，外聘指导教师申请、审核、批准，活动监管，自办刊物审查等）。

⑦ 规范学生社团组织机构（会员大会为最高权力机构，选举产生会长、副会长，财务负责人等）。

⑧ 明确学生社团会员的权利和义务（自愿加入，自由退出，会员平等，有权了解章程和管理制度，有权提出质疑，应当按期注册并缴纳会费，应当积极参加社团活动等）。

⑨ 规范学生社团的变更与注销制度。

⑩ 规范学生社团的奖惩制度。

2. 学生社团活动指导教师

学生社团成立至少必须有一名指导教师。社团指导教师普遍采用“双向选择”办法（社团选择合适的指导教师，指导教师选择适合的社团）确定，并经校团委批准，由学校颁发聘书。具体阐述如下：

（1）社团指导教师资格条件

热爱学生社团工作，政治可靠，品德高尚，工作认真，为人师表。掌握社团工作规律，熟悉社团章程和社团管理规范，具有与社团活动相匹配的专业素质和专业能力。善于团结，乐于奉献，关爱学生，有较强的活动策划能力、组织实施能力和社会交往能力。外聘（校外）指导教师须经校团委审查批准。

（2）社团指导教师岗位职责

指导制定社团运行与发展规划，指导社团文化建设，营造积极向上的社团文化氛围，树立良好的社团精神风貌；指导社团按章程开展各项活动，密切联系社团会员，主动了解每位会员所思、所想、所愿，及时做好疏导工作；全面指导社团负责人工作，负责社团财务监管，定期审核社团账目和财务状况，发现异常情况及时向上反映并到岗妥善处置。

（3）社团指导教师考核评价

学校团委每学期对社团指导教师进行考核，根据年度平均成绩确定绩效等级。对考核不合格者予以解聘，对考核成绩优秀者予以奖励（颁发优秀指导教师证书）。通常采用填写满意度调查问卷（无记名）方式。由每一位社团会员对指导教师履职尽责情况做出评价。

（4）社团指导教师工作特点

学生社团强调学生自主管理，强调锻炼学生的自我管理和自我发展能力，指导教师应该主要在“专业指导”、“对外联络”、“活动监管”和“全面服务”四个方面发挥作用。具体说明如下：

① 专业指导——发挥自身专业特长，在制定社团发展规划，活动策划、活动组织等方面给予专业指导，对社团负责人工作给予专业指导，使社团活动能够顺利开展，并达到专业水准。

② 对外联络——发挥学校教师或外聘教师的优势，积极开展对外联络，为顺利开展社团活动（尤其走向社会）营造良好的外部环境。

③ 活动监管——受学校委派，负有监管责任。应熟悉相关政策法规和学校规章制度，掌握社团活动实际情况，从政治思想、会员状况、专业规范以及财务管理等各个方面实施有效监管，确保社团规范运行，健康发展。

④ 全面服务——牢固树立学生中心和优质服务理念，关爱每一位社团会员，积极开展专业培训，热心帮助专业社团负责人做好工作，为社团运行和发展保驾护航。

14.3　应用型高校学生科技实践活动

提高大学生的科技素质，造就优秀科技人才，是应用型高校人才培养的重要目标之一，也是第二课堂活动的重要内容。具体阐述如下：

1. 应用型高校学生科技实践活动特点

学生科技实践活动的特点可以概括为“延伸”和“扩展”。所谓延伸主要指学生科技实践活动建立在第一课堂专业基础理论知识学习和专业基础能力培养的基础之上，通过课外科技实践活动，使专业知识得以应用，使专业能力和水平得以提升；所谓扩展则指学生科技实践活动活动不受限于本专业范围，科技实践活动内容不仅更加广泛、更加深入、更加实际，而且会使相近学科（专业）或交叉学科（专业）相互融合，不同学科（专业）的学生为了完成一个科技项目相互学习，相互启发，互动交流，协同协作，使彼此的专业知识面得到拓展，综合素质得以提升，综合能力得到增强。

2. 应用型高校学生科技实践活动形式

应用型高校学生科技实践活动有“科技社团活动”、“教师工作室”和“科研项目”三种形式。下面结合天职师大和天津中德的情况具体说明如下：

（1）参加科技社团活动

学术科技类学生社团组织的各项科技实践活动具有鲜明的“自发性”和“自主性”特征，是应用型高校学生科技活动的第一种形式（也是主要形式）。所谓自发性，就是社团成员有共同的爱好和追求，依规结社开展科技实践活动，以提升科技素养、科技实践能力为主要目标；所谓自主性，就是社团科技实践活动由学生自主安排（在指导教师帮助下），根据社团成员的实际状况和发展目标，一步步向前迈进。例如，天职师大学生科技实践中心（自动化学院学生创办）和电子创新协会（电子学院学生创办）都是成立十多年的学生科技社团，在学生中形成了良好的口碑，每当招募新会员时，报名异常踊跃，不少学生因未通过入社考核而扼腕叹息（按照社团自定考核标准和考核办法进行考核）。这两个学生社团经过十几年探索和实践，摸索出一套快速提升会员科技实践能力的有效办法（如系列培训课程）并得到有序传承。这两个社团的会员不仅成为第一课堂实践环节的领头羊，而且成为学校科技竞赛活动的骨干，在就业市场更成了“抢手货”。

（2）参加教师科研项目

参加教师主持的科研项目，尤其是应用技术研发项目（横向课题），是应用型高校学生科技实践活动的第二种形式。如果已经建立了硕士点，则将形成硕士研究生、本科生和高职生共同组成的学生科研团队（尚未建立硕士点即由本科生和高职生组成学生科研团队），主持科研项目的教师自然成为学生团队的指导教师，带领学生团队围绕科研项目开展科技实践活动，既能够帮助教师完成科技研发任务，也培养锻炼了会员学生的科技实践能力，增长见识，习得新知识（甚至前沿知识）。在天职师大和天津中德，主持科研项目的教师都会招募学生科研团队，根据科研项目内容提出招募条件，既为学生开展科技实践活动创造了机会，也为完成科研任务增加了力量。实践证明，完全可以取得“双赢”效果。

（3）进入教师工作室

应用型高校建立了不少教师工作室，有些由知名教授领衔，有些则由高技能人才领衔。这些教师工作室除了相对固定的教师团队之外，还会吸收研究生、本科生和高职生参加，组成相对稳定的学生团队，形成领衔教授或高技能人才引领，教师团队指导学生开展科技实践活动的格局，成为应用型高校学生科技实践活动的第三种形式。例如，在天职师大和天津中德，知名教授领衔的工作室，津门工匠和世界技能大赛金牌教练领衔的工作室（天职师大），学生积极性非常高，为能加入其中感到非常光荣。进入工作室的学生自然十分珍惜难得的机会，在指导教师的带领下，瞄准科技开发和技能培养方向，刻苦学习新知识，努力提升技能水平，积极开展经验交流，相互学习，取长补短，不仅个人成长很快，也使整个团队实力得到增强，学生团队成为教师工作室和技能大师工作室的一支重要力量。

3. 应用型高校学生科技实践活动指导

上述三种形式的学生科技实践活动都离不开指导教师的引领和帮助。但每种形式的指导工作特点存在较大差异，或者侧重点有所不同。具体说明如下：

（1）科技社团活动

学生科技社团指导教师由学校团委选派，除具备学生社团指导教师一般资格条件之外，还必须有丰富的科技实践经验，有较强的科技实践能力，有较高的科技实践水平，并且熟悉学生科技实践活动特点，擅长学生科技实践活动指导。学生科技社团指导教师在发挥“专业指导”、“对外联络”、“活动监管”和“全面服务”作用的基础上，应该着重于“咨询指导”、“资源协调”和“项目推荐”。具体说明如下：

① 咨询指导——科技社团活动具有较强的自主性，指导教师应充分放权于社团负责任人，让学生按计划自主开展各种科技实践活动（包括培训教学、实践训练等）。仅在制订活动计划、

确定活动内容以及遇到难以解决的问题时，才给予必要的咨询指导。

② 资源协调——科技社团活动对设备、场地、耗材、对外合作等资源条件要求较高，指导教师应充分发挥自身优势（熟悉学校各方面资源条件及其管理制度，熟悉对外合作渠道等），及时协调解决资源条件问题，确保科技实践活动顺利开展。

③ 项目推荐——科技社团指导教师须及时向社团负责人和会员通报科技项目申报（如大学生创新创业实践项目）和科技竞赛活动等信息，并且根据所掌握的情况，就项目申报（选题和团队组成）和参赛人选提出建议，让科技社团通过各类科技项目和竞赛锻炼，不断发展壮大。

（2）教师科研项目

科研项目主持人及科研团队成员当然都是参与科研项目学生的指导教师。首先要关爱学生，了解学生，做到知人善任，为每位学生安排适合的研究开发工作，发挥其专长，提升其能力；同时要在查阅文献资料，使用相关手册，制定技术路线，编制设计方案以及材料器件选型等方面，给予学生具体指导，让学生熟悉科研开发各环节工作，通过参与科研项目，全面提升能力与水平。

（3）教师工作室

工作室领衔教授或高技能人才以及团队成员都是工作室学生的指导教师。应结合工作室科研或技能开发方向，对学生进行系统性培养，并根据每位学生的实际情况，制定个性化培养方案，安排学习内容和工作任务，并在此过程中给予具体指导。让学生熟悉工作室运行机制，熟悉各方面工作内容，并逐步融入工作室团队之中。

14.4　大学生创新创业训练计划

为适应建设创新型国家需要，教育部决定在“十二五”期间实施国家级大学生创新创业训练计划（简称大创项目），以增强高校学生的创新创业能力，促进高水平创新人才培养。2012 年首批国家级大创项目正式启动，随后各省市自治区、各高校相继制定了省级和校级大创项目计划，有力促进了大学生创新创业活动普及和发展，也为高校第二课堂注入了一股清流。具体阐述如下：

1. 大创项目概况

（1）项目类别及内容

大学生创新创业训练计划（大创）分为创新训练项目、创业训练项目和创业实践项目三类。具体内容及要求如下：

① 创新训练项目——本科生个人或团队在导师指导下，自主完成创新性研究项目设计、研究条件准备和项目实施、研究报告撰写、成果 (学术) 交流等工作。

② 创业训练项目——本科生团队在导师指导下，团队中每个学生在项目实施过程中扮演一个或多个具体角色，完成编制商业计划书、开展可行性研究、模拟企业运行、参加企业实践、撰写创业报告等工作。

③ 创业实践项目——学生团队在学校导师和企业导师共同指导下，采用前期创新训练项目 (或创新性实验) 的成果，提出一项具有市场前景的创新性产品或者服务，以此为基础开展创业实践活动。

（2）申报对象及要求

大创项目主要面向二、三年级本科生（负责人），其他年级学生可作为成员参与。创新训练项目和创业训练项目团队一般不超过 6 人，创业实践项目团队一般不超过 7 人。指导教师通常为 1 人（最多不超过 2 人）。由学生提出申请（填写项目申报书），先经二级学院审核，再由学校组织专家评审（一般由教务处负责），校级大创项目经学校评审即可决定是否准予立项，而省级和国家级大创项目学校只有推荐权，还须通过省级或国家级评审方能确定是否准予立项。各级各类大创项目立项之后，都须与学校签订项目管理合同书，并严格按照合同规定执行。项目期限一般为 1 年（最长不超过 2 年），以保证在项目负责人毕业之前完成（验收）。

（3）大创项目申报书

三种类型大创项目申报书格式及内容不尽相同。仅以天津市创新训练项目和创业训练项目申报书为例说明如下：

① 创新训练项目申报书——基本信息页（项目名称、项目起止时间、项目负责人及团队成员信息、指导教师信息等）、项目简介（200 字以内）、申请理由（知识条件、特长、兴趣、已有创新成果等）、项目方案（项目背景、项目目标、主要内容、项目特色、技术路线、团队分工、进度安排等）、预期成果种类及数量、经费预算表、指导教师意见（签字）、二级学院审核意见（签章）、学校推荐意见（签章）。

② 创业训练项目申报书——基本信息页（项目名称、项目来源、项目起止时间、项目负责人信息、创业团队成员信息、指导教师信息等）、项目简介（200 字以内）、项目介绍（行业背景、产品或服务特色、实体机构名称、创业团队分工、商业模式或赢利模式、创业投融资计划、预期成果种类及数量）、市场分析（市场需求、目标市场、市场前景、产品或服务前景、SWOT 分析等）、财务分析（资金筹备、固定资产明细、流动资产明细、利润预计、风险分析、退出策略等）、风险预期（资产风险、竞争风险、财务风险、管理风险、技术风险、破产对策等）、进度安排、创业愿景、经费预算表、项目负责人承诺、指导教师意见（签字）、二级学院审核意见（签章）、学校推荐意见（签章）。

（4）大创项目选题

无论创新训练还是创业训练，选题都十分关键。通常由学生自主选题，指导教师给予指导和帮助。选题要求及选题范围建议如下：

① 创新训练项目——创新训练项目必须突出创新性，其中包括原始创新、集成创新、理论创新、技术创新、方法创新等，还必须具有理论和应用价值，有较为广阔的市场前景。而且与学生现有知识和能力水平相适应，难度适中，可行性强，能够在规定期限内完成。应用型高校学生选题范围建议如下：

- 从指导教师研究项目中抽取创新训练选题（子课题）；
- 结合相关行业关键技术挖掘创新训练选题；
- 结合开放实验室或创新教育基地项目（设计性、综合性）挖掘创新训练选题；
- 从过往实践课程设计和开发项目中提炼创新训练选题；
- 从课程学习和学科竞赛中挖掘创新训练选题；
- 其他具有挑战性的创新训练选题。

② 创业训练项目——创业训练项目应具有较高技术含量，具有较大商业价值，具有较为

广阔市场前景，且与学生现有知识和能力水平相适应，可行性强，风险可控，能够在规定期限内完成。应用型高校学生选题范围建议如下：

- 从指导教师研究项目中抽取合适的创业训练选题（子课题）；
- 结合科技发展挖掘具有新商业模式的创业训练选题；
- 结合消费观念变化挖掘新消费模式的创业训练选题；
- 基于先前创新实践成果（新产品）的创业训练选题；
- 基于相关课程学习或学科竞赛挖掘的创业训练选题；
- 其他具有挑战性的创业训练选题。

（5）大创项目经费

国家级、省级、校级大创项目立项之后，都会给予一定的经费资助。项目类别和项目级别不同，资助经费额度也不相同。无论哪种类别，也无论哪个级别，项目经费都必须严格管理，按计划规范使用，按规定逐次报销。各高校大创项目管理办法中一般都有经费管理条款，应该严格遵照执行。

2. 大创项目指导教师

大创项目指导教师通常采用“双选”机制确定。担任大创项目指导教师是专业教师的光荣，也是一份责任。有些高校为鼓励专业教师指导大创项目，将担任大创项目指导教师作为绩效考核内容之一，有的学校每年还评选一次优秀大创项目指导教师。大创项目指导教师自拟定选题、填写申报书、项目实施直到项目验收结题，须进行全过程、全方位指导。要求每位大创项目指导教师工作责任心强，工作作风严谨，能够为人师表，善于教书育人，且具有很强的创新实践能力。对应用型高校大创项目指导教师提出建议如下：

（1）创新训练项目

此类项目强调学生自主选题、自主学习、自主实践、自主研究，指导教师应引导学生开展研究性学习和创新实践，注重启发学生的创新思维和创新意识，始终把创新能力培养放在第一位。同时要培养学生严谨的科学态度、求实的科学精神和务实的科学作风。还应注重培养学生的独立人格和团队合作精神。指导教师还必须把握好以下各阶段工作重点：

① 选题申报阶段——指导学生拟定选题并规范填写项目申报书，指导学生归纳申请理由（尤其已有相关创新成果等），制定实施方案（尤其项目背景、项目特色、技术路线和进度安排等），指导学生确定预期成果种类及数量，指导学生编制经费预算表。

② 项目实施阶段——掌握项目实际进展情况，帮助解决所遇到的各种难题，定期进行交流研讨，注重培养分析与解决问题能力、独立工作能力和创新实践能力。提醒并具体指导学生撰写研究论文、申报专利或软件著作权，积极参加相关竞赛活动，以取得申报书中载明的各项预期成果。督促并指导项目负责人撰写中期进度报告，总结经验、查找问题，持续改进。同时还要监管项目经费使用。

③ 结题验收阶段——指导学生整理项目资料并撰写结题报告书，并对项目负责人及团队的工作态度、精神作风、创新思维、创新意识、创新实践能力、团队合作精神以及项目完成质量等做出客观公正评价。指导项目负责人准备结题答辩材料（PPT 等），力求条理清晰、内容连贯、重点突出、针对性强。

（2）创业训练项目

此类项目着重培养学生的创业技能与开拓精神。指导教师应引导学习相关理论知识和商业计划书编制以及可行性分析方法，熟悉并掌握成功创业的原则和技巧。应指导学生全面了解创业计划、创业管理、企业申办、创业融资、创业风险等过程要素，让学生在虚拟商业社会中完成企业注册、企业创建、企业运营、企业管理等全过程训练。培养学生作为未来创业者的决策决断能力、知人善用能力、运营管理能力、防范风险能力、社会交往能力以及分析与解决问题能力。指导教师还必须把握好以下各阶段工作重点：

① 选题申报阶段——指导学生拟定选题并规范填写项目申报书，指导学生撰写项目简介，凝练特色，提炼商业模式或赢利模式，拟定创业投融资计划手册，进行市场分析、财务分析和风险预测；指导学生确定预期成果种类及数量，指导学生编制经费预算表。

② 项目实施阶段——引导学生按照商业计划书全面开展创业训练，及时掌握项目实际进展情况，帮助解决所遇到的各种难题，定期进行交流研讨，注重培养分析与解决问题能力，着重培养创业能力。鼓励并指导学生参加各种创业经验交流、创业类竞赛或模拟创业沙盘学习和对抗竞赛活动，指导学生撰写研究论文，积极参加相关竞赛活动，督促学生全面完成创业训练计划各项任务。指导项目负责人撰写中期进度报告，总结经验、查找问题，持续改进。同时还要监管项目经费使用。

③ 结题验收阶段——指导学生整理项目资料并撰写结题报告书，并对项目负责人、创业团队以及创业训练项目完成质量等做出客观公正评价。评价主要内容包括工作态度、开拓精神、诚信品格，以及寻求与把握机会能力、整合与利用资源能力、沟通协调能力、创造价值能力、创业心理素质以及团队合作情况等。还要指导项目负责人准备结题答辩材料（PPT 等），力求条理清晰、内容连贯、重点突出、针对性强。

14.5 应用型高校学科（专业）技能竞赛

参加（举办）各级各类学科（专业）技能竞赛是高校第二课堂的重要内容，应用型高校尤其如此。通过学科（专业）技能竞赛，不仅可以全面提升学生的学科（专业）素养，增强专业能力，提升技能水平，还能够增强学生心理素质，培养坚忍不拔的优良作风，增强学习的主动性和积极性；教师通过指导学科（专业）技能竞赛，能够发现课程设置、教学内容以及教学方法等方面存在的诸多问题，从而推动教学改革和课程建设。因此，“以赛促学、以赛促教”已成为应用型高校的普遍共识和共同行动。

1. 高校学科（专业）技能竞赛活动

高校学生参加的学科（专业）技能竞赛主要分为国家级、省部级和校级三个级别。此外还有区域性（如华北地区）和行业性（如机械、汽车、电子信息、航空航天等）竞赛。为规范高校学科（专业）技能竞赛，防止低水平重复，杜绝“山寨赛事”，中国高等教育学会成立了“全国高校竞赛评估与管理体系研究专家委员会”，每年发布全国普通高校大学生竞赛分析报告，并公布全国普通高校大学生竞赛榜单。专家委员会每年都会采用无记名投票方式，决定新增或取消若干赛项。比较而言，列入这份榜单的竞赛项目具有较高的权威性。2021 年榜单内竞赛项目共计 56 项（比 2020 年减少 1 项），详细名单见表 14.1。

表 14.1　2021 全国普通高校大学生竞赛榜单内竞赛项目

序号	竞赛名称	序号	竞赛名称
1	* 中国“互联网 +”大学生创新创业大赛	29	中国大学生服务外包创新创业大赛
2	* “挑战杯”全国大学生课外学术科技作品竞赛	30	中国大学生计算机设计大赛
3	* “挑战杯”中国大学生创业计划大赛	31	中国高校计算机大赛——大数据挑战赛、团体程序设计天梯赛、移动应用创新赛、网络技术挑战赛、人工智能创意赛
4	ACM-ICPC 国际大学生程序设计竞赛	32	蓝桥杯全国软件和信息技术专业人才大赛
5	*全国大学生数学建模竞赛	33	米兰设计周——中国高校设计学科师生优秀作品展
6	* 全国大学生电子设计竞赛	34	全国大学生地质技能竞赛
7	中国大学生医学技术技能大赛	35	全国大学生光电设计竞赛
8	* 全国大学生机械创新设计竞赛	36	全国大学生集成电路创新创业大赛
9	全国大学生结构设计竞赛	37	全国大学生金相技能大赛
10	全国大学生广告艺术大赛	38	全国大学生信息安全竞赛
11	全国大学生智能汽车竞赛	39	未来设计师·全国高校数字艺术设计大赛
12	全国大学生交通运输科技大赛	40	全国周培源大学生力学竞赛
13	全国大学生电子商务“创新、创意及创业”挑战赛	41	中国大学生机械工程创新创意大赛——过程装备实践与创新赛、铸造工艺设计赛、材料热处理创新创业赛、起重机创意赛、智能制造大赛
14	全国大学生节能减排社会实践与科技竞赛	42	中国机器人大赛暨 RoboCup 机器人世界杯中国赛
15	*中国大学生工程实践与创新能力大赛	43	“中国软件杯”大学生软件设计大赛
16	全国大学生物流设计大赛	44	中美青年创客大赛
17	外研社全国大学生英语系列赛—— 英语演讲、英语辩论、英语写作、英语阅读	45	RoboCom 机器人开发者大赛
18	* 全国职业院校技能大赛	46	“大唐杯”全国大学生移动通信 5G 技术大赛
19	两岸新锐设计竞赛·华灿奖	47	华为 ICT 大赛
20	全国大学生创新创业计划年会展示	48	全国大学生嵌入式芯片与系统设计竞赛
21	全国大学生化工设计竞赛	49	全国大学生生命科学竞赛（CULSC）—生命科学竞赛、生命创新创业大赛
22	全国大学生机器人竞赛—— RoboMaster、RoboCon、 RoboTac	50	全国大学生物理实验竞赛
23	全国大学生市场调查与分析大赛	51	全国高校 BIM 毕业设计创新大赛
24	全国大学生先进成图技术与产品信息建模创新大赛	52	全国高校商业精英挑战赛 —— 品牌策划竞赛、会展专业创新实践竞赛、国际贸易竞赛、创新创业竞赛
25	全国三维数字化创新设计大赛	53	“学创杯”全国大学生创业综合模拟大赛
26	* 世界技能大赛	54	中国高校智能机器人创意大赛
27	* 世界技能大赛中国选拔赛	55	中国好创意暨全国数字艺术设计大赛
28	“西门子杯”中国智能制造挑战赛	56	中国机器人及人工智能大赛
【排名不分先后】			

应用型高校广泛参加、综合性较强、影响力较大的10个赛项（带星号）简介如下：

（1）中国“互联网+”大学生创新创业大赛

教育部与举办地政府和高校共同主办。旨在深化高等教育综合改革，激发大学生的创造力，培养造就“大众创业、万众创新”的主力军，推动赛事成果转化，促进“互联网+”新业态形成，服务经济提质增效升级；以创新引领创业、创业带动就业，推动高校毕业生更高质量创业就业。

（2）“挑战杯”全国大学生课外学术科技作品竞赛和中国大学生创业计划竞赛

共青团中央、中国科协、教育部和全国学联、举办地政府共同主办的全国性大学生课外学术实践竞赛。两个全国性竞赛交叉轮流举办，每项竞赛两年举办一届，“挑战杯”系列竞赛被誉为中国大学生科技创新和创业的“奥林匹克”盛会，是国内大学生最关注最热门的全国性竞赛，也是全国最具代表性、权威性、示范性、导向性的大学生竞赛。

（3）全国大学生数学建模竞赛

中国工业与应用数学学会于1992年创办，目前已发展成为全国高校规模最大的基础性学科竞赛，也是世界上规模最大的数学建模竞赛。面向全国高校各专业大学生，每年9月举行一届，组委会设在清华大学数学科学系。天职师大数学建模协会为全校各专业学生搭建了数学建模能力训练与思想交流平台，每年选拔队员参加该项竞赛并屡获佳绩，2018年获得全国高校“百强学生社团”称号。

（4）全国大学生电子设计竞赛

教育部和工信部主办，每两年举办一届（单数年9月，赛期四天三夜），运作模式特点为“政府主办、专家主导、学生主体、社会参与”。竞赛内容既注重理论设计，又注重实际制作，并积极鼓励各赛区和各高校适时组织开展区域级（华东、华南、华北、华中、西北、西南）和校级竞赛。全国竞赛组委会成员由教育部高教司任命，新一届组委会主任为中国科学院院士徐宗本教授，组委会秘书处设在西安交通大学。天职师大非常重视该赛项，引导和鼓励电类专业学生积极参加并屡获佳绩（全国一等奖、全国二等奖）。

（5）全国大学生机械创新设计竞赛

教育部高等学校机械学科教学指导委员会主办，各高校申请承办。每两年举办一届。竞赛内容既注重创新设计意识，也注重机械设计实践及工艺制作。该竞赛的特点是"实物参赛、机电结合、系统训练、创新应用"。每届都有不同主题，其中第九届（2020年9月西南交大）的主题为“智慧家居，幸福家庭”。

（6）中国大学生工程实践与创新能力大赛（前身为工程训练综合能力竞赛）

教育部工程训练教学指导委员会主办，各高校工程训练中心申请承办，每年举办一届。该赛项是加强新工科人才培养、推动工程科技创新的重要载体，在工程“训练”基础上，突出“实践”和“创新”。该竞赛的特点是选手在规定时间内完成作品的设计、制作与调试。每届设置多个赛道及10余个赛项。2021年全国总决赛开幕式在清华大学举办，设置工程基础、“智能+”、虚拟仿真等3个赛道、11个赛项，全国26个赛点实时同步“分布式云竞赛”，全国2 000余名选手角逐500余项奖项。各高校（尤其应用型高校）都十分重视该赛项，以竞赛促进工程实践能力训练，层层选拔参赛选手，全力创造佳绩。天职师大工程实训中心充分发挥自身优势（场地、设备、材料、师资等），积极组织参赛并争取举办权，成为第六届（2021）天津赛点并获得优秀组织奖，六支代表队也取得了骄人的成绩（4个金奖，2个银奖）。

（7）全国职业院校技能大赛

教育部发起并牵头，联合国务院有关部委（人社部、财政部、工信部、国资委、团中央、总工会等）以及有关行业（中国机械工业联合会等）、学术团体（中华职业教育社和中国职业教育学会等）和地方政府（天津市政府等）共同举办的一项公益性、全国性职业院校学生综合技能竞赛活动，每年举办一届，统一使用“中国技能（ChinaSkills）”五角星大赛标识。该赛项开幕式固定在天津举行，通常与全国职业教育活动周启动仪式一并举行（每年 6 月）。赛项几乎覆盖职业院校所有专业大类（农林牧渔、资源环境与安全、能源动力与材料、土木建筑、装备制造、生物与化工、轻工纺织、交通运输、电子与信息、医药卫生、财经商贸、旅游大类、文化艺术、教育与体育、公共管理与服务）。为全国职业院校“以赛促学、以赛促教”树立了标杆，对高技能人才培养发挥着引领作用，对技能型人才培养质量也起到了检验作用。

（8）世界技能大赛（WorldSkills）及其中国选拔赛

世界技能组织（WorldSkills International）主办，是最高层级的世界性职业技能赛事，被誉为“世界技能奥林匹克”。每两年举办一届。赛项涵盖运输与物流（飞机维修、汽车技术等）、结构与建筑技术（砌砖、瓷砖贴面、家具制造、电气技术、制冷技术等）、制造与工程技术（数控铣削、金属加工、模具制造、工业控制、机电一体化、移动机器人、自动化技术等）、创意艺术与时尚（服装设计与加工、平面设计、商品展示设计等）、信息与通信技术（信息网络技术、网页设计等）和社会与个人服务（美容、烹饪等）等领域（赛项每届都会有所调整）。中国自第 41 届（2011・英国伦敦）开始派团参赛，成绩一届比一届好。第 45 届（2019·俄罗斯喀山）参加全部项目比赛，共获得 16 金 14 银 5 铜和 17 个优胜奖，取得三个第一名（金牌榜、奖牌榜、团体总分）的历史最好成绩。我国上海又获得 2026 年世界技能大赛举办权。

为充分发挥世界技能大赛（简称世赛）的引领作用，为参加新一届世赛选拔优秀选手，世界技能大赛中国组委会发起（主办）世界技能大赛中国选拔赛，并在全国逐渐形成了各学校、各省（市）层层选拔世赛选手的格局，将“对接世界技能大赛，提升国内竞赛质量”落到了实处。

2012 年 5 月，国家人力资源和社会保障部和天津市人民政府在天职师大成立世界技能大赛中国（天津）研究中心，开展职业技能竞赛相关理论、方法以及竞赛组织管理、培训指导等方面研究，为提高我国参赛选手的竞赛水平起到了重要作用。

2. 应用型高校学科（专业）技能竞赛组织指导

根据天职师大和天津中德等高校的经验，应用型高校若想在相关竞赛中取得好成绩，必须做到“领导重视”、“政策有力”、“组织得当”和“指导有方”。

（1）领导重视

学校各级领导，各职能部门（团委、教务处、学生处、科研处、工程训练中心）都要高度重视竞赛，关心竞赛，及时研究解决竞赛组织者、参赛选手和指导教师遇到的各种问题，为备赛参赛保驾护航。

（2）政策有力

学校和学院（系）要制定各种鼓励参加竞赛，激励创造佳绩的政策措施，充分调动学生和教师两方面的积极性，让参赛者感到光荣，让获奖者见到利益（选手和指导教师）。

（3）组织得当

学校相关部门（尤其竞赛组织者）要熟悉相关竞赛的内容、规则、特点、赛期、时间等等，就选拔选手与组队、赛前训练以及条件保障等做出妥善安排，为竞赛提供周到服务，确保参赛过程顺畅。

（4）指导有方

学校和学院（系）要建立一支热衷于竞赛指导，熟悉本校学生情况的指导教师队伍，并通过坚持不懈的努力，培养锻炼出若干名“金牌教练”。竞赛指导教师应持续跟踪研究相关竞赛，不断积累竞赛经验，提升竞赛指导水平；应研究参赛选手个性特征，把握选手心理特点，加强科学引导，注重唤醒创新意识，激发创造潜能，增强创新能力；应结合赛项内容和规则特点组建参赛团队（团体项目），促进团队的磨合和成长，不断提升团队协同协作水平。为整体提升竞赛指导水平，还应采用团队指导方式，由不同学科（专业）、不同专长的指导教师组成指导团队（组），对竞赛选手（团队）进行分项指导。如电子设计竞赛，可由擅长分析计算、擅长设计（电路及程序）和擅长撰写设计说明书的三位指导教师组成指导团队（组），进行赛前训练指导。

第15篇 课程建设

课程是高校教育教学的核心环节，课程建设是学校教学基本建设的重要内容，也是高校教师必须承担的重要任务。本篇专门谈谈应用型高校课程建设，包括高校课程建设概要、应用型高校课程建设特色和提升课程建设能力与水平三项内容。旨在使应用型高校教师（尤其新入职教师）提高对课程建设重要性的认识，熟悉应用型高校课程建设的原则、内容、途径、方法及要求，注重提升自身课程建设的能力与水平。

15.1 高校课程建设概要

1. 课程及其地位

在《中国大百科全书·教育》中，广义的课程指所有学科或所有教育教学活动的总和，而狭义的课程则指一门学科（教学科目）或一类教育教学活动。本篇所谈课程建设主要针对狭义的课程，即通常所说的单门课程。

由于课程表现形式的复杂性、观察角度的多维性、研究方法的多样性，导致课程的定义至今尚未统一。有些课程论专家把课程定义为教学过程要达到的目标（预期结果）以及教学（学习）计划；有些教育专家（如美国教育家杜威）则把课程视为学生在教师指导下所获得的经验或体验以及学生自发获得的经验或体验。因而就有了“课程即教材”、“课程即活动”和“课程即经验”等说法。随着课程内容和形式的不断演进，随着人们对课程的认识不断深化，相信课程的定义也会逐步地科学化、合理化、精准化。

虽然课程的定义目前尚未统一，但对课程的核心地位已形成普遍共识，具体表述为：

① 课程是高校落实“立德树人”根本任务的重要载体，是高校人才培养的核心要素，是高校教育教学的核心环节。

② 课程既包括教师的“教”，也包括学生的“学”，是高校教育教学活动的基本单位，是提高学生学业水平的关键性要素。

③ 课程是高校各类教育教学活动的总体构思和设计蓝图，课程建设关乎高校人才培养质量与水平，是高校内涵建设的核心要素和重要抓手。

2. 课程基本要素

课程的基本要素分别是“课程目标”、“课程内容”、“课程实施”和“课程评价”。这

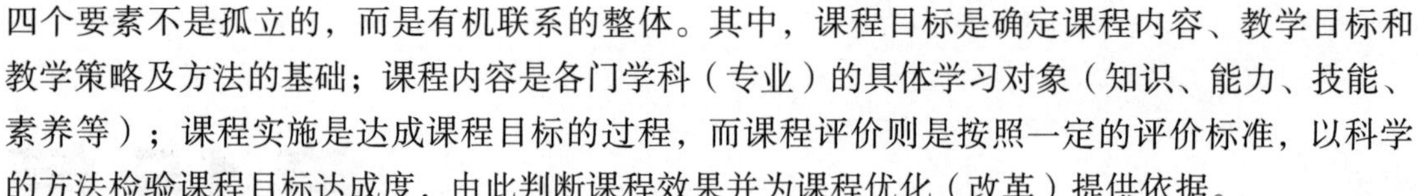

四个要素不是孤立的，而是有机联系的整体。其中，课程目标是确定课程内容、教学目标和教学策略及方法的基础；课程内容是各门学科（专业）的具体学习对象（知识、能力、技能、素养等）；课程实施是达成课程目标的过程，而课程评价则是按照一定的评价标准，以科学的方法检验课程目标达成度，由此判断课程效果并为课程优化（改革）提供依据。

3. 课程建设内容

课程建设就是遵循先进教育教学理念，对四个课程要素进行建构（新开课程）或调整优化（已开课程）。此外，还应包括课程团队建设和保障条件建设。由于课程目标、课程内容、课程评价和条件保障均呈现体系化特征，因此，“课程目标体系”、“课程内容体系”、“课程实施方案”、“课程评价体系”、“课程团队”和“条件保障体系”就成为课程建设的六项基本内容。具体阐述如下：

（1）课程目标体系

根据立德树人根本任务和育人与育才相统一原则，课程目标体系应包含“知识与技能”、“过程与方法”和“情感态度与价值观”三个维度（三维目标）。每门课程都须明确每个维度应该达到的具体目标（细化为若干小目标）。这些具体目标对构建或调整优化课程内容和课程实施方案应该发挥指导作用，这些具体目标的达成度应该在课程评价中得到检验（考核内容全覆盖）。课程目标体系建设的成果，通常在课程教学大纲（课程标准）、教案等教学文档中予以体现。

（2）课程内容体系

课程内容体系包括特定领域的概念、原理、事实、技能、方法、策略、态度及价值观念等，通常由教材体现或决定，因而构建课程内容体系主要通过教材建设来实现。教材是教师和学生据以进行教学活动的材料，主要指教科书（出版物），还包括参考资料和活动指导书（尤其实践环节指导书）等。如果相关出版教材较多，其内容体系与课程内容体系基本匹配，可从中选择匹配度最高者；若暂时没有合适的出版教材，则需要自行编写讲义和指导书（按照校本教材规范），待条件成熟时，再编写出版教材并进行推广。

（3）课程实施方案

针对新开课程，需要科学构建其实施方案，以期高效达成课程目标。针对已开设课程，需要认真审视原有实施方案，针对所存在的问题或与新课程目标体系不相适应之处，进行调整优化，必要时则须重构。课程实施方案构建或调整优化主要通过编制或修订教学大纲（课程标准）、编制或修订授课计划（教学安排）、编写或完善教案来实现。包括教学重点确立、教学难点分析、教学策略与教学方法选择、教学活动形式与内容设计。课堂教学与实践教学关系建立，以及课时分配等。

（4）课程评价体系

课程评价体系建设包括评价主体确立、评价标准体系构建和评价方式方法选用三个方面。按照以学生为中心的课程观，评价主体必须多元（自我评价、小组互评、教师评价、校外评价等），评价标准体系必须全面立体，覆盖课程目标体系中各项具体目标，评价方式必须兼顾过程性评价和结果性评价，具有系统性、动态性、多样性，且贯穿于理论教学和实践教学全过程，能够全面、客观、公平地评价学生的能力与水平，切实起到促进学生发展的作用。除此之外，还要建立评价结果反馈机制，促使学生依据评价结果总结和改进，促进自我管理和自主学习能力提升。

（5）课程团队建设

就班级教学而言，每门课程由 1 名教师承担教学任务。而就课程建设而言，每门课程都应该有 1 个教师团队支撑（尤其专业基础课程、专业核心课程和主要实践课程），依靠团队的智慧进行课程建设，依靠团队力量实施课程教学，以全面达成课程目标。鉴于每个课程团队相当于师资集合中的子集（每名教师可以参加若干个课程团队），课程团队建设自然就成为师资队伍建设的重要内容。

（6）条件保障体系

条件保障体系建设主要包括以下三项内容：

① 实践条件建设——课程内容通常涉及实践环节（应用型高校尤其如此），充足而完善的实践条件（设备、场地、材料、经费等）是达成课程目标所必需的条件。

② 教学资源建设——课程实施对教学资源有着很强的依赖性，尤其在信息化社会和多媒体时代，要求教学资源内容具有丰富性、呈现方式具有多样性、运用方式具有灵活性。

③ 合作关系建设——课程内容与课程实施若涉及校外合作（如产教融合课程），稳固而良好的合作关系则成为达成课程目标所必需的条件。

4. 课程建设步骤

课程建设应从制订或修订人才培养方案开始，以构建科学合理的课程体系，建立符合内在逻辑和认知规律的课程序化关系，形成对本专业 12 项毕业要求（培养质量要求）全面有效的支撑。本书在培养方案篇（第 4 篇）对此已做过全面阐述。本篇所谈课程建设步骤，是建立在课程设置及其序化和学时数都已经明确的基础之上，专门针对课程体系之中某单门课程的建设。具体阐述如下：

（1）课程目标体系构建

根据人才培养方案中的实现矩阵（若建立了每门课程的关联矩阵则更为理想），明确本门课程对 12 项毕业要求的支撑作用（该课程的地位和作用），提炼出三维课程目标体系中的各项具体目标，并根据支撑强度（强、中、弱）给予具体描述。通常还需要就行业岗位及就业单位的具体要求（涉及本门课程）进行深入调研，使课程目标更加明确、更加具体。

（2）课程内容体系构建（教材建设）

根据本门课程目标体系以及特定专业课程体系序化结果（先修课程、同步课程、后续课程），构建课程内容体系（理论体系、实践体系、教学活动等），并为各部分内容分配恰当的学时；在此期间需要进行教材调研和参考资料搜集，如果能够找到合适的出版教材和参考资料，则可以加快内容体系构建速度。若确定找不到合适的出版教材（实践课程往往如此），则应根据所构建的课程内容体系，编写讲义和实践指导书。

（3）课程考核评价方案制定

针对课程目标与课程内容体系，根据课程类型以及规定的考核类型（考试、考查），制定课程考核方案，确定考核方式（过程考核、结果考核）以及具体考核办法，制定评价标准、选择或自行设计试题（库）、确定成绩评定方式等。

（4）教学大纲（课程标准）编制

按照学校统一制定的课程教学大纲（课程标准）模板（格式与内容规范），编制课程教学大纲（课程标准），对课程目标体系、课程内容体系和课程评价体系（考核评价方案）建设

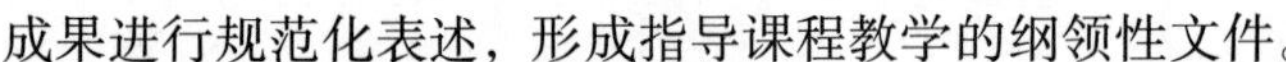

成果进行规范化表述，形成指导课程教学的纲领性文件。

（5）课程教学实施方案制定

根据课程教学大纲（课程标准）进行教学实施方案设计，采用学校统一制定的教案模板编写课程教案。根据本门课程在特定专业课程体系中的地位、作用及责任，确定本门课程和每个课次的教学重点，根据课程内容难度以及学生特点（学情分析），确定本门课程和每个课次的教学难点，并从高效达成整门课程及每个课次的教学目标出发，精心安排每个课次的教学内容与教学环节，设计多样化的教学活动，选择适切的教学策略与教学方法。

（6）课程教学条件建设

课程教学条件建设涉及面较广，课程团队应在课程内容体系和课程实施方案确定之后，明确课程条件要求（场地、设备、材料、经费等），并在认真调研的基础上，提出课程教学条件建设方案（尤其实践环节）；还应根据课程教学实施方案，开展课程教学资源建设，收集整理一切有助于教学活动的资料（图片、视频、动画、教具、案例等）；如果课程内容和课程实施涉及对外合作（实习课程等产教融合课程），则还需要寻求适宜的合作对象（企事业单位），建立稳固的合作关系。

（7）课程教学文档与课程档案建设

课程教学各类文档须按照学校相关规定进行编制和整理，还要按照学校班级课程教学档案管理规定进行档案资料整理，确保项目齐全、内容规范。

（8）建立反馈与持续改进机制

建立反馈与持续改进机制是课程建设不可忽视的重要方面。只有建立了制度化的反馈机制，才能及时发现课程中的问题，只有建立了持续改进机制，才能够不断提升课程教学质量，从而对实现 12 项毕业要求切实起到支撑作用。

5. “双万”课程建设计划

教育部 2019 年 10 月颁布的《关于一流本科课程建设的实施意见》（简称《实施意见》），标志着一流本科课程建设工程正式启动。教育部主导建设万门左右国家级一流本科课程，同时要求地方教育主管部门制定省级一流本科课程建设实施方案，再建设万门左右省级一流本科课程。因此，该计划也被称为“双万”课程建设计划。目前，全国高校一流课程建设方兴未艾，逐步形成国家级、省级、校级分层次建设格局。

教育部《实施意见》强调以新理念引领一流本科课程建设。推动课程思政理念形成广泛共识，构建全员全程全方位育人大格局；确立学生中心、产出导向、持续改进的理念。

教育部《实施意见》强调以目标为导向加强课程建设。立足经济社会发展需求和人才培养目标，优化重构教学内容与课程体系，破除课程千校一面，杜绝必修课因人设课，淘汰“水课”，立起课程建设新标杆。

教育部《实施意见》强调坚持分类建设。依据高校办学定位和人才培养目标定位，建设适应创新型、复合型、应用型人才培养需要的一流本科课程，实现不同类型高校一流本科课程建设全覆盖。

教育部《实施意见》还强调聚焦新工科、新医科、新农科、新文科建设，体现多学科思维融合、产业技术与学科理论融合、跨专业能力融合、多学科项目实践融合，建设一批培养创新型、复合型人才的一流本科课程；也强调服务区域经济社会发展主战场，深化产教融合协同育人，建设一批培养应用型人才的一流本科课程。

教育部《实施意见》提出的一流本科课程分为“线下”、“线上”、“线上线下混合”、“虚拟仿真”和“社会实践”五种类型（俗称“五金课程”）。建设标准被概括为高阶性、创新性、挑战度（俗称“两性一度”）。

教育部《实施意见》虽然只针对本科课程，但对应用型高校所有课程（包括高职课程）的建设都具有引领方向、树立标杆、规范标准的重要作用。

6. 工程教育认证

由于应用型高校绝大部分专业都属于工程教育范畴，在教育部《实施意见》和 2018 年颁布的《本科专业教学质量国家标准》（分专业大类）中提到的“学生中心、产出导向、持续改进”核心理念以及 12 项毕业标准均来自工程教育认证标准，目前越来越多的应用型高校都在积极准备申请认证，某些应用型高校的优势专业已经通过了认证。因此，应用型高校教师应该对工程教育认证有所了解，并将工程教育认证标准引入专业建设和课程建设之中。

（1）《华盛顿协议》

1989 年由美国、英国、加拿大、爱尔兰、澳大利亚、新西兰六个国家的工程专业团体发起成立，旨在建立共同认可的工程教育认证体系，实现各国工程教育水准的实质等效，促进工程教育质量共同提高，为工程师资格国际互认奠定基础。目前已发展成为国际上最具影响力的工程教育学位互认协议之一。

《华盛顿协议》所有签约成员均为本国（地区）政府授权的、独立的非政府专业性团体。2016 年 6 月，我国正式加入《华盛顿协议》，目前其正式成员有美国、英国、加拿大、爱尔兰、澳大利亚、新西兰、中国、印度、日本、韩国、马来西亚、俄罗斯、新加坡、南非、斯里兰卡、土耳其，预备成员有孟加拉国、哥斯达黎加、墨西哥、巴基斯坦、秘鲁、菲律宾。

（2）我国工程教育认证体系

2015 年 4 月，教育部主管的中国工程教育专业认证协会（中国科协团体会员）正式成立，中国工程教育认证工作由该协会全面负责组织实施。该协会的英文名称为 China Engineering Education Accreditation Association，缩写为 CEEAA。中国成为《华盛顿协议》正式成员之后（该协会为成员组织），通过认证的工科专业，毕业生取得的学位可以得到《华盛顿协议》所有成员组织认可。

工程教育认证分为“学校申请及受理”、“学校自评及提交报告”、“自评报告审阅”、“现场考查”、“审议并做出认证结论”和“认证状态保持”六个阶段。认证结论分为“通过”、“有条件通过”和“不通过”三种。有效期均为 6 年。“有条件通过”表示虽达到标准要求，但尚存在问题或需关注事项，必须在第 3 年提交改进报告，认证协会依据改进情况决定保持 6 年有效或中止有效。“不通过”专业 1 年之后可再次申请。

我国工程教育认证对专业建设和课程建设之所以会产生重要影响，是因为有一套国际实质等效的认证标准体系（各专业均适用的通用标准 + 专业大类补充标准）。这套标准体系参照《华盛顿协议》国际工程人才培养基本框架并结合中国实际（尤其立德树人要求）制定而成，所倡导的立德树人、行业企业协同育人、学生能力产出导向等重要理念，在高等教育界所产生的影响已经超越了工程教育范畴，有力推动了高等教育改革。该标准体系提出的 12 条毕业要求（见本书培养方案篇 4.3）已被广泛采用，成为高校各专业（不限于工科）制订和修订人才培养方

案以及课程建设的重要参考依据。

我国工程教育认证针对20个专业大类，涉及七个方面。20个专业大类分别是机械类、计算机类、化工与制药和生物工程类及相关专业、水利类、环境类、安全科学与工程类、电子信息与电气工程类、交通运输类、矿业类、食品科学与工程类、材料类、仪器类、测绘地理信息类、地质类、纺织类、核工程类、土木类、兵器类、能源动力类、轻工类；七个方面分别是“学生”、“培养目标”、“毕业要求”、“持续改进”、“课程体系”、“师资队伍”和“支撑条件”。

【推荐阅读】中国工程教育专业认证协会秘书处.工程教育认证通用标准解读及使用指南（2020版，试行）.

15.2 应用型高校课程建设特色

1. 应用型高校课程特点

高校课程一般分为公共基础课、学科（专业）基础课、专业课、实践课等类型。应用型高校着重培养社会各行业（尤其现代制造业）急需的高级应用型和技能型人才，其办学特色应该通过课程体系和课程类型的特点予以体现，人才培养目标也必须通过课程建设和课程教学来实现。

（1）课程体系特点

应用型高校各专业课程体系应与相关行业岗位能力需求相适应，突出应用性和实践性。课程体系的特点之一是，实践类课程种类多，门数多，学时占比大（普遍接近甚至超过总学时的50%）；特点之二是，增加了理实一体化和产教融合两类特色课程。

（2）特色课程类型

理实一体化课程遵循知行合一理念，采用理实一体化教学模式，强调理论与实践相融合，是应用型高校独特的、应该重点建设的课程类型；产教融合类课程实行校企共建，把行业标准、工艺流程、典型设备、工程案例等资源引入课程之中，把课堂延伸到合作单位（行业企业等），聘请行业专家任课，十分有利于应用型和技能型人才培养，也是应用型高校必须重点建设的课程类型。

2. 应用型高校课程建设原则

按照培养德智体美劳全面发展的社会主义建设者和接班人总目标，结合高级应用型人才培养特点所确立的应用型高校课程建设原则主要有以下八条（八项原则）。具体说明如下：

（1）立德树人原则

任何课程建设都要构建三维课程目标体系，实现育人与育才相统一，把课程思政落实到课程建设的各个方面（各个要素）。

（2）学生中心原则

学生中心既是课程建设所秉持的理念，也是课程建设应该坚持的原则，必须在课程建设的各个方面得以体现。

（3）产出导向原则

产出导向既是课程建设所秉持的理念，也是课程建设应该坚持的原则，无论人才培养方案制（修）订（课程体系建设），还是其中单门课程的建设，都应该遵循“反向设计、正向实施”。详见本书第 2 篇（教学理念）图 2.1。

（4）产教融合原则

建设大批反映行业（企业）岗位工作的课程是应用型高校课程建设的重中之重。为此，必须坚持产教融合原则，实现课程内容与行业岗位工作紧密对接，实现行业工作（工艺）流程课程化、行业岗位能力（技能）课程化等，并依靠深化校企合作，增强课程团队实力（尤其企业实践能力），为应用性课程（尤其实践类课程）提供条件保障。

（5）示范引领原则

应用型高校设立各类校级课程建设或研究项目，推荐申报省（市）级和国家级课程建设或研究项目（一流课程、优质课程、示范课程、课程思政建设等）都应坚持示范引领原则。选择示范引领作用强的课程建设或研究项目给予立项支持或推荐申报（校级以上项目往往需要学校推荐）。以树立课程建设标杆，打造优质特色课程品牌。

（6）特色发展原则

特色是应用型高校的立校之本、强校之基。因此，应用型高校课程建设也必须坚持特色发展原则。不仅课程体系构建要体现学校特色，而且每门课程的建设（尤其专业基础课、专业课、实践课等）都必须体现学校办学特色，体现行业特色，体现师资特色，形成“人无我有、人有我优、人优我特”的课程建设与发展格局。

（7）团队建设原则

应用型高校课程建设不能视为任课教师个人行为，必须坚持团队建设原则。充分发挥团队集体作用，集思广益，协同协作，取长补短，确保课程建设质量和课程教学质量，同时促进课程团队整体实力与水平提升。

（8）持续改进原则

课程建设是连续性工作，不仅包含新课程开发，还包括课程建设成果的应用、推广以及课程各方面（各要素）的持续优化。因此，必须坚持持续改进原则。注重构建可持续发展的目标体系、内容体系和评价体系架构，建立调整优化的机制，推动课程建设和课程教学质量不断提升。

3. 应用型高校课程建设特点

应用型高校课程建设步骤以及建设成果形式与其他高校别无二致。但建设途径、建设内容、建设重点则应体现应用型高校特色。具体阐述如下：

（1）反向设计与岗位调研

遵照产出导向理念，无论培养方案篇（第 4 篇）所谈课程体系构建还是本篇所谈单门课程建设都应该采取“反向设计，正向实施”。如果人才培养方案中给出的支撑关联矩阵不够细化，则在单门课程建设时就必须进一步细化。具体来讲，就是要明确所建单门课程对 12 项毕业要求及其细化指标的支撑作用以及支撑强度（强、中、弱）。假设 12 项要求（一级指标）每项都有 3 个细化指标（二级指标），则某课程支撑关联矩阵必须细化到如图 15.1 所示程度。在此过程中，应该针对所建课程对应的产业链及岗位群的需求（知识、能力、技能、素养）开展认真调研，在依据充足的情况下，慎重确定支撑作用以及支撑强度。

课程名称	某专业毕业要求（12项）															
	1			2			3			…	11			12		
	1.1	1.2	1.3	2.1	2.2	2.3	3.1	3.2	3.3	…	11.1	11.2	11.3	12.1	12.2	12.3
	H	M	L	M	-	L	H	L	-	…	M	-	-	H	M	L
	【注】H_支撑作用强；M_支撑作用中等；L_支撑作用弱；-无支撑作用															

图 15.1　课程支撑关联矩阵示意

（2）课程目标体现产出导向

应用型高校课程目标体系应充分体现产出导向理念，必须依据图 15.1 所示课程支撑关联矩阵构建课程目标体系。具体方法就是从矩阵中找出存在支撑关系的指标项（二级指标），分别归到三维课程目标（知识与技能、过程与方法、情感态度与价值观）之中，形成三维目标体系中的各项具体目标。依据支撑强度（HML）并结合课程内容，具体描述为“理解、掌握、熟悉”（强支撑）、“了解、知晓”（中支撑）或“一般了解、有所了解”（弱支撑）。

（3）课程实施体现学生中心

应用型高校课程实施方案应充分体现学生中心理念，坚持育人与育才统一原则，注重激发学习兴趣，注重调动学习积极性，注重能力和技能培养，注重创新意识和创新能力培养，注重构建课程学习共同体，自觉实现教师角色转换，彻底摒弃灌输式教学。坚持理论与实践相结合、课内与课外相结合，线上与线下相结合，设计多样化教学活动，充分利用信息技术手段和网络资源，采取先进适切的教学模式、教学策略和教学方法，认真分析学情（生源）特点，牢牢抓住因材施教和自主学习两个关键，确保高效达成课程教学目标。

（4）课程评价以能力为导向

课程目标达成度是毕业要求达成度的基础（基本单元）。鉴于应用型高校注重专业能力和岗位技能培养，课程目标达成度评价（课程评价）应该以能力为导向，根据课程类型特点，分别考察学生的逻辑思维能力、分析和解决问题能力、专业实践能力、岗位工作能力、创新能力、自主学习能力，交流沟通能力、协同协作能力等。充分发挥课程评价的“指挥棒”作用，促进学生提升相关能力和技能，促进学生全面发展。

（5）条件建设侧重实践教学

应用型高校注重实践教学，条件建设须与此相适应，把实践教学条件建设作为课程建设的重要内容。不仅校内实验室和实训室的场地、设备、工量具、材料等应满足实验实训教学需要，还须引入虚拟仿真技术和虚拟仿真系统，积极开展与行业产业链对接的仿真训练（三维仿真、半实物仿真、数字孪生等），为学生充分开展实践锻炼创造优越条件。此外，还应充分利用信息化管理手段，实行实践教学场所开放式运行，有效提高其利用率，充分发挥其效能。

（6）注重知行体系教材开发

教材是课程内容（知识与技能）及教学方法的载体，自然是课程建设的重要内容。著名高等教育专家潘懋元教授指出，由于应用型人才既要有宽厚的理论基础，又要具备较强的动手能力，因此教材建设既要考虑为学生搭建可塑性的知识框架，又要从实践知识出发，建立理论知识与实践知识的双向互动关系。这种理论知识与实践知识双向互动的教材，可称之“知行体系教材”。虽然知行体系教材适于应用型高校已经达成共识，但目前出版的教材主要集中于理论体系教材（适用于学术型人才培养）和工作体系教材（适用于职业技能型人才培养），真正称得上知行体系教材的鲜有出版（稀缺）。因此，应用型高校在课程建设中，必须注重知行体系教材开发（尤其鼓励校企合作开发），先从编写讲义和实践指导书（按校本教材规范）起步，经过试用及修改完善，适时出版发行并推广应用。

（7）注重理实一体化课程建设

理实一体化课程是应用型高校特色的重要体现，理应成为应用型高校课程建设的重点。该类型课程须体现知行合一理念，实现学生"做中学、学中做"，实现教师"做中教、教中做"，达到理论与实践相融合的要求。理实一体化课程一般采用项目式教学，建设重点应放在以下两方面：

① 理论知识分散于具体项目之中（知识点），容易形成碎片化，不利于理论知识的系统性学习。需要在项目选择、活动安排及其序化等方面动脑筋、想办法，使理论知识的系统性与项目活动的连贯性得到很好兼顾。

② 项目实践活动方式与知识学习方式存在矛盾，容易造成"两张皮"现象。需要在项目实践活动设计，知识学习方式选择，以及内容安排和场景切换等方面寻求突破，促使理论与实践有机结合，让获取理论知识与培养实践能力相互促进、相得益彰，双双取得高效率。

（8）突出产教融合及对外合作

产教融合是应用型高校课程建设的重中之重，其最佳状态就是构建"人才培养共同体"（协同育人）。不仅要邀请行业专家参加专业建设委员会，共同制定专业人才培养方案（构建课程体系），而且要合作建设产教融合类课程，共同开发知行体系教材，分享产业教育资源（真实情境、设备工艺、案例标准、技术人才等），从而实现应用型人才供给侧与行业产业需求侧的有效对接。为此，应用型高校必须与对口行业企（事）业单位建立稳固的合作关系。这种合作关系通常按专业而建，每个合作单位对特定专业若干门课程建设及教学给予支持、开展合作。

15.3　提升课程建设能力与水平

每一名高校教师都会面对课程建设问题，都必须承担课程建设任务，因此，应该注重提升自身的课程建设能力与水平，以适应高校教师岗位工作要求。为此提出以下建议供参考：

1. 更新观念，提高认识

应用型高校教师首先必须更新观念，在先进教育教学理念的引领下开展课程建设。

① 要坚守立德树人根本，坚持课程育人与课程育才相统一，自觉把思政元素融入课程内容之中，把思政教育融入专业教学活动之中。

② 要坚持以学生为中心，把教师的角色定位于学习的引导者、教学活动的组织者、注重激发兴趣、传授方法、培养能力、塑造品质。

③ 要转变灌输式教学方式，习惯于采用启发式和探究式教学方式，着重培养分析问题解决问题能力，培养创新意识、批判思维和创新能力，培养自主学习能力。

④ 要转变传统的结果性评价方式，采用多元主体评价，注重过程性评价与结果性评价相结合，力求评价全面客观，力求促进学生发展。

⑤ 要坚持产出导向理念，按照社会（行业岗位、产业链）对人才的需求反向设计课程体系，并按照单门课程对人才培养目标（毕业要求）的支撑关系，设定课程目标、构建课程内容以及评价标准。

⑥ 要秉持持续改进理念，持续开展课程建设，不断优化课程内容、改进课程实施过程，改善教学条件，让课程建设永远在路上。

2. 积极参与、扎实工作

人才培养是高校的首要职能，课程教学（俗称“上课”）是每位高校教师（包括知名教授）必须承担的工作。而课程建设是所有教学工作（备课、上课、考核）的基础。只有把课建好，才能把课上好，只有把人才培养方案（教学进程表）设置的每门课程建设好，才能对 12 项毕业要求形成全面有效支撑，才能最终达成人才培养目标。

因此，应用型高校每一位教师都不能置身于课程建设之外，而应该积极投入到课程建设之中（主持或参与），发挥自己的聪明才智，贡献自己的一份力量，并注重在课程建设过程中与课程团队成员交流互鉴，不断提升自身的课程建设能力与水平。

高校课程建设通常是以课程建设（开发或研究）项目形式展开的（一流课程建设项目、优质课程建设项目、特色课程建设项目、课程思政建设项目、理实一体化课程建设项目等）。应用型高校教师无论主持还是参与课程建设，无论扮演项目负责人角色还是项目组成员角色，都应该贯彻课程建设理念，坚持课程建设原则，按照课程建设的路径和方法，扎扎实实地做好课程建设各方面工作，切实保证课程建设质量。

3. 循序渐进、持续提升

应用型高校教师主持或参与课程建设工作通常会遇到三种情形。其一，已开设课程调整优化；其二，新开设课程教学设计；其三，开发全新课程。第一种情形仅针对课程部分要素或局部环节进行调整优化，难度相对较小，工作量相对较轻，重要性相对较弱。但却是经常性的、持续性的课程建设工作；第二种情形基于已有课程教学大纲（课程标准），需要全面进行教学设计，编制各种教学文档（教案、授课计划、实践指导书、考核方案等），工作量相对较大，对课程建设能力要求较高；第三种情形没有任何建设基础，需要从课程支撑关联矩阵（甚至需要通过相关调研建立课程支撑关联矩阵）为起点进行课程建设，难度和工作量都最大，对课程建设能力要求也最高。

应用型高校教师应该循着“第一种情形课程建设→第二种情形课程建设→第三种情形课程建设”的路径，在课程教学、课程研究、课程建设的实践中，逐步积累经验，不断迎接挑战，持续进阶发展，不断提升能力与水平。

4. 勤于研究、精于思考

应用型高校开展课程建设具有很强的目的性和针对性，课程建设或研究项目都强调以问题为导向。因此，应用型高校教师应该在完成日常教学任务的同时，注意发现问题并及时进行研究分析和归纳总结，养成善于发现、勤于研究、精于思考的良好职业习惯。对于课程建设或研究而言，能够透过现象看本质，具有全局思维能力和系统解决问题能力非常重要。

（1）能够透过现象看本质

透过现象看本质，就是不被事物的表象所迷惑，而应关注事物发生的前因后果，看到事物背后的运作逻辑，善于抓住事物的本质。高校教师在课程教学中所发现的各种问题，背后往往都有复杂而深刻的原因，因此绝不能停留在对现象的认识上，而应该在先进教育教学理念引领下进行认真研究分析，善于透过问题的表象看到问题的本质，找准问题的根源，采取有效的方法彻底予以解决。

（2）全局思维、系统解决

全局思维也称系统思维，就是能够从局部看到全局，从事物之间的联系中发现问题，并以全局观点分析问题，采取系统性方法解决问题。高校教师在教学中遇到的问题虽然具有局部特征，但产生问题的原因往往是复杂的、涉及面很广的、带有全局性的。因而必须采用全局思维方式进行分析研究，并系统性解决问题。而不能头痛医头、脚痛医脚。

5. 积极申报课程建设或研究项目

积极申报各级各类课程建设或研究项目对于提升课程建设能力与水平非常重要。项目申报（填报申报书）的经历、专家评审（答辩）的过程，尤其是项目实施的过程，都是极好的学习和锻炼机会。应用型高校教师应该抓住机遇，挑战自我，一次申报不成功，就总结经验，寻找不足，下次再来，机会总是留给有准备的人，只要坚持不懈，就一定能够成功。当然，申报课程建设或研究项目要符合资格条件（技术职务等），还要有前期工作或研究基础，新教师应该先加入课程团队，从扮演团队成员（项目组成员）角色起步，通过一个个课程建设或研究项目实践，积累经验，获得感悟，增强能力，待条件成熟之时，再领衔申报课程建设或研究项目（项目主持人），经受更大的锻炼和考验，使课程建设能力与水平得到进一步跃升。

当然，申报课程建设或研究项目（课题）需要熟悉申报要领，所填写的申报书不仅格式须合规，内容应简明扼要，而且要把话说到点上，其科学性、合理性、创新性和可行性四方面都能得到评审专家的认同。就此提出以下 10 条建议供参考：

（1）类型熟悉、地位明确

项目申报人不仅应知晓所要建设或研究课程的类型属性，而且要熟悉此类型课程的特点与建设方法。为此应认真阅读人才培养方案，尤其要对其中的课程设置（课程体系）以及教学进程（表）进行认真分析，真正做到对该课程在人才培养方案中的地位以及对于人才培养的重要性了然于胸。

（2）目标清晰，针对性强

任何课程建设或研究项目都必须有清晰的目标，都必须有所针对的问题，否则建设或研究就失去了意义，迷失了方向。因此，一定要理清思路并准确清晰地表达建设或研究目标，明确指出所针对的问题，这些问题应该具有共性特征（普遍存在），应该具有较高的热度（热点问题），以凸显立项的必要性和紧迫性。

（3）理念先进、逻辑合理

任何课程建设或研究项目都必须有先进的教育教学理念引领。这些理念（如立德树人、学生中心、产出导向、因材施教、理实结合等）不仅应在申报书中提及，而且要阐明其对课程建设或研究的引领作用，并形成合理的逻辑关联，以防止虚化或空化理念，让理念成为空招牌。

（4）内容具体、重点突出

任何课程建设或研究项目都必须有具体内容。这些内容条目要清晰，表述要规范（规范用语、专业用语），重点要突出，还要注意内容条目的顺序安排以及条目之间的逻辑关联。

（5）依据充足，意义明确

任何课程建设或研究项目都需要把握相关现状和发展趋势，都应该有明确的意义和价值。因此，应该认真查阅文献资料，对国内外现状及发展趋势，尤其同类建设或研究的进展情况进行简要综述，进而明确阐述项目的意义和价值。

（6）路线清晰，可行性强

任何课程建设或研究项目都必须有清晰的建设路径或技术路线，建设方案或研究方法必须具有较强的可行性。因此，不仅要给出完善的建设或研究方案，规划清晰的建设路径或技术路线，采用先进的方法和手段，还要注重可行性分析及说明。

（7）科学合理、富有创新

任何课程建设或研究项目都讲究科学性和合理性，都应该富有创新性。因此，建设或研究方案、路线规划和方法选择等都必须具有科学性（符合规律、有理有据）和合理性（符合逻辑、符合规范），并且要尽量突出创新性（强调创新点）。

（8）进度计划和经费预算合理、预期成果丰硕

任何课程建设或研究项目都必须制订明确的进度计划，规范列出预期成果，规范编制经费预算（按申报书说明）。这三项不仅关乎立项，还是中期检查和结题审核关注的重点，因此必须审慎对待，切不可随意而为。项目工作进度须根据项目期限和起止时间合理规划；经费预算须按照申报书要求认真编制，确保合理合规；预期成果须按申报书规定谨慎列出（教学大纲或课标、数字化教学资源、题库、特色教材、发表论文等），必须要有的一定不能遗漏，其他则应根据实际情况列出（发表论文数及刊物级别等），尽量做到成果丰硕。

（9）突出应用、注重推广

任何课程建设或研究项目都应注重成果的应用和推广。要对建设或研究成果打算在哪里应用、能够解决什么问题、计划在多大范围推广等进行简要说明。如果项目申报书明确把应用推广列入结题验收标准之中，则更应确切说明，而不能含糊（至少应该实现校内应用）。

（10）搭配合理、基础扎实

任何课程建设或研究项目都必须组建团队（项目组）实施，都需要有扎实的工作或研究基础，而且要显现团队实力和项目基础两方面的比较优势。因此，要注意团队成员搭配，结构要合理，比较优势要明显。一般而言，在团队成员知识和能力结构合理的前提之下，资历较浅的教师主持申报项目，团队成员中最好有 1 ~ 2 名资深且相关经历丰富的教师，以弥补经验不足之缺陷；资深教师主持申报项目，团队成员应该以中青年教师为主，以体现传帮带作用。在项目申报竞争比较激烈的情况下，建设或研究基础就显得非常重要，必须发挥团队优势，充分挖掘项目主持人和成员前期成果，列出其中与申报项目关联度较高，级别较高的项目和论文成果，并着重对团队前期建设或研究工作进行具体阐述，充分展现该项目非我莫属的比较优势。

第16篇 教学研究

教学研究是高校教师提升教学能力与水平的重要途径，教学研究项目是高校提升教育教学质量和人才培养水平的关键载体。本篇专门谈谈应用型高校教学研究，包括教学研究及其作用，教学研究项目及其申报，教学研究项目实施过程以及善于抓机遇、勇于迎挑战四方面内容，旨在使应用型高校教师（尤其新入职教师）提高对教学研究重要性的认识，了解应用型高校教学研究项目选题来源及项目申报流程，熟悉教学研究工作内容及成果形式等，注重提升教育教学研究能力与水平。

16.1　教学研究及其作用

教师是教育工作者，教学是教师的本职工作。然而，严格来讲，教育和教学是有区别的，教育研究和教学研究也是有差异的。具体阐述如下：

1. 教育研究与教学研究的关系

教育研究是以教育科学理论为基础，以教育领域中发生的现象为对象，以探索教育规律为目的的创造性认识活动。而教学研究是一种有目的，有计划，主动探索教学规律、教学原则、教学模式、教学方法，主动寻求教学疑难问题解决办法的科学研究活动。教育研究为教学研究提供基础理论指导，而教学研究是教育研究的基础前提，两者相互渗透、相互制约、密不可分，但又不能相互替代。教育研究与教学研究有共同之处，但在以下四个方面存在明显差异：

（1）研究对象方面

教育研究在教育理论指导下，以一切教育现象和教育过程（教育宏观领域）为研究对象；而教学研究属于教育研究的一个类别或一个分支，主要以教学内容、教学过程、教学方法、教学手段以及教学管理等（教育微观领域）为研究对象。

（2）研究目的方面

教育研究的主要目的是探索教育教学规律，解决教育教学重大问题（通过向教育主管部门提供相关政策咨询予以实现），而教学研究的主要目的是改善教育教学工作、提高教育教学质量，促进人才培养目标顺利达成。

（3）成果形式方面

教育研究成果既要体现教育教学质量和水平提升，还要体现促进学生、教师、学校发展。

主要成果形式为学术论文、典型案例和研究报告等；而教学研究成果既要体现教育教学质量和水平提升，还要体现促进学生学业进步和教学管理规范化。主要成果形式为教学研究论文（新模式、新方法、新体验）、调研报告、研究报告以及相关教学文档资料（人才培养方案、课程教学大纲或课程标准、教材、实践指导书、典型教学案例等）。

（4）研究团队方面

教育科研团队成员主要是教育科研院所专职研究人员或高校教育学科（含职业教育学）专业教师及研究生；而教学研究团队成员主要是一线教师和教学管理人员。

2. 教学研究的重要作用

教师既是教学研究的主力军，也是教学研究的受益者。通过教学研究，可以将现代教育理论和先进教学理念转换为现实教学行动，促进有益教学经验传播，促进教学质量提升，促进教学改革，促进教师专业发展。教师在教学研究过程中，可以充分体现自身价值，体验成功的乐趣。教师若不重视、不参与教学研究活动，或许通过长期教学实践也能够成为一名经验型教师（依靠经验积累），但绝不会成为一名学者型、专家型教师。因此，教学研究在促进教师掌握现代教育理论，更新教学理念，探索有效教学模式和教学方法，快速提升自身教学能力和教学水平等方面起着重要作用。

3. 教学研究与教学实践的关系

“教而不研则浅，研而不教则空”这句名言深刻诠释了教学研究与教学实践（日常教学）两者相互依存、相互促进的关系。教学实践是教学研究的出发点和落脚点，“无教之研”免不了空洞无物；教学研究是提升教学质量和教学水平的促进剂，“无研之教”则是坐井观天。高校教师只有教研结合，才能持续进步，快速成长为一名优秀教师。因此，很多高校都把教学研究视为高校优秀教师的基本条件，评选优秀主讲教师（校级）、推荐教学名师（省部级、国家级）都十分看重教师从事教学研究的经历和教学研究业绩（成果）。这些经历和业绩主要包括主持完成或参与完成各级各类教学研究项目、撰写并公开发表教学研究论文、编写并出版高水平教材、建设高水平课程或特色课程等。综上，高校教师应该既重视教学实践，也注重教学研究，既善于在教学实践中发现问题，也能够通过教学研究寻找到解决问题的方法和策略，从而不断增强教学实践和教学研究能力，持续提升教学实践和教学研究水平。

16.2 教学研究项目及其申报

高校教学研究项目一般分为“国家级”、“省部级”和“校级”三个级别，当前主要涉及“一流专业建设”、“一流课程建设”、“特色教材建设”、“培养模式创新”、“教学模式创新”、“教学方法创新”、“教学管理创新”、“课程结构优化”、“课程教学改革”、“课程思政建设”和“产学合作协同育人”等方面内容。申报各级各类教学研究项目是高校教师提升教学研究能力与水平的绝好机会。

1. 机会青睐有准备者

与科研项目申报与审批相仿，高校教学研究项目申报审批同样引入了竞争机制，许多项目组织管理部门都会发布“项目指南”，一般级别越高的项目竞争越激烈。高校教师应该勤于学习，善于观察，注重积累，善于从教学实践中发现问题，善于通过分析归纳提炼出有价值、有意义的教学研究选题，并就研究目标、研究内容、研究路线、研究方法、研究团队、预期成果等进行深入思考和认真规划。一旦遇到合适的申报机会，很快就能拟就一份高质量的项目申报书。平时不做准备，七拼八凑的申报书即使侥幸获批，也不会是一个高质量的选题。不仅在项目研究过程中会遇到诸多问题，而且难以创造高质量的研究成果，项目到期则很有可能通不过结题审核，使自己和团队成员陷入“信用危机”。

笔者在天津职业技术师范大学（天职师大）工作期间，2011—2012 年主持完成过一项校级重大专业改革项目。那是天职师大首次设置重大专业教学改革项目，面向全校各专业教师征集选题，由于资助经费多（5 万元），名额少（仅 2 项），竞争较为激烈。在天职师大自动化学院工作期间，笔者主要承担电气技术教育专业教学工作。这个专业属于技术教育类，技校生源（技本），学制五年。由于教育部和人力资源和社会保障部授权天职师大自主招收技校毕业生，技术教育类专业在天职师大很有典型性（培养职教师资）。由于在日常教学以及与学生接触过程中，深切感到该专业的课程体系存在诸多普遍性问题，有必要探索有利于提升学生专业综合能力的培养体系，于是主动联络各门核心课程和主要实践课程的任课教师，组成教学研究团队，基于日常教学实践与思考，拟定“电气技术教育专业综合能力培养体系建设”选题，认真填写了项目申报书各项内容，精心制作了项目申报答辩 PPT。由于选题符合项目指南，各方面准备充分，研究思路清晰，研究路线合理，研究内容充实，预期成果明确，研究团队结构合理，分工明确，校内外评委给予一致好评，顺利获得批准。

笔者从这次经历中深切感悟到，申报教学研究项目和申报科研项目同样都需要善于发现问题，勤于分析问题，精于思考对策，只有能够从教学实践中提炼出有价值的选题，从各个方面做好充分准备，才能捉住机遇，申报成功。随后主持申报的天津市教育教学研究项目和教育部产学合作协同育人项目等，都是从教学实践出发，提炼出有价值的研究选题，经过充分的思想准备和材料准备（包括建立对外合作关系）而申报成功的。

2. 扮好角色、适时进阶

教学研究项目好比一台戏，教师自然是戏中角色，项目主持人相当于主角，项目组（团队）成员则是配角。要唱好教学研究项目这台戏，团队成员必须密切协同，共同努力，争相贡献。与科研项目相仿，教学研究项目也是由主持人组织申报，通常要求主持人至少具有中级及以上技术职务（职称），级别较高或重大项目还要求主持人具有高级技术职务甚至正高级技术职务（教授、研究员等）。对新入职教师而言，即便拥有博士或硕士学位，已经熟悉科研套路，有丰富的科研经验，面对教学研究也属于新人。故应先扮演好研究团队成员角色，当好配角。这个阶段应该认真学习教育理论和先进教学理念，努力完成所承担的教学研究任务，熟悉教学研究路线和教学研究方法，与团队其他成员密切协作，锻炼教学研究能力，积累教学研究经验，及时总结研究实践中形成的各类成果，积极撰写并发表教学研究论文，在教学研究工作实践中，逐步增强教学研究能力，不断提升教学研究水平，为尔后进阶为主角（主持教学研究项目）奠定坚实的基础。

当具备项目主持人资格时，应尽快进阶为主角，自主选择教学研究选题，独立开展教学研究。这个阶段应着重提升自身教育理论水平，不断更新教学理念，善于发现教学各环节存在的问题，并在教育理论和先进教学理念的指引下，提炼教学研究选题，规划教学研究内容，思考教学研究路线、研究方法、研究团队组建以及成员之间分工协作等问题，为申报教学研究项目做好充分准备。若成为专业负责人或课程教学团队负责人，则要开阔眼界，扩大教学研究的广度和深度，对标“一流专业”和“一流课程”建设标准（国家级或省市级），从破解专业建设或课程建设难题，提升专业建设或课程建设水平着眼，谋划并积极申报高层级教学研究项目，带领团队创造高水平教学研究成果（论文、教材、课程等）。

总之，高校教师应该对教学研究充满热情，将参与教学研究看作提升自身教学能力与水平的重要途径，视为教师职业生涯进阶的必要经历。在教学研究的实践中，逐步积累经验，不断增长才干，快速提升能力与水平。

3. 合格优质的项目申报书

教学研究项目申报书是项目评审的重要依据，填报项目申报书是开启一段教学研究“旅程”的首要步骤。教学研究项目申报书首先要合格，即合乎项目申报书填报要求，内容齐全，格式规范，申报程序完整（如逐级填写审核意见，各级负责人签章等），能够通过项目申报书形式审查。与科研项目申报和评审过程相仿，无论申报哪个层次、哪种类型的项目，教学研究项目申报书都相当于一份内容公开的试卷。主持人及其团队为应试者，评审专家组是判卷人。一份优质的项目申报书，应该对以下四个问题做出了科学且合理、真切而深刻的回答：

第一，为什么要开展该项目研究？

通常由填写申报书中“研究背景、研究价值、研究目的、拟解决的关键问题、应用前景”等内容做出回答。

第二，该项目主要研究哪些内容？能够取得哪些成果？

通常由填写申报书中“主要研究内容、预期研究成果”等内容做出回答。

第三，打算怎样开展该项目研究？

通常由填写申报书中“研究路线、研究方法、计划安排、经费预算”等内容做出回答。

第四，该项目为什么必须由你们团队来研究？

通常由填写申报书中“项目负责人及成员情况表、研究基础、可行性分析”等内容做出回答。

笔者根据自己申报各级教学研究项目以及审阅评审教学研究项目的经历，归纳出项目申报书填报中常见的10个问题（项目书填报应该重视的10个方面）：

（1）项目名称欠规范

项目名称字数偏多（20字以上），专业术语欠规范，语句不通顺，词语搭配不当；项目名称缺乏新意，不够新颖，不能吸引人。因此，拟定项目名称（选题）一定要仔细斟酌，考虑周全，既符合规范，又体现创新。

（2）研究背景不清楚

研究背景是评委判断项目研究的意义和价值的重要依据，阐述不清楚或交代不明白，必然对项目评审不利。因此，一定要把研究背景阐述清楚，尤其要把项目主持人和研究团队在教学实践中遇到或发现的问题阐述清楚。

（3）研究目标缺乏针对性

研究目标必须明确且要针对所阐述的问题（研究背景中）具体设定，不能模糊，也不能空泛。

（4）研究意义不明确

任何研究项目都要有意义、有价值。教学研究项目的意义和价值重点不在于理论创新，而在于先进教育理论的应用以及先进教学理念的贯彻，在于解决教学实践中存在的问题（热点问题、核心问题、关键问题等）。

（5）研究路线不清晰

研究路线是否科学，是否合理，是否可行，是项目评审的重要观测点。最好绘制一张图形给予清晰的描述，并就科学性、合理性和可行性给予必要说明。

（6）研究内容不具体

研究项目内容必须具体而翔实，不能只粗略给出框架或列出条目。重点内容更要详细阐述，同时还要注意研究内容与研究路线相契合。

（7）团队结构欠合理

研究项目团队组成结构是否合理、分工是否明确恰当，也是项目评审的重要观测点。组成结构合理性主要从职称、年龄、经历、专业、经历等方面观察；分工则主要从项目研究各项任务是否有人承担以及是否适合承担等方面考察。对于竞争性较强项目，还应着重展示研究团队的比较优势和特色。

（8）研究基础偏薄弱

研究团队前期研究基础（包括每个团队成员先前的研究经历）对于项目评审十分关键。应尽量挖掘前期相关研究经历（主持或参与相关项目等）和研究成果（发表相关研究论文等），充分说明研究团队前期研究基础对所申报项目的支撑作用。对于竞争性较强的项目，还应着重展示研究基础的比较优势及特色。

（9）进度计划不合理

研究进度计划是研究团队（尤其项目主持人）组织计划能力与水平的体现，计划是否周密，安排是否合理，能否保证在规定期限内完成研究任务并取得预期研究成果，都是项目评审的观测点。项目评审专家（申报书评阅人）都有丰富的研究经验，且大都很关注细节。因此，一定要认真填写项目进度计划表，确保周密、合理、规范。

（10）预期成果欠规范

不同类型、不同来源的教学研究项目，预期成果的种类及形式差别较大（论文除外），侧重点也不尽相同。因此，必须仔细阅读申报书填报说明，弄清楚对预期成果种类及具体形式的要求，尤其要明确必须取得哪些研究成果（不能缺失）。使列出的预期成果符合规范，没有遗漏，并尽可能丰硕。

16.3　教学研究项目实施过程

高校教师自所申报的教学研究项目获批之日，就正式开启了一段教学研究“旅程”。首先，要懂得珍惜，即使校级项目，也要认真对待，无论作为研究团队成员（参与者）还是项目负责人（主持人），都要踏踏实实地开展项目研究工作。实际中，经常遇到一些高校教师申报项目积极踊跃，获批之后则束之高阁，临近结题，才匆忙拼凑材料、拼凑成果……，应付差事。如此对待教学研究项目非常不可取。教学研究实施过程是一个科学探索的过程，只有肯付出，才会有收获。由于各类教学研究项目的内容不同、侧重点不同，具体实施过程存在很大差异。在教学研究实施过程中，应用型高校教师需着重在以下三个方面做出努力：

1. 坚持教育理论和先进教学理念指引

高校专业教师一般没有系统学习过教育教学理论，缺乏相关学科知识，对先进教学理念不够熟悉，理解也不够透彻。在开展教学研究的过程中，首先要解决思想武器问题。应针对所研究的问题，认真阅读高等教育学、教育心理学、课程与教学论等方面的著作或教材，查阅相关文献资料，丰富教育学知识，熟悉先进教学理念并加深理解，了解相关研究现状与发展趋势。在此基础上，进一步明确研究目标和研究方向，进一步理清研究工作思路，使各方面研究工作都始终能够在科学理论和先进理念的指引下进行。

2. 认真踏实地开展调查研究活动

调查研究对于教学研究非常重要。如果说科学实验是科学研究的基础，那么调查研究活动就是教学研究的基础。总体而言，教学研究过程中的调查研究活动要围绕研究目标进行设计并展开。调查开始之前，要选择合适的调查方式（问卷、走访、座谈），确定调查对象。对于问卷调查，要针对各类调查对象设计问题（客观题、主观题），一般客观题（选择题）要占绝大多数，以减少答题时间，主观题也要占一定比例，以了解调查对象个性化意见或诉求；走访调查要认真设计“调查提纲”，明确要了解什么情况，怎样与访问对象交谈等。召开座谈会则要事先确定主题，并预先告知参会者，还要选好时间地点，认真做好记录。调查完成之后，要对调查中获取的材料和数据进行统计分析，对调查结果进行归纳总结。

前述天职师大校级重大专业教学改革项目中的调查研究活动可供参考借鉴。天职师大电气技术教育专业主要培养中职技校教师和电气自动化领域应用技术人才，为了弄清中职技校对专业师资能力的实际要求和期盼，获得毕业生对所学课程及内容的反馈意见，了解在校生对课程设置及课程教学内容的意见和诉求等，项目组制订了周密的调研计划，认真踏实地开展了各类调查研究活动。分别设计了面向往届毕业生、面向低年级（二、三）和高年级（四、五）在校生的调查问卷，拟定了面向高职院校、中职技校和企业的走访调研提纲。在学生管理部门的帮助下，确定了往届毕业生调查名单，通过电子邮箱发出并回收了往届毕业生调查问卷；在班主任的帮助下，完成了在校生调查问卷的发放和回收。在持续一年多的时间内，先后走访了深圳职业技术学院等 5 所具有代表性的高职院校；走访了西安技师学院和南京技师学院 2 所技师学院；走访了武汉仪表工业学校、武汉机电工程学校、浙江信息工程学校、河南南阳工业学校、山东诸城高级技工学校等 20 余所中职技校；还走访了天津力神、天津源峰、广州三向、神华集团等多家往届毕业生较为集中的企业。重点考察了这些学校的实训基地和实训设备，与学校主管领导、专业负责人、企业人力资源部门负责人以及天职师大校友进行了广泛接触和深入交谈，获得了大量有价值的信息。还召开了应届毕业生座谈会，重点邀请学生科技社团负责人及骨干、国家级和省部级学科（技能）竞赛获奖选手出席，畅谈成长成才经验，并就专业课程设置、教学内容以及教学方式等征求他们的意见和建议。在各方面调查研究活动结束之后，项目组对回收的 300 多份调查问卷进行了认真分析，绘制了客观题的直方图或饼图，从主观题中挑选出反映比较集中的问题和建议；对各类访谈记录进行了认真梳理。在此基础上，撰写了一份内容翔实的调研报告，为制定专业综合能力培养体系建设方案奠定了坚实基础。现在看来，项目组所秉持的就是“产出导向”理念，所采取的就是“反向设计、正向实施”专业建设策略。

3. 及时总结发表研究成果

创造并发表教学研究成果，是完成教学研究项目申报书规定任务，顺利通过项目结题验收，进而申报各级各类教学成果奖的需要，也是推广应用的前提。无论项目主持人还是研究团队成员，都应该在教学研究项目进行过程中，及时整理教学研究资料，条件一旦成熟，思路一旦理清，便及时撰写并发表教育教学论文、撰写并出版专著、编写并出版教材，使先进的教学理念、创新性人才培养方式、新颖有效的教学模式或教学方法等得以传播，让高校教师同行分享该项目的研究成果，同时也接受高校教师同行对研究成果的检验。教学研究成果的形式多种多样，不同项目要求也不一样。如“天津市高校本科教学改革与质量建设研究计划项目”申报书规定的预期成果形式包括：

① 综合研究报告（项目研究总结报告）。

② 人才培养方案（人才培养模式研究成果）。

③ 体系与机制（教学文件）。

④ 教学建设方案。

⑤ 质量建设标准。

⑥ 评测评价系统。

⑦ 共享平台（网络课程建设或线上教学研究）。

⑧ 专著（公开出版的教育类学术著作）。

⑨ 论文（公开发表在教育类普通期刊、教育类核心期刊）。

⑩ 教材（公开出版且与项目关联，最好列入规划教材之中）。

⑪ 其他（教学大纲或课程标准、教案、试题库、调研报告等）。

项目组首先应该完成项目申报书填报的“预期研究成果”。其中的论文成果（公开发表期刊论文）一定要早筹划、早撰写、早投稿。因为与科技类和工程类中文核心期刊相比，教育类核心期刊种类偏少。如果预期成果中列有“核心期刊论文”，则应尽早了解哪些中文核心期刊适合发表自己的研究成果，期刊编辑部对论文稿件有哪些具体要求等，以提高论文投稿的“命中率”。

16.4　善于抓机遇、勇于迎挑战

应用型高校教师，尤其青年教师，要提高教学能力和水平，必须在教学实践和教学研究两个方面同时付出努力。

1. 课堂革命带来机遇

高等教育坚持走内涵发展道路，把教学质量作为高等教育的生命线。虽然应用型高校注重实践能力培养，实践教学学时所占比例较大，但课堂仍然是教育的主战场、人才培养的主渠道，提高课堂教学质量至关重要。然而，传统课堂在培养学生创新意识、创新精神、创新能力以及综合素质方面存在诸多弊端。以“教材为中心”的满堂灌式教学、以标准答案为中心的考核、以分数为衡量标准实施评价……，都严重违背学生中心理念，严重阻碍创新性人才培养。然而，对传统课堂的简单改良已难以满足新时代的要求，必须通过一场深刻的“课堂革命”，整体推进教育革命、推进素质教育，才能培养出大批高素质创新型人才。

应用型高校开展“课堂革命”，就是要把先进的教学理念、教学模式和教学方法运用到课堂教学改革之中，构建全新的课堂。实现“回归常识、回归本分、回归初心、回归梦想”（四个回归），实现从“教中心”到“学中心”之转变。把传统课堂这台“独角戏”转变成为直播现场，让学生成为舞台展演的主人，教师变身为总导演兼节目主持人。让课堂成为学生合作、讨论、展示、质疑的场所，成为学生喜闻乐见的学堂，教师的职责则由单向知识传播转变为各环节承启调控、精彩点评和精讲释疑。

就教学研究而言，“课堂革命”为应用型高校广大一线教师创造了难得的机遇，搭建了广阔的舞台。广大一线教师作为“课堂革命”最关键、最直接的导演，不仅应该积极投入“课堂革命”的大潮中经受锻炼和考验，而且要在“课程革命”的大潮中把握研究方向，提炼研究选题，寻机申报教学研究项目的时机，创造优异的课堂教学改革成果，为转变应用型高校课堂面貌贡献自己的智慧和力量。

2. 课程思政大有可为

以“课程思政”为目标的教学改革正在全国高校如火如荼地展开，广大教师（尤其专业教师）在课程思政建设方面正在进行着积极探索。然而，要彻底扭转专业教育与思政教育相分离所造成的“注重育才而忽视育人”状况，必须坚持不懈地开展课程思政研究和课程思政建设，逐步加深课程思政观念、优化育人育才整体设计、研究解决课程思政具体实施以及课程思政效果评价等方面存在的各种问题，真正实现所有教师都挑起“思政担”，所有课都上出“思政味儿”的目标。

为推进高校课程思政研究和课程思政建设，教育部、各省市教育主管部门以及各高校都设立了课程思政研究和课程思政建设项目。为应用型高校教师开展课程思政研究和课程思政建设创造了机遇，搭建了舞台。教育部在《高等学校课程思政建设指导纲要》中强调教师是全面推进课程思政建设的关键，还强调按课程类别进行课程思政教学设计。因此，应用型高校教师应站在履行教书育人使命的高度，针对所任教专业课程在实施课程思政中遇到的问题（共性问题、关键问题），凝练课程思政类研究项目选题，申报各级各类课程思政研究项目，结合特定专业课程开展课程思政研究，创造有实际意义、有推广价值的成果，在课程思政研究和课程思政建设方面发挥聪明才智，有所作为，有所创新，有所贡献。

3. 产教融合潜力巨大

2014 年，教育部正式启动产学合作协同育人项目，鼓励国内外知名企业通过自主立项（发布指南征集项目并组织评审遴选）并提供专项资金，资助高校开展专业综合改革、课程改革、师资培训、大学生创新创业训练计划等，共同推动人才培养模式改革，促进产学合作协同育人，着力培养适应产业发展需要的应用型、复合型、创新型人才。教育部产学合作协同育人项目设立以来，得到了国内外知名企业和我国各类本科高校（含高职本科院校）的积极响应和广泛参与。据统计，自 2014 年到 2021 年，参与企业数由 40 多家增加到 900 多家，累计支持高校数超过 1 100 所，累计立项数由 765 个增长到 8.5 万多个，企业支持项目经费由 0.17 亿元增长到 28.6 亿元，软硬件资源支持价值达到 160 亿元，实现了项目数量、项目质量和影响力三大飞跃。一大批国内外知名企业每年发布两次项目指南（6 月和 10 月），面向全国高校征集项目，自主评审遴选合作项目，由教育部每年分两批发布。对推动产学合作协同育人起到了越来越大的作用。天职师大和天津中德应用技术大学（天津中德）教师申报此类项目的热情持续高涨，通过参与该项目，与越来越多的企业建立了合作关系，产学融合不断深化，协同育人水平不断提高。

笔者在天职师大工程实训中心工作期间曾主持完成过一项教育部产学合作协同育人项目。当时，因现场总线技术研究与推广与贝加莱工业自动化（中国）有限公司（简称贝加莱公司）建立了合作关系，几位年轻教师先后参加了贝加莱公司的技术培训，对贝加莱公司基于 PC 架构的 PLC 产品较为熟悉，对贝加莱公司基于 PLC 的教学仪器产品也有所了解。贝加莱公司为推广其 PLC 应用技术，积极申请加入教育部产学合作协同育人项目，并被列入教育部发布的合作企业名单之中。恰在此时，天职师大面向全校教师征集素质拓展课程（面向全校学生的公选课），于是联合几位熟悉贝加莱技术和产品的年轻教师申报了产学合作素质拓展课程建设选题（此类项目向合作企业提交项目申请，由合作企业组织评审）并获得批准（项目期限仅一年）。立项之后，与贝加莱公司培训教师密切合作，共同制定素质拓展课程教学大纲，由项目组成员和贝加莱公司培训教师共同开设系列技术讲座，并发挥天职师大工程实训中心的优势（场地设备等），开展基于贝加莱 PLC 技术及产品的演示和体验，取得了较好的教学效果。在此期间，还完成了实训设备改造（更换为贝加莱 PLC）、技术讲座课程教案和实践环节（演示与体验）指导书编写，并公开发表了两篇期刊论文，全面完成了各项任务，取得了较为丰硕的成果，不仅顺利通过结题审核（由合作企业组织结题审核），而且获得了优秀评价。

笔者从这次经历中深切体会到，教育部产学合作协同育人项目非常适合应用型高校。通过项目申报和项目实施，可以深化应用型高校专业教师（尤其双师型教师）对产教融合重要性的认识，及时了解和掌握行业先进技术及产品，畅通与行业企业（尤其行业知名企业）的联系渠道、密切产学合作关系。不仅可以推动产学合作协同育人，而且能够有力促进专业教师能力与水平提升。当然，申报此类项目之前，一定要对合作企业的技术和产品有所了解，选题和项目内容要符合合作企业项目指南要求，项目获批之后一定要扎扎实实地开展各项工作，加强与合作企业项目联络人（负责人）的联络与沟通，获得合作企业的有力支持，在规定的期限之内完成各项任务、取得预期成果。

参考文献

[1] 潘懋元 . 大众化阶段的精英教育 [J]. 高等教育研究,2003(6):1-5.

[2] 王立人 , 顾建民 , 庄华洁 , 等 . 国际视野中的本科应用型人才培养 [M]. 杭州：浙江大学出版社,2008.

[3] 孔繁敏 . 建设应用型大学之路 [M]. 北京：北京大学出版社,2006.

[4] 申怡 , 夏建国 . 应用型人才的特点及其培养体系构建 [J]. 中国高等教育,2019(8):34-36.

[5] 和震 , 李玉珠 . 基于《国际教育标准分类法（2011）》构建中国现代职业教育体系 [J]. 首都师范大学学报 (社会科学版),2014(3):127-135.

[6] 马开剑 . 大学教学论基础 [M]. 济南：山东大学出版社,2001.

[7] 肖正德 . 教师概论 [M]. 杭州：浙江大学出版社,2013.

[8] 韩延明 . 高等教育学新论 [M]. 济南：山东人民出版社,2012.

[9] 陈琦 , 刘儒德 . 教育心理学 [M].2 版 . 北京：高等教育出版社,2011.

[10] 克莱因 . 教师能力标准：面对面、在线及混合情境 [M]. 顾小青 , 译 . 上海：华东师范大学出版社,2007.

[11] 法林 . 教学的乐趣 [M]. 陈琼琼 , 译 . 上海：华东师范大学出版社,2009.

[12] 桂署钦 . 论高校教师人文素养体系的构建 [J]. 教育与职业,2010(18):40-41.

[13] 俞国良 , 曾盼盼 . 论教师心理健康及其促进 [J]. 北京师范大学学报 (人文社会科学版),2001(1):20-27.

[14] 杜领军 . 心理测试在高校人才选拔中的运用 [J]. 北京化工大学学报 (社会科学版),2018(3):101-106.

[15] 戴先中 . 自动化学科（专业）的知识结构与知识体系浅析 [J]. 中国大学教学,2005(2):19-21,29.

[16] 王玉秋 . 大学教师的学科能力探析 [J]. 当代教师教育,2013(6):5-11.

[17] 卢胜利 , 李春华 , 蓝欣 . 面向 TPCK 的职技高师电气专业学生教学能力培养体系研究 [J]. 职业技术教育,2011(5):45-48.

[18] 闫志明 . 整合人工智能技术的学科教学知识 (AI-TPACK): 内涵、教学实践与未来议题 [J]. 远程教育杂志,2020(5):23-34.

[19] 张亚群 , 王毓 . 论高等教育的专业性与通识性 [J]. 中国地质大学学报（社会科学版），2016(4):142-148.

[20] 徐国庆 . 课程标准与教学大纲 [J]. 职教论坛,2017(33)：1.

[21] 钟建珍 , 李桂霞 . 从教学大纲到课程标准转变的思考 [J]. 职教通讯,2012(3):7-9.

[22] 马洁 . 美国教学设计发展：历史 特点及启示 [J]. 河北大学成人教育学院学报,2009,11(2):58-59.

[23] 迈尔 . 备课指南 [M]. 夏利群 , 译 . 上海 : 华东师范大学出版社,2011.

[24] 斯考隆 . 教师备课指南 : 有效教学设计 [M]. 陈超, 郄海霞, 译 . 北京 : 中国轻工业出版社,2010.

[25] 李振村 . 教师的体态语言 [M]. 北京 : 教育科学出版,2011.

[26] 孙菊如 , 陈春荣 . 课堂教学艺术 [M].2 版 . 北京 : 北京大学出版社,2018.

[27] 朱雪林 . 高效课堂的基本特征 [J]. 教育科学论坛, 2018(2):69-70.

[28] 龙宝新 , 折延东 . 论高效课堂的建构 [J]. 教育研究, 2014,35(6):122-129.

[29] 王建 , 朱宁波 . 大学课堂教学革命：内涵、原因与路径 [J]. 教育理论与实践,2020,40(33):41-44.

[30] 何克抗 . 信息技术与课程深层次整合理论：有效实现信息技术与学科教学深度融合 [M].2 版. 北京：北京师范大学出版社,2019.

[31] 别敦荣 . 大学课堂革命的主要任务、重点、难点和突破口 [J]. 中国高教研究,2019(6):1-7.

[32] 宋洪飞 . 翻转课堂教学模式探究 [D]. 哈尔滨：哈尔滨师范大学,2016.

[33] 张伟娟 . 高职院校线上线下混合教学模式实践结果与思考 [J]. 长春教育学院学报,2021,37(4):43-51.

[34] 陈巍 , 陈国军 , 郁汉琪 . 建构主义理论的项目式教学体系构建 [J]. 实验室研究与探索,2018,37(2): 183-187,206.

[35] 李文君 . 理实一体化教学模式的教学方法研究与实践：以《电控发动机检测与维修》课程为例 [D]. 天津 : 天津职业技术师范大学,2020.

[36] 吕小莲 , 林植慧 , 吴卫明 , 等 . 应用型本科院校“理实一体化”教学模式的研究 [J]. 大学教育,2016(7): 23-25.

[37] 阳红珍 . 建构主义学习理论与我国课程改革：一种反思性研究 [D]. 长沙：湖南师范大学,2006.

[38] 王帅 . 布卢姆的掌握学习理论及其教育应用 [J]. 高等函授学报 (哲学社会科学版),2007(2):42-45.

[39] 王艳辉 , 仇焕青 . 基于认知目标分类理论的微课与翻转课堂整合应用与实践 [J]. 中国教育信息化, 2016(14):42-45.

[40] 邓铭辉 . 自组织学习理论与团队学习模式理论的应用：以高校物联网工程专业为例 [J]. 黑龙江科学,2019,10(19):46-47.

[41] 马青娜 , 邵飞 , 高磊 , 等 . 基于最近发展区理论的工程专业课堂教学设计 [J]. 大学教育,2019(2):54-57.

[42] 刘丰源 . 促进本科生深度学习的混合式学习活动设计研究 [D]. 济南：山东师范大学,2019.

[43] 杨满福 , 秦炜炜 . 主动学习的理念与方法 :“互联网 +”时代大学教学改革的新视域 [J]. 广西职业技术学院学报,2020,13(2):82-88.

[44] 刘义 , 高芳 . 情境认知视野下的大学教学改革 [J]. 教育探索,2010(7):41-42.

[45] 甘利人 , 吴鹏 , 高蓓蕾 . 基于情境认知理论的教学体系构建 [J]. 现代教育管理,2009(2):67-70.

[46] 刘晨 , 高红亮 , 万里光 . 基于 MOOC 的混合式教学实践探讨 [J]. 湖北师范大学学报 (自然科学版), 2020,40(3):97-101.

[47] 刘晓芬 . 基于 SPOC 的混合式教学模式构建与实践 [J]. 新疆职业大学学报,2021,29(1):62-67.

[48] 徐义圣 . 以实用主义教育理论透视高校实践教学体系建设 [J]. 中国成人教育,2018(22):103-105.

[49] 吕景泉 , 汤晓华 , 史艳霞 . 工程实践创新项目（EPIP）教学模式的研究与实践 [J]. 中国职业技术教育,2017(5):10-14.

[50] 梁樑 , 陈刚 , 陈鸿海 . 大学生第二课堂指南 [M]. 合肥：合肥工业大学出版社,2020.

[51] 中国大百科全书出版社编辑部 . 中国大百科全书·教育 [M]. 北京：中国大百科全书出版社,1985.

[52] 陈晓端 , 张立昌 . 课程与教学通论 [M]. 西安：陕西师范大学出版总社,2017.

[53] 潘懋元 , 周群英 . 从高校分类的视角看应用型本科课程建设 [J]. 中国大学教学,2009(3):4-7.